AF332407

DROIT ROMAIN

—

DE
L'IN INTEGRUM RESTITUTIO
QUOD METUS CAUSA

DROIT FRANÇAIS

—

DU DOMICILE
COMME PRINCIPE DE COMPÉTENCE LÉGISLATIVE
DANS LA DOCTRINE ET LA JURISPRUDENCE FRANÇAISES
DEPUIS LE CODE CIVIL

—

THÈSE POUR LE DOCTORAT

PAR

VICTOR LOISEAU
Avocat à la Cour d'Appel
Lauréat de la Faculté
et du Concours général des Facultés de Droit.

PARIS
LIBRAIRIE NOUVELLE DE DROIT ET DE JURISPRUDENCE
ARTHUR ROUSSEAU
ÉDITEUR
14, rue Soufflot et rue Toullier, 13
1893

THÈSE DE DOCTORAT

DROIT ROMAIN

—

DE
L'IN INTEGRUM RESTITUTIO
QUOD METUS CAUSA

—

DROIT FRANÇAIS

—

DU DOMICILE
COMME PRINCIPE DE COMPÉTENCE LÉGISLATIVE
DANS LA DOCTRINE ET LA JURISPRUDENCE FRANÇAISES
DEPUIS LE CODE CIVIL

—

THÈSE POUR LE DOCTORAT

—

*L'acte public sur les matières ci-après sera soutenu
le mardi 18 Avril 1893 à 10 heures*

PAR

VICTOR LOISEAU
Avocat à la Cour d'Appel
Lauréat de la Faculté
et du Concours général des Facultés de Droit

Président :   M. LAINÉ

Suffragants :   MM. BEUDANT
JOBBÉ-DUVAL   *professeurs*
MASSIGLI

PARIS
LIBRAIRIE NOUVELLE DE DROIT ET DE JURISPRUDENCE
ARTHUR ROUSSEAU
ÉDITEUR
14, rue Soufflot et rue Toullier, 13

—

1893

A LA MÉMOIRE DE MA MÈRE

A MON PÈRE

DE L'IN INTEGRUM RESTITUTIO

QUOD METUS CAUSA

AUTEURS CONSULTÉS.

Accarias : *Précis de droit romain*, 2 vol. 4me édition, Paris, 1886-1891.

Bonjean : *Traité des actions, ou exposition historique de l'organisation judiciaire et de la procédure civile chez les Romains*, 2 vol. 2e édition, Paris, 1845.

Burchardi : *Die Lehre von der Wiedereinsetzung in den vorigen Stand*, 1 vol. Gottingen, 1831.

Cujas : *Opera omnia, a Fabroto disposita*, 11 volumes, Neapoli, 1722-1727.

Doneau : *Opera omnia, cum notis Osualdi Hilligeri*, 12 vol. Romæ, 1828.

Girard (Paul-Frédéric) : *Textes de droit romain*, 1 vol. Paris, 1890.

Girard (Paul-Frédéric) : *Cours sur les sources du droit romain, professé à la Faculté de droit de Paris*, pendant l'année 1890-1891.

Ihering : *L'esprit du droit romain dans les diverses phases de son développement* : traduit par O. de Meulenaere, 4 vol. 3e édition, Paris, 1886-1888.

De Keller : *De la procédure civile et des actions chez les Romains*, traduit par Charles Camas, 1 vol. Paris, 1870.

LENEL : *Palingenesia juris civilis*, 2 vol. Lipsiæ, 1889.

LENEL : *Das Edictum perpetuum*, 1 vol. Leipzig, 1883.

MACHELARD : *Des obligations naturelles en droit romain*, 1 vol. Paris, 1861.

MAYNZ : *Cours de droit romain*, 3 vol. 4e édition, Bruxelles, 1876-1877.

MUIRHEAD : *Introduction historique au droit privé de Rome*, traduit par Bourcart, 1 vol. Paris, 1889.

ORELLI : *M. Tullii Ciceronis opera*, 8 vol. Turici, 1845.

PEREZ : *Prælectiones in duodecim libros Codicis Justiniani*, 1 vol. editio nova, Amstelodami, 1661.

POTHIER : *Pandectæ Justinianæ in novum ordinem digestæ*, 3 vol. editio quarta, Parisiis, 1818-1821.

RUDORFF : *De juris dictione edictum. Edicti perpetui quæ reliqua sunt*, 1 vol. Lipsiæ, 1869, 1 vol.

SAVIGNY : *Traité de droit romain*, traduction Guenoux, tome III et tome VII, Paris, 1843-1850.

STAEDTLER : *De la restitution en droit prétorien*, 1 vol. Bruxelles. 1861.

WEHRMANN : *Fasti prætorii ab a. u. DLXXXVIII ad a. u. DCCX*, 1 vol. Berolini, 1875.

ZIMMERN : *Traité des actions, ou théorie de la procédure privée chez les Romains* : traduit par Etienne, 1 vol. Paris, 1843.

CHAPITRE PRÉLIMINAIRE.

L'expression d'*in integrum restitutio* [1] présente par
elle-même un premier sens assez clair, mais qui, cependant,
ne suffit pas à donner l'idée précise de l'institution que
nous devons spécialement étudier dans une de ses applications. Cette expression, entendue dans son sens littéral,
peut désigner tout fait par lequel une personne est remise,
directement ou par équivalent, et au moyen d'un procédé
juridique quelconque, dans une situation qu'elle avait perdue. De la sorte, on qualifierait d'*in integrum restitutiones*
les diverses *condictiones*, par lesquelles une personne re-
couvre une valeur indûment payée, les actions qui aboutissent à la résolution d'un contrat frauduleux ou dommageable, les actions qui ont pour objet la réparation d'un
préjudice injustement causé. Il y a des textes, en effet,

---

[1] C'est la terminologie habituelle des textes : on trouve quelquefois
cependant *restitutio in integrum* : PAPINIEN, loi 86, pr. de acquir.
vel omitt. hered. Dig. **29**,2 ; ULPIEN, loi 39, § 6, Dig. de procuratoribus
et defensoribus **3**, 3. — Voyez SAVIGNY, tome VII, p. 97.

où le mot d'*in integrum restitutio* est pris dans ce sens large et indéterminé [1], et des auteurs s'en sont prévalus pour faire rentrer l'étude de plusieurs des moyens de droit que nous venons de rappeler dans la théorie générale de l'*in integrum restitutio* [2]. L'opinion la plus commune repousse cette doctrine. Elle donne à l'expression *in integrum restitutio* une signification étroite et technique, et par elle, elle désigne exclusivement « le rétablissement d'un état antérieur du droit motivé par une opposition entre l'équité et le droit rigoureux et opéré par la puissance du préteur qui change en connaissance de cause un droit réellement acquis [3]. »

Nous aurons à étudier avec détail quelques-unes des propositions que cette définition renferme; mais il convient d'en dégager ici sommairement les notions principales.

Et d'abord, l'*in integrum restitutio* n'opère que dans la sphère du droit. Il faut qu'il y ait un préjudice subi dans un droit et résultant de l'application des règles du droit, et que le rétablissement de l'état antérieur soit opéré par la voie juridique; tout ce qui est pur fait n'est pas du domaine de l'*in integrum restitutio* [4].

---

[1] Voyez Gaius, loi 1, pr., et Ulpien, loi 4, § 4, Dig. de alienatione jud. mut. causa. 4, 7, comparés avec Gaius, loi 3, § 4, eod. tit. ; Ulpien, loi 23, § 7, Dig. de ædilitio edicto, 21, 1 ; — Ulpien, loi 13, §, 5, Dig. de act. empti. et vend. 19, 1, et Paul, loi 14 § 1, Dig. de in diem addict. 18, 2, comparés avec la loi 10, C. de rescind. vend. 4, 44.

[2] Burchardi, § 1, cité par Savigny, tome VII. p. 106, note d. et p. 112.

[3] Savigny, tome VII, p. 101.

[4] Keller, p. 360 ; Savigny, tome VII, p. 97 ; Staedtler, p.

Il faut, en second lieu, que ce rétablissement de l'état antérieur soit opéré par la puissance du préteur. C'est là le caractère essentiel de l'*in integrum restitutio*, caractère à raison duquel elle a constitué, sous le système formulaire, une *cognitio extraordinaria*, et par lequel elle se distingue nettement des autres moyens de droit qui tendent à un but analogue. Le bénéfice de l'*in integrum restitutio* n'était pas de plein droit obtenu, comme celui d'une action ordinaire. C'était une sorte de faveur que le préteur accordait ou refusait lui-même, librement, d'après les circonstances de l'affaire [1]. L'*in integrum restitutio* est une institution prétorienne, il n'y a pas de restitution civile [2].

En troisième lieu, ce rétablissement de l'état antérieur était motivé par une opposition entre l'équité et le droit rigoureux. Cette proposition corrige et précise la remarque que nous venons de faire et d'après laquelle l'*in integrum restitutio* était une sorte de faveur. Cette faveur n'était accordée que lorsqu'elle paraissait un droit à l'esprit équitable du préteur.

Une législation rationnelle doit s'efforcer de satisfaire à tous les besoins de la vie juridique par des moyens généraux et connus d'avance : une règle ne doit être établie que lorsque son domaine d'application est exactement déterminé et que l'on peut espérer qu'elle se suffira à elle-même. Mais quelque sérieuse qu'ait été l'élaboration d'une règle juridique, quelque parfaite que soit cette règle, il surgira toujours des circonstances où elle se trouvera être

[1] KELLER, p. 4.
[2] ZIMMERN, p. 314.

en défaut : soit que quelques hypothèses très particulières n'aient point été prévues, soit que la marche des choses et le mouvement des idées aient produit dans les mœurs, sur certains points, des sentiments et des jugements nouveaux. Il faut que ces accidents soient réparés, que ces besoins apparus soient satisfaits [1].

La législation romaine, particulièrement souple, pouvait, mieux qu'aucune autre, y pourvoir. Le *jus edicendi* du préteur était l'organe de ces perfectionnements continus. Si des difficultés se reproduisaient assez fréquemment, identiques à elles-mêmes, le préteur créait et insérait dans l'édit une action ou une exception, c'est-à-dire un moyen de droit ordinaire et régulier qui s'incorporait à la législation acquise et devenait de droit commun. Si, au contraire, les hypothèses où la loi était insuffisante, étaient moins fréquentes ou plus particulières, le préteur pouvait se réserver d'en connaître lui-même et d'aviser selon les circontances [2] : c'était le cas de l'*in integrum restitutio*. Entre les deux voies parallèles de l'action et de l'*in integrum restitutio*, cette dernière était rationnellement la moins sûre, puisque, au lieu d'une règle, on avait un expédient, et que la décision avait pour fondement, non un principe, mais une appréciation personnelle [3]. L'effet de l'*in integrum restitutio* était d'autant plus grave qu'elle portait atteinte à un droit réellement acquis. Il y avait cependant une garantie contre le danger que l'équité ne devînt l'arbitraire, elle se trouvait dans la qualité même

---

[1] IHERING, tome II, p. 91 ; SAVIGNY, tome VII, p. 99, 100.

[2] SAVIGNY, tome VII, p. 101 ; STAEDTLER, p. 57.

[3] IHERING, tome II, p. 92.

du magistrat qui accordait l'*in integrum restitutio*. Le
préteur avait seul ce pouvoir. Le sentiment élevé qu'un
aussi haut magistrat devait avoir de la justice, la brève
durée de ses fonctions, et l'intervention toujours possible
d'autres magistrats, suffisaient à prévenir les abus[1]. Aussi,
a-t-on pu dire, en relevant les raisons qui avaient donné
naissance à l'*in integrum restitutio*, et les conditions auxquelles elle était obtenue, qu'elle n'était qu'un jugement
à une puissance plus élevée[2].

A quelle utilité particulière répondait l'*in integrum
restitutio quod metus causa*? Elle fut un adoucissement
au principe rigoureux d'après lequel les actes juridiques
accomplis sous l'empire de la violence étaient cependant
valables. Le consentement, donné sous l'empire de la
violence, n'en existe pas moins, dit un texte de Paul[3].
Une telle règle implique que tout homme doit être iné-
branlable. Elle était évidemment excessive. Nous devons
essayer de déterminer au moins approximativement à
quelle époque un tempérarement y fut apporté, et, à ce
propos, il peut être intéressant de se demander si la validité nécessaire des actes accomplis par contrainte à été
une des premières raisons qui ont donné naissance à l'*in
integrum restitutio* accordée aussi dans d'autres circonstances. L'*in integrum restitutio quod metus causa* n'a
pas été, d'ailleurs, la seule ressource mise par le préteur
à la disposition des personnes ayant accompli un acte ju-

[1] Savigny, tome VII, p. 113, 114, 115.

[2] Savigny, tome VII, p. 103. Voyez aussi Keller, p. 361.

[3] Paul, Loi 21, § 5, Dig, quod metus causa, 4.2 : « Si metu coactus
adii hereditatem : puto me heredem effici, quia quamvis, si liberum
esset, noluissem, tamen coactus volui... »

ridique sous l'empire de la contrainte. Aussi notre recherche sera-t-elle double. Quel est le rang d'ancienneté de l'*in integrum restutitio quod metus causa* comparée aux *in integrum restitutiones* fondées sur d'autres causes ? Laquelle a été introduite la première, de l'*in integrum restitutio*, ou de l'*actio quod metus causa*.

Sur la question de l'ancienneté de l'*in integrum restitutio quod metus causa*, comparée aux autres *in integrum restitutiones*, nous ne donnerons que des renseignements généraux. Cette question n'aurait tout son intérêt et ne mériterait d'être complètement étudiée, que dans une étude qui s'étendrait à toutes les *in integrum restitutiones*. Nous devons, cependant, nous en expliquer, parce que l'occasion nous sera ainsi fournie de signaler la divergence profonde qui existe entre les auteurs sur la formation historique et la destinée des *in integrum restitutiones*, divergence qui s'applique tout spécialement à l'*in integrum restitutio quod metus causa*.

Dans une première opinion, soutenue par Savigny, l'*in integrum restitutio quod metus causa* serait la plus ancienne des *in integrum restitutiones*, et elle serait, en même temps, une de celles dont l'application serait devenue de plus en plus rare, à mesure que la législation romaine progressait. L'ordre dans lequel les *in integrum réstitutiones* auraient été successivement introduites serait l'ordre dans lequel elles se trouvent placées dans les recueils de Justinien et ces recueils ont dû eux-mêmes reproduire l'ordre de l'édit [1]. Il n'y a sans doute pas de témoignage

---

[1] SAVIGNY, tome VII, p. 140,141 ; STAEDTLER, p. 30. Au Digeste: livre IV, titre, II. Quod metus causa gestum erit ; titre III, de dolo malo ; titre IV, De minoribus viginti quinque annis ; titre V, de capite mi-

positif en faveur de cette assertion : mais il est permis de
la croire autorisée, si l'on considère qu'aucune raison de
fond ne prescrivait cet ordre plutôt qu'un autre et que,
dans les commentaires sur l'édit, c'est ce même ordre qui
est suivi. On peut d'ailleurs appuyer cette assertion sur
des arguments logiques. Si l'on examine le contenu des
titres du Digeste consacrés aux *in integrum restitutiones,*
on verra que, dans quelques-uns d'entre eux, notamment
dans ceux qui sont consacrés à la violence et au dol, quelques textes seulement parlent de l'*in integrum restitutio*
et le plus grand nombre s'occupent des actions données à
l'occasion des mêmes faits qui donnent ouverture à celle-ci.
C'est donc qu'au moment où ont été écrits les ouvrages des
jurisconsultes mis à contribution pour le Digeste, l'action
était plus importante que l'*in integrum restitutio* fondée
sur la même cause. La conclusion qu'il faut tirer de cette
remarque, c'est que l'action est postérieure à l'*in integrum
restitutio.* En effet, l'*in integrum restitutio* est une règle
à l'état d'ébauche : presque toujours, à l'origine, le préteur
se réserve une liberté entière pour agir [1], puis, peu à peu,
la pratique précise les circonstances dans lesquelles l'*in
integrum restitutio* s'accorde ; les jurisconsultes, à leur
tour, étudient les décisions des magistrats, contribuent à

---

nutis ; titre vi, ex quibus causis majores ; titre vii, de alienatione
judicii mutandi causâ, et au livre xxvii, le titre vi, quod falso tutore
auctore gestum esse dicatur, que les rédacteurs du Digeste ont transporté par un enchaînement logique des idées, de la matière des
in integrum restitutiones à celle de la tutelle. Au Code livre ii, titres
20 et suivants.

[1] Il peut en être autrement : Voyez la longue teneur de l'édit sur
la restitution pour cause d'absence : Loi 1, § 1. Dig. ex quibus causis
majores. 4 6.

rendre plus certains les éléments et les cas d'application de l'institution ; les principes se fixent ; et, de secours exceptionnel qu'elle était, l'*in integrum restitutio* se transforme en un moyen de droit ordinaire, en une action. La tendance constante, régulière, du droit romain a été de supprimer les *in integrum restitutiones*, non pas que la conception qui leur avait donné naissance, ait été reconnue fausse, mais, au contraire, parce que cette conception avait pu se perfectionner assez pour entrer dans le droit commun. A l'époque de Justinien, il reste peu de chose de l'institution primitive : le nom, comme la chose, aurait pu disparaître. Il y avait longtemps déjà que, pour les actes juridiques entachés de violence, les préteurs avaient substitué l'action *quod metus causa* à l'*in integrum restitutio* : il n'y a plus de celle-ci, dans le dernier état du droit, que des applications insignifiantes [1].

Dans une seconde opinion, diamétralement opposée à la première, et qui a été défendue par Burchardi, l'*in integrum restitutio quod metus causa* serait une des plus récentes parmi les *in integrum restitutiones*, et son emploi serait devenu de plus en plus fréquent avec les années. D'après Burchardi, l'*in integrum restitutio quod metus causa*, n'aurait jamais figuré dans l'édit. Il admet néanmoins, comme Savigny, que l'ordre dans lequel sont insérés au Digeste les différents titres qui font suite au titre général « *de in integrum restitutionibus* [2] » donne, sauf une réserve, l'ordre chronologique dans lequel ont été introduits les différents moyens de droit qui y sont mentionnés,

---

[1] SAVIGNY, tome VII, p. 117, 118, 119, 120. Voyez aussi Muirhead, p, 474, 475 ; STAEDTLER, Introduction. p.VI et p 2, 25, 26, 60.

[2] Livre IV, titre I.

de telle sorte que, si l'édit ne contenait pas l'*in integrum res-*
titutio quod metus causa proprement dite, il n'en contenait
pas moins une voie de droit analogue pour obtenir réparation d'un acte accompli par contrainte, l'action *quod metus*
causa[1]. Pour avoir une idée exacte de ce système, il convient
de rappeler que Burchardi se range au nombre des auteurs
qui donnent à l'expression d'*in integrum restitutio* le sens
étendu, que nous avons mentionné et rejeté au début de ce
chapitre[2], mais il distingue d'ailleurs ce premier sens large
du second sens étroit, qui est le seul accepté par Savigny[3].
Et c'est en tenant compte de cette distinction que l'on
peut aisément comprendre quelle a été, d'après lui, la
marche des *in integrum restitutiones*. L'édit n'a dû contenir que quatre causes d'*in integrum restitutio* proprement dite : l'absence, la minorité, la *capitis deminutio*,
et un cas particulier d'erreur[4]. Ces deux dernières causes
n'ont dû être introduites que sensiblement plus tard après
les deux premières. Autrement on ne s'expliquerait pas
la façon de parler des Romains, qui appellent habituellement l'*in integrum restitutio* pour cause d'absence l'*in in-*
tegrum restitutio des majeurs : ce langage suppose qu'il
n'existait, en même temps que l'*in integrum restitutio* des
mineurs, qu'une seule cause d'*in integrum restitutio*,
qu'on pût lui comparer et lui opppser[5]. Les *in integrum*
restitutiones proprement dites, pour cause de violence ou
de dol, ne sont venues que beaucoup plus tard; mais les

[1] BURCHARDI, p. 149.
  BURCHARDI, § I, cité par SAVIGNY, tome VII, p. 106, note d.
[3] BURCHARDI, p. 148, 149, 359, 374, 378.
[4] BURCHARDI, p. 148.
[5] BURCHARDI, p. 149.

édits sur les actions *quod metus causa* et *de dolo* sont incontestablement plus anciens que l'édit sur l'*in integrum restitutio* des mineurs. A ce dernier édit est venu se joindre l'édit relatif à la *capitis deminutio*, et enfin, à celui-ci, l'édit sur l'absence [1]. Ainsi se trouve justifié l'ordre dans lequel les causes d'*in integrum restitutio* figurent au Digeste. Il ne reste plus qu'à expliquer comment l'absence, qui, d'après Burchardi, a été la première cause d'*in integrum restitutio*, est placée au cinquième rang ; il en donne cette raison que l'édit actuel sur l'absence est un édit relativement récent, auquel on n'a pas donné la place de l'édit original sur la matière ; ce dernier était antérieur aux édits sur les actions *quod metus causa* et *doli* [2]. Ce qu'il importe de retenir de ce rapide exposé de la doctrine de Burchardi, c'est la naissance tardive des *in integrum restitutiones* pour cause de violence et de dol. A l'inverse de ce qu'affirme Savigny, ces *in integrum restitutiones*, loin de se transformer en actions, auraient succédé à celles-ci, et même les auraient, dans le dernier état du droit, supplantées [3]. Burchardi explique par plusieurs motifs la faveur accordée par le droit romain des derniers siècles aux *in integrum restitutiones* en général : elles permettaient de résoudre des difficultés pour lesquelles les actions et les exceptions ne donnaient pas de solutions ou ne donnaient que des solutions incomplètes : surtout, elles avaient une procédure sommaire qui permettait d'arriver

---

[1] BURCHARDI, p. 149. En ce qui concerne le cas particulier d'erreur qui figurait déjà dans l'édit, Burchardi se contente ici de dire qu'il devait être aussi un des plus jeunes : il ne s'explique pas expressément sur son rang : note 2.

[2] BURCHARDI, p. 149, 150.

[3] BURCHARDI, p. 362.

plus rapidement au résultat que la procédure ordinaire
des actions [1].

Etant données l'explication historique qu'il propose et sa
théorie générale des *in integrum restitutiones*, Burchardi
s'est cru dans la nécessité de démontrer l'existence même de
l'*in integrum restitutio quod metus causa*, existence
dont Savigny pouvait considérer la preuve comme implicitement faite par sa théorie même. Comme l'existence de
cette *in integrum restitutio* se trouve ainsi établie — sauf
la question de date — de deux côtés à la fois, et qu'elle
ne nous parait pas d'ailleurs contestable, nous ne rappor-
terons pas les preuves fournies par Burchardi sur ce point [2].
Nous aurons d'ailleurs à relater dans tout le cours de cette
étude les textes qu'il cite à ce propos et nous prendrons
acte indirectement de ses arguments à l'appui de l'existence de cette *in integrum restitutio*. Mais il y a lieu de
produire et d'apprécier les raisons qu'il donne pour montrer que l'*in integrum restitutio quod metus causa* est née
postérieurement à celles qui, selon lui, figuraient seules
dans l'édit [3].

Une première preuve se trouverait dans le grand nombre

[1] BURCHARDI, p. 360, 361.

[2] BURCHARDI, p. 365 à 374.

[3] BURCHARDI s'explique longuement sur cette preuve, en ce qui concerne le dol, p. 376 à 382. Burchardi considère notamment comme
décisive l'opposition qui existe entre ce premier groupe de textes : loi
2, § 3, Dig. de act. empti, **19**, 1 ; loi 2, § 5, Dig. eod. tit. L. 1, § 9 et
loi 4, § 4, Dig. de ædil. edicto, **21**, 1 ; L. 23, Dig. locati cond, **19**, 2 ;
et ce second groupe : L. 3, C. quib. in caus. majores **2**, 52 ; Consult.
vet. jurisc. II, lex 1 et lex 2 ; loi 3. C. communia utriusque judicii.
3, 38 ; loi 8. C. de collat. **6**, 20 ; Consult. vet. jurisc. IX, lex 9 ; Loi 10,
loi 5 et loi 8, C. de rescind. venditione **4**, 44 : loi 10, C. de distr. pign.
8, 28 ; Consult. vet. jurisc. IX, lex 2.

de rescrits qui ont pour objet de statuer sur cette matière, cette circonstance implique qu'il s'agissait d'une institution en voie de formation [1]. Mais ce grand nombre de rescrits peut s'expliquer par cette considération que, avec le développement de la toute-puissance impériale et l'affaiblissement correspondant des magistratures, les intéressés croyaient sans doute qu'il était plus sage de s'adresser directement à l'empereur : la plupart des rescrits renvoient les parties à se pourvoir devant le magistrat. Il ne manque pas, d'ailleurs, de rescrits, qui statuent sur l'action *quod metus causa* [2], cependant en décadence au dire de Burchardi, ou que, tout au moins, Burchardi ne saurait référer sûrement à l'*in integrum restitutio*, étant donnée l'extrême réserve qu'il apporte à faire cette attribution [3].

Après cette première preuve, Burchardi cite deux textes qui, selon lui, démontrent clairement que l'*in integrum restitutio* est née d'une interprétation extensive de l'édit, et il les commente cumulativement.

Voici le premier de ces textes : *Ulpianus, libro XI ad Edictum :* « ... *Ex qua constitutione colligitur, ut sive perfecta, sive imperfecta res sit, actio et exceptio detur. Volenti autem datur et in rem actio et in personam,*

BURCHARDI, p. 362.

[2] Loi 4, C. De his quæ vi metusve causa **2**, 20.

[3] Voici un texte que BURCHARDI, p. 371, 372, ne considère pas comme pouvant par lui-même fournir une preuve à l'égard de l'*in integrum restitutio* : loi 1, Code 4, 44, : « Si pater tuus per vim coactus domum vendidit : ratum non habebitur quod non bona fide gestum est : malæ fidei enim emptio irrita est. Aditus itaque nomine tuo Præses provinciæ auctoritatem suam interponet : maxime cum paratum te proponas id, quod pretii nomine illatum est, emptori refundere ». Comparez avec ce texte les lois suivantes à notre titre au Code **2**, 20 : loi 5, loi 7, loi 8.

rescissa acceptilatione, vel alia liberatione.... Licet tamen in rem actionem dandam existimemus, quia res est in bonis ejus, qui vim passus est, verum non sine ratione dicetur, si in quadruplum quis egerit, finiri in rem actionem vel contra [1]. »

Et voici le second : *Imperator Gordianus A Caio.* « *Si vi vel metu fundum avus tuus distrahere coactus est, etiamsi maxime emptor eum alii vendidit : si tamen tu avo tuo heres extitisti, ut tibi reddito a te pretio restituatur,* postquam placuit in rem quoque dari actionem secundum formam perpetui edicti, *adito Præside provinciæ poteris postulare, si modo qui secundo loco comparavit, longæ possessionis præscriptione non est munitus* » .

Burchardi établit que ces deux textes ne se réfèrent point à un double emploi de l'action *quod metus causa,* soit contre l'auteur de la contrainte, soit contre les tiers, en tant qu'action *in rem scripta,* mais bien aux actions données utilement après l'*in integrum restitutio.* Quant à la preuve que cette *in integrum restitutio* est sortie de la pratique impériale par extension de ce que l'édit permettait déjà pour l'absence et la minorité, il la tire, dans le texe de Gordien, du mot *placuit,* et, dans le texte d'Ulpien, de l'ensemble même de ce texte [3]. Cette démonstration paraîtra certainement un peu aventureuse. A supposer que le mot *placuit* pût, à lui seul, présenter l'idée d'une concession, d'une innovation, il resterait à démontrer que la même interprétation peut s'adapter aux mots *secundum formam perpetui edicti.* A quelle portion

---

[1] Loi 9, § 3, 4. et 6, Dig. Quod metus causa, **4**. 2.

[2] Loi 3, C. De his quæ vi metusve causa, **2**. 20.

[3] BURCHARDI, p. 369, 370.

de l'édit feraient allusion ces mots, qui, autant que le mot *placuit*, devraient exprimer l'extension créée par la jurisprudence impériale? Ce ne pourrait être qu'à la portion de l'édit traitant des *in integrum restitutiones* déjà constituées lors du travail de codification confié à Julien, mais il faut convenir qu'alors ces mots manqueraient singulièrement de précision. L'interprète devrait suppléer à l'expression incomplète de l'idée. Tout au contraire, cette phrase se comprend naturellement et sans effort, si on consent à l'entendre d'une institution déjà contenue dans l'édit : le mot *placuit* veut dire que l'action utile *in rem*, qui était sans doute l'objet de la requête de l'implorant, existe, qu'elle n'est pas une nouveauté, et le mot *quoque* lui-même, qui, probablement, dans la pensée de Burchardi corrobore le sens prétendu du mot *placuit*, se justifie très simplement par l'idée d'une allusion à la coexistence de l'action *quod metus causa*. Dans ce même titre, au Code, il y a d'ailleurs deux autres textes, dont un de Gordien, où les mots *secundum formam edicti* visent directement les dispositions mêmes de l'édit, et n'expriment pas une extension par analogie [1]. Quant à la preuve fournie par le texte d'Ulpien, elle est encore plus fragile. Burchardi prétend qu'elle résulte de l'ensemble du texte : et il ne veut désigner sans doute par là que la portion du texte

---

[1] Loi 4, C. De his quæ vi metusve causa. 2. 20 : « Si per vim vel metum mortis, aut cruciatus corporis venditio a vobis extorta est, et non postea eam consensu corroborastis, juxta perpetui formam edicti... Quadrupli condemnationem referetis... » Et loi 7 : « Si donationis, vel transactionis, vel stipulationis, vel cujuscumque alterius contractus obligationis confectum instrumentum, metu mortis, vel cruciatu corporis extortum... probare poteris, hoc ratum haberi secundum edicti formam non patietur. »

qui a été citée par lui. On y cherchera vainement cette
preuve générale : on n'y trouvera qu'un argument tout littéral : *ex qua constitutione*. Mais il s'agit de bien relever
le point qui est mis en discussion par Ulpien : c'est celui
de savoir si une action peut être donnée à l'effet de demander l'anéantissement d'un acte entaché de violence, et
qui n'a pas encore produit en fait ses résultats, ou si, au
contraire, la victime n'est pas tenue d'attendre les poursuites et d'opposer alors une exception. Ulpien se prononce pour la première solution, d'après une espèce qui
avait été jugée sous ses yeux ; et, à ce propos, incidemment, il rappelle que l'empereur, sur la requête, avait répondu que l'intéressé pouvait demander l'*in integrum
restitutio* : mais, est-il permis de conclure de ce passage
que l'*in integrum restitutio* émanait de la pratique impériale ? N'en ressort-il pas plutôt que l'*in integrum restitutio* fonctionnait depuis longtemps déjà[1] ?

Cette première recherche de la date de l'*in integrum restitutio quod metus causa* à fixer par comparaison avec
celle des autres *in integrum restitutiones* nous a amené
à deux solutions contradictoires. La nécessité de réfuter
immédiatement, dans un intérêt de clarté, la démonstration détaillée de Burchardi, nous a contraint à conclure
contre lui, avant d'avoir opposé son système à celui de
Savigny. Il nous faut maintenant nous prononcer sur ce-

---

[1] Loi 9 § 3, Dig, quod metus causa, 4. 2 : « Sed quod Prætor ait ratum se non habiturum : quatenus accipiendum est videamus. Et quidem, aut imperfecta res est, licet metus intervenerit... aut perfecta...
Et Pomponius scribit... Sed ex facto scio, cum Campani metu cuidam il-
lato, extorsissent cautionem pollicitationis, rescriptum esse ab impe-
ratore nostro, possé eum a prætore in integrum restitutionem postulare : et Prætorem me adsistente interlocutum esse... »

lui-ci. Il est assurément séduisant par l'harmonie de sa construction et par sa logique. Mais cette régularité même du système doit nous mettre tout de suite en garde contre son exactitude; le droit se développe rarement avec cette correction rigoureuse. Savigny donne une explication plausible du langage des Romains en ce qui concerne l'*in integrum restitutio* pour cause d'absence, langage dont Burchardi se faisait un argument pour son système : d'après lui, cette façon de parler s'expliquerait par cette circonstance que les *in integrum restitutiones* pour violence, dol ou erreur étant d'un médiocre usage, lorsqu'on faisait une esquisse sommaire de l'institution, on ne parlait que de l'*in integrum restitutio* pour minorité et pour absence, et, par suite, celle-ci était, par une antithèse toute naturelle, qualifiée d'*in integrum restitutio* des majeurs [1]. Mais Savigny est obligé de convenir qu'en ce qui concerne le dol, il ne peut citer aucun texte de l'édit qui mentionne l'*in integrum restitutio* : le texte placé à ce titre, qui rapporte l'édit du préteur, n'a trait évidemment qu'à l'action [2]; les travaux les plus récents semblent, en ce qui concerne cette *in integrum restitutio*, donner raison à Burchardi [3]. Il faut donc rejeter, comme un système conçu à priori et sans base historique suffisante, la doctrine générale de Savigny, mais constater en même temps que nous n'avons

---

[1] SAVIGNY, tome VII, p. 168, 169.

[2] SAVIGNY, tome VII, p. 142. Ulpien, loi 1, § 1, Dig. de dolo malo, 4, 3 : « Verba autem edicti talia sunt : quæ dolo malo facta esse dicentur, si de his rebus alia actio non erit, et justa causa esse videbitur, judicium dabo. »

[3] M. Girard, à son cours de sources, enseigne que l'*in integrum restitutio* fondée sur le dol ne paraît jamais avoir figuré dans l'*album* et qu'elle date probablement du temps d'Hadrien.

pas trouvé d'objection à faire à la solution qu'il donne sur, l'*in integrum restitutio quod metus causa*. En résumé Savigny et Burchardi tombent d'accord que l'ordre du Digeste, dans le livre IV, correspond bien à l'ordre des dispositions de l'édit, et cette solution est restée celle de la critique [1].

Puisque le titre II, de l'aveu général, s'occupe cumulativement de l'*in integrum restitutio* et de l'*actio quod metus causa*, il nous faut maintenant passer à notre second point, recherche de l'introduction respective de ces deux moyens de droit, pour essayer d'arriver au résultat que n'a pas donné l'examen du développement des diverses *in integrum restitutiones*. Cette dernière étude nous a incidemment montré par avance que notre seconde recherche n'est pas moins obscure que la première. Mais l'objet de la controverse étant ici plus limité, nous pourrons peut-être arriver à plus de précision.

C'est sur l'action *quod metus causa* que nous avons le plus de renseignements. Nous la trouvons mentionnée de la manière la plus explicite, à deux reprises, dans Cicéron : une première fois dans un discours contre Verrès qui est de 684 [2], une seconde fois dans une lettre à son

---

[1] Dans la restitution qu'il propose de l'édit, M. Girard donne l'ordre suivant : quod metus causa ; — de dolo malo ; — de minoribus viginti quinque annis ; — de capite minutis ; — quod falso tutore gestum esse ; — ex quibus causis majores ; — quæ alienatio judicii mutandi causa. Voyez Textes de droit romain, p. 120.

[2] «.... Adventu L. Metelli prætoris, cum omnes ejus comites iste sibi suo illo panchresto medicamento reddidisset, aditum est ad Metellum ; eductus est Apronius ; eduxit vir primarius C. Gallus senator ; postulavit ab L. Metello, ut ex edicto suo judicium daret in Apronium, quod per vim aut metum abstulisset, quam formulam Octavianam et

frère, alors gouverneur d'Asie, lettre qui est de 694 [1]. La seule date qu'il y ait lieu de retenir ici est celle de 684 : à cette date, sûrement, l'action *quod metus causa* existait et depuis quelque temps déjà, puisque Cicéron nous dit qu'elle fut demandée à un gouverneur de Sicile, qui l'avait déjà mise dans son édit à Rome, en l'empruntant à un de ses prédécesseurs dans la préture : Cicéron appelle cette action du nom de son auteur, *formula octaviana*. Cette première constatation nous permet de dire que l'*actio quod metus causa* n'est pas l'œuvre de Caius Octavius, père d'Octave, qui paraît avoir été préteur vers l'an 693 [2]. Mais jusqu'à quelle date en arrière faut-il remonter, à partir de 684, pour trouver l'action *quod metus causa* ? Les réponses sur ce point sont divergentes. Plusieurs auteurs ont proposé la date de 680 [3], et quelques-uns en

Romæ Metellus habuerat et habebat in provincia.... C. Gallus, homo nostri ordinis, a suo familiarissimo L. Metello judicium ex edicto non potest impetrare.... » In Verrem, actio secunda, liber tertius, caput LXV, Orelli, tome II, pars prior, p. 289.

[1] «.... Adjungenda etiam est facilitas in audiendo, lenitas in decernendo, in satisfaciendo ac disputando diligentia. His rebus nuper C. Octavius jucundissimus fuit, apud quem primus lictor quievit... Quibus ille rebus fortasse nimis lenis videretur, nisi hæc lenitas illam severitatem tueretur. Cogebantur Sullani homines, quæ per vim et metum abstulerant, reddere... » Epistolæ ad Quintum fratrem, liber I, Epistola I, caput vii : Orelli, tome iii, p. 311, 312.

[2] C'est la date proposée par Wehrmann, p. 58. A l'appui, il cite Velleius Paterculus, lib. ii § 59, nº 2; Suétone, Octavius Augustus, § 3 ; et Cic. ad. Quintum fratrem, lib. i, ep. 2, ii, 7 (Orelli, tome III, p. 320), et aussi la lettre qui se trouve à la note précédente : mais cette dernière référence ne nous paraît pas exacte.

[3] Ainsi Rudorff, p. 56; mais il n'invoque que les passages du discours contre Verrès et de la lettre de Cicéron, de 694, qui ont été transcrits plus haut.

s'appuyant sur un fragment prêté à Tite-Live [1], et qui en réalité appartient à Salluste ; une nouvelle lecture de ce texte l'a fait écarter de la discussion [2]. On serait à peu près fixé, si l'on était certain que cet Octavius s'appelât de son prénom Cnæus ; il aurait été alors préteur en 675, et nous aurions ainsi la date de la *formula octaviana*. Mais on ne peut se prononcer définitivement, car les manuscrits semblent prénommer Caius notre Octavius. Cette date de 675 concorderait fort bien avec le langage de Cicéron dans la lettre à son frère citée plus haut ; « *Cogebantur Sullani homines* .» D'autres auteurs, qui donnent à cet Octavius le prénom de Lucius, proposent aussi cette date de 675, car il y eut en 678 un consul de ce nom [3]. Malgré toutes ces causes d'incertitudes, il semble donc que l'on doive considérer comme probablement exacte la date de 675 [4].

Pour l'*in integrum restitutio quod metus causa*, comme pour l'action, on peut donner une date à partir de laquelle elle existe certainement. Elle est mentionnée, dans le *pro Flacco*, qui est de 695, comme donnée en Asie par le frère de Cicéron qui y gouvernait depuis l'année 693 [5], mais les renseignements font défaut sur l'époque

---

[1] HUSCHKE.

[2] On s'était primitivement appuyé sur les mots « *qui proprætor* » : la lecture nouvelle a révélé les mots « *quæ propior erat* » M. Girard, Cours de sources.

[3] KELLER, p. 362, note 919. Voyez aussi PEREZ, p. 91, n° 2.

[4] M. GIRARD, à son cours de sources, se refuse à donner une date précise : il place seulement l'action entre 630 (date à laquelle existe certainement la loi Æbutia) et 684. L'action *bonorum vi raptorum* a été établie en 678 par le préteur pérégrin Lucullus.

[5] « Atque is ab Hermippo missus, cum ei pauca mancipia vendidisset, Romam se contulit ; deinde in Asiam rediit, cum jam frater meus Flacco successisset, ad quem adiit, causamque ita detulit ; recupera-

précise à laquelle elle a pu être introduite. Un auteur, qui donne d'ailleurs son opinion comme douteuse, propose la date de 678 en attribuant la création de notre *in integrum restitutio* à Caius Cassius Longinus Verus : il ne fournit pas d'autre argument à l'appui de son opinion que les textes du Digeste où il est parlé de ce jurisconsulte : mais ces textes n'apportent aucun élément de chronologie [1]. D'autres auteurs affirment, mais sans preuve particulière, que l'*in integrum restitutio* émane du préteur Octavius, à qui est due la *formula octaviana* [2]. Le plus simple est de convenir que, faute de sources, des conjectures seules sont possibles. Savigny dit que la formule de l'édit, telle qu'elle est rapportée à loi 1, à notre titre au Digeste, est assez générale pour comprendre l'*in integrum restitutio* et l'action [3]. Cela n'est pas douteux. Mais ce texte de l'édit est-il le texte primitif? Un auteur a produit en faveur de

tores vi Flacci coactos, et metu falsum invitos judicavisse. Frater meus pro sua æquitate prudentiaque decrevit ut, si judicatum negaret, in duplum iret ; si metu coactos diceret, haberet eosdem recuperatores... » Pro. FLACCO, ch. XXI, ORELLI, tome II, pars posterior, page 813.

[1] RUDORFF, p. 55. Il cite la loi 4, § 33, Dig. de doli mali et metus exceptione, 44, 4 : la loi 11, Dig. quod in fraudem, 42, 8 ; la loi 26, § 7 Dig. ex quibus causis majores, 4. 6 ; la loi 99, Dig. de acquir. vel omitt. hered. 29. 2.— WEHRMANN. p. 8, fait de ce Cassius un préteur pérégrin de 710, année de la mort de César, en invoquant Velleius Paterculus, hist. rom. lib. 2, ch. 58, al. I. « Quo anno id patravere facinus, Brutus et Cassius prætores erant, D. Brutus consul designatus. » M. Girard, à son cours de sources, fait de ce Cassius un préteur de l'an 27.

[2] BONJEAN, tome II, p. 445 : ZIMMERN, p. 315 : ces deux auteurs donnent le prénom de Lucius au préteur Octavius.

SAVIGNY, tome VII, p. 142 : « Quod metus causa gestum erit, ratum non habebo. »

l'introduction simultanée de l'*actio* et de l'*in integrum restitutio* un argument spécieux. Nous savons que l'*in integrum restitutio* n'est pas donnée contre le préjudice résultant d'un acte simplement matériel et nous verrons qu'elle ne se donne pas davantage contre l'affranchissement d'un esclave. Or, d'un texte d'Ulpien, rapportant une controverse tranchée par Pomponius [1], on peut induire qu'il en avait été de même à l'origine pour l'action *quod metus causa*, et cela parce que régulièrement l'action *quod metus causa* tend à remettre les choses dans leur état antérieur. Si le domaine primitif de l'action *quod metus causa* a été tel que ce texte permet de le supposer, on ne voit pas pourquoi, en effet, l'*in integrum restitutio quod metus causa* ne serait pas aussi ancienne que l'action [2]. Enfin, si ce que nous avons dit de la date de la naissance de l'action est plausible, on peut aussi en argumenter pour la date de l'*in integrum restitutio* : la réaction contre les violences sorties de la dictature de Sylla, alors disparu, a dû rendre simultanément nécessaires ces deux moyens de droit qui, avec un but analogue, avaient des utilités différentes [3].

---

[1] Loi 9, § 2, Dig. Quod metus causa, **4, 2**. « Idem Pomponius scribit, quosdam bene putare etiam servi manumissionem, vel ædeficii depositionem, quam quis coactus fecit, ad restitutionem hujus edicti porrigendam esse. »

[2] Accarias, tome II, p. 928, note 1, et page 932, note 2.

[3] Voyez Doneau, tome IV, col. 357, 358, et col. 370 n° xix, et tome V, col. 1057, viii. — A quelle époque a été introduite l'*exceptio metus* ? M. Accarias, tome II, p. 128, note 1, dit que l'exception est au moins contemporaine de l'action, car toute cause qui permet d'agir en justice fournit à plus forte raison un moyen de défense : loi 156, § 1, Dig. **50**, 17. Cette proposition n'est peut-être pas pleinement

Cette introduction simultanée de l'action et de l'*in inte-grum restitutio quod metus causa*, que les apparences historiques semblent rendre plausible, ressort encore avec quelque vraisemblance d'une vue générale jetée sur les textes du Digeste et du Code. Il est impossible d'y trouver une indication qui permette de supposer l'antériorité relative de l'une ou de l'autre. Tout ce que l'on peut dire, c'est que, sur les effets produits par les deux moyens de droit, le plus grand nombre des textes, au Digeste du moins, concernent l'action et un petit nombre seulement l'*in integrum restitutio*. Mais, pour plusieurs autres points, on peut dire que l'*in integrum restitutio* et l'action sont traitées sur un pied d'égalité. Les expressions des textes du Digeste, qui se réfèrent tous à la teneur générale de l'édit, telle qu'elle est rapportée à la loi 1 de notre titre, peuvent convenir à l'une et à l'autre. Cette remarque s'applique notamment aux fragments qui définissent *la metus* : les uns

exacte pour un droit en voie de formation. L'opinion commune paraît cependant se prononcer en ce sens : Savigny, tome VII, p. 142, Staedtler, p. 57. Il y a toutefois, avec cette opinion, un texte assez difficile à expliquer, si l'on admet que Cassius Longinus a été préteur seulement à l'époque que nous avons indiquée à la note 1, de la page 22 : c'est la loi 4, § 33, Dig. de doli mali et metus exceptione 44, 4. « Metus causa exceptionem Cassius non proposuerat, contentus doli exceptione, quæ est generalis... » L'*exceptio metus* serait donc de beaucoup postérieure à l'action. Mais l'indication qui paraît résulter de ce texte est détruite pour une bonne partie par un texte de notre titre au Dig. qui nous montre l'*exceptio metus* connue de Labéon : c'est la loi 14, § 9 : « Labeo autem etiam post quadrupli actionem nihilominus exceptione summovendum eum, qui vim intulit, dicebat ; quod cum durum videbatur, ita temperandum est, ut tam tripli condemnatione plectatur, quam acceptilationem omni modo facere compellatur. »

disent « *ad hoc edictum pertinere* » (lois 6, 7, § 1 ; loi 8, § 3,
au Dig.) ; les autres « *per hoc edictum restitui* » (Loi 3,
pr. loi 7, pr. au Dig.) ; d'autres enfin « *hoc edictum locum
habere, huic edicto locum esse, hoc edicto teneri* » (loi
9, § 1 ; loi 8 § 2 ; loi 9 pr. § 1, au Dig.). Il faut en dire
autant de quelques textes qui visent des cas d'ouverture
de l'action ou de l'*in integrum restitutio* : « *restitui per
hoc edictum, prætorem opem ferre, hoc edicto non teneri,
edictum cessare* » (loi 12, § 1 et 2 ; loi 21, pr. et § 5, au
Dig). Des textes qui s'occupent plus particulièrement de
l'objet de l'action emploient des expressions qui s'appli-
queraient pleinement à l'*in integrum restitutio* : « *ad restitutionem hujus edicti porrigendam esse* » (loi 9 § 2 au
Dig.) ; « *restitutio talis facienda est, restituenda erit in
pristinum statum obligatio* » (Loi 9, § 7 au Dig.) « *adversus
omnes restitui velit quod metus causa factum est* » (loi
9 § 8 au Dig.). Quant aux textes du Code, leur terminologie est plus flottante ; mais, là encore, plusieurs constitutions sur les douze dont se compose notre titre peuvent
s'entendre de l'action comme de l'*in integrum restitutio*

Le titre « *quod metus causa gestum erit* » au Digeste, est,
à l'exception d'un texte de Callistrate, et d'un texte de Julien, composé presque exclusivement de fragments de Paul
et surtout d'Ulpien, auxquels il faut ajouter quelques fragments de Gaius. Les fragments de Paul et d'Ulpien sont presque tous empruntés au livre onzième de leur commentaire
sur l'édit, ceux de Gaius au livre quatrième de son commentaire sur l'édit provincial. Mais si le nombre des jurisconsultes
dont les écrits ont été mis à contribution est restreint, il convient de remarquer que plusieurs autres jurisconsultes sont
représentés à ce même titre par les citations qui sont faites de
leurs opinions. Sauf une qui se trouve dans un texte de Paul.

(loi 21, §2), toutes ces citations se trouvent dans des fragments d'Ulpien. C'est ainsi que Julien, qui a fourni la loi 18 du titre, est cité sept fois ; sur ce que doit contenir le *restituere* dans l'action (loi 9, § 5 et 7), sur les personnes soumises à l'action (loi 9, § 8), sur un cas d'application de l'édit, qui peut s'entendre de l'*in integrum restitutio* (loi 12, § 2), sur les suites de la condamnation au quadruple (loi 14, § 9), sur le point de savoir s'il y a vol dans le fait de la possession arrachée violemment (loi 14, § 12), sur le simple qu'il y a lieu de quadrupler dans l'action (loi 14, § 14). Pomponius est cité dix fois : cinq fois sur la définition de la *metus*, (loi 3, § 1 ; loi 7, § 1 ; loi 9 pr. et § 1) ; deux fois sur des cas d'application de l'action ou de l'*in integrum restitutio* (loi 9, § 2 ; loi 12, § 1) ; une fois sur l'étendue des effets produits par la *metus* (loi 9, § 3) ; une fois sur l'emploi possible, au cas de violence, de l'action de dol (Loi 14, § 13) ; une fois sur le simple à quadrupler (loi 21, § 2). Labéon est cité quatre fois : deux fois sur la définition de la *metus* (loi 5 ; loi 9, pr.) deux fois sur les effets de l'action (loi 14, § 6 et 9). Pédius est cité deux fois : sur la définition de la *metus* (loi 7, pr.) et sur les personnes tenues de l'action (loi 14, § 5). Enfin sont cités une fois, sur les personnes soumises à l'action Marcellus (loi 9, § 8) et Vivianus (loi 14, § 5).

Les constitutions qui composent au Code le titre : « *De his quæ vi, metusve causa gesta sunt* », (livre II, titre 20) sont, à l'exception des trois dernières, du troisième siècle.

Si, à cette nomenclature, nous ajoutons le titre septième du livre premier des Sentences de Paul, et si nous mentionnons que le premier cas d'*in integrum restitutio* pour cause d'absence se réfère à l'absence déterminée *metu*[1],

---

[1] Ulpien, loi 1, §1. Dig. ex quibus causis majores. **4**, 6 : « Verba autem

nous aurons terminé la revue des principaux textes qui s'occupent de l'*in integrum restitutio quod metus causa*. Nous pouvons maintenant arriver aux détails du sujet.

Nous étudierons :

En premier lieu, la *metus*, comme *justa causa* d'*in integrum restitutio* ;

En second lieu, les autres conditions qui étaient nécessaires pour que le recours à l'*in integrum restitutio* fût possible ;

En troisième lieu, la procédure ;

En quatrième lieu, quelles personnes figuraient à l'instance et quels effets produisait l'*in integrum restitutio*.

En cinquième et dernier lieu, les causes d'extinction de l'*in integrum restitutio*.

edicti talia sunt : si cujus quid de bonis, cum is metu, aut sine dolo malo Reipublicæ causa, abesset. »

CHAPITRE PREMIER

Nous savons que toute *in integrum restitutio* est fondée sur une opposition entre l'équité et le droit rigoureux. Cette opposition, le préteur la constate, et, lorsqu'elle existe, il décide qu'il y a une *justa causa* à l'effet d'accorder l'*in integrum restitutio* [1]. C'est de la *metus* en tant qu'elle peut constituer une *justa causa* d'*in integrum restitutio* que nous devons spécialement nous occuper dans ce chapitre.

L'édit du préteur, tel qu'il nous est rapporté par Ulpien est ainsi conçu : «*quod metus causa gestum erit, ratum non habebo.*» Ulpien ajoute qu'autrefois l'édit portait « *quod vi metusve causa.* » Et ce renseignement d'Ulpien est confirmé par d'autres sources. Dans les passages de Cicéron, qui ont été précédemment cités, le mot *vis* précède en effet le mot *metus* [2]. Sénèque dans l'argument

---

[1] MODESTIN, loi 3 au Dig. De in integrum restitutionibus. 4. 1 : « Omnes in integrum restitutiones causa cognita a Prætore promittuntur : scilicet aut justitiam earum causarum examinet an veræ sint, quarum nomine singulis subvenit. » Ulpien loi 1, § 1, Dig. ex quibus causis majores 4, 6 : «... item, si qua alia mihi justa causa esse videbitur, in integrum restituam... »

[2] Voyez page 19, note 2 et p. 20 note 1 et p. 21 note 5. Dans le passage du discours contre Verrès cité à la note 2 de la page 19, on trouve

d’une de ses controverses, donne aussi le texte de la loi comme contenant ces deux mots[1]. Le mot *vis* a finalement disparu comme faisant double emploi : si la *vis* a pour résultat d’imposer à la personne une volonté qui n’est pas la sienne, on peut dire que c’est la crainte qui a décidé la personne[2]. Toutefois, dans les constitutions de notre titre au Code, et même dans la rubrique du titre, le mot *vis* reparaît[3] : peut-être faut-il voir là le signe d’un commencement de décadence dans la pureté des idées, et dans la netteté du style juridique.

C’est donc la *metus*, la crainte, qui donne ouverture à l’*in integrum restitutio*. Mais il importe de se bien fixer sur la manière dont la *metus* vicie les actes juridiques. On peut concevoir qu’une personne soit matériellement forcée d’accomplir ou empêchée d’accomplir un acte juridique ; dans le premier cas, comme au second, il n’y a pas d’acte juridique du tout, parce qu’il y a absence totale de volonté[4].

encore quelques lignes après celles qui sont reproduites «... et simul una res utrique rei est argumento et aratores *vi et metu* coactos Apronio multo plus quam debuerint dedisse... »

[1] Controversiarum, liber IV, Controversia xxvi: « *Per vim metumque gesta, ne sint rata* .»

Ulpien, loi 1, au Dig, quod metus causa. 4, 2 : «... Olim ita edicebatur, quod vi metusve causa. Vis enim fiebat mentio, propter necessitatem impositam contrariam voluntati :... Sed postea detracta est vis mentio, ideo quia quodcunque vi atroci fit, id metu quoque fieri videatur. »

[3] Code. livre ii, titre 20: de his quæ vi metusve causa gesta sunt: loi 1 « Persecutionem eorum quæ vi... ablata sunt...» ; loi 3 ; « Si vi vel metu fundum avus tuus distrahere coactus est... »; loi 4 : « Si per vim vel metum mortis... venditio a vobis exorta est... » ; loi 5 « Non interest a quo vis adhibita sit patri et patruo tuo... ut vi metusve possessionem vendere cogerentur... »

[4] Savigny, tome III, p. 104, 105, Staedtler, p. 53.

Il en va tout autrement des actes accomplis *metu* : en pareille hypothèse, il y a un acte juridique, parce qu'il y a un consentement. Nous avons, dans le chapitre préliminaire, brièvement énoncé la règle romaine en l'appuyant d'un texte de Paul, que l'on peut d'ailleurs corroborer de plusieurs autres [1]. Rationnellement, la règle romaine est exacte : celui qui a consenti par contrainte a consenti, il lui était loisible de ne pas le faire, il pouvait ne pas céder. Mais cette règle était évidemment trop rigoureuse : surtout, elle blessait l'équité et la morale. C'est ce qu'énonce, en ne s'expliquant, il est vrai, que pour une catégorie d'actes juridiques, mais l'idée est vraie de tous les autres, un texte d'Ulpien, extrait d'un livre de son Commentaire sur l'édit qui a pour objet les *in integrum restitutiones* et transporté à un autre titre du Digeste : « *Nihil consensui tam contrarium est, qui ac bonœ fidei judicia sustinet, quam vis atque metus : quem comprobare, contra bonos mores est* [2]. » Le premier objet du droit est, en effet, de faire respecter la personnalité humaine : et si la violence n'exclut

---

[1] Terentius Clemens, loi 21 au Dig. de ritu nuptiarum **23**, 2 : « Non cogitur filius familias uxorem ducere ». Celsus, loi 22, eod. tit. : « Si patre cogente ducit uxorem, quam non duceret, si sui arbitrii esset, contraxit tamen matrimonium : quod inter invitos non contrahitur : maluisse hoc videtur. » On a cité quelquefois comme contre-disant la règle posée la loi 6, § 7 d'Ulpien, Dig. de acquir. vel omitt. hered. **29**, 2 : « Celsus lib. xv digestorum scripsit eum, qui metu verberum vel aliquo timore coactus, fallens adierit hereditatem, sive liber sit, heredem non fieri placet ; sive servus sit, dominum heredem non facere. » On a répondu qu'il s'agissait là d'un simulacre d'acceptation, *si fallens adierit* : Burchardi, p. 366 ; Staedtler, p. 58, 59. La lecture *si pallens adierit* est rejetée.

[2] Ulpien, lib. xi, ad edictum : loi 116. Dig. De diversis regulis juris **50**, **17**.

pas chez la victime la liberté, il serait immoral que l'auteur de cette violence eût le droit de demander l'exécution ou le maintien d'un acte extorqué pour en tirer profit. La *metus*, qui suppose le consentement, le vicie, et l'acte, ainsi affecté dans ses origines, doit pouvoir être anéanti.

Si l'idée générale est parfaitement claire, on aperçoit cependant aussitôt que les applications peuvent être plus ou moins douteuses, parce qu'il est toujours délicat de délimiter le domaine d'une règle et de poser des limites à l'étendue d'un principe. C'était, là, la tâche principale du préteur, qui, non seulement, avait à apprécier, en fait si les circonstances alléguées justifiaient qu'il y avait eu *metus*, mais qui devait encore se préoccuper d'examiner si cette *metus* pouvait donner lieu à une *in integrum restitutio*. C'est surtout dans cette faculté de déterminer la *metus* suffisante à l'*in integrum restitutio* qu'apparaît, dans notre matière, le pouvoir discrétionnaire du préteur : la formule très générale de l'édit lui donnait toute liberté d'appréciation [1]. Aussi trouve-t-on, au Digeste, des textes nombreux sur la définition de la *metus*, et ces textes, à leur tour, nous montrent que cette définition avait beaucoup préoccupé les premiers commentateurs de l'édit qui ne figurent au Digeste que par voie de citation. Au Code, alors que, depuis longtemps déjà, l'institution fonctionne, on trouve plusieurs constitutions, qui ont pour objet de dire si, dans telle hypothèse donnée, la *metus* prétendue peut-être une *justa causa* d'*in integrum restitutio*.

---

[1] Savigny, tome VII, p. 135. Paul, loi 24, § 5, Dig. de minoribus viginti quinque annis, 4, 4 : « Ex hoc edicto nulla propria actio vel cautio proficiscitur : totum enim hoc pendet ex prætoris cognitione. »

Une première remarque à faire, c'est que la *metus*, pour constituer une *justa causa*, doit être provoquée par un tiers et non pas naître spontanément dans l'esprit de la personne. Cette remarque s'induit déjà de la considération pour laquelle l'*in integrum restitutio* est donnée contre un acte entaché de violence : il y aurait immoralité à permettre qu'un acte entaché de violence pût produire quelque effet. Les textes relèvent à peine ce caractère de la *metus*, peut-être parce qu'il est considéré comme impliqué par les hypothèses mêmes, et il serait plus exact de dire que ce caractère est plutôt sous-entendu que passé sous silence. Ce caractère ressort clairement, toutefois, d'un texte d'Ulpien dans lequel ce jurisconsulte décide qu'il importe peu que la crainte ait été provoquée par le défendeur ou par un tiers : il suffit de démontrer, dit-il, qu'il y a eu crainte, c'est-à-dire crainte émanée d'un agent extérieur [1]. Enfin, un texte de Paul s'explique sur ce point, il est le seul, mais il est très net ; il prévoit l'hypothèse d'une affranchie qui a manqué aux obligations que sa qualité lui imposait de remplir au regard de son patron : dans la crainte de retomber en servitude, elle fait tradition à celui-ci d'un objet, ou elle s'engage envers lui par stipulation : elle ne peut être protégée par l'édit, parce que, dit-il, cette crainte, elle se l'est donnée elle-même [2].

Pour être prise en considération, il fallait que cette crainte provoquée par un tiers l'eût été contrairement au droit. On n'aurait pas tenu compte de la crainte qu'un magistrat eût

---

[1] ULPIEN, loi 14, § 3, Dig. quod metus causa, 4, 2 : « In hac actione non quæritur utrum is, qui convenitur, an alius metum fecit : sufficit enim hoc docere metum sibi illatum vel vim.... ad hoc tantum actor adstringitur ut doceat metum in causa fuisse ut... »

[2] PAUL, loi 21, pr. Dig. Quod metus causa, 4, 2 : « Si mulier contra

pu inspirer à l'occasion et dans l'exercice de ses fonctions [1], ni de la crainte qu'une personne privée aurait pu produire en usant d'un droit [2].

La crainte, même provoquée contrairement au droit, ne donnait pas lieu à l'*in integrum restitutio*, si celui qui l'avait éprouvée avait antérieurement usé de violence contre celui qui, à son tour, prenait l'offensive : il ne lui arrivait en somme que de subir le traitement qu'il avait lui-même infligé [3].

Les textes nous montrent, d'ailleurs, que, pour que le préteur admît qu'il y avait *metus*, il fallait des faits d'une nature particulièrement grave. L'exemple le plus fréquemment prévu est la menace de la mort, des supplices corporels ou des blessures [4]. Il faut ajouter celui d'un attentat à la pudeur [5]. Quant aux faits n'intéressant pas la personne physique, on ne peut guère citer que la menace de la servitude [6]

patronum suum ingrata facta, sciens se ingratam, cum de suo statu periclitabatur, aliquid patrono dederit, vel promiserit, ne in servitutem redigatur : cessat edictum, quia hunc sibi metum ipsa infert. »

[1] ULPIEN, loi 3, § 1, Dig. Quod metus causa, 4, 2 : « Sed vim accipimus... non eam, quam magistratus recte intulit, scilicet jure licito et jure honoris, quem sustinet... »

[2] PAUL, loi 155, § 1, Dig. de diversis regulis juris, 50, 17 : « Non videtur vim facere qui suo jure utitur et ordinaria actione experitur. »

[3] ULPIEN, loi 12, § 1, Dig. Quod metus causa, 4, 2 « Quæri poterit an etiam ei, qui vim fecerat, passo vim restitui Prætor velit per hoc edictum ea quæ alienavit ? Et Pomponius scribit lib. xxviii, non oportere ei Prætorem opem ferre. Nam, cum liceat, inquit, vim vi repellere : quod fecit passus est.... »

[4] ULPIEN, loi 3, § 1, loi 7, § 1 ; PAUL, loi 8, pr. Dig. quod metus causa 4, 2 ; Ulpien, loi 3, Dig. ex quibus causis majores, 4, 6. — Au Code, loi 7, de his quæ vi metusve causa, 2, 20, et loi 13, de transactionibus, 2, 4.

[5] PAUL, loi 8, § 2, Dig. Quod metus causa, 4, 2.

[6] PAUL, loi 4, Dig. Quod metus causa, 4, 2.

ou la menace d'une suppression de pièce qui rendrait possible une *vindicatio in servitutem* [1].

Toute menace qui ne se serait adressée qu'à la réputation ou aux biens n'aurait pas été considérée comme suffisante [2].

Il fallait enfin que cette menace, qui avait pourtant de si graves objets, fût certaine, propre à effrayer un homme courageux : c'est du moins ce que dit Gaius : « *Metum autem non vani hominis, sed qui merito et in hominem constantissimum cadat, ad hoc edictum pertinere dicemus* [3] ». Il était bon, en effet, de ne pas venir au secours de peurs imaginaires [4] : mais la règle telle qu'elle est posée par Gaius semble sévère, et elle a dû s'adoucir avec le temps, si l'on en croit un texte d'Ulpien ainsi conçu : « *Metus autem causa abesse videtur : qui justo timore mortis vel cruciatus corporis conterritus abest : et hoc ex affectu ejus intelligitur. Sed non sufficit quolibet terrore abductum timuisse, sed hujus rei disquisitio judicis est* [5]. » Au lieu de s'apprécier d'une manière abstraite, la *metus* aurait

---

[1] Paul, loi 8, § 1, Dig. Quod metus causa, **4, 2**.

[2] Ulpien, loi 7, pr. Dig. Quod metus causa, **4**, 2 : « Nec timorem infamiæ hoc edicto contineri ; Pedius dicit lib. vii, neque alicujus vexationis timorem per hoc edictum restitui.... » Voyez encore, à notre titre, au Code, la loi 10.

[3] Loi 6, Dig. Quod metus causa, **4**, 2.

[4] Ulpien, loi 7, pr. Dig. Quod metus causa, **4**, 2 «.... Proinde si quis meticulosus rem nullam frustra timuerit, per hoc edictum non restituitur, quoniam neque vi, neque metus causa factum est. » Il n'était pas nécessaire que le mal dont on était menacé fût immédiat, Ulpien, loi 1, eod. tit. ; mais il fallait toujours une crainte actuelle : Ulpien, loi 9, pr. eod. tit. : « Metum autem præsentem accipere debemus, non suspicionem inferendi ejus... »

[5] Loi 3, Dig. ex quibus causis majores, **4**, 6.

fini par s'apprécier à un point de vue personnel et subjectif.

Mais il importait peu que cette *metus* ainsi caractérisée provînt d'un danger couru par la personne elle-même ou par ses enfants : « *cum pro affectu parentes magis in liberis terreantur* [1]. »

Il était également indifférent que la crainte eût été provoquée par un particulier ou par une personne morale [2], par une personne libre ou par un esclave [3], par l'adversaire à l'instance ou par un tiers [4].

Il va de soi que la violence devait être prouvée par la personne qui se prétendait victime [5].

[1] Paul, loi 8, § 3, Dig. quod metus causa, 4, 2.

[2] Ulpien, loi 9, § 1, Dig. quod metus causa 4, 2 : « ... Et ideo sive singularis sit persona, quæ metum intulit, vel populus, vel curia, vel collegium, vel corpus : huic edicto locus erit. »

[3] Ulpien, loi 16, § 1, Dig. Quod metus causa, 4, 2 : « Sed si servi metum adhibuerint, noxalis quidem actio ipsorum nomine erit.. »

[4] Ulpien, loi 14, § 3, Dig. quod metus causa, 4, 2. « In hac actione, non quæritur, utrum is qui convenitur an alius metum fecit... »

[5] Loi 13, C. de transactionibus, 2, 4 ; loi 9, C. de his quæ vi, 2, 20.

CHAPITRE DEUXIÈME

Il ne suffisait pas, pour qu'il y eût lieu à l'*in integrum
restitutio*, qu'il existât une *justa causa* dans le sens qui a
été indiqué au chapitre précédent, notamment qu'il y eût
metus. C'était là, sans doute, la première et la plus importante condition : mais d'autres conditions secondaires devaient s'y ajouter. Celles-ci, d'ailleurs, n'apparaissent guère
que comme des corollaires de celle-là : et toutes ensemble
peuvent se confondre dans l'idée unique qui sert de fondement à l'*in integrum restitutio* : une opposition entre
l'équité et le droit rigoureux.

Ces conditions, qui devaient s'ajouter à la *justa causa*,
étaient au nombre de trois. Il fallait que la personne qui
demandait l'*in integrum restitutio*, eût subi une lésion
et en fît la preuve. Il fallait qu'il existât une relation directe entre la lésion subie et le fait invoqué comme motif de restitution. Il fallait enfin qu'aucun principe d'une
portée absolue ne vînt mettre positivement obstacle au bénéfice de l'*in integrum restitutio*.

Nous ne trouverons pas, sur ces trois conditions, de renseignements très abondants à nos deux titres du Digeste et du
Code. Une première raison de ce fait peut être tirée de la

circonstance toute naturelle qu'un acte entaché de violence est presque inévitablement un acte préjudiciable pour la personne à qui il a été imposé. On ne recourt pas d'ordinaire à la violence contre une personne pour un but désintéressé ou bienveillant. Cette même raison permet d'établir facilement le rapport qui doit exister entre la violence et le préjudice éprouvé. L'existence des deux premières conditions qui doivent s'ajouter à la *justa causa* se trouve donc, au cas de violence, démontrée la plupart du temps par l'hypothèse même : ainsi s'explique que l'on ne rencontre, sur ces deux conditions, aucun développement particulier dans nos textes. Quant à la troisième condition, s'il faut encore chercher pour elle dans d'autres titres des considérations circonstanciées, le motif en est que les jurisconsultes romains étudiaient les éléments de l'*in integrum restitutio* dans les espèces où elle était le plus fréquemment employée : et le cas de violence était, en somme, un des plus rares dans la pratique. Nous verrons, cependant, que, en ce qui concerne cette troisième condition, l'*in integrum restitutio quod metus causa* présentait, sur un point, une particularité remarquable.

En premier lieu, donc, il fallait une lésion. Les exemples que fournissent ceux des textes de nos titres qui visent plus particulièrement l'*in integrum restitutio* sont très apparents, si apparents même, que la lésion n'est pas spécialement relevée, mais est tout simplement sous-entendue. C'est ainsi que nous trouvons le cas d'une promesse par stipulation, le cas d'une extorsion de fonds [1] : le préjudice est, là, égal au montant de la promesse indue

---

[1] ULPIEN, loi 9, § 3, Dig. Quod metus causa, **4**, 2. Loi 2 au Code, de his quæ vi metusve causa, **2**, 20.

ou de la somme extorquée. Une hypothèse de ce genre, un peu plus détaillée, est celle d'un usurier qui avait tenu enfermé un athlète, jusqu'à ce que celui-ci se fût engagé au delà de la somme qu'il devait [1]. Un autre exemple de lésion est celui d'une acceptilation ou d'une libération sous une autre forme consentie par un créancier à son débiteur [2] : le préjudice s'élève ici au montant de la dette dont la libération est procurée sans paiement. En matière de succession, nous trouvons les deux exemples inverses de l'adition et de la répudiation forcée, la première imposant à l'héritier la charge de dettes supérieures à l'actif et dont il aurait voulu s'exonérer, la seconde, le privant de l'émolument d'une succession avantageuse au profit des personnes appelées à son défaut [3]. Une hypothèse assez obscure de vente imposée est mentionnée au Digeste [4] : ces hypothèses sont très nombreuses au Code : il est encore si facile de voir, là, où est la lésion que les textes n'en disent, rien [5] : l'un cependant s'explique pour tous : « *Nam si adhibita vi compulsi sunt possessiones suas, quæ majore valebant, minimo distrahere...* [6] ». L'obligation spé-

---

[1] Ulpien, loi 23, § 2, Dig. Quod metus causa, **4**, 2 : « Si fœnerator inciviliter custodiendo athletam, et a certaminibus prohibendo, cavere compulerit, ultra quantitatem debitæ pecuniæ ; his probatis competens judex rem suæ æquitati restitui decernat. » Ce texte semblerait pouvoir aussi bien s'appliquer à l'action qu'à l'*in integrum restitutio quod metus causa* : nous l'attribuons néanmoins à celle-ci, en argumentant des mots « competens judex..., decernat. »

[2] Ulpien, loi 9, § 4, Dig. Quod metus causa, **4**, 2.

[3] Paul, loi 21, § 5 et 6, Dig. Quod metus causa, **4**, 2.

[4] Ulpien, loi 23, § 1, Dig. Quod metus causa, **4**, 2.

[5] Loi 3, loi 8, Code, De his quæ vi metusve causa, **2**, 20.

[6] Loi 5, Code, De his quæ vi metusve causa, **2**, 20.

cialement désavantageuse imposée à l'une des parties peut d'ailleurs se rencontrer dans toute espèce de contrat : et, à ce point de vue, deux textes du Code, font une énumération, dont la portée ne peut être évidemment qu'indicative [1]. Les autres textes de nos deux titres s'occupent de l'action *quod metus causa* et les exemples qu'ils donnent restent à très peu de chose près ceux qui ont été signalés pour l'*in integrum restitutio* : remise d'une chose ou d'une somme [2], engagement par stipulation [3], paiement indu [4], libération par acceptilation [5]. Cependant, deux textes qui s'occupent visiblement de l'action *quod metus çausa* concernent deux hypothèses qu'il est intéressant de signaler, parce qu'elles auraient très bien pu donner lieu à l'*in integrum restitutio* : la première est celle de la résiliation d'un contrat provoquée par celui des contractants qui en trouvait pour lui l'exécution onéreuse [6], et la seconde est celle de la perte d'un usufruit ou d'une servitude [7].

S'il n'y a pas, dans nos deux titres, d'analyse détaillée de la lésion, et si la lésion est ordinairement établie par les circonstances mêmes des espèces proposées, ce n'est pas

---

[1] Loi 7, et loi 12, Code, de his quæ vi metusve causa, **2**, 20.

[2] Loi 7, § 1 ; loi 8, pr. § 1 et § 2 ; loi 9, pr., loi 9, § 5, § 7 ; loi 14, § 3, § 12 ; loi 21, § 2, Dig. Quod metus causa, **4**, 2.

[3] Loi 7, § 1 ; loi 9, § 3, § 7 ; loi 12, § 1 ; loi 14, § 6, § 8, § 9, § 14 ; loi 21, § 3, Dig. Quod metus causa, **4**, 2.

[4] Loi 12, § 2 ; loi 14, § 14 ; loi 23, pr. et § 3, Dig. Quod metus causa, **4**, 2.

[5] Loi 9, § 7, § 8 ; loi 10 ; loi 11 ; loi 14, pr. § 3, Dig. Quod metus causa, **4**, 2.

[6] PAUL, loi 21, § 4, Dig. Quod metus causa, **4**, 2.

[7] ULPIEN, loi 9, § 7. Dig. Quod metus causa, **4**, 2.

à dire, pourtant, que la nécessité de l'existence de la lésion ne s'y trouve pas expressément mentionnée. Elle l'est d'abord dans un premier texte, écrit pour l'action *quod metus causa* : il s'agit d'un créancier qui a obligé par la violence son débiteur à le payer : Ulpien, rapportant l'opinion de Julien, décide que le débiteur n'aura pas le secours de l'édit, « *propter naturam metus causa actionis quæ damnum exigit* [1] ». Or, à ce point de vue, ce qui est vrai de l'action est vrai également de l'*in integrum restitutio*. Elle l'est encore dans un second texte, qui, vu sa place, doit se référer à l'action, mais qui, par la généralité de ses termes, pourrait être aussi appliqué à l'*in integrum restitutio* : « *Item, si cum exceptione adversus te perpetua tutus essem, coegero te acceptum mihi facere, cessare hoc Edictum, quia nihil tibi abest.* [2]»

La notion même de la lésion implique qu'il n'y aurait pas lieu à l'*in integrum restitutio* dans une hypothèse fort simple, mais qui, cependant, au premier abord, peut paraître douteuse, puisque Ulpien a cru bon de la discuter après Pomponius : les deux jurisconsultes tombent d'ailleurs d'accord pour donner la même solution. Une personne menacée de violences et impuissante à se protéger elle-même, demande ou accepte le secours d'une tierce personne : pour reconnaître ce service, la personne menacée remet à celle qui l'a délivrée un objet ou une somme, ou prend envers elle un engagement par stipulation. Il faut remarquer que, dans l'espèce, si les violences ne viennent pas du bénéficiaire, il n'y en a pas moins *metus*, et il importe peu de savoir par qui cette *metus* a été

---

[1] ULPIEN, loi 12, § 2, Dig. Quod metus causa, 4, 2.

[2] ULPIEN, loi 14, § 1, Dig. Quod metus causa, 4,2.

provoquée. Néanmoins, le secours promis par l'édit ne
sera pas accordé ; et la raison en est qu'il n'y a pas lésion,
la personne gratifiée n'a point porté préjudice à la personne violentée, elle n'a reçu que le salaire légitime d'un
service rendu [1].

Voilà les seuls renseignements directs qui existent sur
la lésion dans l'*in integrum restitutio quod metus causa.*
On voit assez qu'ils sont sommaires et se bornent à prévoir
l'essentiel. Comme l'idée qu'ils donnent de la lésion est insuffisante, il convient de compléter brièvement ces premières notions par des emprunts faits à des textes relatifs
à d'autres *in integrum restitutiones.*

C'est ainsi que, en matière de procédure [2], une personne
peut éprouver, dans des cas assez divers, un préjudice
sérieux. Il suffit de supposer que, par crainte, elle n'a pas
obéi aux injonctions du juge, désobéissance qui a entraîné
contre elle une condamnation ; qu'elle a été empêchée de
faire appel en temps utile ; ou encore, qu'elle n'a pas osé
produire une pièce au procès [3]. Ces hypothèses nous amè-
nent naturellement à remarquer que l'*in integrum restitu-*

---

[1] ULPIEN, loi 9, § 1, Dig. Quod metus causa, **4**, 2 : «.. . Sed licet
vim factam a quocumque Prætor complectatur, eleganter tamen Pomponius ait, si, quo magis te de vi hostium, vel latronum, vel populi
tuerer, vel liberarem, aliquid a te accepero, vel te obligavero : non
debere me hoc edicto teneri, nisi ipse hanc tibi vim summisi. Cæterum,
si alienus sum a vi, teneri me non debere : ego enim operæ potius
meæ mercedem accepisse videor. » Voyez encore PAUL, sent. lib. I,
tit. VII, § 5.

[2] On ne pourrait guère citer comme présentant l'exemple d'une lésion relative à la procédure la loi 14, § 8, à notre titre au Digeste.

[3] PAUL, loi 36 ; ULPIEN, loi 7, § 11 et 12 ; HERMOGÉNIEN, loi 8, Dig.
De minoribus viginti quinque annis, **4**, 4 ; ULPIEN, loi 9, § 4, Dig. de
jurejurando, **12**, 2.

tio peut avoir lieu, malgré la teneur de l'édit, aussi bien contre une omission que contre un acte accompli, un *gestum* [1]. Elles nous permettent aussi d'affirmer que l'*in integrum restitutio* se donne même contre un jugement[2]. Il en serait ainsi, alors même que le jugement aurait été prononcé par le magistrat de qui le bénéfice de l'*in integrum restitutio* serait imploré[3]. Cette décision s'explique aisément : le résultat obtenu est analogue à celui que produirait un appel interjeté [4], et il n'implique aucune idée défavorable contre le magistrat dont la sentence est attaquée par cette voie : on suppose simplement que cette sentence a été mal rendue, non par l'impéritie du magistrat, mais par le fait de la partie qui n'a pas pu produire tous ses moyens de défense[5].

Il convient encore de citer un texte qui, dans sa for-

---

[1] SAVIGNY, tome VII, p. 125, 126.

[2] JULIEN, loi 18, D. de interrogationibus, 2, 1 : « Qui ex parte dimidia heres erat, cum absentem coheredem suum defendere vellet, ut satisdationis onus evitare possit, respondit se solum heredem esse et condemnatus est : quærebat actor, cum ipse solvendo non esset, an rescisso superiore judicio, in eum qui revera heres erat, actio dari deberet ? Proculus respondit, rescisso judicio, posse agi. Idque est verum. »

[3] ULPIEN, loi 16, § 5 ; HERMOGÉNIEN, loi 17 ; ULPIEN, loi 18 ; MODESTIN, loi 29, § 1 ; ULPIEN, loi 42, Dig. de minoribus viginti quinque annis, 4, 4 ; MACER, loi 8, Dig. de in integr. restitut, 4, 1.

[4] ULPIEN, loi 42, Dig. de minoribus viginti quinque annis, 4, 4.

[5] HERMOGÉNIEN, loi 17, Dig. de minoribus viginti quinque annis, 4, 4 : » Præfecti etiam prætorio ex sua sententia in integrum possunt restituere : quamvis appellari ab his non possit. Hæc idcirco tam varie, quia appellatio quidem iniquitatis sententiæ querèlam : in integrum vero restitutio erroris proprii, veniæ petitionem, vel adversarii circumventionis allegationem continet. »

mule générale, comprend l'*in integrum restitutio quod metus causa* et concerne une hypothèse assez spéciale. On sait que le paiement fait par erreur dans les hypothèses où *lis inficiando crescit in duplum* ne donne pas le droit d'exercer la *condictio indebiti* : Gaius nous dit que, en pareil cas, le mineur peut demander l'*in integrum restitutio* à l'effet d'obtenir une action utile en répétition, et il ajoute qu'il en est de même des majeurs, s'ils invoquent de justes causes ; ces expressions peuvent certainement désigner le cas où le paiement indu est fait sous l'empire de la crainte [1].

Etait-il nécessaire que la lésion fût importante ou suffisait-il d'une lésion quelconque? La première de ces solutions a été soutenue par argument de ce que décident certains textes en matière de dol ou d'action rédhibitoire [2]. Mais cet argument n'a pas de portée, parce qu'il est emprunté à des matières influencées par des considérations particulières, ou nettement réglementées. Il est plus que probable que le magistrat devait apprécier lui-même, dans chaque cas, s'il y avait lésion suffisante, et qu'il se préoccupait sans doute moins de savoir si la lésion était importante que de vérifier si elle était bien caractérisée.

A l'appui de cette conjecture, on peut faire valoir que

---

[1] GAIUS, loi 25, pr, Dig. de minoribus viginti quinque annis, **4, 4** : « Illud nullam habet dubitationem, quin minor, si non debitum solverit ex ea causa, ex qua jure civili repetitio non est danda, sit ei utilis actio ad repetendum : cum et majoribus viginti quinque annis justis ex causis dari solet repetitio. » Voyez Burchardi, p. 373.

[2] VANGEROW, cité par STAEDTLER, p. 10 à 13 ; ULPIEN, loi 9, § 5 ; PAUL, loi 10 ; ULPIEN, loi 11, pr. Dig. de dolo malo, **4, 3** ; ULPIEN, loi 1, § 8 ; loi 4, § 6 ; loi 10, § 2 ; PAUL, loi 11 ; POMPONIUS, loi 48, § 8, Dig. de ædilitio edicto, **21, 1**.

l'*in integrum restitutio* était accordée non-seulement pour une perte que l'on pouvait exactement évaluer, mais encore toutes les fois qu'un droit certain et d'une réalisation sûre était transformé en un droit douteux, moins fortement garanti, ou pouvant donner lieu à un procès[1].

C'est encore à la même conclusion que permet d'aboutir la solution fournie à la question de savoir si l'*in integrum restitutio* est donnée pour le seul gain manqué, comme elle est donnée pour la diminution effective du patrimoine. Un argument, un peu trop promptement tiré de quelques textes relatifs aux mineurs [2], a fait croire à certains interprètes qu'il y avait sur ce point une différence spéciale entre cette *in integrum restitutio* et les autres, et que les mineurs pouvaient seuls recourir au bénéfice extraordinaire accordé par le préteur, au cas où il y avait uniquement le préjudice d'un gain non réalisé. Mais d'autres textes ont fait rejeter cette doctrine, montré que les mineurs ne jouissaient d'aucune faveur spéciale, et que, si une distinction devait être faite, c'était à un autre point de vue. Le gain manqué peut donner lieu à l'*in integrum restitutio*, toutes les fois qu'il peut être remis à celui qui le réclame, sans qu'il y ait atteinte à un droit déjà acquis à un tiers : il n'y donne pas lieu dans le cas contraire. Par exemple, aucune restitution n'est accordée contre la perte d'une action pénale, parce qu'elle appau-

---

[1] GAIUS, loi 27, § 3. Dig. de minoribus viginti quinque annis, 4, 4 : « Ex hoc edicto intelligimus, si damnosam sibi novationem fecerit, forte si ab idoneo debitore ad inopem novandi causa transtulerit obligationem : oportere eum in priorem debitorem restitui. » Voyez encore au même titre ULPIEN loi 6, et loi 40, pr.

[2] ULPIEN, loi 7, § 6, loi 44. Dig. de minoribus viginti quinque annis, 4, 4 ; PAUL, loi 17, § 3. Dig. de usuris, 22, 1.

vrirait le défendeur de tout ce qu'obtiendrait le demandeur,
ni contre une usucapion non accomplie, parce qu'elle dé-
pouillerait le propriétaire d'un bien qu'il avait le droit de
conserver [1]. Mais, en sens inverse, l'*in integrum restitutio* serait donnée à l'effet de recueillir le bénéfice d'une
succession ou d'un legs non encore accepté [2].

Enfin il semble bien qu'un intérêt moral ou d'affection
blessé pouvait constituer une lésion donnant lieu à l'*in integrum restitutio* [3].

De même que la partie devait prouver qu'il y avait eu
metus, de même elle devait établir l'existence de la lésion [4]

[1] Paul, loi 18, Dig. ex quibus causis majores, 4,6 : « Sciendum est
quod in his casibus restitutionis auxilium majoribus damus, in quibus
rei duntaxat persequendæ gratia queruntur : non cum et lucri fa-
ciendi ex alterius pœna, vel damno, auxilium sibi impertiri desiderant. »
Voyez, sur cette loi, Cujas, tome V, p. 167. — Papinien, loi 20, au
même titre : « Nec utilem actionem ei tribui oportet ; cum sit ini-
quissimum auferre domino quod usus non abstulit. Neque enim intelligitur amissum, quod ablatum alteri non est. » Voyez encore pour les
mineurs, Tryphoninus, loi 37, pr. Dig. de minoribus viginti quinque, 4, 4.

[2] Ulpien, loi 17, pr. et § 1 ; Julien, loi 44, Dig. ex quibus causis
majores, 4, 6 ; lois 1 et 2, Code, si ut amissam hereditatem, 2, 40. -
Savigny, tome VII, p. 126 à 128.

[3] Hermogénien, loi 35, Dig. de minoribus viginti quinque annis, 4, 4 :
« Si in emptionem penes se collocatam minor adjectione ab alio
superetur : implorans in integrum restitutionem audietur, si ejus in-
teresse emptam ab eo rem fuisse adprobetur : veluti quod majorum
ejus fuisset... »

[4] Ulpien, loi 7, § 3 ; Hermogénien, loi 35 ; Ulpien, loi 44, Dig. de
minoribus viginti quinque annis, 4, 4 ; Ulpien, loi 9, § 4, Dig. de jurejurando, 12. 2 ; loi 1, Code, Si adversus venditionem, 2, 29 ; loi 5 pr.
Code, de in integr. restitut. minorum, 2, 22 : « Minoribus in integrum
restitutio, in quibus se captos probare possunt, etsi dolus adversarii
non probetur, competit. » — Voyez aussi Ulpien, loi 23, § 2, Dig. Quod
metus causa, 4, 2.

bien que certains auteurs aient prétendu qu'il suffisait d'alléguer le préjudice [1].

Après la lésion, la seconde condition exigée pour que, au cas de *metus*, l'*in integrum restitutio* fût possible, était qu'il existât une relation directe entre cette lésion subie et la *metus* éprouvée [2]. Il fallait qu'il y eût entre celle-ci et celle-là un rapport de cause à effet. Cette seconde condition se justifie d'elle-même. Si le préjudice provenait d'une autre source, comment la partie aurait-elle pu invoquer la *metus* pour obtenir réparation ? Mais comme, d'autre part, toutes les fois que des violences sont exercées, c'est pour une fin préjudiciable à la victime, il en résulte que, sur cette seconde condition, dont l'existence est immédiatement révélée, nos textes sont muets. Il faut sortir de nos titres pour trouver des hypothèses destinées à en montrer la nécessité [3]. Il est facile, cependant, en empruntant des exemples aux textes de nos titres, de montrer comment l'absence de cette condition mettrait obstacle à l'*in integrum restitutio*. Supposons une servitude ou un usufruit éteint par le non-usage : la personne qui en réclame de nouveau la jouissance affirme que le non-usage a été la conséquence de violences exercées contre elle : mais son adversaire prouve que la durée du non-usage antérieurement à ces violences a été assez prolongée pour éteindre

---

1 BURCHARDI, p. 57 à 59 et p. 448, cité par SAVIGNY, tome VII, p. 129.

2 BURCHARDI, p. 150 ; SAVIGNY, tome VII, p. 136.

3 ULPIEN, loi 11, § 4, 5, Dig. de minoribus viginti quinque annis, 4, 4 ; ULPIEN, loi 15, § 3 ; PAUL, loi 16, Dig. ex quibus causis majores, 4, 6, et surtout à ce même titre, la loi 44 de PAUL : « Is qui reipublicæ causa abest, in aliqua re læsus, non restituitur, in qua, etiam si Reipublicæ causa non abfuisset, damnum erat passurus. »

cet usufruit ou cette servitude : l'*in integrum restitutio* ne pourrait être accordée.

La troisième et dernière condition qui devait s'ajouter à la *justa causa* était une condition purement négative : il fallait que la situation juridique, dont le redressement par l'*in integrum restitutio* était demandé, ne fût pas de telle nature qu'un principe d'une portée absolue empêchât d'y porter atteinte [1]. Cette formule un peu vague comporte des applications diverses.

L'*in integrum restitutio* n'était pas possible contre les conséquences d'un délit public ou privé [2] : il semble toutefois qu'il en était autrement, lorsque le délit ne constituait qu'une simple faute [3]. Aurait-on reconnu ce dernier caractère au délit commis sous l'empire de la crainte? Nous n'avons là-dessus aucun renseignement.

Il n'y avait jamais lieu à l'*in integrum restitutio* contre un mariage contracté : il y avait la ressource du divorce [4].

L'*in integrum restitutio* ne pouvait pas davantage être donnée contre un affranchissement prononcé : la liberté, une fois obtenue, restait acquise [5]. Pour l'af-

---

[1] Savigny, tome VII, p. 124 et 143.

[2] Keller, p. 374; Savigny, tome VII, p. 144, 145; Ulpien, loi 9, § 2 et 3; Tryphoninus, loi 37, § 1, Dig. de minoribus viginti quinque annis, **4, 4**; lois 1 et 2, Code, si adversus delictum, **2, 35**.

[3] Ulpien, loi 9, § 5, Dig. de minoribus viginti quinque annis, **4, 4**; Marcien, loi 16, § 9, Dig. de publicanis, **39, 4**.

[4] Savigny, tome VII, p. 147.

[5] Keller, p. 374; Ulpien, loi 7, pr. in fine : «... nam adversus manumissum nulla in integrum restitutio potest locum habere. » Ulpien, loi 9, § 6, Dig. de minoribus viginti quinque annis, **4, 4**; lois 1, 2, 3 Code, si adversus libertatem, **2, 31**.

franchissement opéré *metu*, il faut cependant faire une remarque. Si la *metus* avait été provoquée par un tiers, la règle générale s'appliquait [1] : et la preuve en est fournie au moyen d'un argument *a contrario* tiré des deux hypothèses de violence dans lesquelles, contrairement au droit commun, l'affranchissement fait par une personne capable ne produisait aucun effet : ces deux hypothèses sont celles où l'affranchissement a été prononcé à la suite de violences exercées par l'esclave lui-même [2] ou d'objurgations adressées par la foule [3]. Le même principe général, favorable à la liberté, ne permettait pas non plus de demander l'*in integrum restitutio* contre la vente d'un esclave, si, postérieurement à l'acquisition, l'esclave avait été affranchi, ni contre le jugement qui avait déclaré libre un individu réclamé comme esclave [4]. Mais toutes les fois que la liberté n'était pas une situation déjà acquise, l'*in integrum restitutio* pouvait avoir lieu : notamment, elle pouvait être obtenue contre l'acceptation d'un legs, fait sous la charge d'affranchir tel esclave déterminé [6].

---

[1] Voyez à ce propos la grande glose et POTHIER sur ULPIEN, loi 9, § 2, Dig. Quod metus causa, **4**, 2.

[2] MARCIEN, loi 9, pr. Dig. qui et a quibus manumissi, **40**, 9 : « Ille servus liber non erit, qui coegerit, ut eum dominus manumittat, et ille perterritus scripsit, liberum eum esse. »

[3] PAUL, loi 17, pr. Dig. qui et a quibus manumissi, **40**, 9 : « Si privatus coactus a populo manumiserit, quamvis voluntatem accommodaverit, tamen non erit liber : nam et Divus Marcus prohibuit, ex adclamatione populi manumittere. »

[4] PAUL, loi 48, § 1, Dig. de minoribus viginti quinque annis, **4**, 4 ; MACER, loi 9, Dig. de appellationibus, **49**, 1 ; Loi 4, Code, si adversus libertatem, 2, 31.

[5] ABURNIUS VALENS, loi 33, Dig. de minoribus viginti quinque annis, **4**, 4 : « Si minor viginti quinque annis servum suum, qui pluris, quam

L'*in integrum restitutio* n'était pas non plus possible, toutes les fois que les règles ordinaires du droit
permettaient d'obtenir réparation de la lésion éprouvée [1].
En pareil cas, en effet, la partie n'était pas désarmée, il
n'y avait point d'opposition entre l'équité et le droit strict.
L'existence d'un moyen de droit régulier excluait *ipso
facto* la nécessité d'un secours exceptionnel. L'*in integrum restitutio* est un moyen subsidiaire par définition [2].
Cette règle fondamentale doit cependant être entendue avec
un certain tempérament : et c'est ici que nous allons trouver la particularité signalée au début de ce chapitre,
relative à l'*in integrum restitutio quod metus causa*. Malgré l'existence d'un moyen de droit ordinaire, le recours
à l'*in integrum restitutio* est admis, lorsque celle-ci peut
procurer une réparation plus complète [3]. Or, l'action *quod
metus causa* était une action arbitraire : elle était insuffisante, lorsqu'à raison de l'insolvabilité du défendeur [4] ou
de la multiplicité des rapports juridiques engagés dans le

in testamento ei legatum sit, manumittere rogatus fuerit, et legatum
acceperit : non cogendum præstare libertatem, si legatum reddere pa-
ratus sit, Julianus respondit ut, quemadmodum majoribus liberum
sit, non accipere, si noluit manumittere, sic huic reddenti legatum
necessitas manumittendi remittatur. »

[1] SAVIGNY, tome VII, p. 148.

[2] ULPIEN, loi 16, pr. Dig. de minoribus viginti quinque annis, 4, 4 :
« In causæ cognitione etiam hoc versabitur, num forte alia actio possit
competere citra in integrum restitutionem. Nam si communi auxilio
et mero jure munitus est, non debet ei tribui extraordinarium auxilium : utputa cum pupillo contractum est sine tutoris auctoritate, nec
locupletior factus est. »

[3] SAVIGNY, tome VII, p. 149 ; STAEDTLER, p. 15.

[4] GAIUS, loi 6, Dig. de dolo molo, 4, 3 : « Nam is nullam videtur
actionem habere, cui propter inopiam adversarii inanis actio est. »

débat, le demandeur risquait de ne rien obtenir ou de n'arriver à un résultat qu'après de longues difficultés : l'*in integrum restitutio* donnait une solution immédiate dans ces deux cas. Aussi les textes nous montrent-ils que l'intéressé pouvait, à son choix, user de l'*in integrum restitutio*, ou de l'action [1].

Enfin, un texte d'une portée générale donne à entendre que l'*in integrum restitutio*, même fondée, ne devrait pas être accordée, si, pour réparer un léger préjudice, elle devait aboutir à un plus grand dommage pour des tiers [2]. C'est là une recommandation toute naturelle dans une matière exorbitante du droit commun, comme l'*in integrum restitutio* : mais elle ne devait que rarement pouvoir s'appliquer à l'*in integrum restitutio quod metus causa*.

---

[1] ULPIEN, loi 9, § 3 et 4 ; PAUL, loi 21, § 6, Dig. Quod metus causa, 4, 2.

[2] CALLISTRATE, loi 4, Dig. de in integrum restitut. 4, 1 : « Scio illud a quibusdam observatum, ne propter satis minimam rem, vel summam si majori rei vel summæ præjudicetur, audiatur is qui in integrum restitui postulat. »

CHAPITRE TROISIÈME.

L'importance capitale du rôle du magistrat dans l'*in integrum restitutio* impose de commencer l'étude de la procédure à laquelle elle était soumise par l'indication des magistrats qui avaient qualité pour l'accorder.

Il n'existe sur ce point aucune incertitude : seuls, les magistrats supérieurs étaient compétents. Et si, avec la marche du temps, d'autres magistrats ont été appelés à statuer en matière d'*in integrum restitutio*, il faut voir là un des effets du mouvement général qui a transformé la procédure romaine, fait disparaître l'ancien *ordo judiciorum* et finalement confondu les attributions du magistrat et du juge.

Primitivement, les préteurs seuls ont eu le pouvoir d'accorder l'*in integrum restitutio*. On parle aussi quelquefois des consuls, à raison des origines communes du consulat et de la préture [1] : on ne trouve cependant pas de trace ancienne de cette attribution des consuls, laquelle est mentionnée seulement dans un rescrit d'Antonin le Pieux, c'est-à-dire à une époque où les fonctions des divers magis-

---

[1] STAEDTLER, p. 118.

trats avaient été profondément bouleversées [1]. Dans les provinces, le gouverneur jouissait de la prérogative attribuée au préteur à Rome.

Avec les débuts de l'empire, le nombre des magistrats compétents pour accorder l'*in integrum restitutio* augmente un peu. Il faut d'abord signaler les préteurs institués pour des affaires d'une certaine nature, tels que le *prœtor fideicommissarius* [2], le *prœtor tutelaris* [3] : la connaissance des *in integrum restitutiones*, qui pouvaient être demandées dans le cercle des intérêts dont ils étaient spécialement chargés, leur revenait naturellement [4]. Il faut, en second lieu, nommer le *prœfectus urbi* et le *prœfectus prœtorio* [5]. Dans les provinces, c'est toujours le gouverneur qui accorde l'*in integrum restitutio* : mais il y a lieu désormais de distinguer les *prœsides provinciarum* qui administrent les provinces réservées au Sénat, et les *legati principis* qui administrent les provinces attribuées à l'empereur [6], et il convient d'ajouter que, lorsque l'*in integrum restitutio* était demandée contre le fisc, le *procutaror Cœsaris* devait être saisi concurremment

---

[1] ULPIEN, loi 30, pr. Dig. de adquir. vel omitt. hered. 29, 2 : « Cum quidam legationis causa absens filium heredem institutum non potuisset jubere adire in provincia agentem, Divus Pius rescripsit consulibus subvenire ei oportere... »

[2] Créé par AUGUSTE : ACCARIAS, tome I, p. 1107.

[3] Créé par Marc-Aurèle : ACCARIAS, tome I, p. 348.

[4] STAEDTLER, p. 120.

[5] ULPIEN, loi 16, § 5 ; HERMOGÉNIEN, loi 17, Dig. de minoribus viginti quinque annis, 4, 4.

[6] ULPIEN, loi 8, Dig. de officio proconsulis, 1, 1 ; HERMOGÉNIEN, loi 10, Dig. de officio præsidis, 1, 18 ; ULPIEN, loi 42, Dig. de minoribus viginti quinque annis, 4, 4 ; loi 2, Code, si adversus fiscum, 2, 37.

avec le *præses provinciæ* [1]. Enfin l'empereur, qui était le premier magistrat de l'empire, accordait aussi l'*in integrum restitutio* [2].

L'organisation donnée à l'empire par Constantin multiplia les divisions administratives et fit croître en même temps le nombre des magistrats compétents en notre matière : ce furent, dans les quatre préfectures, les préfets, dans les diocèses, les *vicarii* ; dans les provinces, les gouverneurs, qu'on appelait *rectores, præsides, correctores provinciæ* [3].

Mais une réforme plus importante pour le point de vue où nous sommes placés se trouve dans une constitution un peu antérieure de Dioclétien qui institua les *judices pedanei*. Ces magistrats étaient des délégués des gouverneurs de provinces qui se déchargeaient sur eux d'une partie de leurs fonctions [4]. La question de savoir si la délégation consentie à ces *judices pedanei* pouvait comporter la faculté d'accorder l'*in integrum restitutio* resta indécise jusqu'à Justinien qui la trancha par l'affirmative [5]. Dans la même constitution, Justinien donna en outre au *judex pedaneus* le droit d'accorder, sans délégation spéciale, l'*in integrum restitutio*, toutes les fois que la question se présenterait incidemment à un procès qui serait de sa compétence [6].

---

[1] Loi 2, Code, si adversus fiscum, **2**, 37.

[2] ULPIEN, loi 18, Dig. de minoribus viginti quinque annis, **4**, 4.

[3] SAED LER, p. 120-121.

[4] Loi 2, Code, de pedaneis judicibus, **3**,3.

[5] Loi 3, Code, Ubi et apud quem cognitio, **2**,47.

[6] « ... Sed ne quid penitus dubitandum relinquatur, et hoc addendum esse censemus, ut his tantum, quos supra enumeravimus, liceat de in integrum restitutione disceptare, sive hoc specialiter eis fuerit

A l'époque de Justinien, ce sont donc des magistrats d'ordres divers qui accordent l'*in integrum restitutio* : mais l'institution a pris avec les années un caractère de précision et de fixité qui prévient les abus.

A aucune époque, les magistrats subalternes n'ont eu l'aptitude nécessaire à l'exercice d'une prérogative aussi considérable : cette remarque s'applique spécialement aux magistrats municipaux [1]. A *fortiori*, le *judex*, sous la procédure formulaire, était-il obligé, lorsqu'une *in integrum restitutio* était demandée, de renvoyer l'affaire devant le magistrat qui l'avait commis [2].

Il y a lieu de relever les règles particulières qui étaient posées, lorsque la demande d'*in integrum restitutio* s'attaquait à un jugement. La demande pouvait être examinée par le magistrat même qui avait rendu le jugement, par son successeur, par un magistrat égal ou supérieur [3]. Par suite, pour obtenir l'*in integrum restitutio* contre un jugement de l'empereur ou de l'un de ses délégués immédiats,

---

mandatum ; (quod et veteribus non fuerat incognitum) vel si generaliter dati sunt judices, vel in aliis speciebus inciderit quædam quæstio restitutionis. » Voyez cependant Accarias, tome II, p. 1185, note 2.

[1] Paul, loi 26, § 1, ad municipalem, **50,1** : « Magistratibus municipalibus non permittitur in integrum restituere... »

[2] Savigny, tome VII, p. 221.

[3] Ulpien, loi 16, § 5, Dig. de minoribus viginti quinque annis, **4,4** : « Nunc videndum qui in integrum restituere possunt ? Et tam Præfectus urbi quam alii magistratus pro jurisdictione sua restituere in integrum possunt, tam in aliis causis quam contra sententiam suam.» Ulpien, loi 42, Dig. eod. tit : « Præses provinciæ minorem in integrum restituere potest, etiam contra suam, vel decessoris sui sententiam... » Voyez cependant Savigny, tome VII, p. 222.

il fallait s'adresser à l'empereur lui-même [1]. Elle n'aurait pu être soumise à un magistrat inférieur [2].

Nous savons quels magistrats avaient l'aptitude à prononcer l'*in integrum restitutio* : mais, entre ces magistrats, lequel était compétent pour telle demande déterminée? On suivait, sur ce point, les règles ordinaires des actions : no tamment, toute demande d'*in integrum restitutio* produite incidemment était renvoyée au magistrat compétent pour la demande principale [3].

La faculté d'accorder l'*in integrum restitutio* relevait-elle de l'*imperium* ou de la *jurisdictio* ? Les auteurs sont assez partagés [4], mais la question présente peu d'intérêt pratique, puisque la *jurisdictio* est elle-même une dépendance de l'*imperium*. On pourrait trancher la controverse, comme le fait un auteur [5], en rattachant cette faculté à l'*imperium mixtum*.

La qualité et le rôle prépondérant du magistrat dans l'*in integrum restitutio* ont fait dire à quelques auteurs que ce secours exceptionnel était du domaine de la grâce. L'expression est un peu équivoque, car elle pourrait faire croire qu'il s'agissait d'une faveur distribuée en quelque sorte selon le caprice du magistrat. Nous savons que les choses se passaient tout autrement : l'*in integrum restitu-*

[1] Loi 3, Code, si adversus rem judicatam, 2, 27 «... Nam adversus ejus sententiam, qui vice principis cognovit, solus princeps restituit. »

[2] ULPIEN, loi 18, Dig. de minoribus viginti quinque annis, 4,4. « Minor autem magistratus contra sententiam majorum non restituet. »

[3] SAVIGNY, tome VII, p. 222 ; STAEDTLER, p. 122.

[4] Pour l'imperium, MUIRHEAD, p. 474 ; STAEDTLER, p. 25, 26; — pour la jurisdictio, KELLER, p. 362. Comparer dans SAVIGNY, tome VII, p. 220 et p. 108.

[5] ACCARIAS, tome II, p. 647 et 648.

tio n'était accordée que lorsqu'elle paraissait fondée en équité,
le pouvoir discrétionnaire du préteur ne s'exerçait que pour
corriger les rigueurs ou les lacunes du droit strict, c'est-à-
dire dans des limites assez étroitement circonscrites ; et,
au surplus, dans les cas où l'édit, au lieu d'être conçu en
termes très généraux, indiquait les principales circonstances
pour lesquelles l'*in integrum restitutio* pourrait être obtenue, la partie intéressée, qui se trouvait dans la situation
prévue, y avait presque droit comme à une action ordinaire. L'*in integrum restitutio* n'était donc pas du domaine
de la grâce, mais du domaine du droit [1] : elle donnait lieu
à une instance ; et nous sommes ainsi amené à parler de
la procédure à laquelle elle était soumise.

Cette procédure, à l'époque du système formulaire, a
été une *cognitio extraordinaria*, ce qui veut dire que le
débat sur l'*in integrum restitutio* était tranché par le magistrat lui-même, et non soumis à la décision d'un *judex*. Un
texte placé au titre *de minoribus viginti quinque annis*,
mais dont la portée est générale, nous renseigne d'une
façon absolument précise sur ce point : « *Ex hoc edicto
nulla propria actio vel cautio proficiscitur : totum enim
hoc pendet ex prætoris cognitione* [2]. »

L'étude de la procédure de l'*in integrum restitutio* se
ramène donc à savoir en quoi consistait la *prætoria cognitio* et à quoi elle aboutissait. Le texte transcrit ci-dessus
nous montre que la partie intéressée ne pouvait réclamer du préteur l'*in integrum restitutio* au moyen de la
délivrance d'une action ou d'une exception, mais qu'elle
devait lui demander d'examiner lui-même et directement

---

[1] Doneau, tome V, col. 1242-1243 ; Savigny, tome VII, p. 121 à 123
[2] Paul, loi 24, § 5, Dig. de minoribus viginti quinque annis, **4, 4**.

l'affaire. Le magistrat donnait sa décision par un décret : ce décret terminait la *cognitio* et tranchait le débat sur l'*in integrum restitutio*. Mais, au cas où l'*in integrum restitutio* était accordée, le décret sur la *cognitio* pouvait être conçu de deux façons différentes, la procédure avoir une double issue.

En premier lieu, ce décret pouvait, en même temps qu'il admettait l'*in integrum restitutio*, procurer immédiatement à la partie le résultat qu'elle cherchait, c'est-à-dire le redressement du préjudice qu'elle avait subi [1]. Par exemple, ce décret refusait purement et simplement l'action qu'aurait demandée le bénéficiaire de la stipulation arrachée *metu*; il condamnait l'auteur de la violence à restituer les fonds qu'il avait extorqués, à effectuer le paiement dont il avait espéré s'exonérer au moyen d'une acceptilation imposée, à exécuter toute autre obligation dont il avait obtenu la libération ; ou encore, sur le vu de la pièce décisive dont la production avait été empêchée, le magistrat réformait la sentence rendue par le *judex* dont la bonne foi avait été surprise, ou bien il restituait la faculté de l'appel, lorsque le délai imparti s'était écoulé sans que l'intéressé eût été moralement libre d'user de cette voie de recours.

Mais le décret du magistrat pouvait avoir un effet moins complet : il pouvait statuer sur l'admissibilité de l'*in integrum restitutio*, trancher uniquement cette question, mais ne pas procurer par lui-même à la partie la réparation définitive. La *cognitio prætoria* aboutissait alors à la délivrance de moyens de droit, dont l'intéressé devait user

---

[1] PAUL loi 24, § 4, Dig. de minoribus, **4,4**; ULPIEN loi 39, § 6, Dig. de procuratoribus, **3,3**; Julien, loi 39, pr. Dig. de evictionibus, **21, 2**.

en suivant les voies de la procédure ordinaire. Le demandeur à l'*in integrum restitutio* n'obtenait alors une satisfaction complète, malgré l'*in integrum restitutio* accordée, que lorsque le *judex* auquel il avait été renvoyé avait rendu une sentence favorable. Le décret du magistrat ne donnait donc alors qu'un secours conditionnel, subordonné au résultat de l'instance ordinaire[1]. L'existence de cette seconde forme de procédure dans l'*in integrum restitutio* nous est directement attestée par deux textes de notre titre au Digeste : « *Volenti autem datur et in rem actio et in personam, rescissa acceptilatione vel alia liberatione*[2] ». — « *Licet tamen in rem actionem dandam existimemus, quia res in bonis est ejus qui vim passus est : verum non sine ratione dicetur, si in quadruplum quis egerit, finiri in rem actionem vel contra*[3]. » Le *judicium*, qui devait avoir lieu en conséquence du décret rendu sur la *cognitio*, est appelé *judicium rescissorium*, on trouve encore les expressions de *restitutorium judicium*, *rescissoria* ou *restitutoria actio*[4]. Ainsi, une acceptilation avait été obtenue *metu* : le magistrat la rescindait, mais au lieu de condamner directement le débiteur à payer, il restituait au créancier l'action

---

[1] Savigny, tome VII, p. 239, 240.

[2] Ulpien, loi 9 §4. Dig. Quod metus causa, **4**, 2.

[3] Ulpien, loi 9, § 6, Dig. Quod metus causa, **4**, 2.

[4] Ulpien, loi 28, § 5 et 6, Dig. ex quibus causis majores, **4**, 6 ; loi 24, Code, de rei vindicatione, **3**, 32 ; loi 18, Code, de postliminio, **8**, 51 ; Julien, loi 3, § 1, Dig. de eo per quem factum erit, **2**, 10 ; Gaius, loi 46, § 3, Dig. de procuratoribus, **3**, 3 ; Ulpien, loi 7, §3, Dig. quod falso tutore, **27**, 6. — Notons qu'il peut quelquefois y avoir une *restitutoria actio*, en dehors de toute *in integrum restitutio*, par application de règles du droit civil : Ulpien, loi 8, §9, ad senatusc. velleian. **16**, 1.

qui avait été éteinte pour obtenir par les voies ordinaires
une sentence de condamnation : ainsi, une personne avait,
par violence, obtenu la tradition d'une chose, la tradition
était anéantie par le décret, et la victime recouvrait son action *in rem* pour rentrer en possession de la chose livrée.

Il va sans dire que ces *actiones rescissoriæ* étaient des
actions utiles et qu'elles étaient fictices : la fiction consistait à réputer non avenu l'acte accompli *metu* [1]. Les
commentateurs modernes de l'édit hésitent sur la façon
dont la formule de ces actions était rédigée et aussi sur
le point de savoir si une formule même était proposée
dans l'édit. Rudorff a proposé la formule suivante : « *Judex esto. Si vis metusve causa factum non esset ut $A^s A^s$
fundum quo de agitur $N^o N^o$ mancipio daret, tum si paret
illum fundum*..... »[2]. Avec cette rédaction, le juge n'aurait
eu à connaître ni de la mancipation accomplie, ni de la
violence employée : ces questions auraient été résolues
par le magistrat lui-même. Lenel, qui estime qu'une formule n'était pas proposée dans l'édit et que le préteur se
préoccupait, dans chaque cas particulier, d'assurer son intervention, émet cependant cette conjecture que, peut-être,
le préteur s'en remettait au juge pour la recherche de la
metus ; et il pense qu'alors la formule aurait dû être rédigée dans les termes suivants : « *Si quem fundum $A^s A^s$
$N^o N^o$ metus causa mancipio dedit, eum is mancipio non
dedisset, tum si paret...* [3] ». Mais aucun témoignage n'autorise à penser que le *judex* ait jamais eu à se prononcer sur un des éléments de l'*in integrum restitutio*.

---

[1] ZIMMERN, p. 315 ; KELLER, p. 362.

[2] RUDORFF, p. 55, 56.

[3] LENEL, das Edictum perpetuum, p. 90, 91.

Cette controverse sur la rédaction de la formule et sur l'étendue de la tâche qui était attribuée au juge de l'*actio rescissoria* nous amène à nous demander pour quelles raisons le préteur, tantôt terminait tout le débat par son décret, tantôt ne rendait de décret que pour accorder l'*in integrum restitutio* et laissait à la partie le soin de poursuivre la réparation cherchée au moyen des voies ordinaires dont il lui avait restitué l'exercice. Nous n'avons pas d'autre renseignement sur ce point dans les textes, sinon que le préteur usait de l'un ou de l'autre procédé à son gré [1]. Il est probable que les circonstances de la cause devaient jouer un rôle assez important, et que la nécessité de rendre en temps utile le décret sur la *cognitio* devait quelquefois obliger le préteur à procéder par voie de *judicium rescissorium*, dans les hypothèses où de nombreuses questions de fait étaient à élucider, où les parties avaient des comptes respectifs à apurer [2]. Mais une raison d'un ordre plus général permet de penser que la voie du *judicium rescissorium* devait être la plus ordinairement suivie, à savoir que le préteur n'a pas dû sans motif enlever à la procédure régulière ce qui pouvait lui être laissé, et qu'il lui suffisait de trancher la question d'*in integrum restitutio* au moyen de la *cognitio* [3].

---

[1] ULPIEN, loi 13, §1, Dig. de minoribus viginti quinque annis, 4, 4 : « Interdum autem restitutio et in rem datur minori, id est adversus rei ejus possessorem, licet cum eo non sit contractum. Ut puta rem a minore emisti et alii vendidisti : potest desiderare interdum adversus possessorem restitui, ne rem suam perdat, vel re sua careat ; et hoc vel cognitione prætoria, vel rescissa alienatione, dato in rem judicio... »

[2] ACCARIAS, tome II, p. 1191, n° 947.

[3] SAVIGNY, p. 244. — Si cette considération est exacte, elle détruit

Après la disparition du système formulaire, cette distinction de la *cognitio prœtoria* et du *judicium rescissorium* a cessé d'être aussi apparente dans les formes, mais elle s'est en réalité maintenue : l'admission de l'*in integrum restitutio* a nécessairement fait l'objet d'un débat ou d'une décision préliminaire, avant le débat et la décision sur le fond [1].

Nous avons jusqu'ici supposé des *actiones rescissoriœ* Mais il pouvait très bien arriver que le décret du préteur sur la *cognitio* eût pour objet la dation d'une exception ou d'une réplique [2]. Par exemple, je suis rentré en possession de la chose qui m'avait été extorquée par violence : sur la revendication de l'auteur de la violence, j'opposerai une exception [3]. J'ai été contraint de déférer un serment qui m'a porté préjudice : je poursuis la personne qui en a profité et qui m'oppose l'exception *jurisjurandi* : l'*in integrum restitutio* me procurera contre cette exception une réplique [4].

La demande d'*in integrum restitutio* constituait une instance véritable. Il fallait que l'adversaire eût été régu-

---

l'argument que BURCHARDI prétend tirer de la rapidité de la procédure dans les *in integrum restitutiones* en faveur de sa théorie sur leur développement progressif.

[1] ZIMMERN, p. 343.

SAVIGNY, tome V, p. 242.

[3] PAUL, loi 28, § 5, Dig. ex quibus causis majores, 4, 6 : « Exemplo rescissoriæ actionis etiam exceptio ei, qui Reipublicæ causa abfuit, competit : forte si res ab eo possessionem nacto vindicentur. »

[4] ULPIANUS, loi 9, § 4, Dig. de jurejurando, 12, 2 : « Si minor viginti quinque annis detulerit, et hoc ipso captum se dicat, adversus exceptionem jurisjurandi replicari debebit, ut Pomponius ait. Ego autem puto hanc replicationem non semper esse dandam sed plerumque ipsum præto rem debere cognoscere an captus sit et sic in integrum restituere... »

lièrement cité dans les formes usitées pour la procédure extraordinaire : s'il ne comparaissait pas, le jugement était rendu par défaut [1]. Le défendeur pouvait se faire représenter par un procureur, qui devait fournir caution [2]. Le demandeur avait aussi la faculté de se faire représenter [3] : mais le caractère exceptionnel de l'*in integrum restitutio* avait fait introduire une exigence particulière : le représentant devait être muni d'un pouvoir spécial [4], sauf, cependant, le père agissant en raison des responsabilités qu'il pouvait encourir *de peculio* [5].

La décision du magistrat sur l'*in integrum restitutio* pouvait faire l'objet d'un appel [6].

Il convient de remarquer aussi que, sans recourir à l'appel, l'intéressé pouvait demander l'*in integrum resti-*

---

[1] ULPIEN, loi 13, pr. in fine, Dig. de minoribus viginti quinque annis, **4, 4** : « Causa enim cognita, et præsentibus adversariis, vel si per contumaciam desint, in integrum restitutiones perpendendæ sunt. » Loi 1, Code, si adversus dotem, **2, 34**.

[2] PAUL, loi 26, § 1, Dig. de minoribus viginti quinque annis, **4, 4**.

[3] Lex unica, au Code, etiam per procuratorem, **2, 49**.

[4] GAIUS, loi 25, § 1, Dig. de minoribus viginti quinque annis, **4, 4** : « Si talis interveniat juvenis, cui præstanda est restitutio : ipso postulante præstari debet, aut procuratori ejus cui id ipsum nominatim mandatum sit : qui vero generale mandatum de universis negotiis gerendis allegat, non debet audiri. » Voyez au même titre PAUL, loi 26 pr. et au Code, loi unique, etiam per procuratorem, **2, 49**.

[5] GAIUS, loi 27, pr. Dig. de minoribus viginti quinque annis, **4, 4** : « Patri pro filio omnimodo præstanda restitutio est, licet filius restitui nolit : quia patris periculum agitur, qui de peculio tenetur... »

[6] Loi 1, Code, si sæpius in integrum, **2, 44** : « Si post sententiam proconsulis contra vos latam desiderastis in integrum restitui, nec obtinuistis : frustra rursus ut ea quæstio in integrum restitutionis agitetur desideratis; appellare enim debuistis, si vobis sententia displicebat... »

tutio contre une première restitution obtenue et à l'effet d'annuler celle-ci [1] : cette solution se justifie par la remarque, déjà faite, qu'alors la partie ne s'en prend pas au magistrat, mais à elle-même et invoque l'erreur qu'elle a commise dans la défense de ses intérêts. Quelquefois, l'hypothèse est telle, qu'une seconde *in integrum restitutio* n'est pas nécessaire et qu'il suffit d'opposer à l'adversaire, qui demande l'exécution de la première, une exception [2].

Mais le refus de l'*in integrum restitutio* ne peut donner lieu à une seconde demande en restitution, parce qu'autrement les demandes pourraient se succéder indéfiniment. La partie n'a que la ressource de l'appel contre ce refus, à moins toutefois que la demande nouvelle ne soit fondée sur d'autres motifs [3].

---

[1] ULPIEN, loi 7, § 9, Dig. de minoribus viginti quinque annis, **4, 4** : « Restitutus autem, cum se hereditati misceat, vel eam adeat, quam repudiavit, rursus restitui poterit ut se abstineat et hoc et rescriptum et responsum est. »

[2] JULIEN, loi 41, au Dig, de minoribus viginti quinque annis, **4, 4** : « Si judex circumvento in venditione adolescenti jussit fundum restitui, eumque pretium emptori reddere, et hic nolit uti hac in integrum restitutione, pœnitentia acta : exceptionem utilem, adversus petentem pretium, quasi ex causa judicati, adolescens habere poterit, quia unicuique licet contemnere hæc quæ pro se introducta sunt... »

[3] Lois 2 et 3, Code, si sæpius in integrum, **2, 44**. — PAUL, Sentences lib. 1, titre VII, § 3.

CHAPITRE QUATRIÈME

Il est nécessaire de présenter, dans un même développement, l'indication des personnes qui doivent être parties
à l'instance de l'*in integrum restitutio quod metus causa*
et l'examen des effets qu'elle produit. Si ces deux questions peuvent être, sans inconvénient, séparées pour tous
les points où l'*in integrum restitutio quod metus causa*
emprunte les règles qui sont communes à toutes les autres
in integrum restitutiones, elles sont, au contraire, très intimement unies pour les particularités qui lui sont essentielles. L'étude des matières comprises dans ce nouveau
chapitre a d'ailleurs été préparée par tout ce que nous
avons été obligé de dire sur les conditions et la procédure
de l'*in integrum restitutio quod metus causa*.

Il est aisé d'indiquer quel est le demandeur à l'*in integrum restitutio* : c'est la personne qui a été lésée par
l'acte juridique accompli *metu* [1]. Pourront encore jouer
ce rôle toutes les personnes à qui le droit de la personne
lésée aura été régulièrement transmis par application des
règles du droit commun. Cette formule désigne en premier

---

[1] Savigny, tome VII, p. 223.

lieu les successeurs à titre universel : héritiers *ab intestat* ou testamentaires, ceux qui recueillent la succession en vertu d'un fidéicommis [1], ceux qui recueillent un *peculium castrense* [2]. Elle vise, en second lieu, le maître de la personne, à qui appartenait le droit de demander l'*in integrum restitutio*, lorsque celle-ci a succombé dans une *vindicatio in servitutem* intentée contre elle [3]. Enfin elle s'applique au tiers qui aurait acquis à titre particulier le droit même de demander l'*in integrum restitutio* : ce droit est, en effet, un droit pécuniaire qui peut être cédé comme tout autre [4]. Aucune difficulté n'existe, si la cession est expresse.

---

[1] Ulpien, loi 6, Dig. de in integr. restitut. 4, 1 : « Non solum minoris, verum eorum quoque qui Reipublicæ causa abfuerunt, item omnium, qui ipsi potuerunt restitui in integrum, successores in integrum restitui possunt : et ita sæpissime est constitutum. Sive igitur heres sit, sive is, cui hereditas restituta est, sive filiifamilias militis successor : in integrum restitui poterit... » Il ne faudrait pas présenter comme une objection à ce texte une solution de Paul, qui peut s'expliquer suffisamment par des considérations de fait et donnée par lui dans la loi 24, § 2, Dig. de minoribus, 4, 4.

[2] Savigny, tome VII, p. 223, 224. — Une constitution de Dioclétien mentionne une exception assez singulière à ce droit pour les successeurs universels de demander l'*in integrum restitutio*, loi 7 au Code, de restitutionibus militum, 2, 51 : « Ea, quæ a patre geruntur, non decet pro disciplina militari a filiis ad irritum revocari : præsertim, cum nec patrem tuum in rebus humanis agentem affirmes conquestum fuisse super hujusmodi contractu. »

[3] Ulpien, loi 6, Dig. de in integr. restitut. 4, 1 : « ... Proinde et si minor in servitutem redigatur, vel ancilla fiat : dominis eorum dabitur, non ultra tempus statutum, in integrum restitutio... »

[4] Paul, loi 24, pr. Dig. de minoribus, 4, 4 : « Quod si minor sua sponte negotiis majoris intervenerit ; restituendus erit, ne majori damnum accidat. Quod si hoc facere recusaverit : tunc, si conventus fuerit negotiorum gestorum, adversus hanc actionem non restituitur.

On s'est demandé si la cession ne pourrait pas être tacite : par exemple, une personne vend un immeuble au profit duquel elle avait la faculté de faire rétablir une servitude, au moyen de l'*in integrum restitutio* : rien n'a été dit sur ce point dans la vente : l'acheteur aura-t-il le droit d'user du bénéfice négligé par son vendeur ? Evidemment non : il a acquis l'immeuble dans l'état où il était, il est un successeur à titre particulier, il ne subit aucun préjudice [1].

En dehors de la personne directement atteinte par l'acte juridique et de ses successeurs universels ou à titre particulier dans les termes qui viennent d'être indiqués, il n'y a plus guère à citer, comme pouvant exercer l'*in integrum restitutio quod metus causa*, que les *correi stipulandi* : cette solution, qui s'induit des principes généraux, n'est appuyée d'aucun texte [2]. Les cautions de la personne qui s'est obligée *metu* n'auraient aucun intérêt appréciable à recourir à l'*in integrum restitutio* : l'action *quod metus causa* serait entre leurs mains un moyen suffisant pour obtenir leur libération, et il leur serait encore plus simple d'attendre les poursuites pour opposer l'exception *metus* qui est *rei cohærens* [3] ; l'absence de texte sur ce sujet prouve que les choses devaient ainsi se passer dans les faits [4].

Sed compellendus est sic ei cedere auxilium in integrum restitutionis, ut procuratorem eum in rem suam faciat : ut possit per hunc modum damnum sibi propter minorem contingens resarcire. »

[1] STAEDTLER, p. 111.

[2] KELLER, p. 375.

[3] PAUL, loi 7, § 1, Dig. de exceptionibus, 44, 1 : « Rei autem cohærentes exceptiones etiam fidejussoribus competunt : ut.... quod metus causa factum est. »

[4] SAVIGNY, tome VII, p. 224, 225 ; STAEDTLER, p. 112.

La désignation des personnes qui doivent défendre à l'*in integrum restitutio quod metus causa* présente plus de difficultés, au moins dans un certain nombre d'hypothèses : le meilleur moyen d'être clair est de procéder par voie d'énumération en commençant par les cas les plus simples.

Ces cas les plus simples sont aussi les plus nombreux. Que l'on se reporte aux exemples de lésion donnés dans le deuxième chapitre, et l'on verra que, pour un grand nombre, il y a lieu de répondre que le défendeur à l'*in integrum restitutio* sera le bénéficiaire même de l'acte attaqué. Ce sera, au cas d'une extorsion de fonds ou d'objets, celui qui les a reçus ; au cas d'une promesse, le stipulant ; au cas d'une acceptilation, le débiteur ; au cas d'un contrat, le co-contractant ; au cas d'un jugement, l'adversaire au procès. Cette première réponse suffira, si l'on suppose que, dans ces diverses hypothèses, ou le bénéficiaire de l'acte détient encore les objets dont il a obtenu la remise, ou s'est trouvé être, dans le *negotium* vicié, la seule personne en relation de droit avec la victime[1].

Mais la solution devient aussitôt plus compliquée, dès que l'on envisage des situations juridiques un peu plus complexes : telles, par exemple, une adition ou une répudiation de succession ; ou encore si l'auteur de la violence a transféré à des tiers la propriété des objets qu'il s'était procurés, ou si l'obligation dont il a obtenu la libération était garantie par des cautions. C'est dans ces hypothèses que va apparaître le lien étroit signalé plus haut entre la question des effets de l'*in integrum restitutio quod metus causa* et la question des personnes qui doivent y être parties. Des difficultés de même nature peuvent se présenter aussi pour

---

[1] BURCHARDI, p. 417, 418 ; STAEDTLER, p. 113.

toutes les autres *in integrum restitutiones* et elles ont fait naître entre les interprètes du droit romain une controverse qui s'est formulée dans les termes suivants : l'*in integrum restitutio* agit-elle *in rem* ou *in personam* ? Mais cette controverse est particulièrement facile à résoudre pour l'*in integrum restitutio quod metus causa*.

Il faut, d'ailleurs, bien comprendre comment la question se pose. Il ne s'agit pas de savoir si l'*in integrum restitutio* peut produire des effets contre des personnes qui n'auraient pas été engagées dans l'instance : le décret du préteur, constituant un véritable jugement, ne peut, conformément à la règle générale, s'imposer qu'à ceux qui y ont été parties [1]. Quand on se demande si l'*in integrum restitutio* agit *in rem* ou *in personam*, on cherche précisément s'il n'est pas possible de mettre en cause dans l'instance, afin que la solution qui en sortira leur soit opposable, des personnes qui n'ont pas participé au *negotium* vicié et auxquelles on ne pouvait personnellement songer, lorsqu'il est intervenu [2]. Sur la question posée dans ces termes généraux, des doctrines assez diverses ont été proposées. On a dit que la restitution *in rem* n'était accordée que dans les hypothèses où la lésion ne provenait pas d'un contrat, mais il serait impossible de justifier cette doctrine par les textes. La doctrine la plus répandue décide que la restitution *in personam* est la règle, la restitution *in rem* l'exception [3] : il faut reconnaître que, si cette distinction n'est pas faite expressément par les textes, elle est autori-

---

[1] STAEDTLER, p. 140.

[2] SAVIGNY, tome VII, p. 278.

[3] BURCHARDI, p. 416, 417, 419 ; STAEDTLER, p. 114. Dans le même sens, mais avec une réserve, SAVIGNY, tome VII, p. 278, 279.

sée par les solutions d'espèces qu'ils nous rapportent et qui montrent la réserve du préteur à ne pas troubler sans nécessité la situation des tiers. Un texte de Paul, qui paraît dire que *l'in integrum restitutio* pouvait avoir indifféremment l'une ou l'autre portée, est évidemment corrompu [1]. L'*in integrum restitutio quod metus causa* avait une portée absolue, elle agissait toujours *in rem* [2].

On se rendra bien vite compte qu'il ne pouvait en être autrement, lorsqu'on se sera rappelé que l'action *quod metus causa* était elle-même *in rem scripta* : l'*in integrum restitutio* fondée sur le même motif ne pouvait avoir des effets moins étendus [3]. Quelles raisons expliquaient cette solution ? Ulpien nous dit : « *metus habet in se ignorantiam* » [4] ; ce qui semble signifier, non pas que l'auteur de la violence s'applique ordinairement à rester inconnu [5], mais que la victime, dans son trouble, sera souvent hors d'état de désigner la personne qui lui a inspiré la crainte à laquelle elle a été incapable de résister. Cette raison ne doit pas être la bonne, puisque l'action *quod metus causa* restait *in rem scripta*, alors que l'auteur de la violence était connu. Le fondement de la règle doit être plutôt dans cette circonstance que la personne violentée n'a commis aucune faute et qu'il ne serait pas juste que des tiers pussent tirer à son préjudice un profit d'un acte condam-

---

[1] PAUL, Sentences, lib. I, titre VII, § 4 : « Integri restitutio aut in rem competit aut in personam. In rem competit, ut res ipsa qua de agitur, revocetur; in personam, aut quadrupli pœna intra annum vel simplum post annum peti potest. »

[2] STAEDTLER, p. 115.

[3] BURCHARDI, p. 419, 420.

[4] Loi 14, § 3, Dig. Quod metus causa, 4, 2.

[5] ACCARIAS, tome II, p. 934, note 1.

nable [1]. Si cette explication est plausible pour l'action *quod metus causa*, à plus forte raison doit-elle l'être pour l'*in integrum restitutio*, dont le préteur se réservait de connaître. Nous avons eu, d'ailleurs, à démontrer plus haut que l'action et l'*in integrum restitutio quod metus causa* pouvaient être indifféremment employées au choix de l'intéressé : cela lève pour notre question toute incertitude. Il nous sera donc aisé d'indiquer, dans les hypothèses signalées, quels seront les défendeurs à l'*in integrum restitutio quod metus causa*.

Au cas d'une adition forcée d'hérédité, les défendeurs seront, outre l'auteur de la violence, probablement un créancier ou un légataire, les autres créanciers ou légataires, les personnes à qui un fidéicommis avait été laissé [2]. En étudiant la question de l'ancienneté respective de l'action et de l'*in integrum restitutio quod metus causa*, nous avons fait valoir en faveur de leur introduction simultanée la considération qu'elles avaient des utilités différentes : cette remarque s'applique particulièrement à l'adition d'hérédité. La partie contrainte ne pourrait pas toujours obtenir de l'auteur de la violence la réparation complète du préjudice total, il serait pour elle extrêmement embarrassant d'exercer autant d'actions qu'il y a de personnes envers lesquelles l'adition l'a obligée : la mise en cause de tous les intéressés dans une instance unique d'*in integrum restitutio* la libère en une fois de toutes les charges assumées [3]. Au cas d'une répudiation forcée d'hérédité, l'adversaire principal chan-

---

[1] ACCARIAS, tome II, p. 934.

[2] SAVIGNY, tome VII, p. 230 et p. 279.

[3] BURCHARDI, p. 363 et 364.

gera, ce sera l'héritier appelé à défaut de la victime de la violence, les défendeurs secondaires resteront les mêmes, créanciers, légataires, fidéicommissaires. Le choix laissé à l'intéressé, au cas de répudiation, entre l'action et l'*in integrum restitutio* a l'avantage de lui permettre d'obtenir une indemnité, à défaut de la restitution en nature du droit d'hérédité, ou cette restitution d'hérédité dans la mesure où elle est possible, lorsque l'estimation du préjudice ne serait que difficilement établie[1].

Au cas où l'acte arraché *metu* consistait dans une aliénation et où l'objet de l'aliénation avait été transmis à un tiers, le défendeur à l'*in integrum restitutio* était ce tiers acquéreur[2]. Si le propriétaire dépossédé avait voulu agir contre l'auteur de la violence, il va de soi qu'il aurait usé contre lui de l'action *quod metus causa*. Mais en recourant à l'*in integrum restitutio*, il avait manifesté l'intention de rentrer sûrement en possession de la chose aliénée, et il devait s'adresser au possesseur actuel. Si l'*in integrum restitutio* était toujours ouverte en pareil cas, il faut décider que l'action *quod metus causa* l'était également, et repousser, en conséquence, une distinction faite par un auteur[3] et d'après laquelle l'*in integrum restitutio* était seule donnée contre le tiers possesseur, lorsque l'acquéreur primitif en vertu de l'acte déterminé *metu* n'était pas l'auteur même de la violence : l'argument au moyen duquel cette distinction se soutient semble purement arbitraire[4].

---

[1] KELLER, p. 363, note 922.

[2] SAVIGNY, tome VII, p. 281.

[3] ACCARIAS, tome II, p. 935.

[4] Cet argument est un simple argument *a contrario* tiré de l'opposition de la loi 14, § 5, (ULPIEN) Dig. Quod metus causa, **4**, 2 et de la

Au cas où la *metus* a eu pour résultat de faire consentir au débiteur une acceptilation, dont ont profité les fidéjusseurs, les défendeurs à l'*in integrum restitutio* pourront être ces fidéjusseurs et le débiteur principal. La solution serait encore la même, si l'acceptilation avait été obtenue *metu* par un fidéjusseur, au lieu de l'être par le débiteur principal : il est peut-être intéressant de relever spécialement cette hypothèse, si, comme paraît le donner à entendre un texte de notre titre au Digeste [1], il y a eu pendant quelque temps controverse sur la possibilité d'exercer, dans ces circonstances, contre le débiteur principal, l'action *quod metus causa.* L'*in integrum restitutio* aurait encore eu une utilité propre dans un autre cas

loi 3, au Code, de his quæ vi metusve causa, **2**, 20. Voici le texte d'Ulpien : « ... Unde quidam putant, bona fide emptorem ab eo, qui vim intulit, comparantem non teneri : nec eum qui dono accepit, vel cui res legata est. Sed rectissime Viviano videtur, etiam hos teneri : ne metus, quem passus sum, mihi captiosus sit. Pedius quoque lib. viii scribit arbitrium judicis in restituenda re tale esse : ut eum quidem, qui vim admisit, jubeat restituere, etiamsi ad alium res pervenit ; eum autem, ad quem pervenit, etiamsi aliùs metum fecit. Nam in alterius præmium verti alienum metum non oportet. » Quant à la loi 3, elle a été déjà transcrite au chapitre préliminaire. Mais l'opposition de ces deux textes ne démontre pas que l'*emptor* de la loi 3 soit une personne étrangère à la violence.

[1] Ulpien, loi 9, § 8, Dig. Quod metus causa, **4**, 2 : « Cum autem hæc actio in rem sit scripta, nec personam vim facientis coerceat, sed adversus omnes restitui velit, quod metus causa factum est : non immerito Julianus a Marcello notatus est scribens, si fidejussor vim intulit, ut accepto liberetur, in reum non esse restituendam actionem : sed fidejussorem, nisi adversus reum quoque actionem restituat, debere in quadruplum condemnari. Sed est verius, quod Marcellus notat, etiam adversus reum competere hanc actionem, cum in rem sit scripta. »

prévu par un autre texte du même titre : une personne,
sans la connivence du fidéjusseur, obtient *metu* qu'acceptilation soit faite à celui-ci : le texte décide que le fidéjusseur ne peut être contraint, au moyen de l'action *quod
metus causa*, à procurer le rétablissement de l'obligation
du débiteur principal [1]. Le créancier dépouillé avait donc
un intérêt particulier à user de l'*in integrum restitutio*,
en assignant comme défendeurs le débiteur et la caution.

Il nous reste deux points à signaler dans l'ordre d'i-
dées où nous sommes placés. En premier lieu, certaines
personnes, à raison de la qualité qui les unissait au demandeur, n'auraient pu être assignées dans une instance
d'*in integrum restitutio*. Cette exception comprenait les
ascendants et les patrons : discutée dans ses conditions,
elle fut définitivement et sans distinction établie par Justinien [2]. En second lieu, on peut supposer que le défendeur
à l'*in integrum restitutio quod metus causa* serait un mineur de vingt-cinq ans, c'est-à-dire une personne spécialement protégée par ce bénéfice exceptionnel : cette circonstance serait-elle un obstacle à l'exercice de l'*in integrum
restitutio quod metus causa*? Nous ne le pensons pas,
les mineurs ne pouvant être restitués contre les conséquences de leur dol [3].

Nous en avons fini avec l'étude des personnes qui sont

---

[1] PAUL, loi 11, Dig. Quod metus causa, **4**, 2 : « Si quis alius sine
malitia fidejussoris, ut fidejussori accepto fieret, vim fecit : non te-
nebitur fidejussor, ut rei quoque obligationem restituat.

[2] Loi 2, Code, qui et adversus quos in integrum restitui, **2**, 42.

[3] ULPIEN, loi 9, § 2, Dig. de minoribus, **4**, 4 : « Nunc videndum,
minoribus utrum in contractibus captis duntaxat subveniatur, an etiam
delinquentibus : ut puta dolo aliquid minor fecit in re deposita... et
placet in delictis minoribus non subveniri... »

parties dans l'*in integrum restitutio quod metus causa* et avec l'étude des effets qu'elle produit, en tant du moins qu'il s'agit de déterminer les personnes qu'elle peut atteindre. Il nous faut maintenant passer à l'examen de la façon dont s'opère, entre les intéressés, le rétablissement de l'état de choses antérieur : ce sont là les effets proprement dits de l'*in integrum restitutio quod metus causa*. Sur cette dernière et importante question, les textes de nos titres sont très sobres de renseignements : les solutions données pour d'autres *in integrum restitutiones* ne doivent être transportées dans notre matière qu'avec prudence. Deux idées essentielles résument les solutions diverses que nous allons examiner. Le rétablissement de l'état de choses antérieur n'a pas lieu *ipso jure,* mais d'une manière utile seulement [1] : c'est la portée ordinaire des mesures prises par le préteur contrairement au droit civil. Toutes les fois que l'état de choses qu'il s'agissait de rétablir mettait des obligations à la charge de chacune des deux parties, l'*in integrum restitutio* n'opérait pas seulement au profit de celui qui l'avait obtenue, mais aussi au profit de son adversaire [2]. Cujas a dit dans une formule concise : *omnis restitutio in integrum reciproca est* [3].

[1] CUJAS, tome IV, col. 903, B ; SAVIGNY, tome VII, p. 102 ; ZIMMERN, p. 313.

[2] SAVIGNY, tome VII, p. 273. — PAUL, loi 24, § 4, Dig. de minoribus, **4, 4**. « Restitutio autem ita facienda est, ut unusquisque in integrum jus suum recipiat… » AFRICANUS, loi 29, ex quibus causis majores, **4, 6** : « Videlicet ne cui officium publicum vel damno vel compendio sit. » Loi 1, pr. Code, de reputationibus, **2, 48** : « Qui restituitur in integrum, sicut in damno morari non debet, ita nec in lucro : et ideo quidquid ad eum pervenit, vel ex emptione, vel ex venditione, vel ex alio contractu : hoc debet restituere. »

[3] CUJAS, tome IV, col. 1204, E.

La plupart des hypothèses de nos textes sont d'ailleurs fort simples : il n'y a obligation que d'un seul côté : des fonds ont été extorqués, une promesse a été consentie, une acceptilation a été accordée ; l'*in integrum restitutio* procurera la remise des fonds, la libération de la promesse, le paiement de la dette ou l'action nécessaire à son exécution. Au cas où l'action pour l'exécution de la dette est simplement rendue, par exemple, parce que l'exigibilité n'en est pas encore arrivée, les droits de gage qui pouvaient garantir l'obligation seront également restitués [1].

La restitution contre une novation faisait revivre l'action contre l'ancien débiteur [2].

La restitution contre une vente désavantageuse obligeait le vendeur à restituer le prix [3]. Des textes consacrés à l'*in integrum restitutio* des mineurs et dont il semble qu'on puisse raisonnablement appliquer les solutions à notre matière, décident que le vendeur doit restituer les intérêts du prix contre les fruits qu'il retrouve avec la chose vendue [4], et même rembourser à l'acquéreur la valeur

---

[1] GAIUS, loi 27, § 2, Dig. de minoribus, **4, 4** : « Si minor annis viginti quinque sine causa debitori acceptum tulerit : non solum in ipsum, sed et in fidejussores, et in pignora actio restitui debet... » Voyez encore, au même titre, POMPONIUS, loi 50, in fine.

[2] GAIUS, loi 27, § 3, Dig. de minoribus, **4, 4** : «... Si damnosam sibi novationem fecerit, forte si ab idoneo debitore ad inopem novandi causa transtulerit obligationem : oportere eum in priorem debitorem restitui. » Loi 1, § 1, Code, de reputationibus, **2, 48**.

[3] Loi 3, Code, de his quæ vi metusve causa, **2, 20** : « Si vi vel metu fundum avus tuus distrahere coactus est, etiamsi maxime emptor eum alii vendidit, si tamen tu avo tuo heres extitisti, ut tibi reddito a te pretio restituatur.... »

[4] PAUL, loi 24, § 4 ; GAIUS, loi 27, § 1 ; SCÆVOLA, loi 47 § 1, Dig. de minoribus, **4, 4**.

des améliorations véritables qu'il a pu faire[1]. Les mêmes prestations étaient dues au cas de restitution contre une acquisition ou une dation en paiement préjudiciables[2]. Quelques textes, au lieu de la restitution respective des intérêts et des fruits, parlent d'une compensation opérée entre les uns et les autres[3].

Quand une transaction était rescindée[4], les prétentions anciennes des parties reprenaient vie[5]. Si l'*in integrum restitutio* était donnée contre la résiliation d'un contrat[6], les parties étaient tenues d'exécuter toutes les obligations auxquelles ce contrat avait donné naissance.

Il faut, d'ailleurs, remarquer que les obligations se trouvaient rétablies simplement dans l'état où elles étaient, lors de l'acte vicié qui les avait éteintes. L'*in integrum restitutio* rendait aux parties leur situation ancienne, mais ne devait pas l'améliorer. Ainsi, une obligation que la prescription allait atteindre, ne donnait au créancier le droit d'agir, après l'*in integrum restitutio*, que pendant un temps égal à celui qui restait à courir au moment où l'extinction s'était produite *metu*[7].

---

[1] SCÆVOLA, loi 39, § 1, Dig. de minoribus, **4, 4**.

[2] GAIUS, loi 27, § 1; ULPIEN, loi 40, § 1, Dig. de minoribus, **4, 4**.

[3] PAUL, Sentences, lib. I, tit. 9, § 7; et ULPIEN, loi 40, § 1, Dig. de minoribus, **4, 4**.

[4] Loi 12, Code, de his quæ vi metusve causa, **2, 20**.

[5] Loi 1 et 2, Code, si adversus transactionem, **2, 32**.

[6] PAUL, loi 21, § 4, Dig. Quod metus causa, **4, 2**.

[7] POMPONIUS, loi 50, Dig. De minoribus **4, 4**; « Minor viginti quinque annis novandi animo intercessit pro eo qui temporali actione tenebatur tunc, cum adhuc supererant decem dies, et postea in integrum restitutus est : utrum restitutio, quæ creditori adversus priorem debitorem datur, decem dierum fit, an plenior? Ego didici, ex tempore in integrum restitutionis tantumdem temporis præstandum, quantum supererat..... »

C'est en matière de succession qu'il est le plus délicat d'indiquer avec sûreté les effets de l'*in integrum restitutio quod metus causa*. Au cas de l'adition forcée, un texte de notre titre au Digeste nous renseigne d'une façon générale sur l'effet produit par le décret du préteur : l'héritier se conduira comme s'il jouissait du bénéfice d'abstention [1]. En d'autres termes, l'héritier reste héritier au regard du droit civil : en fait, on le traite comme s'il ne l'était plus [2] : il est donc tenu de restituer les biens à ceux qui sont appelés à son défaut, il doit compte de ceux qu'il a laissés périr par sa faute [3] ; en sens inverse, les actes qu'il a régulièrement faits restent valables, par exemple, les paiements de dettes ou de legs, les affranchissements opérés en vertu de fidéicommis [4] ; s'il a des cohéritiers, ceux-ci ne seront pas tenus de supporter l'accroissement qui résulte de sa répudiation fictive . Toutes ces solutions particulières, empruntées à d'autres titres du Digeste, peuvent s'adapter à l'idée générale qui est fournie par le texte de notre titre. Il y a plus de difficultés au cas d'une répudiation faite *metu*. Nous avons encore une indication générale à notre titre, le bénéficiaire de l'*in integrum restitutio* aura les actions utiles [6],

---

[1] PAUL, loi 21, § 5, Dig. quod metus causa, **4, 2**, : « Si metu coactus adii hereditatem : puto me heredem effici, quia, quamvis, si liberum esset, noluissem, tamen coactus volui ; sed per prætorem restituendus sum, ut abstinendi mihi potestas tribuatur. »

[2] BURCHARDI, p. 364 ; KELLER, p. 362 ; SAVIGNY, tome VII, p. 277.

[3] ULPIEN, loi 7, § 5, Dig. de minoribus, **4, 4**; loi 1, § 2, Code, de reputationibus, **2, 48**.

[4] ULPIEN, loi 22 ; PAPINIEN, loi 31, Dig. de minoribus, **4, 4**.

[5] MACER, loi, 61, Dig. de adquir, vel omitt. hered. **29**, .

[6] PAUL, loi 21, § 6, Dig. Quod metus causa, **4,2**. « Si coactus here-

c'est-à-dire qu'il ne sera point civilement l'héritier, il en aura utilement les droits et les obligations. Mais, lorsqu'il s'agit de passer à l'application de cette formule, l'embarras commence. Des textes consacrés au mineur de ving-cinq ans nous disent que celui-ci, après l'*in integrum restitutio* contre une répudiation, est tenu de respecter les actes qui ont été faits, dans l'intervalle, par ceux qui avaient qualité pour disposer de la succession [1] ; des textes consacrés à la restitution de l'absent nous apprennent que celui-ci pourra revendiquer, contre des tiers acquéreurs, les biens dépendant de la succession qui auraient été aliénés [2]. Lesquels de ces textes faut-il transporter à l'*in integrum restitutio quod metus causa* ? Les seconds, sans doute, plutôt que les premiers : la victime de la violence devait certainement obtenir du préteur une protection active.

Les tiers ainsi dépouillés ne restaient d'ailleurs pas dépourvus de secours, et c'est là une dernière et très intéressante conséquence de l'*in integrum restitutio*. Il y avait, pour ces tiers, éviction, ils avaient donc droit à la garantie : le préteur ordonnait qu'une promesse *de evictione* leur fût faite par celui de qui ils tenaient leur droit, en

ditatem repudiem : duplici via prætor mihi succurrit : aut utiles actiones quasi heredi dando, aut actionem metus causa præstando... »

[1] ULPIEN, loi 22, Dig. de minoribus, 4, 4 :... « Quemadmodum per contrarium, cum minor restituitur ad adeundam hereditatem, quæ antea gesta erunt per curatorem bonorum decreto Prætoris ad distrahenda bona secundum juris formam constitutum, rata esse habenda, Calpurnio Flacco Severus et Antoninus rescripserunt. »

[2] ULPIEN, loi 17, pr. Dig. ex quibus causis majores, 4, 6 : « Julianus libro quarto scribit, non solum adversus possessorem hereditatis succurrendum militi, verum adversus eos quoque, qui a possessore emerunt : ut vindicari res possint, si miles hereditatem adgnoverit... »

même temps qu'il accordait à l'intéressé l'*in integrum restitutio* [1].

Voilà quels étaient les effets de l'*in integrum restitutio quod metus causa*. D'après certains auteurs, ce secours exceptionnel et l'action *quod metus causa* elle-même auraient été inutiles pour toute une catégorie d'actes juridiques très importants, les contrats de bonne foi. La *metus* n'aurait pas seulement vicié ces contrats ; de plein droit, elle les aurait rendus nuls, de telle sorte que la victime n'aurait eu besoin d'aucune voie juridique pour échapper à leurs conséquences ; on pourrait presque dire qu'il n'y avait pas de victime du tout. Nous ne pouvons étudier complètement cette question : par les développements que certains commentateurs lui ont donnés, elles nous obligerait à exposer toute la théorie du consentement en matière de contrats. Nous n'en dirons juste que ce qui concerne notre sujet. Comme les partisans de cette doctrine ne donnent qu'un seul argument de fond, dont la valeur est insignifiante, la question se ramène, pour eux comme pour nous, à examiner la terminologie des textes : cette revue rapide nous permettra de dire l'essentiel et de prouver que l'*in integrum restitutio quod metus causa* s'appliquait aux

---

[1] BURCHARDI, p. 420 ; STAEDTLER, p. 142. — Julien, loi 39, pr. Dig. de evictionibus, **21**, 2 : « Minor viginti quinque annis fundum vendidit Titio, et eum Titius Seio : minor se in ea venditione circumscriptum dicit ; et impetrat cognitionem non tantum adversus Titium, sed etiam adversus Seium : Seius postulabat apud prætorem utilem sibi de evictione stipulationem in Titium dari : ego dandam putabam. Respondi, justam rem Seius postulat : nam si ei fundus prætoria cognitione ablatus fuerit, æquum erit per eumdem prætorem et evictionem restitui. » Voyez encore GAIUS, loi 15, Dig. de minoribus, **4**, 4.

contrats de bonne foi, comme aux autres actes juridiques.

L'argument de fond, produit en faveur de l'inexistence des contrats de bonne foi entachés de violence, se trouve dans un texte que nous avons déjà cité, mais qu'il nous faut de nouveau transcrire, étant donnée l'importance qu'on y attache : « *Nihil consensui tam contrarium est, qui ac bonæ fidei judicia sustinet quam vis atque metus : quem comprobare, contra bonos mores est* [1]. » Des commentateurs trouvent ce texte si probant qu'ils se contentent d'y renvoyer [2]. Ceux qui s'expliquent le paraphrasent en termes diffus et n'apportent aucun argument [3]. Nous répondrons en termes aussi sommaires, et cependant peut-être plus significatifs, que ce fragment est emprunté au livre onzième du commentaire d'Ulpien sur l'édit, et qu'il avait probablement pour but de justifier l'*in integrum restitutio*, justification qui impliquait l'existence des contrats dont nous nous occupons [4]. Pothier écarte ceux des textes de nos titres où il est parlé de contrats de bonne foi [5], en supposant gratuitement qu'ils s'occupent plutôt de l'aliénation qui a suivi le contrat que du contrat lui-même [6], et Cujas, se faisant à lui-même l'objection fournie par un texte de Paul [7], d'après lequel le *contrarius consensus*, obtenu *metu* pour anéantir un contrat de bonne foi valable, produit effectivement cette conséquence, répond que la question n'est

---

[1] ULPIEN, loi 116, pr. Dig. de regulis juris, **50**, 17.

[2] POTHIER, tome I, p. 80, n° XI.

[3] DONEAU, tome III, col. 481, 482, n° XII ; CUJAS, tome I, col. 1186, C ; tome IX, col. 371, E ; tome X, col. 277, A.

[4] En ce sens, BURCHARDI, p. 354.

[5] Lois, 3, 4, 5, Code, de his quæ vi metusve causa, **2**, 20.

[6] POTHIER, tome I, p. 80, n° XI, note 1.

[7] Loi 21, § 4, Dig. quod metus causa, **4**, 2.

pas la même [1]. Nous pouvons donc, tout de suite, arriver à l'examen des textes.

Trois textes principaux peuvent être présentés comme suggérant l'idée de l'inexistence des contrats de bonne foi: tous trois sont empruntés à la *Consultatio veteris cujusdam jurisconsulti.* Voici le premier et le plus important : « *Ea quæ per vim et metum gesta sunt, etiam citra principale auxilium irrita esse debere jam pridem constitutum est* »[2]. Ce texte signifie qu'il n'est pas nécessaire de recourir à l'empereur pour obtenir l'annulation d'actes accomplis *metu* : il ne parle pas spécialement des contrats de bonne foi. Voici les deux autres : « *Pacta, quæ ab invitis contra leges constitutionesque fiunt, nullam vim habere indubitati juris est* [3]. » — « *Pacta quidem per vim et metum apud omnes satis constat cassata viribus esse respuenda* »[4]. De ces ceux textes, le premier semble viser plus une hypothèse de contrat illicite que de contrat arraché *metu,* et le second emploie des termes si vagues que les partisans respectifs de l'existence et de l'inexistence des contrats de bonne foi peuvent également les invoquer [5].

Nous allons, à notre tour, citer des textes, ou qui doivent être un embarras pour nos adversaires, ou qui nous semblent démontrer directement l'existence des contrats de bonne foi conclus *metu*, et l'utilité, pour eux, de l'*in integrum restitutio quod metus causa.*

Nous avons vu que Pothier référait les textes de nos titres qui pouvaient être introduits dans la controverse à

---

[1] CUJAS, tome V, col. 144, B, C, D, E.

[2] Consultatio, i, 6.

[3] Consultatio, i, 7.

[4] Consultatio, ix, 3.

[5] Sur la critique de ces textes, voir BURCHARDI, p. 352, 353.

l'aliénation qui avait suivi le contrat : or, un texte de Paul, qui vise une aliénation, et, par suite, l'*in integrum restitutio* au dire de Pothier, contient des expressions qui devraient s'entendre de la nullité de l'aliénation elle-même : « *Qui in carcerem quem detrusit, ut aliquid ei extorqueret , quidquid ob hanc causam factum est, nullius momenti est* [1]. » Dans le premier des textes tirés de la *Consultatio veteris jurisconsulti,* le principal argument consiste dans la valeur attribuée au mot *irritum* ; un texte d'Ulpien se sert du même mot pour caractériser les actes du mineur de vingt-cinq ans qui bénéficient de l'*in integrum restitutio* : « *Non omnia, quæ minores annis viginti quinque gerunt, irrita sunt, sed ea tantum, quæ, causa cognita, ejusmodi deprehensa sunt* . » Un texte plus décisif encore est une constitution d'Alexandre Sévère : elle s'occupe d'une vente conclue *metu,* elle emploie comme synonymes le mot *irritum* et les termes de l'édit, *ratum non haberi*; la suite du texte concerne incontestablement l'*in integrum restitutio* : « *Si pater tuus per vim coactus domum vendidit : ratum non habebitur, quod non bona fide gestum est; malæ fidei enim emptio irrita est. Aditus itaque nomine tuo præses provinciæ auctoritatem suam interponet : maxime cum paratum te proponas id quod pretii nomine illatum est, emptori refundere* » [3]. Nous pourrions nous en tenir là, s'il ne nous restait à citer un dernier texte aussi probant, visant, lui, tous les contrats de bonne foi au regard de l'*in integrum restitutio,* et sur lequel les partisans de l'inexis-

---

[1] Loi 22, Dig. Quod metus causa, **4,** 2.

[2] Loi 44, Dig. de minoribus, **4,** 4.

[3] Loi 1, Code, de rescindenda venditione, **4,** 44.

tence de ces contrats auraient bien dû s'expliquer : « *In contractibus, qui bonæ fidei sunt, etiam majoribus officio judicis causa cognita publica jura subveniunt .* 1»

Un seul texte est vraiment précis en faveur de l'inexistence d'un contrat conclu sous l'empire de la contrainte : « *non puto nasci obligationem* », dit le jurisconsulte. Mais il vise une hypothèse de stipulation 2.

---

1 Loi 3, Code, quibus ex causis majores, **2**, 54. Dans le sens de l'existence des contrats de bonne foi et de l'utilité de l'*in integrum restitutio quod metus causa*, PEREZ, p. 91, nᵒ 4 ; STAEDTLER, p. 55 ; BURCHARDI, p. 351 à 358.

2 PAUL, loi 21, § 3, Dig. Quod metus causa, **4**, 2 : « Si dos metu promissa sit, non puto nasci obligationem : quia est verissimum, nec talem promissionem dotis ullam esse. » Sur ce texte, voyez CUJAS, tome V, col. 144, B, C ; PEREZ, p. 91, nᵒ 5 ; POTHIER, tome I, p. 80, nᵒ XI ; MAYNZ, tome II, p. 169, note 2.

CHAPITRE CINQUIÈME.

CAUSES D'EXTINCTION DE L'IN INTEGRUM RESTITUTIO QUOD
METUS CAUSA.

Les causes par lesquelles se perdait le droit au secours exceptionnel de l'*in integrum restitutio quod metus causa* n'appellent que de courtes explications.

Les textes de nos titres n'en prévoient que deux.

La première consiste dans l'usage que la victime de la violence fait de l'action *quod metus causa* pour obtenir la réparation du préjudice subi : « *Licet tamen in rem actionem dandam existimemus, quia res in bonis est ejus, qui vim passus est : verum non sine ratione dicetur, si in quadruplum quis egerit, finiri in rem actionem vel contra* [1]. » On ne peut pas, en effet, agir deux fois de suite en justice, pour le même objet, contre la même personne.

La seconde cause d'extinction spécialement prévue est la confirmation par la victime du *negotium* vicié. Les textes ne disent pas, mais cette condition s'impose d'elle-même,

---

[1] ULPIEN, loi 9, § 6, Dig. Quod metus causa, 4, 2. Voyez encore PAUL, loi 21, § 6, Dig. eod tit : « Si coactus hereditatem repudiem : duplici via prætor mihi succurrit : aut utiles actiones quasi heredi dando, aut actionem metus causa præstando ; ut quam viam ego elegerim, hæc mihi pateat. » CUJAS, tome VI, col. 20, B.

que cette approbation, pour valoir, doit être donnée, quand
la personne a retrouvé la plénitude de sa liberté : autrement, la confirmation serait affectée du même vice qui cor-
rompt l'acte principal, et elle pourrait donner lieu à la
même demande de réparation. La confirmation peut être
expresse. Elle peut aussi n'être que tacite. La confirmation tacite s'induira le plus ordinairement de l'exécution
volontaire du *negotium* vicié : cette exécution permet de
supposer, ou que la prétendue victime n'a éprouvé aucun
dommage, ou qu'elle n'a pas vraiment subi de contrainte.
« *Cum te non solum cavisse, verum etiam solvisse pecu-
niam confitearis : qua ratione, ut vim passus restitui, quod
illatum est, postules, perspici non potest ; quando verisi
mile non sit, ad solutionem te properasse, omissa querela
de chirographo, utpote per vim extorto, nisi et in solvendo
vim te passum dicas*[1]. » Y eût-il eu, d'ailleurs, contrainte et dommage, que le préteur n'aurait eu aucune
raison d'écouter la plainte d'une personne qui, par sa
conduite, déclarait accepter l'une et l'autre.

En dehors de ces deux cas, le droit à l'*in integrum restitutio quod metus causa* se perdait encore par deux faits
principaux, sur lesquels nous sommes renseignés par les
titres consacrés aux autres *in integrum restitutiones*, le
désistement et la prescription.

Le désistement était la renonciation expresse au droit
même de demander l'*in integrum restitutio*, alors que l'ins-

---

[1] Loi 2, Code, de his quæ vi metusve causa, **2**, 20. Un autre texte
du même titre, qui s'occupe de l'action *quod metus causa*, s'exprime
ainsi : « Si per vim vel metum mortis, aut cruciatus corporis venditio
a vobis extorta est, et non postea eam consensu corroborastis... » :
loi **4**.

tance était déjà engagée : ce n'était donc pas une simple suspension des poursuites[1].

La prescription était l'expiration d'un délai après lequel l'*in integrum restitutio* ne pouvait plus être accordée. La portée exacte de cette règle a besoin d'être précisée.

Dans le délai accordé, il fallait non seulement que la demande eût été introduite, mais encore qu'elle eût été jugée : sur ce point, les textes du droit classique et du droit de Justinien sont formels[2].

La prescription ne s'appliquait qu'à l'*in integrum restitutio* proprement dite, et non à l'action qu'elle pouvait avoir pour objet de rétablir, à l'action *rescissoria* : cette dernière action était soumise à la prescription qui lui était propre, et le délai de cette prescription ne commençait précisément à courir que du jour où l'*in integrum restitutio* avait été accordée. C'était donc le décret du préteur sur la *cognitio prætoria*,et non la sentence du *judex* sur l'action *rescissoria*, qui devait être rendu dans le délai fixé[3].

Le décret devait être rendu dans ce délai, quelle que fût la forme sous laquelle dût s'exercer le droit restitué. Cette remarque vise spécialement l'hypothèse où le bénéfice de l'*in integrum restitutio* consistait en une exception. Une exception, en règle générale, ne se prescrit pas, puisqu'elle est opposée sur des poursuites dont le titulaire de l'excep-

---

[1] ULPIEN, loi 21. Dig. de minoribus, 4, 4 : « Destitisse autem is videtur, non qui distulit, sed qui liti renunciavit in totum. »

[2] SAVIGNY, tome VII, p. 260, 261. — Loi 7, pr. Code, de temporibus in integrum restitutionibus, 2, 53 : «.. ut et hic pro utili anno memorata continuatio temporis observetur ad interponendam contestationem finiendamque litem. » Et, au Dig. voyez Scævola, loi 39, pr. de minoribus, 4, 4.

[3] SAVIGNY, tome VII, p. 263, 264.

tion ne dispose point. L'exception qui, pour être opposée, devait être rétablie au moyen d'une *in integrum restitutio*, était perdue, lorsque le décret du préteur n'avait pas clos dans le délai prescrit la *cognitio prætoria* [1].

Le délai de cette prescription était d'une année à l'époque classique, de quatre années à l'époque de Justinien. A l'époque classique, ce délai était donné *utiliter* comme pour toutes les institutions prétoriennes [2] : il avait été réglementé spécialement par le préteur Caius Cassius Longinus [3] ; sous Justinien, ce délai était continu [4].

Il commençait à courir du jour où la violence avait cessé [5]. Des auteurs ont prétendu que la prescription ne pouvait courir que du jour où la lésion était connue : à supposer que telle eût été la règle romaine, elle n'aurait eu aucune application à l'*in integrum restitutio quod metus causa*, puisque, d'après une remarque souvent faite, un acte conclu *metu* est toujours préjudiciable pour celui à qui il est imposé, et que celui-ci n'en peut guère douter [6].

Il ne serait pas pratique de se demander si la prescription, après avoir commencé de courir, était susceptible d'être interrompue, par l'effet de violences nouvelles

---

[1] ULPIEN, loi 9, § 4, Dig. de jurejurando, **12, 2**: « ... Præterea exceptio ista, sive cognitio, statutum tempus post annum XXV non debet egredi. »

[2] IEHRING, tome II, p. 108 ; KELLER, p. 375.

[3] M. GIRARD, Cours de sources. — ULPIEN, loi 26, § 7, Dig. ex quibus causis, **4, 6**.

[4] ULPIEN, loi 19, Dig. de minoribus, **4,4** ; ULPIEN, loi 1, § 1 ; loi **28**, § 3 et 4, Dig. ex quibus causis majores, **4,6** ; loi 7, pr. Code, de temporibus in integrum restitutionibus, **2,53**.

[5] SAVIGNY, tome VII, p. 253, 254.

[6] SAVIGNY, tome VII, p. 255 à 258.

qui auraient mis l'intéressé dans l'impossibilité d'agir :
nous n'avons d'ailleurs pas de textes pour répondre à la
question [1].

Il n'y aurait non plus aucun intérêt à prévoir le cas de
concours de l'*in integrum restitutio quod metus causa*
avec une autre, par exemple l'*in integrum restitutio* des
mineurs de vingt-cinq ans, pour agiter la question de savoir quel était, en pareil cas, le point de départ de la prescription. Mais il est, au contraire, utile de déterminer comment se calculait le délai de la prescription, lorsque la
personne majeure, qui avait droit à l'*in integrum restitutio
quod metus causa*, mourait. L'héritier était-il un majeur de
vingt-cinq ans ? Il n'avait, pour agir, que la portion du délai
qui restait au défunt lui-même. Si l'héritier était un mineur de vingt-cinq ans, il ne courait aucun risque à ne
pas agir pendant le temps encore imparti à son auteur :
sa négligence, en effet, le faisait considérer comme *deceptus*, et, de son chef, il pouvait, après sa vingt-cinquième
année accomplie, demander l'*in integrum restitutio* pendant les délais ordinaires [2].

Il y a lieu de faire remarquer, en terminant, qu'il n'y
avait aucune inconséquence, après la réforme de Justinien,

---

[1] SAVIGNY, tome VII, p. 259.

[2] ULPIEN, loi 19, Dig. de minoribus, 4,4 : « Interdum tamen succes-
sori plus quam annum dabimus, ut est edicto expressum : si forte
ætas ipsius subveniat. Nam post annum vicesimum quintum habebit
legitimum tempus : hoc enim ipso deceptus videtur, quod, cum posset
restitui intra tempus statutum ex persona defuncti, hoc non fecit.
Plane, si defunctus ad in integrum restitutionem modicum tempus ex
anno utili habuit, huic heredi minori post annum vicesimum quintum
completum, non totum statutum tempus dabimus ad in integrum restitutionem, sed id duntaxat tempus, quod habuit is cui heres extitit. »

à accorder l'*in integrum restitutio quod metus causa* pendant quatre années continues, et à ne donner l'action *quod metus causa* que pendant une année utile. L'action *quod metus causa*, en effet, pendant cette année utile, tendait à une condamnation au quadruple : mais, cette année écoulée, elle était donnée au simple et était imprescriptible. Ces deux moyens de droit pouvaient donc coexister, avec leur régime particulier [1].

[1] Savigny, tome VII, p. 264, 265.

DU DOMICILE,

COMME PRINCIPE DE COMPÉTENCE LÉGISLATIVE,

dans la doctrine et la jurisprudence françaises

DEPUIS LE CODE CIVIL

OUVRAGES CONSULTÉS.

ALAUZET : *De la qualité de Français, de la naturalisation, et du statut personnel des étrangers*, 2ᵉ édition, Paris, 1880.

ANNUAIRE de l'*Institut de droit international*, Gand, 1877 et années suivantes.

ANTOINE : *De la succession légitime et testamentaire en droit international privé*, thèse, Nancy, 1876.

ARNTZ : *Cours de droit civil français*, 2ᵉ édition, 4 volumes, Paris-Bruxelles, 1879.

ARNTZ : Observations sur la question de l'immutabilité du régime conjugal en cas de changement de domicile des époux. Etude parue dans la *Revue de droit international*, tome XII, année 1880.

ASSER : *Eléments de droit international privé*, traduit et annoté par Alphonse Rivier, Paris, 1884 [1].

AUBÉPIN : Conclusions dans l'affaire Bergold et autres contre Sussmann, *Dalloz*, 1872, 2, 65.

AUBRY et RAU : *Cours de droit civil français*, 4ᵉ édition, 8 volumes, Paris, 1869-1883.

---

[1] Voyez la note 1 de la page 113.

BALLOT : En matière de prescription, quelle est la loi qui régit les obligations contractées en France par un étranger au profit d'un autre étranger ? Etude parue dans la *Revue pratique de droit français*, année 1859, tome VIII.

BARDE : *Théorie traditionnelle des statuts*, Bordeaux, 1880.

BEAUCHET : Observations sur la rédaction des conventions matrimoniales entre étrangers se mariant en France. Etude dans le *Journal du droit international privé*, année 1884.

BELLOT DES MINIÈRES : *Le contrat de mariage considéré en lui-même*, Paris, 1855.

BENOIST : Revue de jurisprudence dans la *Gazette des tribunaux*, du 6 décembre 1889.

BERTAULD : *Questions pratiques et doctrinales de Code Napoléon*, 2 volumes, Paris, 1867-1869.

DE BŒCK ; Note dans *Dalloz*, 1888, 2, 265.

BONFILS : *De la compétence des tribunaux français à l'égard des étrangers*, Paris, 1865.

BONNIER : Examen critique du cours de droit français de M. Duranton, par M. J. J. Eug. Lagrange. Etude parue dans la *Revue de législation et de jurisprudence*, année 1835, tome II.

BONNIER : *Traité théorique et pratique des Preuves, en droit civil et en droit criminel*, 5e édition, par Larnaude, Paris, 1888.

BROCHER (CHARLES) : *Cours de droit international privé*, 3 volumes, Paris et Genève, 1882.

BROCHER DE LA FLÉCHÈRE : Des principes naturels du droit international privé. Etude parue dans la *Revue de droit international*, année 1885.

BOUHIER : *Les coutumes du duché de Bourgogne*, 2 volumes, Dijon, 1742.

BOULLENOIS : *Traité de la personnalité et de la réalité des lois, coutumes ou statuts*, 2 volumes, Paris, 1766.

CALVO : *Le droit international théorique et pratique*, 4e édition, 5 volumes, Paris et Berlin, 1887.

CHABOT DE L'ALLIER : *Commentaire sur la loi des successions*, tome I, 5e édition, Paris, 1818.

COIN-DELISLE : *Commentaire analytique du Code civil, livre I, titre I, jouissance et privation des droits civils*, 2e édition, Paris, 1846.

Coin-Delisle : Examen doctrinal de Jurisprudence, dans la *Revue critique*, année 1855, tome VI.

Demangeat : *Histoire de la condition civile des étrangers en France*, Paris, 1844.

Demangeat : Du statut personnel, Etude parue dans la *Revue pratique de droit français*, année 1856, tome I.

Demangeat : Voyez Fœlix.

Demante et Colmet de Santerre : *Cours analytique de Code civil*, 2e édition, 9 volumes, Paris, 1881.

Demolombe : *Cours de droit civil*, 31 volumes, Paris, éditions diverses.

Despagnet : *Précis de droit international privé*, Paris, 1886.

Dreyfus (Eugène) et Lesueur : Etude sur la nationalité, parue dans la *France judiciaire*, année 1890, première partie.

Ducaurroy, Bonnier et Roustain : *Commentaire théorique et pratique du Code civil*, 2 volumes, Paris, 1851.

Duguit : *Conflits de législation relatifs à la forme des actes civils*, Thèse, Bordeaux, 1882.

Durand (Louis) : *Essai de droit international privé*, Paris, 1884.

Duranton : *Cours de droit français*, tome I et tome XIV, Paris, 1825 et 1832.

Fenet : *Recueil complet des travaux préparatoires du Code civil*, 15 volumes, Paris, 1836.

Féraud-Giraud : De la compétence des tribunaux français pour connaître des contestations entre étrangers. Etude parue dans le *Journal du droit international privé*, année 1880.

Féraud-Giraud : De la compétence des tribunaux français pour connaître des contestations entre époux étrangers. Etude parue dans le *Journal du droit international privé*, année 1885.

Fiore : *Droit international privé*, traduction de Pradier-Fodéré, Paris, 1875.

Flandin : De la prescription libératoire en droit international privé, article dans le *Journal du droit international privé*, année 1881.

Foelix : *Traité du droit international privé*, 4e édition, revue par Demangeat, 2 volumes, Paris, 1866.

De Folleville : *Traité théorique et pratique de la naturalisation*, Paris, 1880.

Glasson: *De la compétence des tribunaux français entre étrangers*, brochure, Fontainebleau, 1881.

Guillouard : *Traité du Contrat de mariage*, tome I, Paris, 1885.

Haus : *Du droit privé qui régit les étrangers en Belgique ou du droit des gens privé*, Gand, 1874.

Jay (Emile) : Du domicile de l'étranger non autorisé, article dans la *Revue pratique de droit français*, année 1856, tome I.

Jay (Raoul) : De l'immutabilité des conventions matrimoniales en droit international, étude parue dans le *Journal du droit international privé*, année 1885.

Journal du droit international privé, fondé en 1874 par Clunet.

Labbé : Articles et notes.

Lainé : *Introduction au droit international privé*, 2 volumes, Paris, 1888-1892.

Lainé : Etude sur le titre préliminaire du projet de Code civil belge, dans le *Bulletin de la Société de législation comparée*, année 1890.

Lainé : Le droit international privé en France, considéré dans ses rapports avec la théorie des statuts. Etude parue dans le *Journal du droit international privé*, années 1885 et 1886.

Laurent : *Droit civil international*, 8 volumes, Paris-Bruxelles, 1880-1881 [1].

Laurent : *Avant-projet de révision du Code civil*, tome I, Bruxelles, 1882.

Laurent : *Principes du droit civil*, 33 volumes, Paris et Bruxelles, 1869-1878.

Lehr (Ernest) : De la prescription extinctive en droit international privé, étude parue dans la *Revue de droit international*, année 1881.

Lesueur : Voyez Dreyfus.

Marcadé : *Explication théorique et pratique du Code civil*, 7e édition, 6 volumes, Paris, 1873.

Martin (Alfred) : La prescription libératoire en droit international privé. Etude parue dans la *Revue de droit international*, année 1887.

Massé : *Le droit commercial, dans ses rapports avec le droit des gens et le droit civil*, 3e édition, 4 volumes, Paris 1874.

---

[1] Lorsque le nom de M. Laurent n'est suivi d'aucune indication, c'est à son ouvrage sur le droit civil international que le renvoi est fait.

MÉRIGNHAC : Comment doit être déterminé le délai de la prescription extinctive des obligations en droit international privé, Etude parue dans la *Revue Critique*, année 1884.

MERLIN : *Répertoire universel et raisonné de jurisprudence*, 5e édition, 36 volumes, Bruxelles, 1825-1828.

MERLIN : *Recueil alphabétique de questions de droit*, 4e édition, 16 volumes, Paris, 1828-1830.

ODIER : *Traité du Contrat de mariage*, tome I, Paris 1847.

PAQUY : Etude sur les régimes matrimoniaux en droit international privé, dans la *Revue générale du droit, de la législation et de la jurisprudence*, année 1887, tome XI.

PARDESSUS : *Cours de droit commercial*, 2e édition, 5 volumes, Paris, 1821-1822.

PENAUD : Voyez Vincent.

PICARD (EDMOND): De la valeur et de l'effet des actes passés en pays étranger, d'après la législation belge, étude parue dans le *Journal du droit international privé*, année 1881.

POTHIER : *Œuvres*, annotées par Bugnet, 2e édition, 10 volumes, Paris, 1861.

PROUDHON : *Traité sur l'état des personnes*, 3e édition, annotée par Valette, 2 volumes, Paris, 1848.

RAPPORT de la Commission extraparlementaire belge de 1884 sur le titre préliminaire d'un projet de révision du Code civil belge, paru dans la *Revue de droit international*, année 1886.

RENAULT : *De la succession ab intestat des étrangers en France et des Français à l'étranger*, brochure, Paris, 1876.

RENAULT : Examen doctrinal de la jurisprudence dans la *Revue Critique*, années 1882, 1884, 1885, et notes diverses.

RICHELOT : *Principes du droit civil français*, Paris, 1844.

RODIÈRE : De la succession aux biens d'étrangers, étude parue dans la *Revue de législation*, année 1850, tome I.

RODIÈRE et PONT : *Traité du Contrat de mariage*, 2e édition, 3 volumes, Paris, 1868-1869.

SAVIGNY : *Traité de droit romain*, traduit par Ch. Guenoux, tome VIII, Paris, 1851.

SOLOMAN : *Essai sur la condition juridique des étrangers dans les législations anciennes, et le droit moderne*, Paris et Tours, 1844.

SURVILLE : De la personnalité des lois envisagée comme principe fondamental du droit international privé. Etude parue dans le *Journal du droit international privé*, année 1889.

Surville : Du rôle de la volonté dans la solution des questions
de droit international privé que soulève le contrat de mariage,
étude parue dans la *Revue Critique*, année 1888.

Surville et Arthuys : *Cours élémentaire de droit international
privé*, Paris, 1890.

Taulier : *Théorie raisonnée du Code Civil*, tome I, Paris, 1848.

Troplong : *Traité de la Prescription*, 2 volumes, Paris, 1835.

Troplong : *Traité du Contrat de mariage et des droits respectifs
des époux*, 4 volumes, Paris, 1850.

Valette : *Cours de Code Civil*, tome I, Paris, 1872.

Valette : Voyez Proudhon.

Vigié : *Cours élémentaire de droit civil français*, 3 volumes, Paris, 1890-1892.

Vincent : Commentaire de la loi sur la nationalité ; étude parue dans les *Lois Nouvelles*, de Simonet, année 1889, 1e partie.

Vincent et Penaud : *Dictionnaire de droit international privé*,
Paris, 1887.

Vincent : *Revue Pratique de droit international privé*, années
1890-1892.

Weiss : *Traité élémentaire de droit international privé*, 2e édition,
Paris, 1890.

X... Questions et solutions pratiques de droit. international
privé, étude parue dans le *Journal du droit international privé*,
année 1880.

ABREVIATIONS.

Annuaire	Annuaire de l'Institut de droit international.
D. ou Dal.	Recueil périodique et critique de jurisprudence, de législation et de doctrine, par Dalloz, aîné.
Gazette.	Gazette du Palais.
Journal	Journal du droit international privé, de Clunet.
Revue	Revue de droit international.
S. ou Sir.	Recueil général des lois et des arrêts de Sirey.

INTRODUCTION

L'objet précis du droit international privé est la solution des conflits de lois. Une convention se forme entre deux personnes : à raison de la nationalité des parties, de l'objet de la convention, du lieu où elle a été conclue, du lieu où elle doit être exécutée, plusieurs lois semblent, à première vue, être appelées à régler les conditions de validité et les effets de cette opération juridique. Une personne habite un pays autre que son pays d'origine : appréciera-t-on d'après la loi de ce pays, ou d'après la loi du pays d'origine, si elle est majeure ou mineure, capable ou incapable ? Elle meurt dans ce pays qui n'est pas sa patrie : sera-ce selon la loi de ce pays ou selon la loi de la patrie que sa succession sera dévolue et distribuée ? Des difficultés nombreuses et graves peuvent se poser de même pour tout autre rapport de droit. On ne peut songer à appliquer concurremment les lois diverses qui se présentent à la fois pour régler toutes ces situations juridiques. Outre que cette conception serait en elle-même absurde, elle aboutirait, dans presque tous les cas, à des complications ou à des contradictions, dont on ne pourrait sortir. Il faut donc choisir, dans le conflit de toutes ces lois, celle qui paraît être plus particulièrement compétente, disons mieux, celle qui est compétente à l'exclusion de toutes les autres. Le droit international privé, qui se propose de résoudre les conflits de lois, recherche et fixe les principes qui déterminent, dans chaque cas particulier, la loi compétente.

Ce problème, qui va s'élargissant sans cesse, est né le jour « où, à côté du principe de territorialité, qui, appliqué d'une manière exclusive, n'est que l'extermination dans le domaine du droit, est venu s'établir, pour le restreindre et le compléter, le principe de la coexistence internationale [1]. » Et si, aujourd'hui, « les Etats souverains admettent les lois étrangères au nombre des sources où leurs tribunaux doivent chercher le jugement de nombreux rapports de droit, il ne faut pas voir dans cet accord l'acte révocable d'une volonté arbitraire, mais un développement propre du droit, suivant dans son cours la même marche que les règles sur la collision entre les droits particuliers d'un même Etat [2]. »

L'antiquité ne paraît pas avoir connu ces questions [3]. Elles ont surgi, aux premiers temps du moyen âge, dans les villes commerçantes du nord de l'Italie. L'école de Bologne, dont le représentant le plus célèbre a été, au XIVe siècle, Bartole, a cherché à résoudre ces questions, sans idée préconçue, avec le simple bon sens, en s'aidant

---

[1] Brocher de la Fléchère, *Revue*, 1885, page 317.
[2] Savigny, tome VIII, pages 30, 31.
[3] Asser, page 6, n° 2 ; Surville et Arthuys, page 12, n° 11.

toutefois de textes romains, d'où elle croyait tirer les solutions qu'en réalité elle y faisait entrer. Les lois particulières de ces différentes villes, qu'elle essayait de concilier entre elles, s'appelaient des statuts. Et comme, par la suite, on a pris l'habitude de désigner par ce mot de *statut* toute coutume ou loi territoriale concourant avec une autre coutume ou loi également territoriale, la doctrine, qui, dans l'ancien droit, a cherché à résoudre les conflits de lois, a été désignée par la critique historique sous le nom de *théorie des statuts*[1]. La théorie italienne des statuts a passé en France, où le plus illustre de ses représentants a été Dumoulin. Elle s'y est heurtée à la souveraineté féodale des coutumes, et à son défenseur intraitable, d'Argentré. D'Argentré, pour ruiner la doctrine italienne, trop souple, permettant trop facilement l'application sur le territoire de coutumes étrangères, créa une classification générale, en deux classes, de toutes les coutumes: coutumes réelles et coutumes personnelles : les premières s'appliquant dans le territoire à toutes personnes, mais ne s'appliquant pas au delà, les secondes s'appliquant, dans le territoire, seulement aux personnes qui y étaient domiciliées, mais suivant ces personnes au delà du territoire. Les coutumes réelles constituaient la règle, les coutumes personnelles, l'exception. Pour élargir la règle et restreindre l'exception, d'Argentré imagina une troisième catégorie de statuts, les statuts mixtes, qu'il fit rentrer dans la classe des statuts réels[2]. Résultat surprenant! Le système de d'Argentré, immédiatement accueilli aux Pays-Bas, fut peu remarqué des auteurs français du

[1] Lainé, tome I, p. 248, 75.

[2] Lainé, tome I, p. 311 et suivantes.

XVIIe siècle, qui restèrent attachés à la doctrine italienne. Il ne s'établit solidement et définitivement qu'au
commencement du second tiers du XVIIIe siècle. Les
jurisconsultes qui ont donné à la théorie française sa
dernière forme, qui sont les prédécesseurs immédiats
du Code Civil, Froland, Boullenois, Bouhier, ont fait,
de la division générale de d'Argentré, la base de leur
système[1].

Les expressions *statuts réels*, *statuts personnels*
avaient un premier sens qui vient d'être indiqué et qui
se réfère à l'étendue d'application de la loi. Elles en
avaient un second, dérivant de l'objet du statut : était réel,
le statut qui avait principalement pour objet les biens ; était
personnel, le statut qui avait principalement pour objet les
personnes[2]. Tout l'effort de la doctrine française, au dernier siècle, a consisté à faire le départ de toutes les lois
entre les deux classes, en tenant compte de ce double
point de vue. Cette recherche devait conduire à des résultats satisfaisants dans l'ensemble, puisque, pour connaître
la loi compétente et l'étendue d'application qui devait lui
être assignée, il fallait s'attacher à l'objet du rapport de droit
et, par suite, analyser sa nature. Mais le procédé, en somme,
était insuffisant ; les auteurs s'efforcèrent, par des moyens
assez divers, de s'en affranchir[3]. Il était impossible de
faire entrer toutes les situations juridiques, tous les rapports de droit dans une division aussi étroite. La doctrine moderne, dans la mesure où elle n'est pas liée par

---

[1] Lainé, tome I, p. 338.

[2] Lainé, tome II, p. 24, 25.

[3] Lainé, tome II, pages 27 et suivantes.

les textes, est revenue à ce qui avait été au fond la méthode italienne, à l'étude particulière de chaque rapport de droit, pour en dégager la nature propre, et, cette nature étant connue, découvrir la loi compétente et déterminer l'étendue d'application de cette loi [1].

On se propose, dans la présente étude, de rechercher, à l'aide de cette méthode critique, quel domaine il faut encore reconnaître, sous le Code Civil, au domicile, comme principe de compétence législative, quel rôle le domicile peut encore légitimement jouer dans la solution des conflits de loi.

Le domicile a tenu, dans la théorie des statuts, une place immense. C'était lui qui déterminait la loi applicable aux matières que l'on faisait rentrer dans le statut personnel, notamment à l'état et à la capacité des personnes. Le statut personnel, bien que présenté comme une exception à la règle de la réalité, était une moitié de la théorie des statuts, la plus importante par son objet, la plus féconde en difficultés, à raison de son caractère d'exception. Ajoutez que, pour résoudre les conflits entre les coutumes des divers pays, on suivait les mêmes règles que pour les conflits entre les coutumes d'un même Etat [2]. Le domicile, ici, faisait l'office que, dans les nations modernes et sous le régime de l'unité législative, remplit, dans un grand nombre de cas, la nationalité.

Le domicile, dans l'ancien droit, était le seul élément qui permît de déterminer avec sûreté le droit applicable à la personne. On ne pouvait parler du droit de l'Etat, qui

---

[1] Lainé, *Bulletin de la société de législation comparée*, 1890, p. 337 à 341.

[2] Lainé, tome I, pages 74 à 92.

n'existait pas : l'unité juridique n'avait pas suivi l'unité politique : la féodalité, détruite comme puissance territoriale, était restée debout dans le domaine du droit. L'ancien régime ne connaissait pas non plus le droit de cité dans une commune, ou *origo*, qui, dans l'empire romain, indiquait la loi à laquelle une personne était soumise[1] : institution toute spéciale, tenant du domicile par son étroite base territoriale, tenant de la nationalité par les causes dont elle dérivait et par ses caractères[2]. Le domicile, en droit romain, fixait aussi la loi qui régissait les personnes, mais à défaut seulement de l'*origo*, qui établissait entre le lieu et la personne un lien plus fort et plus noble, et qui, pour ces motifs, avait sur le domicile la prééminence. Nos anciens jurisconsultes n'avaient donc pas d'autre point plus fixe que le domicile pour déterminer le droit de la personne et de tout ce qu'ils faisaient rentrer dans le statut personnel, et ils étaient obligés de s'y tenir: point mobile, pourtant, car les changements de domicile sont des faits ordinaires, et le droit variait non seulement de province à province, mais de ville à ville, quelquefois de quartier à quartier.

On peut être surpris, au premier abord, que le domicile, dont l'importance était si grande, n'ait pas été étudié particulièrement par les anciens auteurs. On ne trouve dans leurs ouvrages aucune vue d'ensemble sur ce sujet. Il serait difficile de citer, dans Froland, un passage où il en soit tout spécialement question. Boullenois, dans le dernier de ses ouvrages, y consacre trois courtes pages[3]. Pothier

---

[1] Savigny, tome VIII, pages 48-53, 88-91.

[2] Charles Brocher, tome I, p. 31, 38, 247, 248.

[3] Boullenois, tome I, pages 834-837.

n'en fait pas plus [1]. Seul, Bouhier s'étend un peu [2], et conclut en disant que c'est une matière conjecturale, qu'il est de la prudence du juge de bien peser toutes les circonstances qui peuvent faire juger du véritable dessein de la personne dont le domicile est contesté. Les uns et les autres ne s'occupent que des conditions d'établissement du domicile, Bouhier dit bien qu'il faut poser pour principe que les hommes sont naturellement soumis à la loi de leur domicile, que c'est une espèce d'obligation que nous contractons en naissant [3]; mais c'est tout. Ni les uns ni les autres ne pensent à rechercher ce que c'est en soi que le domicile et les motifs pour lesquels une action si grande lui est attribuée. Il ne faut pas s'étonner de cette apparente lacune. Dans tous les ordres de la pensée, spécialement dans le domaine du droit, les notions premières sont celles que l'on songe le moins à analyser, parce que l'on s'en sert couramment et qu'elles s'entendent assez d'elles-mêmes. L'idée du domicile, réduite à ses éléments, est simple à concevoir. La loi du domicile, en outre, s'imposait pour tout ce qui était de statut personnel : il n'y en avait pas d'autre. Ce fait, général et accepté, rendait inutile toute dissertation. Sans doute, le domicile, facile à déplacer, créait de graves embarras et des conflits nombreux. Mais les anciens auteurs ne pouvaient que gémir sur l'extrême diversité des coutumes : ils ne pouvaient s'élever contre les changements de domicile, puisqu'un des principaux attributs de l'homme, comme le dit Bouhier, est

---

[1] POTHIER, tome I, pages 3 à 6.

[2] BOUHIER, tome I, ch. XXII, pages 417-419, pages 443-449.

[3] BOUHIER, tome I, ch. XXI, p. 383.

de pouvoir aller où il lui plaît, et de transférer son domicile en quelque lieu que bon lui semble [1].

S'il est intéressant de remarquer que l'ancienne doctrine parlait constamment du domicile et ne le définissait
presque jamais, il est capital de relever immédiatement
que le Code Civil, dans le texte qui a pour objet de nous
transmettre ce qui devait survivre de la théorie des statuts, ne nomme même pas le domicile [2]. L'article 3 est
muet. Sont muets également sur le domicile, sans exception, tous les textes des projets qui ont précédé la rédaction actuelle. Ni le mot ni la chose ne se trouvent dans les
discussions nombreuses et un peu confuses qui ont eu lieu
sur ces projets. Ils ne se trouvent pas davantage dans les
discours des orateurs qui ont présenté et défendu le
texte qui nous régit et qui est l'œuvre d'un membre de la
section de législation du Tribunat, que les travaux
préparatoires ne désignent pas [3]. Tout au contraire,
ce qui éclate dans ces discours, commentaire très bref,
mais très précis de l'art. 3, c'est l'idée de la loi nationale.
Le Code Civil accomplissait une révolution dans le domaine de la science qui s'occupe des conflits de lois : il trans-
portait à la loi nationale l'objet principal de la compétence de l'ancienne loi du domicile : l'état et la capacité
des personnes. Les orateurs du Gouvernement et du Tribunat ne prennent pas la peine de le faire remarquer. Leur
silence s'explique de la même manière que le silence des
anciens auteurs sur l'importance de la loi du domicile :
la loi nationale s'imposait, du moment où la France allait

----

[1] BOUHIER, tome I, ch. XXII, p. 417.
[2] LAURENT, tome III, p. 438.
[3] FENET, tome VI, p. 341.

cesser d'être, suivant le mot de Portalis dans le discours préliminaire, une société de sociétés [1]. Il leur a semblé qu'il n'y avait plus d'intérêt à parler du domicile et de la loi du domicile, lorsque, en quelque point du territoire qu'une personne s'établît, elle devait rencontrer la même loi, la loi de la France, unifiée désormais au point de vue juridique, comme au point de vue politique.

Il est nécessaire, pour justifier ce qui vient d'être avancé, de citer ici quelques passages des observations faites sur l'art. 3 par les orateurs du Gouvernement et du Tribunat, observations qui sont elles-mêmes extrêmement courtes. Voici ce que disait Portalis dans l'exposé des motifs présenté au Corps Législatif : « Les lois personnelles suivent la personne partout. Ainsi la loi française, avec des yeux de mère, suit les Français jusque dans les régions les plus éloignées... Il suffit d'être Français pour être régi par la loi française dans tout ce qui concerne l'état de la personne... Les différents peuples, depuis les progrès du commerce et de la civilisation, ont plus de rapport entre eux qu'ils n'en avaient autrefois. L'histoire du commerce est l'histoire de la communication des hommes. Il est donc plus important qu'il ne l'a jamais été, de fixer la maxime que, dans tout ce qui regarde l'état et la capacité de la personne, le Français, quelque part qu'il soit, continue d'être régi par la loi française [2]. » Dans le rapport fait au Tribunat, au nom de la section de législation, par le tribun Grenier, on lit : « Les citoyens ne peuvent être régis personnellement que par la loi de la société dont ils sont membres. Ni eux, ni la société, ni leurs familles réciproquement, ne peuvent, sous

---

[1] FENET, tome I, page 464.
[2] FENET, tome VI, pages 356, 357.

prétexte d'absence ou de simple résidence dans un pays étranger, rompre les liens qui les unissent [1]. » Et, devant le Corps Législatif, l'un des orateurs chargés de présenter le vœu du Tribunat, le tribun Faure s'exprimait ainsi : « Il suffit d'être Français pour que l'état et la capacité de la personne soient régis par la loi française. Que l'individu réside en France ou qu'il réside en pays étranger, dès qu'il est Français, la règle est la même; sa qualité de Français le suivant partout, les lois qui dérivent de cette qualité doivent le suivre également [2]. »

On le voit, le domicile est dépouillé de la prérogative considérable qu'il avait de déterminer l'état des personnes, sans même obtenir l'honneur d'être mentionné, ne fût-ce qu'à titre de souvenir. Toute son importance était fondée sur un état de fait, résultat des événements politiques, mais sans base logique ni juridique. Cet état de fait disparaît : l'attribution du domicile qui en dérivait disparaît en même temps, sans déchéance formellement prononcée, par voie de conséquence.

Mais le domicile, il faut s'empresser de l'ajouter, avait, dans l'ancien droit, d'autres fonctions que de déterminer l'état des personnes. Existent-elles encore? Nous aurons à nous en occuper pendant tout le cours de cette étude. Il y a lieu ici de relever simplement que le Code Civil ne s'en explique pas. Et ceci nous amène à faire une dernière observation générale sur l'art. 3, sur l'esprit qui a présidé à son établissement, et sur la mesure de la liberté d'interprétation qu'il laisse au juge.

Les rédacteurs du Code Civil n'avaient ni le dessein, ni le

[1] FENET, tome VI, page 375.
[2] FENET, tome VI, page 386.

loisir de fixer un système complet sur la solution des conflits de lois. Mais ils ont voulu fournir aux magistrats quelques idées principales, à l'aide desquelles ils pussent résoudre directement les plus graves des difficultés qui leur seraient soumises, et, par voie d'interprétation, les autres. Ainsi s'explique la rédaction toute particulière de l'art. 3, qui n'exprime aucune vue d'ensemble sur la matière, mais qui, divisé en trois alinéas, donne, sur chacun des objets qui y sont prévus, une solution formelle [1]. Il consacre, en modifiant, il est vrai, la base du statut personnel, mais en lui conservant ses effets extraterritoriaux, les solutions principales et non controversées de la théorie des statuts. La volonté des rédacteurs du Code Civil de s'en tenir aux résultats acquis de l'ancien droit n'est pas contestable. Portalis dit qu'on a toujours distingué les lois personnelles et les lois réelles et place sous ces deux rubriques les observations qu'il donne sur les deux derniers alinéas de l'art. 3. Devant le Corps Législatif, le tribun Faure ajoute que cet article contient les principales bases d'une matière connue dans le droit sous le titre de statuts personnels et de statuts réels [2]. C'est donc la vieille théorie des statuts qui nous régit encore. Mais elle ne nous régit que dans la mesure des termes de l'art. 3 et des règles qu'il impose implicitement. Il appartient à l'interprète de choisir librement la solution la meilleure sur toutes les difficultés à propos desquelles l'accord ne s'était pas fait dans l'ancienne doctrine [3]. Cette faculté résulte

[1] COMP. LAINÉ, *Bulletin de la société de législation comparée*, 1890, p. 334 à 336.

[2] FENET, tome VI, pages 356, 357, 385.

[3] COMP. LAINÉ, *Bulletin de la société de législation comparée*, 1890, p. 337.

pour lui du silence de l'art. 3 sur toutes ces questions, du silence qu'ont également gardé les orateurs du Gouvernement et du Tribunat. Les citations, qui ont été faites plus haut, sont, à l'exception d'une phrase de Portalis sur l'acquisition de la qualité de Français, tout ce qu'ils ont dit sur le troisième alinéa. Sur les deux autres alinéas ils sont encore plus brefs. Ils n'ont rien ajouté. L'interprète est libre.

Avec ces notions historiques et ces considérations générales devrait se terminer cette introduction. Il nous semble que l'étendue de ce travail est exactement délimitée par son titre même et que toute équivoque est écartée. Il est peut-être utile, cependant, d'ajouter quelques mots pour expliquer très sommairement l'exclusion de certaines matières, que l'on fait rentrer d'ordinaire dans l'étude du droit international privé et où le domicile joue un rôle : telles, par exemple, que la naturalisation, la condition des étrangers, la compétence des tribunaux.

Il appartient au législateur de chaque pays de fixer à quelles conditions la qualité de national pourra être acquise par l'étranger, et de déterminer notamment par combien d'années de domicile effectif dans le pays sera accompli le stage préalable à la naturalisation. Le législateur établit ces règles dans la plénitude de sa souveraineté. Qu'un conflit s'élève entre deux pays revendiquant chacun la même personne pour national, la cause en remontera aux vues divergentes de leurs législateurs, qui n'ont pas su ou voulu l'empêcher : le domicile ne jouera, là, aucun rôle particulier, puisqu'il n'est qu'une des conditions dont la réunion est exigée pour conduire à la naturalisation.

Le domicile est un élément plus important encore pour

la nationalité, quand il s'agit de cessions de territoire, soit amiables, soit consenties à la suite d'une guerre. Les personnes domiciliées dans les territoires cédés prendront-elles la nationalité de l'Etat cessionnaire ? Le simple domicile suffira-t-il ? Faudra-t-il qu'il s'y ajoute la qualité d'originaire du pays ? Ou, au contraire, la qualité d'originaire du pays sera-t-elle seule prise en considération ? Mais ce sont là des questions de droit international public, d'interprétation de traités [1]. Il ne s'agit plus de conflits de lois.

Quelle condition faut-il faire aux étrangers sur le territoire ? Leur reconnaîtra-t-on tous les droits qu'ont les nationaux, ou distinguera-t-on entre ces droits ? Toute législation a un certain nombre d'institutions juridiques qui tiennent aux mœurs particulières ou aux intérêts politiques du peuple et qui lui sont propres. Souvent, les étrangers, qui, en principe, sont exclus du bénéfice de ces institutions, acquièrent le droit d'y participer, moyennant certaines conditions, spécialement l'obligation de fixer leur domicile dans le pays. C'est la situation prévue par l'article 13 du Code Civil. Il y a là une concession gracieuse aux étrangers de ce que l'on est convenu d'appeler les droits civils. Il n'y a pas de conflit de lois, pour lequel il faille se demander si le domicile peut servir à le résoudre. Nous verrons, cependant, que certains jurisconsultes n'ont pas toujours su éviter toute confusion entre la matière des conflits de lois et la matière de la jouissance des droits civils accordée aux étrangers.

[1] On peut rappeler ici les difficultés qui se sont élevées sur le traité du 24 mars 1860, relatif à l'annexion à la France de la Savoie et du comté de Nice, et sur le traité de Francfort, du 10 mai 1871, portant cession de l'Alsace-Lorraine à l'Allemagne.

Enfin, pour le plus grand nombre des actions en justice, le tribunal qui doit en connaître est déterminé par le domicile du défendeur : la règle *actor sequitur forum rei* est une règle universelle. Elle s'applique incontestablement entre nationaux. S'applique-t-elle également entre deux personnes domiciliées dans un pays qui n'est pas leur patrie ? Deux étrangers habitent la France : l'un deux actionne l'autre devant un tribunal français : ce tribunal doit-il connaître du litige ? La question est très controversée [1]. Pour les uns, l'accès des tribunaux est un droit civil, dont les étrangers ne peuvent jouir que s'ils y ont été admis en vertu de l'art. 13, ou en vertu de traités. Pour d'autres, la compétence du tribunal est fondée sur le domicile ou la résidence ; et l'étranger, d'après ces auteurs, peut avoir en France un domicile ou une résidence, qui détermine la compétence du tribunal. Cette question de la compétence des tribunaux à l'égard des étrangers est une question d'organisation judiciaire, de législation intérieure, et non de conflit de lois. Si le tribunal se déclare compétent, il appliquera la loi qui sera indiquée par l'objet du procès, et la qualité de nationaux ou d'étrangers des plaideurs n'aura aucune influence sur la désignation de la loi.

Il faut bien se garder de confondre, en effet, la compétence judiciaire et la compétence législative. La première n'appelle pas la seconde. A moins qu'il ne s'agisse de questions qui intéressent l'ordre public dans le pays où le procès se poursuit, la loi du for ne sera pas nécessairement la loi applicable. Autrement, elle serait la loi unique, il

---

[1] Voir notamment sur cette question les études de M. Féraud-Girard et de M. Glasson.

n'y aurait jamais de conflit de lois, il n'y aurait pas de droit international privé[1]. Le tribunal saisi appliquera la loi compétente, fût-ce une loi étrangère ; de telle sorte que, si le litige était tranché par le tribunal d'un autre pays, la décision serait encore la même. Le tribunal compétent varie avec tous les changements de domicile. La loi compétente, déterminée par la nature du rapport de droit, par les circonstances de la cause, reste unique.

La compétence judiciaire et la compétence législative sont donc bien distinctes. Il est nécessaire qu'elles le soient pour le développement même des relations de peuple à peuple. Il y a, cependant, un certain nombre de questions dont l'importance est particulièrement grande, dont la solution est particulièrement difficile, et pour lesquelles la majorité de la doctrine paraît désirer que la compétence de la loi et la compétence du tribunal ne soient pas séparées : ce sont les questions d'état et de capacité[2]. Comme la personne, au moins dans l'opinion qui prévaut sur le continent, porte son état en tout lieu, qu'elle peut l'opposer aux tiers, de même que ceux-ci peuvent le lui opposer à elle-même, il est d'un intérêt capital que cet état soit établi d'une façon unique et définitive. Et comme, d'autre part, en ces matières, les règles de fond et les règles de procédure sont plus intimement mêlées qu'en toute autre, comme la souveraineté de l'Etat auquel appartient la personne, dont la condition juridique est en discussion, est tout spécialement intéressée au débat, il a paru bon que la décision de ces questions fût dévolue exclusivement aux

---

[1] LAURENT, tome VIII, p. 28, n° 13 ; SAVIGNY, tome VIII, pages 29 et 30.

[2] CHARLES BROCHER, tome III, pages 38-49.

tribunaux du pays dont la loi est compétente. L'Institut de droit international, dans la session qu'il a tenue à La Haye en 1875, a voté une résolution en ce sens[1]. Mais, qu'on le remarque bien, ce n'est pas la compétence judiciaire qui l'emporte sur la compétence législative : c'est la compétence législative qui amène à elle la compétence judiciaire.

Donc, tous ces problèmes de naturalisation, de participation des étrangers à la jouissance des droits civils, de compétence judiciaire, sont, ou des problèmes de droit international public, ou des problèmes de droit interne. Ils ne rentrent dans le droit international privé que si l'on prend ces mots dans un sens très large et très vague, qui embrasse toutes les questions de droit intéressant des

---

[1] Voici le texte de cette résolution : « Les règles uniformes concernant la compétence des tribunaux, règles dont l'utilité a été reconnue par l'Institut dans la session de Genève, devraient avoir pour base les principes suivants : A) Le domicile (et subsidiairement la résidence) du défendeur dans les actions personnelles ou qui concernent des biens meubles, et la situation des biens, dans les actions réelles concernant des immeubles, doivent, dans la règle, déterminer la compétence du juge, sauf l'adoption de *fora* exceptionnels, à l'égard d'une certaine catégorie de litiges. B) La règle posée *sub a* aura pour effet que le juge compétent pour décider un procès n'appartiendra pas toujours au pays dont les lois régissent le rapport de droit qui fait l'objet de ce procès. Cependant l'adoption des *fora* exceptionnels, mentionnés *sub a*, devra surtout avoir pour but de faire décider, autant que possible, par les juges du pays dont les lois régissent un rapport de droit, les procès qui concernent ce rapport, par exemple les procès qui ont pour objet principal de faire statuer sur des questions d'état ou de capacité personnelle, par les tribunaux du pays dont les lois régissent le statut personnel, etc. » *Annuaire de l'Institut de droit international*, 1877, pages 125, 126.

étrangers et des nationaux à la fois, ou des étrangers seulement, qu'il y ait ou non conflit de lois. Malgré les apparences, très légères d'ailleurs, ils sont en dehors du cadre de ce travail, qui est une étude de droit international privé, dans le sens rigoureux de l'expression.

Notre tâche est maintenant délimitée : en prenant pour point de départ l'art. 3 du Code Civil, quels sont les conflits de lois pour lesquels le domicile détermine la loi compétente ? Que valent les solutions acceptées ou proposées ?

Nous serons dans la nécessité, pour chaque question, de rappeler les précédents : nous nous en tiendrons aux résultats fournis par les historiens de la théorie des statuts, dont les travaux sont aujourd'hui assez nombreux pour qu'on puisse les contrôler les uns par les autres. Nous nous interdirons résolument toute tentative de comparaison entre la législation française et les législations étrangères, parce qu'elle ne nous conduirait qu'à des conclusions notoirement insuffisantes. La matière de ce travail est, à peu de chose près, tout le problème des conflits de lois. On ne peut donner la synthèse d'un système de législation sur un aussi vaste objet qu'après l'avoir profondément étudié. Si nous arrivons à donner seulement de la législation française une idée, qui ne soit ni trop incomplète ni trop inexacte, le résultat dépassera toutes nos espérances[1].

Nous distribuerons ainsi les matières :

---

[1] Il va de soi que nous citerons couramment la doctrine et la jurisprudence belges, puisque l'art. 3 du C. C. régit la Belgique comme la France. Nous nous permettrons de citer aussi d'autres auteurs étrangers, lors même qu'ils ne discuteraient pas spécialement la législation française : ces renvois doivent être permis dans une étude qui a principalement pour objet la critique rationnelle des systèmes.

Chapitre préliminaire : Comment se détermine le domicile d'une personne ?

Chapitre premier : De l'état et de la capacité des personnes.

Chapitre deuxième : Régime des biens meubles.

Chapitre troisième : De la forme des actes.

Chapitre quatrième : Des conventions et des actes juridiques unilatéraux, comme sources des obligations ; des modes d'extinction des obligations, spécialement de la prescription libératoire.

Chapitre cinquième : Du régime matrimonial.

Chapitre sixième : Des successions *ab intestat*, des donations entre-vifs et des testaments.

Nous essaierons, dans la conclusion, en nous aidant de l'analyse de la doctrine et de la jurisprudence françaises, de déterminer quelle place il faut, en raison, attribuer au domicile comme principe de compétence législative.

CHAPITRE PRÉLIMINAIRE.

COMMENT SE DÉTERMINE LE DOMICILE D'UNE PERSONNE.

Définition et généralités.

L'article 102 du Code Civil porte que le domicile de tout Français, quant à l'exercice de ses droits civils, est *au* lieu où il a son principal établissement. Cette rédaction a été substituée, par la section de législation du Tribunat lors de la communication officieuse, à la rédaction du Conseil d'Etat qui était la suivante : « Le domicile de tout Français est *le* lieu où il a son principal établissement[1]. » Ces deux rédactions, qui ne pourraient se remplacer l'une par l'autre, sont également exactes, parce qu'elles correspondent aux deux sens que peut avoir le mot *domicile*.

La première notion que le mot *domicile* éveille dans l'esprit est certainement celle du lieu même où une personne s'est fixée. Par extension, et dans un sens dérivé, le domicile désigne la relation tout idéale, la relation juridique que la loi a établie entre le lieu et la personne[2]. En fondant ensemble les deux idées, on arrive à une défi-

---

[1] Fenet, tome VIII, pages 337 et 343.
[2] Demolombe, tome I, p. 431.

nition suffisamment précise et claire : le domicile est le siège juridique de la personne.

L'existence de ce siège légal de la personne est un des phénomènes généraux et permanents de la vie juridique. Il correspond à des besoins si élémentaires que la notion du domicile est à peu près, dans toutes les législations, ce qu'elle était déjà en droit romain [1].

Toute personne capable, c'est-à-dire le mineur émancipé, le majeur non interdit, peut se choisir un domicile ; dans quelques cas, la loi indique elle-même le lieu du domicile de la personne capable. C'est ainsi que la femme mariée non séparée de corps a son domicile chez son mari ; que les majeurs, qui servent ou travaillent habituellement chez autrui, ont le même domicile que la personne qu'ils servent ou chez laquelle ils travaillent, lorsqu'ils demeurent avec elle dans la même maison. De même, la personne, qui accepte des fonctions à vie, a son domicile dans le lieu où elle doit exercer ses fonctions. Art. 108, 109, 107. C. C.

La loi donne un domicile aux personnes incapables d'en choisir un : le mineur non émancipé a son domicile chez ses père et mère ou tuteur, le majeur interdit a le sien chez son tuteur. Art. 108 C. C.

Comment se détermine le domicile d'une personne capable ? Par le fait de l'habitation réelle dans un certain lieu, joint à l'intention d'y fixer son principal établissement. Art. 103. C. C.

A défaut d'une double déclaration, que la loi donne à

---

[1] Voyez loi 7, au C. *De Incolis*, x, 39 : Loi 27, § 1, au Dig. *Ad. municipalem*, L. 1. Voyez sur des définitions du domicile données par des jurisconsultes de divers pays, CALVO, tome II, p. 152, 153.

la personne la faculté de faire tant à la municipalité du lieu qu'elle quitte qu'à celle du lieu où elle transfère son domicile, et qui, dans l'usage, n'a jamais lieu, la preuve de l'intention résulte des circonstances. Art. 104 et 105. C. C.

C'est à la personne qui allègue que son domicile est établi en tel lieu d'en faire la preuve : spécialement l'intention d'établir le domicile en tel endroit ne se présume pas [1].

Les juges du fait apprécient souverainement si le domicile de la personne est réellement établi dans le lieu qu'elle prétend [2]. Des tribunaux ont décidé que des sociétés anonymes avaient leur siège social dans telle ville, alors que les statuts portaient qu'il était dans une autre ville : les indications mensongères des statuts ne pouvaient prévaloir contre la réalité des choses [3].

En quoi consiste exactement le principal établissement, qui, joint à l'intention, constitue le domicile? Il serait sans intérêt de le chercher, puisqu'il peut varier à l'infini, avec l'âge, la condition, les occupations de la personne. La notion du principal établissement s'entend d'elle-même.

Ce qu'il importe de relever, c'est que le domicile est là seulement où se trouve le principal établissement. Art. 102. C. C.

La conséquence, c'est qu'une personne ne peut avoir en même temps plusieurs domiciles, puisqu'elle ne peut pas avoir à la fois plusieurs établissements à qui la quali-

---

[1] Cass. 14 février 1832, Sir. 33. 1. 70 ; Douai, 13 décembre 1873, Sir. 74. 2. 87 ; Seine, 24 août 1877, Sir. 83. 1. 67.

[2] Cass., 20 nov. 1889 ; *Le Droit*, 28 novembre 1889.

[3] Trib. com. Seine, 5 mars 1874, *Journal* 1874, p.24 ; Nancy, 8 mai 1875, Sir. 1876, 2, 137.

fication de principal convienne également ; il y en aura toujours un qui aura pour la personne un caractère particulier d'importance : c'est au lieu de celui-ci qu'elle aura son domicile.

L'unité du domicile de la personne résulte de tout l'ensemble des travaux préparatoires du titre du domicile, et des déclarations expresses des orateurs chargés d'en soutenir la discussion, non moins que du texte de l'art. 102 [1]. La doctrine, d'ailleurs, n'est pas divisée sur ce point[2].

S'il est certain que la personne ne peut pas avoir plusieurs domiciles, conçoit-on qu'elle puisse n'en avoir aucun ? Cette question est discutée. Des auteurs affirment qu'une personne a toujours un domicile. A défaut d'un domicile établi par elle, elle a celui qui lui était imposé par la loi pendant sa minorité, qu'on appelle alors son domicile d'origine, et qu'elle a conservé : solution impliquée, dit-on, par la loi elle-même, qui ne parle jamais d'abandon pur et simple du domicile, mais de changement du domicile. On ajoute que la situation d'une personne qui n'aurait pas de domicile serait contraire au droit et au bon ordre. Ces arguments ne sont pas sans valeur.

---

[1] Voyez notamment les procès-verbaux des séances du 16 fructidor an IX, et du 12 brumaire de l'an X : FENET, tome VIII, pages 321 et suiv. p. 337 et 338. Le tribun Malherbe s'est exprimé dans les termes suivants devant le Corps législatif : « Chaque individu ne peut avoir qu'un domicile, quoiqu'il puisse avoir plusieurs résidences. Il était essentiel de ne laisser aucun doute sur l'unité du domicile, pour prévenir les erreurs et les fraudes que pouvait produire le principe contraire admis par l'ancienne jurisprudence : cette unité est positivement établie par le premier article de la loi proposée. » FENET, tome VIII, p. 360.

[2] CH. BROCHER, tome I, p. 250 ; CALVO, tome II, p. 169 ; DESPAGNET, p. 203, n° 200 ; VALETTE, tome I, page 138.

Mais, tout en reconnaissant que cette situation est regrettable, et en remarquant qu'elle sera rare, il faut bien admettre qu'il arrivera qu'une personne n'ait pas de domicile. L'hypothèse d'une personne qui abandonne son domicile et qui, emportant avec elle toute sa fortune, va à la recherche d'un lieu qui lui convienne et où elle se décide à se fixer, est un peu chimérique. Il vaut mieux citer le cas d'une personne exerçant une profession ambulante, née de parents qui avaient eux-mêmes exercé la même profession. Cette personne n'a pas de domicile actuel. Il ne serait guère sérieux de vouloir lui assigner un domicile d'origine : il faudrait remonter de génération en génération pour trouver des ascendants ayant eu un établissement fixe. Quelle relation juridique établir entre la personne et ce domicile ancien, peut-être inconnu d'elle ? Ce serait une pure fiction. Il faut résolument l'écarter. Dans une matière simple et toute de fait comme le domicile, il convient de s'en tenir au fait. Cette personne subira les conséquences de la situation qu'elle s'est créée : sa résidence actuelle sera son domicile : n'est-elle pas, pour le moment même, le principal établissement ₁ ?

En résumé, toute personne a un domicile, ou une résidence qui lui en tient lieu, dans les cas exceptionnels où on ne peut lui assigner un domicile vrai ; elle n'en a jamais qu'un. On l'appelle domicile général ou domicile réel. On l'oppose au domicile élu : domicile quelquefois imposé par la loi, le plus souvent établi librement par les parties, pour l'exercice d'un droit particulier, art. 111, C.C. L'un et l'autre ont rapport aux droits civils, les seuls dont nous ayons à nous occuper.

¹ CALVO, tome II, p. 160, 161 ; DESPAGNET, page 202, nᵒ 199 ; VALETTE, tome I, page 139.

Le Français peut-il avoir son domicile à l'étranger?

Deux auteurs considérables ont soutenu que le Français ne pouvait avoir son domicile à l'étranger.

L'un paraît considérer comme intimement liés le domicile et la nationalité ; il ne donne aucun argument à l'appui de sa doctrine [1].

L'autre, tout en ne commettant pas dans les termes la même confusion, n'y échappe peut-être pas complètement; toutefois, il n'entend apporter, à l'appui de son opinion, que des considérations empruntées à la matière même du domicile [2]. Il raisonne de la manière suivante. Les règles du domicile, bien que ne touchant qu'à des intérêts privés, sont au fond des lois d'organisation, auxquelles le Français ne peut déroger. Toute personne doit avoir un domicile en France, la loi ne parle jamais de l'abandon pur et simple du domicile. Un domicile que le Français établirait à l'étranger n'existerait pas au regard de la loi française ; il échappe à sa souveraineté. L'art. 102 du C. C. a voulu viser certainement l'établissement en France. L'art. 69, 9e du C. Pr., d'après lequel les ajournements adressés à des personnes qui n'habitent pas la France doivent être remis au procureur de la République, n'implique pas qu'un Français puisse n'avoir pas de domicile en France : il y a là, simplement, une règle spéciale à la matière des ajournements. Enfin, un domicile établi à l'étranger n'aurait pas le caractère de durée et de fixité nécessaire : le Français est toujours présumé avoir conservé l'esprit de retour. Cette doctrine

[1] FŒLIX, tome I, p. 54, n° 28.
[2] DEMOLOMBE, tome I, 4e édition, p. 547, n° 349.

a pour elle un jugement ancien de tribunal civil, qui a été réformé d'ailleurs par un arrêt de Cour d'appel [1].

Il n'y a pas un des arguments que cette doctrine présente qui soit acceptable, en raison ou en droit. Sans doute, le domicile est une loi d'organisation ; mais il est impossible de citer un texte qui permette d'attacher à cette loi le caractère qu'on veut lui donner : c'est une considération extra-légale. La loi ne parle que des changements de domicile ; mais dit-elle que ces transferts de domicile ne pourront avoir lieu qu'en France ? L'art. 102 C.C., qui est le texte fondamental de la matière, ne contient pas cette restriction : elle ne paraît pas davantage avoir été dans la pensée des rédacteurs du Code Civil. Ce domicile, établi à l'étranger, n'existerait pas pour la loi française : c'est précisément la question. Il est trop simple aussi d'affirmer que l'art. 69, 9e C. Pr. contient une règle particulière aux ajournements. Ce prétendu domicile toujours conservé en France était, au contraire, tout désigné pour recevoir les ajournements concernant les personnes habitant l'étranger ; c'est là qu'il aurait véritablement rempli son rôle d'organisation générale ; sans compter que les termes mêmes dont se sert l'art. 69, 9e C. Pr. pour les personnes dont il s'agit sont caractéristiques du domicile : « ...ceux qui sont *établis* à l'étranger, au domicile du procureur de la République... » Quant à cette condition de durée et de fixité que l'on exige du vrai domicile, autant vaudrait dire qu'il n'y a de domicile que le domicile immuable ; et que signifient alors les règles de la loi sur le changement du domicile ? C'est ici que la doctrine que nous combattons paraît

---

[1] Valenciennes, 1835 ; Douai, 25 février 1836 ; Cass. 17 janvier 1837, Sir. 1837, 1, 701.

bien confondre, sinon dans les termes, au moins quant au fond, les règles du domicile et les règles de la nationalité. L'absence d'esprit de retour n'est pas nécessaire à l'établissement du domicile en un certain lieu. Au titre du domicile, on ne trouve ni le mot, ni l'idée. L'esprit de retour ne joue, ou mieux, ne jouait un rôle que pour la conservation ou la perte de la nationalité; la loi avait même pris la précaution de dire, pour ne pas faire perdre trop facilement leur nationalité aux Français cherchant fortune à l'étranger, que les établissements de commerce ne pourraient jamais être considérés comme ayant été faits sans esprit de retour; et cependant, sans aucun doute, les établissements de commerce constituent, pour les commerçants, le principal établissement, qui est le domicile véritable [1].

En faveur de la doctrine que nous combattons, on pourrait encore tirer un argument de l'art 15 C.C. : les deux auteurs que nous venons de citer ne le produisent pas. Cet argument consisterait à dire qu'un Français pouvant être cité en toute circonstance devant un tribunal de France pour les obligations par lui contractées en pays étranger, même avec un étranger, la raison doit en être que le Français a toujours son domicile en France. Cette explication de l'art. 15 serait fausse. L'art. 15 doit s'entendre par corrélation avec l'art 14, d'après lequel l'étranger, même non résidant en France, peut être cité devant les tribunaux français pour l'exécution des obligations contractées avec un Français. L'art 15 est un dédommagement donné aux étrangers pour la règle rigoureuse prise contre

---

[1] Depuis la loi du 26 juin 1889, qui a modifié, sur ce point, l'ancien article 17 du C. C. l'établissement fait en pays étranger, sans esprit de retour, ne fait plus perdre la nationalité française.

eux dans l'art 14. Il y a, dans ces deux articles, un principe exceptionnel de compétence judiciaire attaché à la nationalité des parties.

Il faut donc repousser très nettement la doctrine qui refuse au Français d'établir son domicile à l'étranger. On peut même s'étonner qu'elle ait été proposée, notamment que l'absence de l'esprit de retour ait été introduite dans la matière du domicile. Peut-être faut-il voir là une trace des doctrines des anciens statutaires, qui, préoccupés de donner de la fixité au droit de la personne malgré les changements de domicile, décidaient en conséquence que le domicile d'origine était toujours présumé conservé [1]. Ces préoccupations n'ont plus d'objet dans le droit actuel.

Nous n'acceptons même pas la réserve faite par certains auteurs qui admettent notre opinion, réserve d'après laquelle les tribunaux devraient se montrer très sévères dans l'appréciation des faits dont on prétendrait induire une pareille translation de domicile à l'étranger [2]. Le droit de changer de domicile, et, par conséquent, de l'établir où bon semble à la personne, est un droit primordial. Accorder aux tribunaux le droit d'apprécier étroitement les circonstances constitutives du changement de domicile, ce serait restreindre, sans motif rationnel ou juridique, une liberté nécessaire et reconnue.

La doctrine se prononce d'une manière générale pour l'opinion que nous soutenons [3]. La jurisprudence n'est pas

---

[1] BOUHIER, tome I, ch. XXII, p. 417, 418, 443.

[2] AUBRY et RAU, tome I, p. 576, note 4.

[3] CH. BROCHER, tome I, p. 251-254, tome III, p. 24 ; CALVO, tome II, p. 177 ; LAURENT, *Principes de droit civil*, tome II, p. 92, n° 67 ; LAURENT, tome III, p. 454 à 456. DEMANTE hésite : tome I, p. 370, n° 242 bis II.

moins ferme dans notre sens. On trouve dans un arrêt de Cour d'appel l'idée qu'il n'y a pas de véritable domicile, lorsque l'esprit de retour en France persiste [1]. Cette proposition ne se rencontre dans aucun autre jugement ou arrêt, et la Cour de cassation la condamne expressément [2].

L'Etranger peut-il avoir son domicile en France ?

La question ne fait pas de doute pour l'étranger qui, voulant jouir des droits civils en France, demande au gouvernement de l'autoriser par décret à y établir son domicile, et obtient cette autorisation. C'est la disposition de l'art 13 du Code Civil.

Le problème est de savoir si l'étranger, en dehors de la situation toute particulière de l'art. 13, peut, de lui-même, s'établir en France et se constituer par sa seule volonté un domicile véritable. Toute la difficulté est née précisément des termes de l'art. 13, qui paraissent ne permettre à l'étranger d'établir son domicile en France qu'à la condition d'obtenir l'autorisation du gouvernement.

Dans une première doctrine, l'article 13 du C.C. est considéré comme formel : l'étranger ne peut avoir de domicile en France sans autorisation. La solution est d'autant moins douteuse, qu'un des orateurs chargés de défendre l'adoption de ce texte s'est expliqué d'une

---

[1] Toulouse, 7 décembre 1863, Dal. 64.2.41.

[2] Pau, 6 juin 1864, Sir. 65.2.105 ; Cass. 21 juin 1865, Dall. 65. 1. 418; Cass. 27 avril 1868, Dal. 68.1.302 ; Bayonne, 17 mars 1874, *Journal*, 1875, p.271 ; Marseille, 21 mai 1875, *Journal*, 1876, p.271 ; Trib. Bordeaux, 18 juin 1884, *Journal*, 1885, p. 185 ; Pau, 22 juin 1885, Gaz. 87, tome I, suppl. p. 11.

manière expresse : Le tribun Gary a dit devant le Corps
Législatif : « J'observe sur l'art. 13 qu'il n'y a aucune
objection contre la disposition qui veut que l'étranger ne
puisse établir son domicile en France, s'il n'y est admis
par le gouvernement. C'est une mesure de police et de
sûreté autant qu'une disposition législative [1]. » Le Conseil
d'Etat, dans un avis des 18-20 prairial an XI, s'est
exprimé de la même façon : « Dans tous les cas où un
étranger veut s'établir en France, il est tenu d'obtenir la
permission du gouvernement... » On ajoute que l'art. 102
du C. C. est également restrictif : « Le domicile de tout
Français... » De cet ensemble de textes et de déclarations,
cette doctrine conclut hardiment que le domicile rentre
dans ce que l'on est convenu d'appeler les facultés du
droit civil, dont l'étranger en principe est exclu. La loi
française, dit-on, n'est faite que pour les Français. L'étranger ne peut en bénéficier que moyennant une concession
faite par décret dans les termes de l'article 13. Cette autorisation, dit un auteur, dans une formule énergique qu'un
arrêt a reproduite, est la condition, la preuve et la garantie du domicile de l'étranger en France ; et, s'il était vrai
que l'art. 13 n'eût pas pour objet direct et principal de
résoudre notre question même, il faudrait reconnaître
qu'il ne l'en a pas moins résolue implicitement [2]. Dans
cette doctrine, l'étranger, à défaut d'autorisation, pourrait
encore établir son domicile en France, si ce droit lui était
accordé par un traité conclu avec la nation dont il est le
ressortissant [3].

[1] FENET, tome VII, page 648.

DEMOLOMBE, tome I, 4e édit. p. 421, no 268; Toulouse, 22 mai
1880, Sir. 80.2.294.

[3] AUBÉPIN, conclusions dans l'affaire *Bergold contre Sussmann,*

Une seconde doctrine, moins rigoureuse, mais plus timide, ne pose pas en principe que le domicile est un droit civil ; mais elle n'ose affirmer que l'étranger puisse, tout comme un Français, établir son domicile en France. Elle prend un moyen terme et décide que l'étranger peut avoir en France un certain domicile, qu'elle appelle, d'une expression qu'elle crée, domicile *de fait*, par opposition au domicile autorisé, qu'elle qualifie de domicile *de droit*, et qui seul est un domicile véritable[1].

Ni l'une ni l'autre de ces doctrines n'est conforme aux principes. La première repose sur une confusion évidente. La seconde est accompagnée, par quelques-uns de ses partisans, de commentaires qui en montrent l'arbitraire et les dangers.

Il faut donc se rallier à une troisième et dernière doctrine, qui a pour elle la majorité des auteurs ; elle reconnaît à l'étranger, qui fixe en France son principal établissement, le droit d'y acquérir un véritable domicile, indépendamment de toute autorisation du gouvernement et de toute concession consentie par traité. Avant d'exposer cette doctrine, il faut d'abord réfuter les deux autres.

Il suffit, pour écarter la doctrine qui donne à l'étranger en France un domicile de fait, de remarquer qu'elle crée un domicile qui n'existe pas dans la loi. Incertaine dans

Dal. 1872.2.65 ; BONNIER, *Revue de législation et de jurisprudence*, tome II, pages 64, 65 ; DEMANGEAT, *Condition des étrangers*, n· 81, page 366 ; DURANTON, tome I, n· 353 ; PARDESSUS, tome V, p. 295, nº 1524.

[1] AUBRY et RAU, tome I, p. 576, 577 ; FÉRAUD-GIRAUD, *Journal*, 1880, p. 158, 159 ; GLASSON, pages 7 et 8 ; MASSÉ, tome I, p. 418 ; SOLOMAN, pages 69-71 ; VIGIÉ, tome I, p. 126, nᶜ 241.

son principe, elle flotte également dans ses conséquences [1].

La première doctrine, qui fait du domicile un droit civil, a pour point de départ une fausse interprétation de l'art. 13 du Code Civil. Toute sa réfutation tient dans cette proposition : l'art. 13 a pour objet de dire à quelles conditions l'étranger jouira en France des droits civils, et non à quelles conditions il peut y acquérir un domicile véritable. La place du texte en est la preuve. Les paroles du tribun Gary sont une erreur manifeste : elles ne peuvent changer l'objet ni la portée de l'article qu'elles commentent. Elles sont d'ailleurs contredites par le commentaire du même article donné par Treilhard dans l'exposé des motifs : il suppose que l'étranger fixe son domicile en France, sans indiquer qu'aucune condition d'autorisation lui soit imposée ; il ne parle de cette autorisation que lorsqu'il arrive à la concession des droits civils [2]. L'avis du Conseil d'Etat des 18-20 prairial an XI, qui, d'ailleurs, n'a pas force de loi, faute d'avoir été régulièrement publié, visait simplement les étrangers cherchant à acquérir la nationalité française conformément aux dispositions de la constitution de l'an VIII ; en l'appliquant à notre question, on fait donner par le Conseil d'Etat une réponse sur un objet

---

[1] Voici notamment ce que dit un de ses partisans, COIN-DELISLE, *Jouissance et Privation des droits civils*, sur l'art. 13, nº 11 : « L'étranger qui aura ainsi » c'est-à-dire sans autorisation du gouvernement « établi son domicile, n'aura donc pas en France un domicile de droit, mais seulement un domicile de fait, ou plutôt un domicile apparent, qui produira des effets en sa faveur toutes les fois qu'il s'agira d'actes du droit des gens, et qui pourrait avoir contre lui tous les effets du domicile de droit envers des Français quant aux actes du droit civil. »

[2] FENET, tome VII, pages 628, 629.

pour lequel il n'était pas consulté. Quant à l'art. 102 du
C. C., sa formule n'exclut pas les étrangers du droit d'établir leur domicile en France : elle distingue seulement,
quant aux Français, le domicile civil du domicile politique.
La portée du texte est établie sans contestation possible
par la discussion qui eut lieu au Conseil d'Etat dans la
séance du 16 fructidor an IX [1]. Enfin il n'est pas vrai que
l'autorisation du gouvernement soit pour l'étranger une
garantie de la stabilité du domicile qu'il établit : l'autorisation peut être retirée, l'expulsion même peut être prononcée, sans que l'autorisation soit retirée [2].

Il n'y a, en résumé, dans le Code Civil, aucun texte prohibitif. Une loi récente, la loi du 23 août 1871, art. 4, parle
de l'étranger domicilié en France avec ou sans autorisation. On a objecté que cette loi, qui est une loi fiscale, ne
préjugeait rien sur le fond du droit. Il est facile de répondre qu'il n'aurait pas coûté au législateur de dire : l'étranger
qui est domicilié avec autorisation et l'étranger qui réside
simplement en France. Il faut s'en tenir aux principes généraux. Il est contraire à la raison, comme aux précédents,
de refuser de voir là une faculté du droit des gens, appartenant à toute personne, étranger ou national. Et il n'y a
pas lieu, comme le propose un auteur, de se montrer plus
rigoureux pour l'étranger que pour le national dans l'exa-

---

[1] FENET, tome VIII, pages 321 et suivantes. Voici quelques paroles
de Portalis qui montrent bien quel était l'objet de la discussion : « La
règle qu'on propose ne préviendrait les procès ni à l'égard des veuves,
ni à l'égard des filles, ni à l'égard des étrangers, ni à l'égard des individus non inscrits sur le registre civique... » p. 326.

[2] Loi du 3 décembre 1849, art. 3 et 7.

men des circonstances d'où le domicile résulte [1]. L'étranger qui vient habiter la France avec l'intention d'y fixer son principal établissement s'y crée donc un vrai domicile, un domicile légal, un domicile réel [2].

Que décide la jurisprudence ? Elle est divisée, mais d'une manière inégale. Deux anciens arrêts de la Cour de cassation, et quelques arrêts de Cour d'appel ont affirmé la doctrine que nous avons soutenue et dans les termes mêmes dont nous nous sommes servi : ils ont reconnu à l'étranger non autorisé un domicile réel, un domicile légal [3]. Un seul arrêt, un arrêt de cassation, qualifie le domicile de droit civil [4]. La très grande majorité des arrêts distingue le

---

[1] DEMANTE, tome I, page 224, n° 128 bis, 1, ɪɪ.

[2] BARDE, p. 130 et 131 ; BERTAULD, tome I, p. 12-14, n° 9 quater ; BONFILS, p. 135, n° 157, p. 157, n°s 188, 189 ; CH. BROCHER, tome I, p. 254 à 258, tome III, p. 201 à 206 ; CALVO, tome II, p. 182 ; DESPAGNET, p. 199, n° 198 ; DURAND, p. 373 et suivantes ; HAUS, p. 101, n° 20 ; JAY, *Revue pratique*, 1856, tome I, p. 228-231 ; LAURENT, tome III, p. 456, n° 264 ; MERLIN, *Répertoire*, au mot « *Domicile* » § 13 ; RENAULT, *De la succession des étrangers*, pages 18 et suiv. ; RICHELOT, tome I, page 310, note 1 ; SURVILLE et ARTHUYS, p. 134, n° 127 ; VALETTE, tome I, pages 69, 126, 139 ; WEISS, p. 125 à 128 ; FIORE, pages 80 et 81.

[3] Cass. 30 nov. 1814, Sir. 1815, 1. 186 ; Cass. 24 avril 1827, Sir. 1828. 1. 212 ; Riom, 7 avril 1835, Sir. 35. 2. 374 ; Paris, 3 août 1849, Dal. 49.2.182 ; Trib. Rouen, 22 juin 1864, D. 65.3.13 ; Caen, 12 juillet 1870, Sir. 71.2.57 ; Pau, 11 mars 1874, Sir. 75. 1.409. En ce sens aussi quelques arrêts belges ; Cass. 3 août 1848, *Pasicrisie*, 48.1.358 ; Trib. Bruxelles, 5 janvier 1872, *Pasicrisie*, 72.3.64 ; Bruxelles, 14 mai 1881 Sir. 81.4.41. Deux des décisions citées, l'arrêt de la Cour de cassation de 1827 et le jugement du tribunal de Rouen, ont attribué au domicile qu'elles reconnaissaient ainsi à l'étranger des effets exagérés, en décidant qu'il donnait à celui-ci la jouissance des droits civils comme le domicile autorisé.

[4] Cass. 12 janvier 1869, Dal. 69.1.294.

domicile de fait et le domicile de droit, et ne donne pas d'autre raison de cette distinction, sinon que l'étranger né peut avoir de domicile en France sans autorisation [1]. Et, comme cette doctrine n'est pas juridique, il en résulte que les arrêts ont quelquefois une terminologie incertaine : ils abandonnent l'expression de domicile de fait pour parler, les uns, de résidence de fait [2], les autres, de résidence légale [3], d'autres enfin, de résidence précaire [4]. L'exemple le plus frappant des contradictions, où peut tomber l'interprète qui met dans la loi des distinctions qui n'y sont pas, est assurément donné par un arrêt de la Cour de cassation qui, après avoir très bien montré que l'étranger peut avoir sans autorisation un domicile en France, finit par dire qu'il n'a en France qu'un domicile de fait [5].

[1] Paris, 16 août 1811, Sir. 1811. 2. 455 ; Cass. 2 juillet 1822, Sir. 1822, 1.413 ; Paris, 5 décembre 1844, Sir. 44.2. 617 ; Paris, 14 juillet 1871, Sir. 71. 2. 141 ; Cass. 19 mars 1872, Sir. 72. 1. 238 ; Paris, 29 juillet 1872, Dal. 72. 2. 223 ; Cass. 5 mai 1875, Sir. 75. 1. 409 ; Bordeaux, 19 août 1879, Sir. 80. 2.247 ; Seine, 18 mars 1880, *Journal*, 1880, p. 191 ; Toulouse, 22 mai 1880, Sir. 80. 2. 294 ; Paris, 10 juillet 1880, *Journal*, 1880, p. 474 ; Aix, 27 mars 1890, *Revue pratique de droit international privé*, de VINCENT et PENAUD, 1890-1891, p. 99.

[2] Bordeaux, 5 août 1872, Dall. 73. 2. 149 ; Bordeaux, 24 mai 1876, Sir. 77. 2. 109.

[3] Cass. 4 mars 1885, Sir. 85. 1. 169.

[4] Paris, 31 mars 1886, *Journal*, 1886, p. 325.

[5] Cass. 7 juillet 1874, S. 75. 1. 19 : « Attendu que l'art. 13 a pour objet d'indiquer comment un étranger peut acquérir la jouissance des droits civils ; que l'autorisation du gouvernement ne s'impose pas à l'étranger comme une condition préalable à l'établissement de son domicile en France, mais comme un moyen d'assurer les effets de cet établissement relativement aux droits civils dont il veut se procurer la jouissance ; qu'aucune loi ne s'oppose à ce que l'étranger fixé en France,

En résumé :

Tout étranger, même non autorisé par le gouvernement, peut, en fixant en France son principal établissement, s'y créer un domicile légal, un domicile réel.

L'étranger, qui s'établit en France avec l'autorisation du gouvernement, a la jouissance des droits civils, qui manque au premier [1].

sans avoir obtenu cette autorisation, y acquière et y conserve un domicile de fait entraînant certaines conséquences... » La même contradiction explicite se trouve encore dans un arrêt de la Cour de Paris du 15 mars 1831, Sir. 1831. 2. 237.

[1] Les partisans de la doctrine, d'après laquelle l'étranger n'a de domicile en France que s'il y est autorisé, discutent un certain nombre de questions sur lesquelles nous devons dire quelques mots : la loi du 26 juin 1889 les obligera probablement à modifier leurs solutions sur plusieurs de ces questions : d'après cette loi, l'admission à domicile ne peut plus être que le préliminaire de la naturalisation : art. 13 nouveau C.C.

L'autorisation expresse peut-elle être suppléée par une autorisation tacite considérée comme résultant, par exemple, d'une résidence prolongée ou de la nomination à certains emplois ? La doctrine paraît se prononcer pour la nécessité de l'autorisation expresse. RICHELOT, tome I. n° 77, p. 127, 128. La jurisprudence penche pour la possibilité de l'autorisation tacite : les solutions sont surtout des solutions d'espéces. Affirmative, Paris 11 octobre 1827, Dal. « Droits civils, » n° 386 ; Cass. 26 février 1838, Sir. 38. 1. 280 ; Alger, 21 mars 1860, Sir. 61. 2. 65 ; Marseille, 3 mai 1870, Dal. 73, 3, 37 ; Aix, 28 août 1872, Sir. 73. 2. 265 ; Alger, 16 novembre 1874, Journal, 1876, p. 268 ; Verviers (Belgique) 13 avril 1875, Journal, 1876, p. 296 ; Seine 27 fév. 1888, La Loi du 5 mai 1888 ; Trib. Bruxelles, 11 juillet 1888, VINCENT et PENAUD, fasc. 1889, « Domicile » n° 6 ; Marseille, 26 janvier 1889, Journal, 1889, p. 676 ; Paris, 17 juillet 1890, Revue pratique de VINCENT et PENAUD, mai 1891, p. 215. En sens contraire, Seine, 24 août 1867, Sir 68. 2. 193 ; Cass. 12 janvier 1869, Sir. 69. 1. 138 ; Paris, 14 juillet 1871, Sir. 71. 2. 144 ; Havre, 22 août 1872, Sir. 72. 2. 313 ;

Y a-t-il une loi à qui il appartienne de fixer le domicile d'une personne ?

La question ne présente pas d'intérêt pour une personne établie dans son propre pays. Il faut supposer un national établi en pays étranger. Les développements donnés dans les trois paragraphes précédents indiquent la solution qui doit prévaloir. Toutefois, cette question n'est pas aussi simple qu'elle le paraît : et la preuve en est que les auteurs qui s'en sont occupés donnent des solutions qui se contredisent.

Lyon, 26 juin 1873, Sir. 73. 2. 197 ; Alger, 4 mars 1874, Sir. 74. 2. 103 ; Bordeaux, 24 mai 1876, Sir. 77. 2. 109 ; Trib. com. Marseille, 25 février 1878, *Journal*, 78, p. 373 ; Toulouse, 22 mai 1880, Sir. 80. 2. 294. Il semble bien que l'esprit de l'art. 13 nouveau du C.C. ne permette plus de reconnaître des autorisations tacites : arg. de l'art. 8, V, n⁰ 3 du C.C. En ce sens, DREYFUS et LESUEUR, *France judiciaire*, 1890, 1ʳᵉ partie, p. 44 et suivantes ; VINCENT, *Lois nouvelles*, 1889, 1ᵉ partie, page 817.

L'admission à domicile, demandée et obtenue par le mari ou le père, s'étend-elle virtuellement à la femme et aux enfants mineurs ? La doctrine était divisée. Pour l'affirmative : AUBRY et RAU, tome I, p. 313 ; DEMANTE, tome I, p. 100, n⁰ 28 bis, III. Pour la négative : DEMOLOMBE, tome I, 4ᵉ édit., n⁰ 269 ; FÉRAUD-GIRAUD, *Journal*, 1880, p. 162 ; LAURENT, *Principes de droit civil*, tome I, n⁰ 457 ; MARCADÉ, tome I, p. 112 ; RICHELOT, tome I, n⁰ 77, p. 127. La jurisprudence adopte l'affirmative : Bordeaux, 14 juillet 1865, Sir. 66. 2. 394 ; Bordeaux, 24 mai 1876, Sir. 77. 2. 109 ; Paris, 13 août 1889, *Le Droit*, 20 octobre 1889. La loi du 26 juin 1889 n'a pas fait cesser la controverse. Pour l'affirmative : DREYFUS et LESUEUR, *op. cit.* p 44 et suiv. ; SURVILLE et ARTHUYS, p. 135, n⁰ 128. Pour la négative : WEISS, p. 133 ; VINCENT, *op. cit.* p. 818. Nous adopterions la négative : arg. de l'art. 12, 2ᵉ (nouveau) ; arg. *a contrario* de l'article 12, 3ᵉ (nouveau) et de l'art. 13, 3ᵉ (nouveau).

Pour un auteur, c'est la loi nationale seule qui peut dire si une personne a son domicile en pays étranger. La loi nationale commande à ses ressortissants, qu'ils soient sur le sol de la patrie ou ailleurs. La loi du lieu où le national veut s'établir n'a aucun titre pour régler cette question. L'ordre public n'est pas en jeu. Le domicile ne concerne que des intérêts privés : à la loi nationale seule, à qui il appartient de régler et de protéger ces intérêts privés, de dire si la personne peut établir son domicile en pays étranger [1].

Pour un autre auteur, c'est la loi locale qui a qualité pour décider si une personne étrangère a son domicile sur le territoire. Le domicile est un fait : c'est la loi sur le territoire duquel ce fait se produit qui doit constater s'il existe. Le domicile intéresse en outre la police et le bon ordre sur le territoire : il rentre dans les attributions du pouvoir local de le contrôler. Cet auteur reconnaît d'ailleurs que des conflits seront possibles avec la loi nationale, car la conservation, la perte ou l'acquisition d'un domicile à l'étranger ou sur le territoire de la patrie peuvent s'y présenter comme se servant réciproquement d'obstacle ou de condition. La doctrine et la diplomatie peuvent seules essayer d'éviter ces causes de désordre [2].

Un troisième auteur distingue s'il s'agit de nationaux ou d'étrangers, et applique tantôt la loi nationale, tantôt la loi locale. S'il s'agit d'un national, il faut, sans hésitation, appliquer la loi nationale à la question de savoir si le domicile a été transporté en pays étranger. S'il s'agit d'un

---

[1] DURAND, p. 373, n° CLXXXIII. Voyez aussi BERTAULD, tome I, p. 15, n° 10 ; FOELIX, tome I, p. 81.

CH. BROCHER, tome I, pages 248-254.

étranger, une distinction s'impose. Se demande-t-on si l'étranger est établi dans un pays tiers : c'est la loi nationale de l'étranger qui devra être consultée. Est-ce sur le territoire même dont les tribunaux sont saisis, que l'étranger est fixé : ce sera la loi territoriale, qui est alors en même temps la *lex fori*, qui dira si l'étranger y est réellement domicilié[1]. Toutes ces solutions semblent ne pas concorder suffisamment.

Nous proposons d'écarter ces trois opinions et de décider qu'en principe ce n'est pas la loi, loi nationale ou loi territoriale, mais la volonté même de la personne qu'il faut suivre pour fixer où est le domicile. Le domicile est du domaine de la volonté individuelle et non de la loi : la loi le constate et ne l'établit pas[2].

Qu'est-ce que le domicile ? Un fait et une intention ; établissement en un certain lieu ; intention d'en faire le centre des intérêts, le siège de la fortune. Le fait et l'intention sont dans la pleine dépendance de la personne qui crée l'un et manifeste l'autre.

La notion du domicile est la même dans toutes les législations. Pourquoi ne pas voir dans cette unanimité la reconnaissance d'une situation qui s'impose à la loi et éteindre du même coup toute controverse et tout conflit ?

Voilà ce que les principes nous paraissent commander. Mais la législation peut ne pas confirmer les principes.

---

[1] Vincent et Penaud, *Dictionnaire de droit int. pr* : « *Domicile* » Nos 1-3 bis. Voir comme consacrant une des solutions de ce système, Bruxelles, 18 janvier 1888, Dal. 88.2.249.

[2] M. Bertauld, après avoir dit, dans un passage cité plus haut, que le domicile relevait de la loi personnelle, soutient dans un autre passage, tome I, p. 12, n° 9 quater, un système identique à celui qui est proposé.

Supposons que la loi nationale de la personne ou la loi territoriale du lieu du domicile contienne une disposition prohibitive : la loi nationale ne permet pas à son ressortissant d'avoir un domicile ailleurs que sur son sol, la loi locale interdit à l'étranger d'avoir un domicile sur son territoire. Qui l'emportera, de ces lois restrictives ou de la volonté de la personne? Evidemment, ces lois restrictives. Mais alors que devient le principe d'autonomie, représenté par nous comme la base du domicile?

Il reste entier rationnellement. Il subirait simplement, dans les deux hypothèses que nous avons faites, un échec, qui ne lui enlèverait rien de sa valeur intrinsèque ni de sa réalité juridique dans les législations qui ne contiennent pas de telles restrictions ; c'est le cas du plus grand nombre, peut-être de toutes. Quel fondement faudrait-il donner à l'effet obligatoire des dispositions prohibitives que nous avons imaginées ? Le caractère, qui leur serait certainement reconnu, de dispositions d'ordre public. Toutes les dispositions de cette nature limitent la volonté des particuliers, que ce soit avec raison ou à tort : ici, ce serait à tort.

La loi française, spécialement, ne contient pas de prohibition de cette sorte, soit contre le national, soit contre l'étranger. Nous pouvons donc, sans embarras, décider que, pour le Français établi dans un pays dont la législation est aussi libérale que la nôtre, c'est de sa volonté, et non d'aucune des deux lois, que dépend le siège de son domicile. Il faut en dire autant de l'étranger en France. Ces solutions sont la conséquence logique de tout ce qui a été proposé et soutenu dans le présent chapitre.

Au principe posé par nous, il faut apporter une exception, qui ne le contredit pas, mais le confirme, parce qu'elle en est une conséquence. Si c'est la volonté qui fonde le domicile, cela n'est vrai que de la volonté capable. Qui fixera le domicile des incapables ? En matière de domicile, comme en toute autre, les idées de protection prennent la place, pour ces personnes, des idées de liberté. Ce sera à la loi qui régit le statut personnel de ces incapables, qu'il appartiendra de dire où est leur domicile. Elle contiendra toujours, sur ce point, une disposition expresse.

Aucune difficulté sérieuse ne peut s'élever pour les mineurs et pour les interdits. Si les personnes, sous l'autorité desquelles ces incapables sont placés, ont un autre statut personnel que ces derniers, c'est le statut personnel des incapables qui fixera leur domicile [1]. Si le mineur émancipé est assimilé au majeur pour la conduite de sa personne, comme dans la loi française, ce sera lui, et non plus sa loi personnelle, qui fixera son domicile.

La femme mariée a le même domicile que son mari : c'est moins un effet de l'incapacité dont elle est frappée en tant que femme mariée qu'une suite nécessaire du mariage. Aussi faudrait-il décider que la femme mariée, à qui sa loi personnelle reconnaîtrait une entière capacité, ne pourrait néanmoins se choisir un domicile différent de celui de son mari ; la disposition qui lui assigne le même domicile est une disposition impérative, d'ordre public, rentrant dans le statut personnel, suivant la personne à l'étranger. Le domicile de la femme séparée de corps relève de la volonté de celle-ci.

Il y a, au Code Civil, deux articles qui, au premier abord,

---

[1] Nous repoussons la solution contraire contenue dans les deux décisions suivantes : Cass. 13 janvier 1873, Sir. 73.1.13; Toulouse, 22 mai 1880, Sir. 80.2.294.

semblent contredire la doctrine que nous proposons : ce sont les articles 107 et 109, relatifs aux personnes ayant accepté des fonctions à vie et aux personnes travaillant habituellement et demeurant chez autrui. Le premier de ces textes ne peut, d'ailleurs, s'appliquer à l'hypothèse qui nous occupe plus particulièrement, celle d'un domicile établi à l'étranger. Mais enfin l'objection pourrait être faite dans les termes suivants : il s'agit ici de personnes majeures et capables ; la loi leur attribue, de droit, un domicile et les lie si bien que ces personnes n'auraient pas la liberté de faire une déclaration contraire et de prétendre se donner un autre domicile [1]. Le principe d'autonomie que vous donnez pour base au domicile est en contradiction expresse avec la loi. Une réponse qu'il ne faudrait pas faire serait la suivante : ce sont là de ces dispositions impératives, qui limitent la liberté des personnes en méconnaissant les principes. Les deux articles 107 et 109, avec la portée qu'on leur donne, consacrent le principe même d'autonomie, qui nous paraît être la seule base vraie du domicile : le domicile consiste dans l'habitation dans un certain lieu, jointe à l'intention d'y fixer le principal établissement : les personnes qui ont accepté des fonctions à vie, les personnes qui travaillent habituellement et demeurent chez autrui ont bien leur domicile à l'endroit que les articles 107 et 109 indiquent : leur volonté d'établir ailleurs leur domicile serait une volonté arbitraire, contraire à la notion même du domicile, à la réalité des faits, qui, en cette matière, détermine la réalité juridique.

Voilà pour le domicile général ou réel.

Nous avons vu que, en droit civil et en droit interna-

---

[1] AUBRY et RAU, tome I, p. 582.

tional privé, il y avait un autre domicile, le domicile élu, qui pouvait être conventionel ou légal.

Ici, le problème est encore plus simple. Le domicile élu conventionnel appartient à la matière des contrats ; nous en renvoyons l'examen à cette partie de notre étude : il n'y aura, d'ailleurs, que très peu de chose à en dire.

Le domicile, dont la loi impose l'élection, relève évidemment de cette loi. La volonté de la personne doit se soumettre à une loi qui, dans l'espèce, sera toujours une loi de procédure, et, par conséquent, d'ordre public.

En résumé, donc, et, en principe, il n'y a pas de loi à qui il appartienne de dire impérativement où est le domicile d'une personne. C'est la personne elle-même qui le fixe, lorsqu'elle est capable ; lorsqu'elle est incapable, c'est la loi qui régit son statut personnel.

De la sorte, tous les conflits disparaissent, au moins quand il s'agit du domicile des personnes capables, sur la désignation de la loi compétente pour déterminer le domicile. Quand il s'agira de personnes incapables, des conflits pourront s'élever, en fait, entre la loi du statut personnel de ces incapables, la loi des personnes sous l'autorité desquelles ils sont placés, et même peut-être la loi territoriale. Des traités pourront seuls les résoudre, en attendant que la similitude de législation ou la reconnaissance absolue des effets du statut personnel soient obtenues.

Terminons, en citant ces simples et fortes paroles de Portalis dans le discours préliminaire, qui résument l'esprit général de ce chapitre : « Le domicile civil est le lieu où l'on a transporté le siège de ses affaires, de sa fortune, de sa demeure habituelle. La simple absence n'interrompt pas le domicile. On peut changer de domicile quand on veut. Toute question de domicile est mêlée de droit et de fait. Nous avons fixé les règles d'après lesquelles *on peut juger* du vrai domicile d'un homme [1]. »

Quel rôle jouera le domicile ainsi déterminé dans la matière des conflits de lois ? C'est l'objet même de cette étude. Il est temps maintenant d'y arriver [2].

[1] FENET, tome I, p. 506.

[2] Nous avons essayé de montrer, dans l'introduction, comment le domicile, après avoir joué un si grand rôle dans l'ancien droit, avait disparu du texte et des discussions préparatoires de l'art. 3 du C. C. pour faire place à l'idée de la loi nationale, sans même que cette disparition eût été relevée. Au titre du domicile, l'attention des rédacteurs devait être nécessairement appelée sur cette déchéance du domicile ; leurs paroles confirment ce que nous avons avancé : il est intéressant d'en citer ici quelques extraits. Le tribun Mouricault, au nom de la section de législation du Tribunat, s'est exprimé ainsi: « Je conviendrai qu'il existe à cet égard une immense différence entre notre ancien droit et celui qui lui succède. Lorsque deux cents coutumes se partageaient le territoire français ; lorsque leurs dispositions différaient entre elles sur une multitude d'objets importants, tels que... » « ...lorsque ces différends mettaient à tout instant les Français aux prises ; lorsque, pour prononcer entre eux, il fallait, selon les cas, déterminer le véritable domicile des mineurs, des époux, des donateurs, des testateurs ou des individus morts intestats, cette recherche était aussi fréquente qu'importante. La source de toutes les difficultés de ce genre va se trouver tarie par l'uniformité que la législation nouvelle proclame pour toute la République... » Devant le Corps Législatif, le tribun Malherbe débutait en ces termes : « Législateurs, les difficultés sur la fixation du domicile naissaient de la diversité des règles établies pour déterminer l'état des personnes et la nature des biens. Lorsque toutes les parties du territoire français seront régies par un code civil uniforme, les droits personnels et réels de chaque individu seront les mêmes, dans quelque lieu que soit le siège de ses affaires... » FENET, tome VIII, pages 350 et 359.

CHAPITRE PREMIER

Les principes.

Etant donné qu'une personne est domiciliée dans un pays qui n'est pas sa patrie, l'état et la capacité de cette personne seront-ils régis par la loi en vigueur au lieu où est son domicile, ou par la loi de sa patrie ?

Avant d'étudier cette question, d'après les textes, pour le Français domicilié à l'étranger et pour l'étranger domicilié en France, il convient de définir ce qu'il faut entendre par état et par capacité de la personne, de dire un mot des précédents, et de proposer une solution rationnelle.

L'état d'une personne, c'est l'ensemble des qualités juridiques qui constituent sa personnalité civile. Ainsi, forment, notamment, l'état d'une personne, les qualités d'enfant, ou de père légitime, naturel ou adoptif, de majeur, ou de mineur, émancipé ou non émancipé, d'interdit, de pourvu de conseil judiciaire, de célibataire ou de personne mariée.

La capacité, c'est l'aptitude à jouir d'un droit et à exercer soi-même ce droit. L'incapacité, c'est l'inaptitude à jouir d'un droit, ou simplement à exercer soi-même un droit, dont on a la jouissance. On peut donc être capable ou incapable, soit pour la jouissance, soit pour l'exercice des droits. La capacité de la personne se rattache étroitement à son état : c'est à raison des qualités juridiques de la personne, que la loi accorde, enlève ou modifie la jouissance et l'exercice des droits : l'état et la capacité sont dans un rapport de cause à effet [1].

L'état et la capacité réunis forment ce que, dans la théorie des statuts, on appelait, et ce que, de nos jours, on appelle encore souvent le statut personnel, au sens étroit du mot.

Nous avons déjà eu l'occasion de dire que, dans la théorie des statuts, le statut personnel était régi par la loi du domicile. Cela signifiait deux choses : la coutume régissait les personnes qui étaient domiciliées dans son ressort, ne régissait pas les personnes qui n'y étaient pas domiciliées ; les personnes portaient, en dehors du territoire de la coutume de leur domicile, l'état et la capacité dont elle les avait affectés. La critique moderne a exprimé ce résultat en disant que le statut personnel avait un effet relatif et extraterritorial. Voilà la règle de la théorie des statuts dans son énoncé général. Mais des difficultés particulières avaient été soulevées, qu'il est nécessaire de rappeler ; elles ont été de nouveau agitées plus ou moins depuis le Code Civil.

D'Argentré, forcé d'admettre la loi du domicile que la doctrine italienne avait fait prévaloir [2], avait cherché à en restreindre l'application au profit de la territorialité des

---

[1] Aubry et Rau, tome I, p. 82, 83, 177, 178 ; Demangeat, « *Du statut personnel* », dans la *Revue pratique de droit français*, tome I, 1856, p. 58 et suiv. ; Lainé, tome II, p. 115.

[2] Lainé, tome II, p. 124, 125.

coutumes et avait posé en principe que les lois ne pouvaient avoir le caractère personnel qu'à deux conditions :
qu'elles affectassent la personne *abstracte ab omni ma-
teria reali,* et *universaliter* [1]. La première de ces conditions, défendue par Burgundus au moyen d'arguments
qui en montraient l'arbitraire [2], fut vite condamnée par
la presque unanimité des auteurs et disparut complètement : qu'il s'agisse de biens immeubles ou d'autres,
c'est toujours la personne que la loi envisage principalement [3]. La seconde condition, d'après laquelle, pour avoir
le caractère de loi personnelle, la loi devait régir l'état
universel de la personne et non une faculté particulière,
ne fut pas aussi nettement abrogée que la première : la
question fut surtout discutée pour le testament du mineur
et les donations ou legs entre époux ; des théories extrêmement diverses ont été soutenues, moins, semble-t-il, au
point de vue des principes, que dans l'idée préconçue de
défendre des solutions dont on ne voulait pas s'écarter [4].
Cette constatation diminue singulièrement l'autorité des
solutions proposées par les anciens auteurs, dont la majorité, d'ailleurs, se prononça finalement contre la condition
imposée par d'Argentré .

La loi du domicile, ainsi reconnue d'une manière générale, avait un effet extraterritorial que la doctrine italienne
et la doctrine française rattachaient à l'idée de justice.
La doctrine hollandaise, étroitement féodale, avait essayé

[1] Lainé: tome II, p. 131.
[2] Lainé, tome II, p. 135 à 138.
[3] Lainé, tome II, p. 133, 137 à 140.
[4] Lainé, tome II, p. 140, 144, 146, 147, 148.
[5] Lainé, tome II, p. 150, 154.

de supprimer cet effet extraterritorial : elle voulait rentrer dans l'application absolue de la règle : toutes coutumes sont réelles. Il lui avait été impossible d'aller jusque-
là, et elle avait dû admettre qu'il y aurait des tempéraments à cette maxime rigoureuse ; mais ces tempéraments
n'étaient plus fondés sur une idée de droit, mais sur une
idée de concession bénévole du législateur local. La courtoisie internationale, pour l'école hollandaise, remplaçait
l'idée de justice, prédominante dans les doctrines italienne
et française. Cette idée aboutit simplement à troubler les
opinions reçues et à mettre l'école hollandaise dans l'im-
puissance de donner une théorie générale sur l'état et la
capacité des personnes [1].

La loi qui déterminait l'état et la capacité des personnes
était la loi du domicile actuel. Cette solution ne fut pas
discutée jusqu'au XVIIIᵉ siècle [2]. A cette époque, les auteurs français émirent des doutes sur son exactitude, d'a-
bord en ce qui concerne la majorité, puis pour d'autres qualités de la personne. Il leur parut fâcheux qu'en déplaçant
son domicile, une personne pût changer son état et sa capacité. Mais ils ne surent s'entendre sur les qualités de
la personne qui devaient être fixées une fois pour toutes
par la loi du lieu où la personne s'était trouvée domiciliée en naissant. Froland propose de distinguer l'état universel de la personne, qui aurait été soumis à la loi du
domicile d'origine, et l'habileté ou l'inhabileté à faire une
certaine chose, qui aurait dépendu du domicile actuel [3].
Boullenois, d'abord adversaire de l'idée nouvelle, ima-

[1] Lainé, tome II, p. 121, 183, 184, 191, 192.

[2] Lainé, tome II, p. 199 et 200 ; Laurent, tome II, p. 189, nᵒ 98.

[3] Lainé, tome II, p. 207 ; Laurent, tome III, p. 472, nᵒ 270.

gina à son tour une distinction qui se rapprochait beaucoup de celle de Froland et finit par défendre une troisième opinion dont les applications pouvaient être très discutées [1]. Bouhier paraît d'abord écarter complètement le principe traditionnel et poser en règle l'immutabilité de l'état fixé par le domicile d'origine; les distinctions sont supprimées et les choses remises sur le pied du droit romain, qui est, pour lui, le droit commun; mais, ensuite, il semble ne plus présenter que comme des exceptions au principe ancien du domicile actuel les décisions données par lui comme résultant du principe que l'état et la capacité dépendent du domicile d'origine[2]. La controverse sur l'influence des changements de domicile sur l'état et la capacité des personnes n'a donc pas reçu, dans l'ancien droit, de solution définitive [3].

Voilà, brièvement résumée, la théorie des statuts dans la matière de l'état et de la capacité des personnes. Nous savons déjà que le principe du domicile, sur lequel elle reposait, a été remplacé dans le Code Civil par le principe de la loi nationale : art. 3. 3e. C'est un point que nous croyons avoir suffisamment établi dans l'introduction ; nous y reviendrons, d'ailleurs, en traitant spécialement du Français domicilié à l'étranger et de l'étranger domicilié en France. Nous avons pour le moment à rechercher lequel de ces deux principes est préférable en raison, et s'il y a dans la tradition, malgré la nouvelle base donnée au statut per-

---

[1] LAINÉ, tome II, p. 203, 207, 210 à 212 ; LAURENT, tome III, p. 474, n° 271.

[2] LAINÉ, tome II, p. 203, 208 à 210 ; LAURENT, tome III, p. 477, n° 271.

[3] LAINÉ, tome II, p. 212 ; LAURENT, tome III, p. 478, n° 273.

sonnel, des solutions qui s'imposent encore à l'interprète du Code Civil.

Un point sur lequel tout le monde, ou à peu près, est d'accord, c'est que l'état et la capacité des personnes doivent être régis par une loi unique. C'était déjà l'avis des statutaires, sauf des controverses de détails. C'est l'opinion bien arrêtée de la doctrine moderne. La personne est une : sa condition doit être une. C'est une nécessité juridique, une nécessité que personne n'hésite à qualifier d'ordre public [1]. Mais, *a priori*, quelle loi unique paraît mieux désignée pour déterminer l'état et la capacité des personnes ?

Il est remarquable que les jurisconsultes français, partisans de la loi du domicile, n'ont pas cherché à défendre rationnellement leur système. Ils se prévalent simplement de la tradition. Nous avons démontré que l'ancien droit avait dû s'attacher au domicile, parce qu'il n'avait pas à sa disposition d'autre fondement à donner à la condition des personnes. C'est donc, là, une justification historique, mais non une justification rationnelle. Il y a pourtant des raisons à faire valoir en faveur du domicile. Une première raison se tire de la notion même du domicile : c'est le siège de la personne, le centre de ses intérêts ; c'est là que se manifeste son activité juridique, là que s'exercent et se développent ses facultés, là, en un mot, que se forme la personne elle-même ; il est naturel que la loi du lieu, où la personne a grandi, la gouverne et la protège ; il est légitime que les aptitudes juridiques de la personne soient définies et précisées par la loi qui régit le milieu même où elles seront mises en œuvre. Cette solution, conforme à la

---

[1] CHARLES BROCHER, tome I, p. 46, 23, 24. Voyez aussi FIORE, page 78.

réalité des faits, est aussi la solution la plus libérale. La personne est soumise à la loi qu'elle a elle-même choisie ; sans doute, l'enfant, en naissant, ne choisit pas son domicile, mais il n'y aura de véritable lien entre la personne et la loi de son domicile que le jour où la personne, devenue majeure, aura manifesté, en conservant son domicile d'origine, sa volonté de rester soumise à la loi que le hasard de la naissance lui a donnée. Les tiers trouvent, d'ailleurs, leur compte à ce que la loi du domicile régisse l'état, la capacité de la personne : ils n'ont point de recherche à faire pour connaître cet état et cette capacité, s'ils traitent avec la personne dans le lieu même où elle est domiciliée ; s'ils traitent avec elle dans un autre lieu, il leur sera plus facile de connaître son domicile que sa nationalité, qui peut être douteuse, soulever des questions de droit compliquées, quelquefois insolubles ; par quelle autre loi que la loi du domicile pourrait-on régir l'état et la capacité de la personne qui a deux nationalités, ou de la personne qui n'en a aucune [1] ?

Les partisans de la loi nationale répondent : la loi du domicile est, au fond, une loi féodale : elle assujettit l'homme à la souveraineté territoriale [2] ; l'homme est considéré comme adhérent au territoire, il en suit le sort, il n'a pas de loi propre. Il est faux de prétendre que l'homme choisit la loi qui régit son état et sa capacité :

---

[1] Demangeat, *Condition des étrangers*, p. 370, n° 82 ; Laurent, tome II, p. 193, n° 100, p. 201, n° 103 ; Merlin, *Répertoire*, au mot « *Souveraineté* » § IV ; Surville et Arthuys, p. 147, n° 142 ; Weiss, p. 242 ; Voyez encore Asser, page 53, n° 21 ; Fiore, p. 85 n° 43 ; Savigny, tome VIII, p. 164, 165.

[2] Laurent, tome II, p. 185, n° 97 ; p. 189, n° 98 ; p. 192, n° 99.

cette loi lui est imposée : il ne peut déclarer qu'il l'accepte ou qu'il la rejette. Le fait qu'une personne transporte son domicile en un lieu ne prouve pas sa volonté de se soumettre à la loi qui y est promulguée : cela va de soi pour les personnes qui ne peuvent elles-mêmes choisir leur domicile, comme les mineurs et les femmes mariées [1] ; cela est vrai également de la personne maîtresse d'elle-même, elle ne s'établit pas toujours en tel lieu parce que tel est son bon plaisir [2]. La prétendue ratification que donnerait le mineur, arrivant à la capacité, et restant domicilié dans le pays où il se trouve à cette époque, d'une manière générale, l'espèce de contrat tacite, qui se formerait entre la société et l'individu qui vient s'établir au milieu d'elle, sont de pures fictions ; des fictions ne peuvent fonder la condition juridique des personnes. C'est une erreur de prétendre que la loi du domicile protège particulièrement l'intérêt des tiers : il est plus difficile de connaître le domicile d'une personne que sa nationalité : la nationalité se révèle souvent d'elle-même ; le domicile a toujours besoin d'être prouvé en fait ; l'appréciation des circonstances peut être fort délicate [3] ; et que décideraient les partisans de la loi du domicile, dans le cas où deux tribunaux différents auraient placé en deux endroits divers le domicile d'une même personne, que décide-

---

[1] LAURENT, tome III, p. 489, no 278.

[2] LAURENT, tome III, p. 486, n° 277.

[3] Dans la session de l'Institut de droit international, tenue à Oxford, en 1880, la difficulté de déterminer avec sûreté le domicile d'une personne a été mise en lumière, et cela pour le domicile d'origine comme pour le domicile actuel. Voyez notamment les observations et les propositions de M. WESTLAKE, *Annuaire*, 1881-1882, p. 46. — LAURENT, tome II, p. 201, n° 103.

raient-ils encore si l'on ne pouvait arriver à trouver le domicile d'une personne [1] ?

Après avoir réfuté leurs adversaires, les partisans de la loi nationale ajoutent, pour appuyer leur propre opinion : l'état de la personne, et sa capacité qui en est la suite, sont, avant tout, des questions de développement physique et intellectuel, par conséquent des questions de race, de climat, de nationalité. A l'état de la personne se rattachent ses rapports de famille : ces rapports sont, eux aussi, essentiellement déterminés par la race ; la religion et les mœurs, qui ont sur ces rapports une influence prépondérante, ne sont pas des éléments accidentels, attachés au domicile, mais des éléments primordiaux, inhérents à la personne, qu'elle a reçus en naissant, avec la nationalité. La nationalité est le trait caractéristique de la physionomie morale d'une personne, la première qualité par laquelle elle se distingue des autres personnes ; il est nécessaire qu'elle soit le fondement de toute la condition juridique de la personne. Dans un grand nombre de pays, les coutumes locales ont disparu, remplacées par un code unique ; le domicile a perdu toute importance législative, pendant que l'idée de nationalité se dégageait et s'affermissait. La condition civile s'est rapprochée de la condition politique, confondue avec elle ; quand un national s'établit à l'étranger, c'est sa qualité de citoyen, telle que l'ont faite les lois civiles et politiques de son pays, qu'il y porte. La notion de la souveraineté s'est en même temps modifiée : étroitement territoriale à l'époque féodale, elle tend de plus en plus à devenir personnelle : ce sont les personnes, plus que le sol, qui forment l'Etat ; on conçoit à la rigueur

[1] FIORE, p. 93, n° 47.

une nation sans territoire, on ne conçoit pas un État sans ressortissants. Les gouvernements sont intéressés à ce que la personnalité juridique de leurs nationaux soit respectée : c'est cela, surtout, qui engage leur souveraineté ; la souveraineté sur le territoire ne sera pas compromise par le fait que des étrangers resteront soumis, pour leurs rapports de famille et leur capacité, à la loi de leur pays : il suffit à la souveraineté sur le territoire que les intérêts généraux du pays, l'ordre public ne soient pas troublés. Enfin, la nationalité permet de mieux rendre compte de l'effet extraterritorial du statut personnel, parce qu'elle est elle-même un élément permanent et caractéristique, que la personne ne peut abdiquer, qu'elle porte avec elle et malgré elle en tout lieu. Le domicile, au contraire, n'imprime à la personne aucun caractère permanent : il lui est extérieur, il est à sa discrétion, et si la loi du domicile, dans l'opinion commune, produit, elle aussi, un effet extraterritorial, c'est pour des considérations inspirées par la personne, par l'indivisibilité de sa condition juridique, et non par des raisons tirées de la notion du domicile qui serait insuffisante pour l'expliquer. La supériorité de la loi nationale sur ce point capital est manifeste [1].

Les deux doctrines se rencontrent encore et essaient leurs forces respectives dans la question de savoir ce que deviennent l'état et la capacité de la personne, après qu'elle

---

[1] Durand, p. 238, n⁰ cxx ; Lainé, tome II, p. 213, 214 ; Laurent, tome II, p. 69, n⁰ 41 ; p. 70, n⁰ 42 ; p. 71, n⁰ 43 ; p. 185, n⁰ 97 ; p. 197, n⁰ 101 ; Surville et Arthuys, page 148, n⁰ 143 ; Weiss, p. 240 à 243 ; Asser, p. 53, n⁰ 21 ; p. 55, n⁰ 22 ; Fiore, p. 81, n⁰ 42 ; p. 86, n⁰ 44 ; p. 87, n⁰ 45.

a changé, soit de domicile, soit de nationalité. Les partisans de la loi nationale admettent que l'état et la capacité de la personne changent, les partisans de la loi du domicile l'admettent communément. Les deux doctrines reconnaissent que ce changement ne rétroagit pas dans le passé : les droits acquis aux tiers doivent être respectés [1]. Le changement s'opère pour l'avenir : l'état et la capacité ne peuvent jamais constituer pour les particuliers des droits acquis, il n'est pas dans leur patrimoine et à leur disposition : il leur est donné, imposé par la loi [2].

La doctrine de la loi nationale paraît, au premier abord, la plus faible sur ce point : car, tous les arguments par lesquels elle se soutient sont nettement contredits par la solution qu'elle accepte : que deviennent l'identité qui devrait toujours exister entre la condition physique et intellectuelle de la personne et la condition juridique, la permanence de l'état ? Elle est bien obligée de reconnaître qu'il y a une solution de continuité. Mais elle se sera suffisamment justifiée en démontrant que cette modification est nécessaire, que l'on se trouve dans un de ces cas exceptionnels, où le droit peut légitimement, par sa seule force, créer une situation qui contredise un peu les faits [3]. Et cette preuve est facile. L'étranger qui se fait naturaliser est assimilé au national ; on ne conçoit pas qu'il ait une condition juridique différente : autrement, il y aurait des nationaux de deux sortes. Si l'assimilation n'était pas

[1] LAURENT, tome III, p. 491, n° 279; p. 500, n° 284; p. 507, n° 289; p. 508, n° 290; SURVILLE et ARTHUYS, p. 164, n° 156.

[2] LAURENT, tome III, p. 491, n° 279; p. 494, n° 280; p. 498, n° 282; p. 506, n° 283; p. 521, n° 297.

[3] LAURENT, tome III, p. 496, n° 281.

complète, ce n'est pas seulement dans la matière de l'état
et de la capacité que la diversité s'établirait, mais dans
beaucoup d'autres. Il en résulterait des complications
nombreuses, qui ne pourraient s'expliquer dans un régime
d'unité législative, qui est celui dans lequel se placent les
partisans de la loi nationale. Personne n'a songé à exiger que le naturalisé conservât entièrement l'état que lui
donnait son ancienne nationalité. Faudrait-il faire un
choix entre les qualités juridiques, distinguer celles qui
se rattachent directement à la race, et celles qui sont
plutôt une émanation de la loi, afin de laisser les premières
soumises au statut ancien et de placer les secondes sous
l'empire de la nouvelle loi nationale ? Ce choix serait
difficile à faire : une fois fait, il faudrait appliquer simultanément les deux lois, en tâchant d'éviter les contradictions et en résolvant les conflits. On risquerait souvent
de ne pas aboutir. La dualité dans l'état des personnes
porterait en outre atteinte à la souveraineté, qui devient
de plus en plus personnelle, en l'obligeant à un partage
qui répugne à son essence. Elle se heurterait quelquefois à
des règles considérées comme d'ordre public dans l'un et
l'autre pays, entre lesquelles la conciliation serait nécessairement impossible. Le naturalisé, se trouvant en pays
tiers, devrait, pour que son état complexe fût intégrale-
ment respecté, se réclamer de deux souverainetés, quand
il ne relève plus que d'une seule. L'unité s'impose donc.
Les partisans de la loi nationale peuvent d'ailleurs ajouter, et cet argument a une grande portée, que les changements de nationalité sont des faits relativement exceptionnels et non nécessaires, qu'ils ne les permettent en
général qu'aux personnes majeures et capables, par conséquent aux personnes qui jouissent de la plénitude de leurs

droits, de telle sorte que le changement de nationalité produira rarement, dans la condition de la personne, un trouble profond [1].

Les partisans de la loi du domicile ne sont pas gênés par leur propre principe, quand ils décident que le changement de domicile entraîne un changement dans l'état et la capacité de la personne. Cette conséquence est, au contraire, toute naturelle : l'état de la personne ne peut pas rester immuable, quand sa base se déplace ; il doit nécessairement changer avec elle. Mais ce résultat si logique devient à son tour un embarras ; et cet embarras témoigne gravement contre la valeur du principe même du domicile. Les changements de domicile sont des faits fréquents, normaux : ils augmentent tous les jours, non plus seulement dans l'intérieur d'un même pays, mais de pays à pays, grâce à la multiplication et à la facilité des moyens de communication. Il ne peut être question de les entraver, ni de les restreindre : ce serait une atteinte à la liberté individuelle, une gêne injustifiée et funeste au mouvement de la vie économique et sociale. Mais l'état et la capacité de la personne se transforment avec chaque domicile nouveau : en quelques années, une même personne aura eu les conditions juridiques les plus diverses, elle aura été, civilement parlant, Anglaise, Française, Espagnole, Italienne ; elle aura pu passer de la majorité à la minorité et de la minorité à la majorité. La personne juridique se disloque, au lieu de rester une, comme le veut la nature des choses. Les statutaires du XVIIIe siècle avaient essayé de corriger ces conséquences, nous l'avons vu, en s'attachant au domicile d'origine : mais ils n'avaient pu s'entendre sur la dési-

[1] LAURENT, tome II, p. 206, n° 106.

gnation des qualités juridiques que le domicile d'origine fixerait une fois pour toutes, et de celles qui resteraient réglées par la loi du domicile actuel, et, par suite, variables[1]. En admettant même que cette distinction fût possible, on ne pourrait supprimer la difficulté, qui ira tous les jours grandissant, de connaître le domicile d'origine. L'état de la personne ne cessera d'être divers que pour devenir instable ; il dépendra du résultat d'une preuve qu'il faudra tirer de faits souvent anciens et douteux. La théorie du domicile d'origine aspire à donner des solutions aussi rationnelles que la théorie de la loi nationale ; il lui manque ses éléments simples et ses arguments logiques. On aura beau appeler le domicile d'origine la patrie juridique : on ln'aura pas fortifié la théorie, on en aura plutôt montré 'intime contradiction. La théorie du domicile d'origine ne s'expliquerait pas mieux, si on voulait [2] l'appliquer seulement aux cas de mutation de domicile s'opérant de la patrie politique en pays étranger, sans l'appliquer aux cas de mutation de domicile dans les frontières de la patrie politique. L'idée de patrie juridique elle-même, à laquelle on ramène le domicile d'origine, exclut cette distinction comme arbitraire : tout changement de patrie, fût-ce une patrie simplement juridique, doit produire un effet absolu. La patrie politique, qui est obligée de subir, dans les limites de son territoire, les changements de patrie juridique avec toutes leurs suites, se prévaudrait vainement de sa souveraineté pour les empêcher au dehors. Il faut donc en revenir, dans

[1] LAURENT, tome III, p. 514, n° 292 ; p. 515, n° 293 ; p. 516, n° 294 p. 518, n° 295 ; p. 520, n° 296.

LAINÉ, tome II, p. 215, 216.

la théorie du domicile, au domicile actuel[1] : la théorie reste
d'accord avec elle-même. Mais alors la variabilité de l'état
et de la capacité apparaît avec toutes ses inconséquences.
Ces inconséquences éclatent surtout, quand il s'agit des
interdits et des mineurs en tutelle. Quel domicile et, par
suite, quel statut auront-ils ? Leurs tuteurs pourront-ils
disposer de l'un et de l'autre à leur gré ? Ou les incapables
garderont-ils le domicile et le statut qu'ils avaient, au moment où la tutelle s'est ouverte ? Sur quoi fondera-t-on une
telle décision, en dehors du cas où la loi du domicile au
moment de l'ouverture de la tutelle contiendrait une disposition expresse en ce sens ? Et comment cette disposition
se fera-t-elle respecter ? Inutilement chercherait-on à rendre, en droit, le changement de domicile plus rare, en sou-
mettant l'établissement du domicile nouveau à la condition
de l'absence d'esprit de retour à l'ancien ; nous savons que
l'absence de l'esprit de retour n'est pas nécessaire à l'établissement du domicile. Inutilement s'efforcerait-on de
distinguer les hypothèses et de dire que, dans quelques-
unes, il y a des droits que l'on considérera comme acquis[2] :
nous savons également que les particuliers ne peuvent
jamais prétendre que l'état et la capacité sont pour eux
des droits acquis. Il faut, dans la théorie du domicile, se

---

[1] Fœlix, p. 263, n· 117 ; Laurent, tome II, p. 189, n· 98 ; Surville
et Arthuys, p. 166, n· 158 ; Savigny, tome VIII, p. 164, 165.

[2] C'est ainsi que Savigny décide que l'individu, majeur d'après la loi
de son domicile actuel, et qui transporte son domicile en un lieu dont la
loi le ferait mineur, reste majeur, c'est pour lui un droit acquis ; au
contraire, l'individu mineur, qui va s'établir dans un lieu où il se trouve
avoir l'âge de la majorité, devient majeur : tome VIII, p. 166, 167. —
Laurent, tome III, p. 505 n· 287.

résigner à la précarité de la condition juridique des personnes [1].

Il nous reste à étudier deux hypothèses déjà signalées,
dans lesquelles les deux doctrines de la nationalité et du
domicile se trouvent dans un embarras égal et dont elles
se font, cependant, réciproquement une objection. Les difficultés ne tiennent pas aux doctrines elles-mêmes, mais aux
contradictions des législations sur la nationalité et le domicile. Il s'agit du cas où une personne se trouve avoir
deux nationalités ou n'en avoir aucune : il s'agit du cas où
une personne se trouve avoir deux domiciles ou n'en avoir
aucun. Il n'y a pas à ces difficultés de solution rationnelle :
on en sort comme on peut. La doctrine de la nationalité
emprunte en partie sa solution à la doctrine du domicile.
La doctrine du domicile ne demande rien à la doctrine de
la nationalité : elle prétend se suffire à elle-même. Ce sont
des hypothèses exceptionnelles, anormales, qui ne devraient
pas se rencontrer ; les résultats un peu arbitraires que les
deux doctrines sont obligées d'accepter ne prouvent rien
contre elles [2].

Une personne peut avoir deux nationalités, par exemple,
dans le cas suivant : elle est née dans un pays étranger
dont la loi déclare nationaux, *jure soli*, toutes les personnes qui naissent sur le territoire ; or, ses parents avaient
conservé leur nationalité, et, d'après leur loi nationale,

---

[1] La doctrine française contemporaine s'est peu expliquée sur les
changements d'état résultant des changements de domicile. Voyez
Merlin, *Répertoire*, aux mots : « *Majorité* » § IV : « *Autorisation
maritale* » sect. x, nᵒ IV : « *Effet rétroactif*, sect. III, § II, art. v
nᵒ III: « *Puissance paternelle* » sect. VII, nᵒ III.

[2] Laurent, tome II, p. 199, nᵒ 102.

les enfants de nationaux établis en pays étranger nais
sent, *jure sanguinis*, nationaux. Cette personne a deux
nationalités : celle que lui impose le territoire, celle que lui
conserve la loi de ses parents. Quelle loi règlera son état
et sa capacité? Lui appliquera-t-on cumulativement les
deux lois nationales? Cela n'est pas possible, les deux
lois fussent-elles identiques, ce qui n'arrivera jamais; la
question perdrait, d'ailleurs, à peu près tout intérêt. Il faudra appliquer l'une ou l'autre, sacrifier l'une des deux
lois. Laquelle? *A priori*, la loi préférable semble bien
être la loi qui est la loi nationale pour la personne et
pour ses auteurs : elle seule est vraiment la loi nationale
au sens rigoureux du mot, la loi d'origine, la loi de la
race. Au contraire, la loi que la naissance en territoire
étranger a donnée à la personne n'est point pour cette
personne, dans la réalité des choses, une loi nationale :
elle lui a été imposée, et à raison d'un fait qui ne devait
pas avoir une telle portée : le domicile en pays étranger
ne prouve pas l'abandon de la patrie; peut-être même
les parents n'étaient-ils pas domiciliés, et étaient-ils simplement de passage dans le pays, quand la naissance a eu
lieu : il n'importe, l'enfant est un national du pays où il
est né, et la loi de ce pays entend régir son état et sa capacité. Mais quelle que soit la valeur, en raison, de toutes ces considérations, elles ne peuvent être d'aucun poids
dans la décision de la question juridique. Il y a, en présence et en conflit, deux lois également souveraines : aucune ne fléchira devant l'autre. La personne, ayant deux
nationalités, aura, en droit, deux états et deux capacités
différentes, non pas cumulativement, puisque cela est
impossible, mais successivement, au hasard des juridictions devant lesquelles les faits juridiques auxquels elle

sera mêlée l'amèneront : juridictions, qui décideront évidemment dans des sens assez divers, si bien que la personne se verra peut-être attribuer un troisième état, qui ne sera celui d'aucune des deux lois nationales dont elle relève. On peut imaginer quelques hypothèses. Le tribunal saisi du procès, dans lequel l'état de la personne est engagé, est le tribunal de l'un des pays qui réclament la personne comme national ; sans nul doute, ce tribunal appliquera la loi du pays où il est institué et dont il a le devoir étroit de faire respecter la souveraineté, puisque l'occasion s'en présente. Le tribunal saisi est en pays tiers : il aura l'embarras du choix. Il donnera probablement la solution qui se rapprochera le plus de celle qu'aurait fournie sa législation, si elle eût été compétente. Peut-être encore, comme un auteur l'a proposé[1], appliquera-t-il celle des deux lois nationales en conflit qui se trouvera être en même temps la loi du domicile : le cumul de ces deux circonstances de la nationalité et du domicile rend cette solution très plausible et en apparence avantageuse ; mais il ne faut pas l'affirmer *a priori*, il serait bon d'examiner l'ancienneté du domicile actuel, le lieu et la durée du domicile précédent. Peut-être appliquera-t-il purement et simplement la loi du domicile, si la personne est établie dans un pays autre que les deux dont elle est le ressortissant. Le tribunal dont nous nous occupons tiendra compte surtout des circonstances ; elles auront, presque toujours, dans une telle hypothèse, une importance prépondérante. Si la solution est équitable, personne ne pourra se plaindre, puisqu'il n'y avait pas moyen de rendre un jugement fondé en droit[2].

SURVILLE et ARTHUYS, p. 148, n° 143.

M. WEISS se prononce pour l'application de la loi du domicile . 244. En ce sens aussi, ASSER, p. 55, n° 22.

En sens inverse, une personne peut n'avoir aucune nationalité. Cette situation juridique est assez fréquente : elle peut notamment se produire quand une personne fonde, sans esprit de retour dans la patrie, un établissement en pays étranger, circonstance qui, d'après la loi qui la régissait, lui fait perdre sa nationalité[1] ; cette même circonstance, le plus souvent, ne lui fera pas acquérir la nationalité du pays où elle s'est établie. Cette personne n'a plus de nationalité. Comment seront réglés son état et sa capacité ? Le plus sage est peut-être de réserver, comme dans l'hypothèse précédente, l'examen des circonstances de la cause, les distinctions sur le tribunal saisi et les solutions que pourrait lui inspirer la loi dont il est l'interprète. Mais, d'une manière générale, avec plus de sûreté que dans l'hypothèse où la personne a deux nationalités, peut-on parler, ici, d'appliquer la loi du domicile, puisque, après la nationalité, qui fait défaut dans l'espèce, le domicile est l'élément de droit qui paraît le plus apte à servir de base à l'état et à la capacité de la personne[2].

La doctrine de la loi du domicile doit, elle aussi, pourvoir aux deux situations que nous venons d'étudier pour la doctrine de la loi nationale. Le cas de deux domiciles pour une même personne ne devrait pas se présenter ; nous avons montré que le domicile, par sa définition même, devait être unique. Il y a néanmoins des législations qui n'ont pas en cette matière la précision de la loi française. Dans l'ancien droit, des auteurs admettaient aussi qu'une personne pouvait avoir deux domiciles. La

---

[1] C'était la solution de l'ancien art. 17 du C. C.

[2] Ch. Brocher, tome I, p. 213, p. 240 ; Surville et Arthuys, p. 148, n° 143 ; Weiss, p. 244. Voyez Asser, p. 55, n° 22.

doctrine du domicile pourrait, ici, emprunter à la loi nationale la solution de la difficulté. Il ne paraît pas qu'elle le fasse. Les auteurs ne s'expliquent guère sur ce point. Il semble qu'il suffirait d'examiner avec rigueur les conditions d'établissement de ces deux domiciles : on arriverait certainement à trouver qu'il y en a un des deux qui réunit, mieux que l'autre, les conditions requises, et qui, par suite, doit avoir seul qualité pour déterminer l'état et la capacité de la personne. Ce domicile serait celui que Boullenois appelait déjà le domicile plus marqué [1] : ce qui revient à dire qu'il n'y a jamais qu'un vrai domicile. Mais une personne peut n'avoir pas de domicile du tout : les partisans de la loi du domicile appliquent alors, en règle générale, la loi de la résidence [2].

Pour résumer cette longue discussion sur les mérites respectifs du domicile et de la nationalité, comme principes de compétence législative en matière d'état et de capacité des personnes, nous pouvons dire que l'avantage reste finalement à la nationalité ; elle seule est vraiment en conformité avec la loi naturelle, elle seule assure, d'une façon presque absolue, la permanence de l'état, elle en justifie mieux l'effet extraterritorial. Cette doctrine, sans doute, ne donne pas de solution, quand la personne a deux nationalités ou n'en a aucune : la faute, nous le savons, ne lui est pas imputable, et la doctrine du domicile n'échappe pas à des difficultés du même genre. Des traités sur la nationalité pourront seuls empêcher ces anomalies. En leur absence, et en attendant, il semble qu'il conviendrait de préconiser l'application de la loi du domicile, quand

---

[1] BOULLENOIS, tome I, p. 834 à 837.
[2] SURVILLE et ARTHUYS, p. 148, n° 143.

l'application de la loi nationale ne peut avoir lieu. A la place des solutions diverses que nous avons énumérées plus haut comme possibles, on aurait une solution unique : l'unité, dans ces matières, c'est l'essentiel. Le domicile est, après la nationalité, le phénomène juridique qui, au regard de la personne, a le plus les caractères de permanence et de généralité. Il remplirait utilement ce rôle subsidiaire. Enfin, à défaut de nationalité, à défaut de domicile, il faudrait recommander d'appliquer la loi du lieu où est intervenu, où doit intervenir l'acte juridique qui met en jeu l'état ou la capacité de la personne : l'application de la loi du lieu de l'acte n'est pas plus arbitraire que celle de la loi de la résidence, qui est plus généralement proposée en pareille circonstance, et elle donnerait lieu à moins d'incertitudes. En faveur du principe de la loi nationale et de l'application subsidiaire de la loi du domicile se prononce la majorité des auteurs contemporains, en Europe du moins[1].

Dans sa session tenue à Oxford en 1880, l'Institut de droit international a voté avec plusieurs autres la résolution suivante : « L'état et la capacité d'une personne sont régis par les lois de l'Etat auquel elle appartient par sa nationalité. — Lorsqu'une personne n'a pas de nationalité connue, son état et sa capacité sont régis par les lois de son domicile. — Dans le cas où différentes lois civiles coexistent dans un même Etat, les questions relatives à l'état et à la capacité de l'étranger seront décidées selon le droit intérieur de l'Etat auquel il appartient. » *Annuaire*, 1881-1882, page 57. — M. LAURENT, dans son avant-projet de révision du code civil belge, a proposé la disposition suivante : art. 18 : « Le statut personnel est déterminé par la nationalité de la personne. — Celui qui a deux nationalités, dont l'une lui est reconnue par la loi belge, a pour statut la loi belge, tant qu'il n'a pas fait d'option. — Le statut de celui qui n'a point de nationalité est déterminé par son domicile, et, s'il n'a point de domicile certain, par sa résidence. — Le statut personnel se perd avec la perte de la nationalité

Le principe de la loi nationale est celui qui a été consacré législativement en France par le Code Civil : art. 3, 3°. La brièveté de ce texte nous oblige à nous demander si, malgré la substitution de la loi nationale à la loi du domicile comme base de l'état des personnes, il n'y a pas quelques questions agitées dans l'ancien droit, qui doivent être encore discutées de nos jours et pour lesquelles la tradition offrirait ou imposerait des solutions. Ces questions ont été renouvelées et rajeunies au cours de ce siècle dans des pays voisins de la France ; nous n'avons pas à exposer les controverses de jurisconsultes étrangers[1] ; mais ces controverses nous créent le devoir d'examiner à nouveau la tradition pour voir si elle a encore, dans ces questions, quelque vie. Ces questions sont au nombre de deux : y a-t-il lieu de distinguer encore l'état général de la personne et les facultés particulières qui peuvent être

à laquelle il est attaché. Le changement de nationalité ne modifie le statut que pour l'avenir, il n'a point d'effet rétroactif. » La commission extraparlementaire, qui, en 1884, a été substituée à M. Laurent dans l'œuvre de révision du C. C. belge, a proposé les deux textes suivants : art. 4 : « L'état et la capacité des personnes ainsi que les rapports de famille sont régis par les lois de la nation à laquelle les personnes appartiennent. » Art. 12 : « Celui qui ne justifie d'aucune nationalité déterminée a pour statut personnel la loi belge. Il en est de même de celui qui appartient à la fois à la nationalité belge et à une nationalité étrangère. Celui qui appartient à deux nationalités étrangères a pour statut personnel celle des deux lois étrangères dont les dispositions applicables à la contestation s'éloignent le moins des dispositions de la loi belge. » *Revue*, 1886, p. 449 et suiv. Voyez aussi Lainé, *Bulletin de la Société de législation comparée*, 1890, p. 406, 407.

Laurent, tome II, p. 102, n° 58 ; tome VIII, p. 144, n° 86 ; tome III p. 502, n° 285 ; Asser, p. 48, n° 19 ; Savigny, tome VIII, p. 134.

attachées à cet état ? Est-ce sur l'idée de justice ou sur l'idée de courtoisie internationale qu'il faut appuyer l'effet extraterritorial du statut personnel ? Les solutions ne sont pas douteuses.

L'intérêt qu'il y aurait encore, aujourd'hui, comme autrefois, à distinguer l'état général de la personne et les facultés particulières, serait le suivant : les facultés particulières ne jouiraient pas de la prérogative, attachée à l'état général, de suivre la personne même à l'étranger : les dispositions de la loi nationale qui les établissent n'auraient d'effet que sur le territoire même. Dans l'ancien droit, deux séries d'hypothèses distinctes, nous l'avons vu, donnaient lieu à cette difficulté. En premier lieu, la capacité pour les actes concernant les immeubles devait-elle être régie par la loi du domicile ou par la loi de la situation de l'immeuble, à raison de l'importance spéciale reconnue à tout ce qui touchait aux immeubles ? En second lieu, le testament du mineur, les legs et donations entre époux; les dispositions de coutumes consacrant les incapacités des sénatus-consultes Macédonien et Velléien pouvaient-ils produire effet en dehors du ressort de la loi du domicile ? Cette seconde série d'hypothèses comprenait les actes ou les qualités juridiques auxquels on prétendait trouver un caractère particulier. Sur la première question, capacité requise pour les actes touchant aux immeubles, la controverse avait été éteinte dans l'ancien droit, et on peut s'étonner qu'un auteur moderne ait reproduit, au moins implicitement [1], la solution de d'Argentré : solution inspirée par des idées toutes féodales et qui n'ont plus aucune valeur de notre

[1] Fœlix, tome I, p. 43.

temps, où c'est l'homme, et non la terre, qui est l'objet
principal du droit. Sur le second ordre de questions, la
controverse avait duré plus longtemps, alimentée en partie par des préoccupations de même nature, plus que par
des considérations tirées du fond même des questions ; à
la fin de l'ancien droit, la majorité des auteurs estimait
d'ailleurs qu'aucune distinction ne devait être faite entre
l'état universel de la personne et certaines règles spéciales
de capacité ou d'incapacité. La seule raison, que l'on
puisse donner aujourd'hui pour défendre encore cette
opinion, serait l'intérêt des tiers : les tiers, dit-on, peuvent connaître l'état de la personne pris dans ses éléments
principaux ; on ne peut exiger d'eux qu'ils soient également renseignés sur les particularités de cet état. Mais
l'argument porte contre la règle elle-même : les tiers peuvent avoir beaucoup de peine à connaître même l'état général de la personne, qui ne leur en sera pas moins opposable. L'argument prend une portée étendue qui lui enlève
beaucoup de son poids dans la décision de la controverse.
Il tend à montrer l'utilité de dispositions protectrices de
l'intérêt des tiers, et rien de plus. La considération prépondérante pour ne faire aucune distinction et pour affirmer que l'état tout entier suit la personne en pays
étranger, c'est que l'état est, de sa nature, un et complexe,
qu'il est l'ensemble de toutes les qualités juridiques
données par la loi à la personne, que ces qualités se soutiennent et s'expliquent les unes par les autres, qu'elles
ont toutes été estimées nécessaires, et que, faute d'un criterium légal, le départ des éléments généraux et des éléments particuliers serait forcément arbitraire et dange-
reux. Les textes, au surplus, ne distinguent pas : art. 3, 3°,

et art. 1124 C. C. [1]. Un seul auteur reproduit la distinction ancienne, en prenant comme exemple la capacité particulière établie pour le mineur par les articles 903 et 904 du Code Civil en matière de donations entre-vifs et de testaments; il va jusqu'à dire que ces dispositions ne statuent pas sur l'état de la personne et que, dès lors, la souveraineté territoriale reprend son empire. Ces idées se réfutent d'elles-mêmes, et le commentateur de cet auteur ne manque pas de le faire remarquer [2].

A la règle générale posée par nous, il y a, cependant, une exception : les incapacités dont une personne serait frappée en vertu de jugements de tribunaux répressifs ou par mesures politiques n'atteignent la personne que sur le territoire où ces mesures et jugements ont été rendus : l'Etat étranger estime contraire à sa dignité de prêter la main à leur exécution : c'est une exception d'ordre public [3]. L'exception d'ordre public a, d'ailleurs, une portée beaucoup plus large et serait opposable même aux droits les plus considérables résultant de l'état et de la capacité de la personne, si ces droits contredisaient une loi considérée comme d'ordre public ; c'est une règle traditionnellement admise, que l'on ne peut à aucun titre regarder comme une application de la distinction rejetée [4].

Sur la seconde question : est-ce de l'idée de justice ou

[1] Demangeat, *Condition des étrangers*, p. 370, n° 82 ; Laurent, tome II, p. 92, n° 34 ; p. 95, n° 55 ; p. 99, n° 57 ; p. 102, n° 58 ; tome VIII, p. 141, n° 83 ; p. 141, n° 84 ; p. 201, n° 135. Asser, p. 48, n° 19 ; Savigny, tome VIII, p. 146.

[2] Fœlix, tome I, page 64.

[3] Aubry et Rau, tome I, p. 98 ; Seine, 7 mai 1873, *Journal*, 1875, p. 20. Voyez cependant Demangeat sur Fœlix, tome II, n° 604.

[4] Laurent, tome II, p. 90, n° 52.

de l'idée de courtoisie internationale qu'il faut se prévaloir pour réclamer en pays étranger le respect de l'état et de la capacité, tels qu'ils sont fixés par la loi nationale ? nous serons encore plus bref. L'idée de courtoisie internationale n'est pas dans la tradition française. Elle a été imaginée, tard, par l'école hollandaise, quand elle a elle-même reconnu l'impossibilité d'appliquer d'une manière absolue la maxime, *toutes coutumes sont réelles* ; l'idée de courtoisie laissait une extrème liberté pour restreindre à volonté les concessions consenties à l'étranger. Cette idée ne peut suffire. Il s'agit ici d'un droit. La personne humaine est partout respectée ; elle ne peut l'être complètement que si sa condition juridique est aussi respectée. L'idée qui sert de base à l'effet extraterritorial du statut personnel n'est point une idée étroite et particulière à un peuple : elle est vraie pour tous. Leur intérêt bien entendu est de reconnaître un droit, dont le principe n'est pas contestable. Ce droit des individus à réclamer, à l'étranger, la reconnaissance de leur état et de leur capacité, tels qu'ils sont fixés par la loi nationale, est fondé sur la notion même de l'un et de l'autre. Il s'est accru et affermi avec le développement de l'idée de nationalité dans le domaine du droit privé ; le statut personnel s'est simplifié et précisé avec l'unification des législations, il s'est mieux imposé à l'attention et au respect de l'étranger. Il a profité, en outre, de la modification qui s'opère graduellement dans la conception de la souveraineté et qui fait qu'elle vise surtout à l'empire sur les personnes. Le national apporte en pays étranger la garantie et la protection de son gouvernement. Si, dans la théorie des statuts, et avec la loi du domicile, l'effet extraterritorial du statut personnel paraissait déjà fondé sur une idée de justice, de nos jours, et avec le système de la loi nationale, il doit être plus que jamais considéré comme un droit, dont la souveraineté de l'Etat peut légitimement demander la consécration au dehors, et qu'elle peut, en retour, reconnaître sur le territoire sans diminution pour elle-même[1].

Cet exposé d'idées générales terminé, nous devons entrer dans l'étude séparée des deux hypothèses du Français domicilié en pays étranger et de l'étranger domicilié en France.

De l'état et de la capacité du Français domicilié en pays étranger.

La solution de cette question est donnée par l'art. 3, alinéa 3, du Code Civil : « Les lois concernant l'état et la capacité des personnes régissent les Français, même résidant en pays étranger. » Ce texte pose donc, du moins dans l'opinion presque unanime des auteurs, le principe que c'est la loi nationale qui désormais régit l'état et la capacité des Français établis en pays étranger, et non plus la loi du domicile comme dans l'ancien droit. Pour nous, nous considérons cette interprétation comme indiscutable ; nous regardons les travaux préparatoires comme formels ; nous croyons, en outre, que les rédacteurs du Code Civil, en fait et en raison, ne pouvaient songer à une autre règle avec le système de l'unité législative, qu'ils fondaient en France. Nous nous sommes longuement expliqué sur tous ces points dans l'introduction, quand nous avons essayé de dégager l'esprit de l'art. 3 : nous avons fait, à ce

---

[1] Durand, p. 244, n° cxxii ; p. 238, n° cxx ; Laurent, tome II, p. 73, n° 44 ; p. 192, n° 99.

moment, la démonstration particulière qu'il nous faudrait placer ici : nous n'avons pas, pour cela, manqué aux règles d'une bonne méthode, car, comme un auteur l'a fort bien dit [1], la solution du conflit des lois en cette matière de l'état et de la capacité des personnes est caractéristique d'un système tout entier de droit international privé.

Nous considérons donc notre preuve comme faite [2]. L'état et la capacité du Français domicilié à l'étranger, à plus forte raison, du Français qui y réside ou y passe simplement, sont régis par la loi française. Et cette formule très large doit s'entendre, non seulement des dispositions de lois, mais encore des jugements rendus par les tribunaux civils français qui modifient l'état ou la capacité du national : tels, par exemple, les jugements qui prononcent une interdiction, donnent un conseil judiciaire, déclarent la faillite [3]. Il suffit que ces jugements aient été régulièrement rendus et publiés en France [4]. Leur effet ne saurait être écarté avec la prétention, exagérée ou arbitraire, qu'ils n'ont pas été publiés à l'étranger, ou que le tiers étranger, qui a contracté avec le Français atteint par un de ces jugements, pouvait, de très bonne foi, ignorer cette condition particulière du Français [5].

----

[1] Lainé, tome II, p. 116 ; et *Bulletin de la Société de législation comparée*, 1890, p. 385.

[2] Durand, p. 249, n° cxxiv ; Surville et Arthuys, p. 151, n° 146 ; Weiss, p. 272 ; Asser, p. 56, n° 23.

[3] Aubry et Rau, tome I, p. 90.

[4] Fœlix, tome II, p. 32, n° 310 ; Massé, tome I, p. 476, n° 545 ; Trib. Beauvais, 5 juillet 1888, et Amiens, 6 décembre 1888, *Journal*, 1889, p. 457.

[5] En ce sens, cependant, Aubry et Rau, tome I, p. 90 ; Cass. 27 mars 1865, Sirey, 1865. 1. 261.

Il faut croire que l'opinion que nous proposons est bien aussi celle de la pratique, puisqu'il n'y a pas d'arrêt ayant directement pour objet de dire quelle est la loi applicable à l'état et à la capacité du Français en pays étranger. Les rares décisions qui ont eu pour objet de trancher des questions de cette nature se réfèrent à des conflits dans les rapports entre parents et enfants, lorsqu'ils sont de nationalités différentes ; contrairement à la solution qui nous paraît équitable, ces arrêts se sont prononcés en faveur de la loi nationale française des parents contre la loi nationale étrangère des enfants[1].

La doctrine, qui applique la loi française à l'état et à la capacité du Français établi en pays étranger, a, cependant, quelques contradicteurs, en très petit nombre, il faut le dire tout de suite, mais dont l'autorité est considérable. Ces auteurs prétendent que la loi compétente est, comme autrefois, la loi du domicile. Le Code Civil n'aurait pas innové. Mais cette opinion est, en vérité, peu appuyée.

Un premier auteur que l'on pourrait songer à mettre au rang des partisans de la loi du domicile est Fœlix. Mais il faut l'écarter. Il est assez difficile de savoir ce qu'il a exactement pensé. Il dit expressément, dans un certain passage[2], qui résume d'ailleurs une suite de développements, que « *lieu du domicile de l'individu* » ou « *territoire de la nation ou patrie* » peuvent être employés indifféremment. Mais a-t-il voulu dire qu'une personne ne pouvait être domiciliée que dans le territoire de la nation dont elle est membre, ou, au contraire, que là où

---

[1] Cass. 13 janvier 1873, S. 73. 1. 13. — Cass. 14 mars 1877, S. 78. 1. 25.

[2] Fœlix, tome I, p. 58.

une personne a établi son domicile en pays étranger, elle devient national ? C'est ce qui reste incertain [1].

Le seul auteur qui se soit prononcé, expressément et clairement, pour que l'état et la capacité du Français, domicilié à l'étranger, soient régis par la loi de ce domicile étranger, est M. Demangeat [2]. Il ne dit pas en termes formels que le Code Civil consacre la règle traditionnelle ; mais il le sous-entend certainement. Quant au texte de l'art. 3, M. Demangeat se l'approprie ; l'argument est aussi simple que sommairement appuyé. La loi française continue de régir l'état et la capacité du Français résidant en pays étranger : donc, elle ne régit pas celui qui y est domicilié : résidence et domicile sont deux faits juridiques distincts, que la loi n'a pas pu confondre. On peut faire une triple réponse à cet argument. Rien ne prouve que le mot *résidant* doive être pris dans le sens étroit où il s'oppose au domicile ; le mot a un sens large, qui convient bien mieux à la lecture de l'article [3]. Il serait singulier que les rédacteurs du Code Civil, ayant à donner, dans un article unique, divisé en trois courts alinéas, consacrés chacun à un ensemble considérable de matières, les règles

---

[1] FŒLIX, tome I, p. 53, 55, 56, 57, 60.

[2] « *Du statut personnel* ». Etude parue dans la *Revue pratique*, tome I, 1856, p. 66 : et sur FŒLIX, tome I, p. 105 note *a*.

[3] CH. BROCHER, tome I, p. 103 ; DURAND, p. 377, n° CLXXXIV ; LAURENT, tome II, p. 185, n° 97 ; SURVILLE et ARTHUYS, p. 151, n° 146. — Nous aurons l'occasion de citer, d'ici deux ou trois pages, un des textes du projet du C.C. qui s'occupait de l'état et de la capacité des étrangers en France ; la résidence y est opposée au séjour ; n'est-ce pas que la résidence, dans la pensée des rédacteurs du Code, est l'établissement durable, ce que plus tard ils appelleront, d'une expression plus rigoureuse, le domicile ?

principales sur la solution des conflits de lois, eussent formulé une application du principe, au lieu de poser le principe, ou, en d'autres termes, eussent formulé le principe par prétérition : il y aurait, là, une faute de méthode autrement grave que celle de n'avoir pas réfléchi que le mot *résidant* pouvait être pris dans un sens étroit. Enfin, si le mot *résidant* doit être entendu avec la signification qui l'oppose au domicile, à quoi peut servir le mot « *même* »? Il est inutile. Or, ce mot veut dire quelque chose : on l'emploie justement pour appuyer sur l'idée qu'on exprime. Que disent les lignes qui précèdent ? « Les lois concernant l'état et la capacité des personnes régissent les *Français* »; et que disent les derniers mots du texte ? « *en pays étranger* »; au milieu sont intercalées les expressions : « *même résidant* » : ces expressions énergiques ne peuvent viser à faire une distinction, elle veulent comprendre tous les Français à l'étranger, les Français *établis* à l'étranger : résidant ou domiciliés. S'il en était autrement, comment s'expliquerait-on que le mot de « *résidant* », qui se trouvait déjà dans le texte du projet de la commission, eût traversé tous les travaux préparatoires, sans qu'aucun des textes qui le contenaient eût été l'objet d'un seul mot d'explication ou de commentaire qui en aurait limité le sens [1]?

A qui s'adresse la règle de l'art. 3, 3°? Elle s'adresse directement aux tribunaux français, qui peuvent seuls

---

[1] Fenet, tome II, p. 6; tome VI, p. 15, 341; tome VII, p. 14, 34, 125.

Merlin aussi parle toujours du domicile, mais sans se préoccuper d'établir l'exactitude de sa doctrine : Voy. notamment *Rép.* au mot « *Souveraineté* » § iv, et au mot « *Effet rétroactif* » section iii. § ii, art. v, n° iii.

la faire respecter efficacement. Et voici comment les choses se présenteront devant eux : un Français a passé à
l'étranger un acte, pour lequel il n'était pas capable d'après
la loi française, mais pour lequel il était capable d'après la
loi du pays où il était domicilié ou résidant : cet acte
soumis aux tribunaux français sera par eux déclaré nul.
A l'inverse, un Français, capable d'après la loi française,
passe un acte, en un pays étranger dont la loi exige, pour
cet acte, d'autres conditions de capacité : le Français qui
demanderait aux tribunaux français d'annuler cet acte
verrait sa demande repoussée [1]. Les tribunaux français auront encore une autre occasion et un autre moyen de faire
respecter l'art. 3, 3° : lorsqu'on leur demandera d'accorder
la force exécutoire en France à un jugement étranger qui,
implicitement ou expressément, aurait méconnu une règle
d'état et de capacité d'un Français. Quelque rôle que l'on
accorde en pareille hypothèse au tribunal français, il est
certain qu'il ne prêtera jamais les mains à l'exécution d'un
jugement étranger qui constituerait une violation d'une
loi d'ordre public.

Il va de soi que la règle de l'art. 3, 3° ne s'adresse pas
aux tribunaux étrangers. Le principe de la souveraineté
respective des Etats s'y oppose. L'article 3, 3° n'est cependant pas dépourvu de signification au regard de l'étranger.
C'est, indirectement énoncée, l'affirmation qu'il y a là un
droit, qu'un sentiment élevé de justice commande de respecter [2].

[1] AUBRY et RAU, tome I, p. 89.

[2] LAURENT, tome II, p. 73, n° 44 ; SURVILLE et ARTHUYS, p. 153, n°
147. Un auteur a soutenu récemment (ALAUZET, *De la qualité du
Français, de la naturalisation et du statut personnel des étrangers*,
1880) que le principe exclusif des nations modernes était la souverai-

De l'état et de la capacité de l'étranger domicilié en France.

Nous avons démontré que l'étranger pouvait librement établir son domicile en France. Nous avons exposé et réfuté l'opinion des auteurs qui ne permettent à l'étranger d'avoir un domicile en France, qu'autant qu'il en a obtenu du gouvernement l'autorisation, conformément à l'article 13 du Code Civil, et l'opinion des auteurs qui ne reconnaissent à l'étranger, en dehors de l'autorisation, qu'un domicile de fait. Quels effets produit le domicile sur l'état et la capacité de l'étranger ? Il semble, au premier abord, convenable d'examiner simultanément la situation de l'étranger ayant, de lui-même, établi son domicile en France, et la situation de celui qui l'a établi après autorisation, puisque cette circonstance de l'autorisation, si elle est intéressante à connaître au point de vue des conditions auxquelles, suivant les systèmes, le domicile existe, doit être sans conséquence, dans la matière des conflits de lois, sur les effets que le domicile produit. Il faut, cependant, séparer ces deux

neté territoriale, que l'art. 3, 3⁰ ne pouvait être appliqué que par les tribunaux français ; et qu'aucun mal ne pouvait résulter pour nous que le Français expatrié restât soumis aux lois du pays où il habite, du moment que, devant les tribunaux de sa patrie, il ne pourrait invoquer d'autres règles que celles de son statut personnel qui l'ont suivi partout : Voy. p. 185, 186, 205. Sans parler de ce prétendu principe de souveraineté territoriale, un peu fait pour surprendre, il paraît étrange de soutenir qu'il ne nous importe pas de savoir comment nos nationaux sont traités à l'étranger. Si le statut personnel suit les Français partout, du moins pour les tribunaux français, nous devons nous inquiéter de connaître si et dans quelle mesure les tribunaux étrangers le leur appliquent.

hypothèses du domicile autorisé et du domicile non autorisé, précisément, parce que, d'une part, les auteurs ne font produire au domicile des effets en matière d'état et de capacité, qu'autant qu'il est autorisé, au moins en règle générale, et que, d'autre part, certains partisans de la loi nationale tirent des conséquences particulières, pour l'état et la capacité, du fait de cette autorisation. Nous étudierons donc distinctement l'état et la capacité de l'étranger, suivant qu'il est domicilié en France sans autorisation, ou avec autorisation.

Nous n'avons aucun texte qui nous dise quelle loi il faut appliquer à l'état et à la capacité de l'étranger ayant fixé en France son domicile sans autorisation. On a pu, à bon droit, s'étonner de cette lacune. Si les rédacteurs du Code Civil ont cru possible de dire à quelle loi, suivant eux, seraient soumis l'état et la capacité du Français établi en pays étranger, alors qu'il ne dépendait pas d'eux que cette loi fût partout considérée comme la seule compétente, pourquoi n'ont-ils pas, comme ils en avaient le droit et le devoir, posé les règles que devraient suivre les tribunaux français, quand il s'agirait pour eux d'apprécier l'état et la capacité des étrangers établis en France [1] ? Le silence du Code Civil reste inexpliqué. Le projet de titre préliminaire contenait, sur la condition de l'étranger en France, un article équivoque. Ce texte a subi, au cours des travaux préparatoires, des modifications, dont le sens implicite et unique est celui-ci : l'étranger, en

----

[1] Ch. Brocher, tome I, p. 25 et suiv.; Laurent, tome II, p. 75, n° 45; p. 77, n° 46. Voyez cependant Durand, p. 249, n° cxxiv; Weiss, p. 278.

France, reste soumis à sa loi personnelle [1]. La question est donc abandonnée à la doctrine, avec cette seule indication : la loi personnelle de l'étranger le suit en France. Mais la doctrine n'est pas libre de décider sur cette question ce qu'elle veut : elle est liée elle-même par les principes. Elle a à rechercher quelle est la loi compétente et elle doit l'appliquer sans restriction ni réserve.

Justifions notre proposition sur la portée des travaux préparatoires.

Le livre préliminaire du projet de Code Civil contenait, dans son titre IV, un article 4, ainsi conçu : « La loi oblige indistinctement ceux qui habitent le territoire : l'étranger y est soumis pour les biens qu'il y possède, et pour sa personne pendant sa résidence [2] ». Un seul corps judiciaire présenta sur ce texte des observations, ce fut le tribunal d'appel de Grenoble, qui demanda si l'étranger, pendant sa résidence en France, était soumis aux lois françaises pour la capacité de sa personne en général, et spécialement pour la capacité ou incapacité de disposer de ses biens situés en France [3]. Le texte qui vint en délibération devant le Conseil d'Etat dans la séance du 4 thermidor an IX était le texte du projet, modifié, probablement, à la suite des observations du tribunal de Grenoble. Mais ce tribunal n'obtenait pas de réponse directe pour la question qu'il avait posée : le dernier membre de phrase seul était changé : « et personnellement en tout ce qui intéresse la police pendant sa résidence. » Cet article,

---

[1] Comp. Lainé, *Bulletin de la société de législation comparée*, 1890, p. 394; Laurent, tome II, p. 79, n· 47.

[2] Fenet, tome II, p. 6.

[3] Fenet, tome III, p. 529.

avec celui qui s'occupait de l'état et de la capacité du
Français en pays étranger, fut renvoyé au projet de loi
relatif aux personnes qui jouissent et à celles qui ne
jouissent pas des droits civils [1]. Toutefois, la première
phrase de cet article « la loi oblige indistinctement ceux
qui habitent le territoire » restait au livre préliminaire et
revenait en discussion dans la séance du 14 thermidor.
Tronchet trouva cette rédaction trop générale : elle contre-
disait, suivant lui, le projet sur les droits civils, lequel
ne soumettait l'étranger qu'aux lois de police et de sûreté,
et il proposait la rédaction suivante : « La loi régit les
propriétés foncières situées sur le territoire de la République, les biens meubles et la personne du Français. » Et
comme Regnaud de Saint-Jean d'Angély lui objectait que
l'article ne s'entendait que des lois civiles en tant qu'elles
prononcent sur les droits personnels et sur la propriété
des étrangers, Tronchet répondait que l'étranger n'est
pas soumis aux lois civiles qui règlent l'état des personnes. Après une observation de Regnier, demandant le
maintien de la rédaction, sauf à établir plus tard les
exceptions, et une réplique de Regnaud de Saint-Jean
d'Angély disant qu'il faudrait établir des exceptions pour
d'autres personnes que les étrangers proprement dits,
Tronchet proposa de retrancher le mot « indistinctement »,
et l'article fut adopté avec cet amendement [2]. Voilà, sur
l'esprit qui animait les rédacteurs du C. C., dans ces questions d'état et de capacité des étrangers, la partie des
travaux préparatoires où ils ont le plus expliqué leur
pensée ; il est curieux qu'elle se trouve dans la discus-

---

[1] FENET, tome VI, p. 15.

[2] FENET, tome VI, p. 19 et 20.

sion d'un texte vague et qui n'avait pas directement pour objet ces questions. La conclusion en est, cependant, fort claire : l'étranger ne peut être régi pour son état et sa capacité par la loi française : il est donc régi par sa loi personnelle.

C'est la même induction que nous allons tirer des remaniements de la partie du texte qui avait été renvoyée au titre de la jouissance des droits civils; cette partie du texte, quoique beaucoup plus importante, n'a été l'objet d'aucune discussion, il n'y a eu qu'une observation insignifiante du premier Consul sur ce que comprenait l'expression de « lois de police et de sûreté [1] ». Mais la pensée qui a inspiré ces modifications est manifeste. Deux jours après le renvoi, le 6 thermidor an IX, la partie du texte détachée revenait en discussion devant le Conseil d'Etat, rédigée ainsi : « *L'étranger, même non résidant en France, est soumis aux lois francaises pour les immeubles qu'il y possède*; il y est personnellement soumis, pendant sa résidence ou son séjour, à toutes les lois de police et de sûreté [2] ». Au lieu de parler des biens en général, comme la première rédaction, ce texte nouveau ne parlait plus que des immeubles. La préoccupation des rédacteurs paraît bien avoir été de ne soumettre l'étranger à la loi française que dans la mesure strictement nécessaire, mais alors de l'y soumettre pleinement : d'où, cette addition : l'étranger est soumis aux lois françaises pour les immeubles qu'il possède en France, même s'il n'y réside pas. La rédaction définitive de ce texte fut donnée dans la séance du 4 fructidor; aucune question nouvelle n'était traitée dans ce

---

[1] FENET, tome VII, p. 33.

[2] FENET, tome VII, p. 12.

dernier texte, mais il y avait un changement dans la rédaction : « L'étranger, pendant sa résidence ou son séjour
en France, y sera personnellement soumis aux lois de
police et de sûreté. *Les immeubles qu'il y possédera seront
régis par la loi française lors même qu'il n'y résidera
pas* [1] ». La différence avec le texte précédent est notable ;
on soumet à la loi française, non plus l'étranger pour les
immeubles qu'il possède en France, mais les immeubles de
France lorsqu'ils sont possédés par un étranger, c'est-à-dire
que la compétence de la loi française est limitée aux immeubles, à la constitution juridique et économique de la
propriété foncière : ce qui regarde la personne du propriétaire étranger, son état, sa capacité, lui est soustrait.
Voilà ce que signifie manifestement la modification du
texte, si on veut bien la rapprocher des observations du
tribunal de Grenoble et des déclarations des jurisconsultes
qui ont concouru à la préparation de la loi. Cette rédaction formulait enfin clairement une pensée, dont l'expression seule était restée jusque-là obscure. Ce texte n'est
pas resté au titre de la « Jouissance et de la Privation des
droits civils »; il est retourné, avec le texte réglant la
condition juridique des Français à l'étranger, retrouver au
titre préliminaire l'article primitif dont il avait été détaché.
Sans qu'aucune explication nouvelle ait été donnée, tous
ces textes ont été fondus, lors de la communication officieuse au Tribunat, dans une rédaction dernière qui est
devenue l'art. 3 [2]. Cet article 3 nous donne donc, implicitement, dans son deuxième alinéa, la pensée des
rédacteurs du Code Civil sur l'état et la capacité de l'étranger

---

[1] FENET, tome I, p. 125.
[2] FENET, tome VI, p. 338 et 341.

en France ; cet état et cette capacité restent soumis à la loi personnelle de l'étranger [1].

Quelle est, maintenant, cette loi personnelle qui régit l'état et la capacité de l'étranger en France ? Pour nous, aucune hésitation n'est possible : c'est la loi nationale de cet étranger. On ne peut raisonnablement songer à appliquer, à l'état et à la capacité de l'étranger en France, un autre principe que celui qui règle l'état et la capacité du Français à l'étranger. L'alinéa troisième de l'art. 3 du C. C. impose cette solution. Cette opinion est celle de la doctrine [2] ; c'est aussi la décision des arrêts ; l'expression qu'ils emploient d'ordinaire est celle de loi personnelle et ils entendent viser par là la loi nationale [3]. Les auteurs et les tribunaux appliquent à l'étranger, non seulement sa loi nationale, mais encore les jugements rendus par les juridictions civiles de son pays et qui modifient son état et sa capacité, tels que les jugements d'interdiction, les jugements qui donnent un conseil judiciaire ou qui prononcent une faillite ; ces jugements produisent leurs effets en France, indépendamment de toute publicité spéciale, et de tout ordre d'exécution émané d'un tribunal français [4].

---

[1] DEMOLOMBE, 4e édit. tome I, p. 107, n° 98 ; MERLIN, *Rép.* au mot « *Loi* », § VI, n° VI ; VALETTE sur PROUDHON, tome I, p. 85.

[2] AUBRY et RAU, tome I, p. 90, 91 ; CH. BROCHER, tome I, p. 95 ; DURAND, p. 377, n° CLXXXIV ; MASSÉ, tome I, p. 469, n° 540 ; SURVILLE et ARTHUYS, p. 155, n° 149 ; VALETTE sur PROUDHON, tome I, p. 85 ; WEISS, p 276.

[3] Bruxelles, 25 avril 1849, *Pasicrisie*, 49.2.174 ; Cass. 25 mai 1868, Sir. 68.1.365 ; Paris, 17 déc. 1883, *Journal*, 1884, p. 289 ; Seine, 10 mai 1886, *Journal*, 1887, p. 183.

[4] AUBRY et RAU, tome I, p. 96, 97 ; DEMOLOMBE, 4e édition, tome I, p. 114, n° 103 ; MASSÉ, tome I, p. 477, n° 546. Pau, 17 janvier 1872, D. 73.2.193 ; Paris, 21 mai 1883, *Le Droit*, 17 juin 1883.

Notre solution, comme nous venons de le dire, se déduit rigoureusement par analogie de ce que nous avons décidé pour le Français à l'étranger. Il est remarquable que, pour l'étranger dont nous nous occupons, la loi nationale n'ait pas d'adversaire. Aucun partisan de la loi du domicile n'a fait, en principe, produire effet pour l'état et la capacité au domicile non autorisé. Merlin, qui, cependant, en dehors de toute autorisation, reconnaît à l'étranger un véritable domicile en France, pense, sur ce point, comme ceux qui n'admettent pour l'étranger de domicile qu'aux conditions de l'art. 13 [1].

Cette loi nationale, qui est la seule loi compétente, doit être appliquée à l'étranger sans aucune restriction ni réserve. Il s'agit, pour cet étranger, non d'une concession gracieuse, mais d'un droit, dont on ne saurait le priver, même pour partie, sans méconnaître les principes. Cependant, comme il n'y a pas dans la loi de texte particulier prescrivant l'application de la loi nationale à l'étranger, un grand nombre d'auteurs et, après eux, la presque totalité des arrêts, ont apporté à la règle des exceptions assez variées et dans la plupart desquelles la considération du domicile joue un rôle. La jurisprudence s'est montrée d'autant plus libre que l'art. 3 du C. C. étant muet sur l'état et la capacité des étrangers, ainsi que le dit un ancien arrêt de la Cour de cassation, on ne peut le violer sur ce point [2]. On

---

[1] DEMANGEAT, *Condition des étrangers*, p. 370, 371 ; MERLIN, *Rép.* au mot : « *Domicile* » § 13 ; au mot « *Etranger* » § 1. n⁰ x ; et au mot « *Loi* » § vi, n⁰ vi. Voyez SAVIGNY, tome VIII, p. 145.

[2] Cass. 17 juillet 1833, Sir. 33. 1. 663. Voyez aussi AUBRY et RAU, qui ajoutent cette restriction : sauf s'il y a violation indirecte de la loi française : tome I, p. 99. LAURENT, tome II, p. 84, n⁰ 49.

peut distinguer, parmi ces solutions que nous allons discuter, deux séries d'hypothèses.

Dans une première série d'hypothèses, il s'agit d'un acte ou d'un contrat auquel est intervenu un étranger et qui intéresse un Français. Le Français demande l'exécution de l'acte ou du contrat, l'étranger veut s'y soustraire, en alléguant qu'il n'était pas capable, d'après sa loi nationale, de passer cet acte ou ce contrat, qui, par conséquent, est nul. Si l'étranger fait la preuve qu'il était incapable d'après sa loi nationale, le tribunal n'a pas le choix, il doit prononcer la nullité de l'acte ou du contrat, dût le Français en souffrir. Cette solution, qui s'impose, n'est cependant acceptée que du petit nombre[1]. Elle a paru trop rigoureuse à la plupart des auteurs qui, afin de protéger l'intérêt français qu'ils estimaient compromis, se sont prévalus, pour écarter l'application de la loi nationale de l'étranger, tantôt de la seule considération de cet intérêt français[2], tantôt de considérations plus ou moins équitables, comme l'ignorance excusable de la qualité du cocontractant ou des lois étrangères[3], la circonstance qu'il s'agissait d'un commerçant qui avait fait des fournitures usuelles[4], ou que le Français avait agi sans imprudence et de bonne foi[5].

---

[1] CH. BROCHER, tome I, p. 25 et suiv. ; LAURENT, tome II, p. 82, n° 48 ; Seine, 4 mai 1882, *Journal*, 1883, p. 291.

[2] VALETTE sur Proudhon, tome I, p, 85, 86. En sens contraire, AUBRY et RAU, tome I, p. 92, 93 ; MASSÉ, tome I, p, 472, n° 544.

[3] AUBRY et RAU, tome I, p. 97, 98 ; Cass. 16 janv. 1861, D. 61. 1. 193 ; Paris, 17 juin 1834, S. 34. 2. 371.

[4] Paris, 8 février 1883, *Journal*, 1883, p. 290 ; Seine, 1er juillet 1886. *Journal*, 1887, p. 178.

[5] DEMANGEAT, *Condition des étrangers*, p. 370, n° 82 ; DEMOLOMBE, tome I, 4e édition, p. 115, n° 102 ; Cass. 16 janvier 1861, Sir. 61. 1. 305.

Pour appuyer ces arguments extra-légaux, et dont la
faiblesse est extrême, on a invoqué la tradition, alors
que l'intérêt de l'indigène ne paraît jamais avoir été, dans
l'ancien droit, un motif de décision pour la validité d'un
acte [1], et un prétendu dessein des rédacteurs du Code
Civil qui auraient omis volontairement de prescrire formellement l'application des lois étrangères, afin de laisser aux
tribunaux une liberté suffisante [2], dessein, dont il serait
difficile de citer des traces dans les travaux préparatoires [3].
Enfin on se prévaut, toutes les fois qu'elle existe, de la
circonstance que l'étranger était domicilié en France [4]. Les
arrêts, notamment, n'y manquent jamais. Cet argument est
plus mauvais que tous les autres, car son apparence juridique, qui, à première vue, semble lui donner une certaine
force, oblige ensuite à le condamner formellement. On
devine les raisonnements, presque toujours non exprimés,
de la jurisprudence : le contractant français a pu penser
que cet étranger, domicilié en France, relevait de la loi
française, ou tout au moins ne songerait pas à se prévaloir
de la loi étrangère ; peut-être cette circonstance du domicile a-t-elle été la cause que l'extranéité du cocontractant
a été ignorée ; enfin le fait d'établir son domicile dans un
certain pays n'implique-t-il pas chez cet étranger la pensée
de se soumettre aux lois du pays, pour toutes les relations
qu'il formera avec les nationaux ? Ces raisonnements,
prêtés à la jurisprudence, viennent surtout à l'esprit, lorsqu'il s'agit d'arrêts qui prononcent sur la validité de lettres

---

[1] LAINÉ, tome II, p. 197.

[2] AUBRY et RAU, tome I, p. 99.

[3] CH. BROCHER, tome I, p. 95 et suivantes.

[4] AUBRY et RAU, tome I, p. 94, 95.

de change : la circonstance du domicile y est relevée comme décisive [1]. Mais alors, de deux choses l'une : ou bien cet argument du domicile rentre presque totalement dans des arguments déjà donnés, à côté desquels on le place, et avec lesquels il se confond : la bonne foi, la prudence du Français, l'ignorance de l'extranéité ; ou bien, on recherche quelle peut être la valeur propre et juridique de la circonstance du domicile, et l'on s'aperçoit que la jurisprudence lui accorde une importance telle que, d'accessoire qu'on la donnait, elle devient essentielle, et que l'ancien principe du domicile est substitué au principe nouveau de la loi nationale. La jurisprudence se contredit et se condamne, quand elle ne s'égare pas tout à fait.

Deux exemples à l'appui de cette affirmation. Une femme, soumise au sénatus-consulte Vélleien, établit son domicile en France : elle cesse d'être soumise au sénatus-consulte : c'était déjà la règle de l'ancien droit, de province à province ; *a fortiori* ce doit être la règle de royaume à royaume, surtout dans les Etats qui, comme la France, sont régis par une législation uniforme et dont la souveraineté absolue est le caractère dominant : voilà ce que décide un arrêt de la Cour d'appel de Paris du 15 mars 1831 [2]. Cet arrêt, qui parle si hautement, trop hautement même,

---

[1] Paris, 15 oct. 1834, Sir. 34. 2. 657 ; Paris, 10 juin 1879, *Journal* 1879, p. 488.

[2] Paris, 15 mars 1831, Sir. 31. 2. 237. Cet arrêt décide encore que la capacité requise pour hypothéquer un immeuble situé en France, doit s'apprécier d'après la loi française : art. 3, 2° C. C. La même décision se rencontre dans un arrêt de cassation du 17 juillet 1833, Sir. 1833. 1. 663. Ces solutions sont manifestement erronées ; elles étaient déjà repoussées dans l'ancien droit avec la loi du domicile : nous l'avons rappelé au début du présent chapitre.

de la loi nationale, tire sa décision de la circonstance
que la femme, dont il s'occupe, avait son domicile en
France, et, grâce à une conception fausse de la souveraineté et à un argument *a fortiori* qui lui fait cortège,
manque de voir que la loi nationale et la loi du domicile sont deux principes qui s'excluent et entre lesquels
il faudrait choisir. Voici la seconde espèce : Un Anglais
épouse en France une Française : ces deux personnes
avaient eu des enfants naturels qu'ils avaient reconnus.
Contrairement à la loi française, la loi anglaise n'admet
pas la légitimation par mariage subséquent ; ces enfants
naturels reconnus étaient-ils légitimés par le mariage célébré
en France ? Non, avait répondu la Cour d'appel d'Orléans[1];
le statut personnel du père, qui le suit en France, s'y
oppose. Sur pourvoi, la Cour de cassation décida que les
enfants étaient légitimés, par ce motif que le père n'avait
pu enlever à la mère le droit qu'elle tenait de la loi française, qui était la loi du domicile matrimonial, à laquelle
les futurs époux devaient être réputés avoir eu la volonté
de se soumettre[2]. La cour de renvoi a donné la même
solution[3]. Ainsi, il s'agissait d'une question d'état des
personnes : il y avait en présence deux lois nationales,
s'imposant en principe à chacune des parties y ressortissant : comment trancher le conflit? Par l'adhésion, présumée, et supposée possible, de l'un des conjoints à la loi de
son conjoint, loi qui a l'avantage d'être celle du domicile
matrimonial. Quel texte définit donc ce domicile matrimo-

---

[1] Orléans, 17 mai 1856, Sir. 56. 2. 625.
[2] Cass. 23 nov. 1857, D. 57. 1. 423.
[3] Bourges, 26 mai 1858, D. 58.2.178.

nial qui a la vertu, sous le Code civil, de trancher les conflits sur les questions d'état des personnes [1] ?

La seconde série des hypothèses dont nous nous occupons vise la situation de l'étranger qui s'est établi en France à perpétuelle demeure. Cette situation a donné lieu à la théorie célèbre de l'*incolat*, proposée par Proudhon [2]. Nous allons l'exposer très brièvement. L'origine et la nationalité donnent les droits de cité ; le domicile, ceux de l'incolat. Comment savoir à quelle nation un individu appartient ? Par un appel nominal des membres qui composent les diverses associations civiles, ou par la fixation du domicile. L'appel nominal est impossible : reste le domicile. Le domicile est pour l'homme la véritable et la

[1] Il aurait été beaucoup plus simple, si l'on voulait faire triompher l'intérêt français, de dire uniquement, comme l'a fait une décision récente, que la légitimation est d'ordre public : Rouen, 5 janvier 1887, *Journal*, 1887, p. 183. — La doctrine la plus récente condamne cette théorie de l'intérêt français, qui aboutit à violer une règle de droit international privé ; elle ne fait une exception que pour le cas de fraude : Surville et Arthuys, p. 157, n⁰ 151 ; Weiss, p. 274, 276, 277 ; Asser, p. 58, n⁰ 24. En ce sens aussi : Seine, 2 juillet 1878, *Journal*, 1878, p. 502. — M. Laurent, dans son avant-projet de révision du C. C. avait ainsi résolu la question : art. 15 : « L'étranger qui contracte en Belgique doit déclarer son statut, et, s'il y a lieu, l'incapacité dont il est frappé. S'il ne fait point cette déclaration, les tiers qui traitent avec lui pourront demander l'application du statut belge, pourvu qu'ils soient de bonne foi. Quand les parties dressent en Belgique un acte authentique de leurs conventions, le notaire devra, sous sa responsabilité, exiger qu'elles déclarent si elles sont étrangères et quel est leur statut. » La Commission substituée à M. Laurent en 1884 a repoussé, à bon droit, ces idées : les incapables doivent être protégés même en pays étranger, contre leurs propres écarts. Le texte de M. Laurent sacrifie les incapables au profit des tiers. *Revue* 1886, p. 449.

[2] Proudhon, 3ᵉ édition, p. 190 et suiv.

seule marque de son association civile. On ne peut assimiler l'étranger, qui s'est établi à perpétuelle demeure, à
celui qui n'existe que comme voyageur dans le pays. Or,
d'une part, cet étranger est déchu de sa qualité de national de son pays d'origine, car on ne peut tenir à un pacte
social auquel on a renoncé, et, d'autre part, cet étranger
ne peut être considéré comme n'ayant plus de patrie, puisqu'il n'a voulu quitter l'une que pour acquérir l'autre. Il
ne peut être placé hors de toutes les lois. Les qualités de
sa personne doivent donc être désormais régies par les
lois françaises, comme ses actions seront soumises à ces
mêmes lois. Il n'est donc plus un étranger proprement
dit ; mais, comme la loi ne doit pas les mêmes avantages
à toutes les classes d'hommes qu'elle régit, il jouira d'une
partie des droits civils, sans les avoir tous. C'est ainsi
que cet étranger n'aura pas les prérogatives que confère
l'autorisation donnée par le gouvernement d'établir son
domicile en France, ni tout ce qui est relatif à la successi-
bilité (Proudhon écrivait avant la loi de 1819) : mais, par
exemple, les droits purement personnels pour le règlement
de ses qualités et de son état lui sont acquis. Dans un autre
passage [1], Proudhon dit que la fixation du domicile opère
un quasi-contrat entre le nouveau domicilié et les habitants, et que ce quasi-contrat étend ses effets jusque sur
les qualités civiles du nouveau domicilié, en lui donnant ce
qu'il appelle les droits de l'incolat. Cette théorie de Proudhon
a été acceptée pleinement par M. Valette, qui n'a vu aucun
inconvénient à déterminer par la loi française l'état de cet
étranger ; on rend ainsi plus facile et plus simple la solution des questions diverses qui peuvent l'intéresser [2].

[1] PROUDHON, tome I, p. 245.
[2] VALETTE, sur Proudhon, tome I, p. 194, note a.

Cette théorie, déjà combattue par Merlin[1], est aujourd'hui universellement abandonnée[2], par la doctrine, tout au moins. Elle n'en est pas moins très curieuse à connaître. Elle prévoit, d'abord, une hypothèse fort pratique, pour laquelle il n'y a pas de texte donnant une solution positive, et que la doctrine doit chercher à régler le mieux possible : un arrêt et un jugement relativement récents[3] ont encore emprunté leur décision à cette théorie, dans laquelle tout n'est peut-être pas à condamner; enfin, le discrédit dans lequel elle est tombée nous montre combien d'idées, jadis flottantes, se sont précisées et affermies, notamment les idées de domicile et de nationalité, avec les effets qu'il faut reconnaître à l'une et à l'autre, dans la matière de l'état et de la capacité des personnes. Proudhon n'avait pas une idée suffisante de ce qu'est la nationalité ; il avait une idée exagérée du domicile : il aurait dû trouver, dans le Code Civil, de quoi redresser ses idées, mais le Code Civil était bien récent ; la doctrine contemporaine, qui raisonne sur les mêmes textes que Proudhon, mais sur qui ne pèsent plus les souvenirs de l'ancien droit, a rendu à la nationalité ce que

---

[1] MERLIN. *Rép.* au mot « *Etranger* » § 1, n° x.

[2] AUBRY et RAU, tome I, p. 311, note 5; WEISS, p. 141.

[3] Seine, 23 février 1883, *Journal*, 1883, p. 388; Alger, 20 février 1875, *Journal*, 1875, p. 275. On retrouve dans cet arrêt l'idée, que nous avons déjà rencontrée dans un arrêt de cassation, d'une soumission présumée de l'étranger à la loi française. Cette idée, fort commode, est manifestement fausse : il ne dépend pas de la personne de se soumettre pour son état et sa capacité à d'autres règles que celles que lui impose sa loi nationale.

Proudhon avait donné de trop au domicile. La véritable et seule marque de l'association civile, ce n'est plus le domicile, c'est la nationalité. Le domicile, dont on peut faire, si l'on veut, un quasi-contrat entre le nouveau domicilié et les autres habitants, n'a donc plus à étendre ses effets jusque sur les qualités civiles : ces qualités civiles ne relèvent plus que de la nationalité et de la loi nationale qui en est l'expression directe. Cette même loi nationale règle rigoureusement tout ce qui fait partie de l'association civile, comment on y entre et comment on en sort : le domicile ne joue plus dans ces questions que le rôle qu'elle veut bien lui reconnaître. L'erreur de Proudhon a été de supposer que, dans les lois étrangères, comme dans la loi française qu'il avait sous les yeux, l'établissement fait en pays étranger sans esprit de retour faisait déchoir de la qualité de national. C'est dans la loi nationale de cet étranger qu'il faut chercher s'il en est ainsi, puisque, d'autre part, la loi française ne fait pas résulter l'acquisition de la qualité de Français du fait de l'établissement à perpétuelle demeure sur notre territoire. Et de deux choses l'une : ou bien, cette loi étrangère décide que son ressortissant, même établi en pays étranger sans esprit de retour, lui appartient encore ; et alors, c'est cette loi qui règle l'état et la capacité du ressortissant. Ou bien, cette loi déclare déchu de sa nationalité d'origine son ressortissant, qui pourtant n'est pas encore devenu Français, et alors il faut se demander quelles règles régiront son état et sa capacité. Pour cette dernière situation, les solutions de Proudhon peuvent être encore acceptées : nous avons affaire à un individu sans nationalité, et nous savons que, à défaut de la loi nationale, c'est la loi du domicile qui paraît le plus naturellement appelée à gouverner l'état et la capacité des personnes [1].

Nous sommes, une fois de plus, ramené au principe : la loi nationale régit l'état et la capacité des personnes. Mais il est évident que nos tribunaux ne pourront appliquer à un étranger établi en France sa loi nationale, qu'autant que cette loi nationale existera. Si cet étranger appartient à un pays où, comme dans l'ancienne France, le territoire est partagé entre un certain nombre de divisions administratives, soumises chacune à des lois civiles particulières, et où, par suite, le domicile seul peut indiquer par quelle loi la personne est gouvernée, il va de soi que nos tribunaux ne pourront appliquer une loi nationale, qui n'existe pas, à l'état et à la capacité de cet étranger. Si cet étranger était domicilié dans sa patrie, on lui appliquerait la loi en vigueur au lieu où est établi ce domicile. On pourrait dire, en dénaturant l'expression, que cette loi est, pour l'étranger, la loi nationale, puisqu'elle est une des lois admises par la nation à laquelle il appartient politiquement [2]. Mais nous raisonnons dans l'hypothèse où cet étranger a son domicile dans un autre pays que son pays d'origine, dans l'hypothèse où cet étranger a son domicile en France ; en pareil cas, c'est la loi en vigueur au lieu du domicile, la loi française dans l'espèce, qui nous paraît devoir gouverner son état et sa capacité. Cette solution tout exceptionnelle est la seule qui permette d'éviter l'arbitraire. En effet, à laquelle des diverses lois en vigueur dans sa patrie soumettrait-on cet étranger ? S'il n'y avait jamais eu qu'un domicile, comment le soumettrait-on à la loi qui règne

----

[1] Surville et Arthuys, p. 153, n° 148.

[2] Bordeaux, 5 août 1872, D. 73.2.149

dans le lieu de ce domicile, quand la circonstance qui l'en faisait dépendre n'existe plus ; et, s'il y avait eu plusieurs domiciles, comment ferait-on un choix entre des lois diverses ? Proposerait-on de s'arrêter à la loi du lieu où il a eu son dernier domicile, en disant qu'il l'a en quelque sorte emportée avec lui, au moment où il s'expatriait, et que cette loi est, pour lui, la loi nationale dans le sens altéré qui vient d'être indiqué ? Pourquoi ne proposerait-on pas d'appliquer, au contraire, la loi en vigueur au lieu où il a eu son premier domicile, la loi du lieu de sa naissance, en soutenant que la loi qui a, la première, affecté la personne, et qui est fixée une fois pour toutes, mérite, mieux que toute autre, de tenir lieu de loi nationale ? Il faudrait, dans l'un et l'autre cas, faire la preuve de ce dernier ou de ce premier domicile ; serait-on toujours sûr d'y parvenir, notamment quand cet étranger aurait depuis longtemps quitté sa patrie ? Et ces difficultés ne donneraient-elles pas l'idée de recourir à un troisième système, qui considérerait comme loi nationale de l'étranger celle des lois particulières de son pays qui y est regardée comme la plus importante ou la plus conforme à l'esprit général de la nation ? Toutes ces solutions, qui ne seraient que des applications forcées et faussées du principe, démontrent qu'il est plus simple, plus loyal et plus sûr de s'en tenir à la loi du domicile actuel. Dans notre hypothèse, nous appliquerions donc à l'état et à la capacité de l'étranger établi en France la loi française.

Supposons un étranger domicilié en France, appartenant à un pays où la législation est unifiée, pour l'état et la capacité duquel, par conséquent, il existe vraiment une loi nationale ; mais cette loi nationale contient une disposition d'après laquelle l'état et la capacité du national établi à l'étranger sout régis par la loi de son domicile : quelle loi les tribunaux français appliqueront-ils à cet étranger? Sera-ce sa loi nationale ou la loi de son domicile ? En faveur de l'application de la loi du domicile, on peut dire que c'est la loi nationale elle-même de l'étranger qui l'ordonne, que les tribunaux français doivent s'attacher, surtout dans cette matière de l'état et de la capacité des personnes, à rendre une décision identique à celle que donneraient les tribunaux du pays auquel l'étranger appartient, puisque le but du droit international privé est d'obtenir, quel que soit le tribunal compétent, une solution invariable pour les difficultés qu'il a la mission de dénouer. La jurisprudence, en pareille hypothèse, et d'ailleurs sans motiver ses décisions, applique la loi du domicile [1]. Cette solution doit être rejetée : elle aboutit, en effet, à appliquer à l'état et à la capacité de l'étranger la loi française, au lieu de la loi nationale étrangère, qui, selon nous, dans la pensée des rédacteurs du Code Civil, est la seule qui doive être appliquée à l'étranger en France. Du reste, et ceci a été surabondamment démontré [2], quand un législateur laisse à une loi étrangère la détermination d'un point de droit, il ne demande pas à cette loi de décider quelle loi sera applica-

---

[1] Cass. 24 juin 1878, S. 78.1.429 ; Toulouse, 22 mai 1880, Sir. 80. 1. 214 ; Bruxelles, 14 mai 1881, *Pasicrisie*, 1881.2.263 ; Cass. 22 février 1882, Sir. 82.1.393 ; Cass. Belgique, 9 mars 1882, Sir. 82.4.17 ; Trib. Bruxelles, 2 mars 1887, *Journal*, 1887, p. 748 ; Paris, 23 mars 1888, *Le Droit*, 4, 5 juin 1888 ; Seine, 19 mai 1888, *La Loi*, 21, 22, 23 mai 1888. En ce sens, CH. BROCHER, tome I, p. 167, 168 ; WEISS, p. 281° 282.

[2] LABBÉ, article dans le *Journal*, 1885, n. 5 et suiv., notamment pages 9 à 16. Dans le même sens, LAURENT, note dans Sirey, 81.4. 41 ; SURVILLE et ARTHUYS, p. 44, n° 30.

ble, il cherche directement dans cette loi quelle solution doit recevoir le point de droit litigieux, il indique impérativement à ses tribunaux la loi qu'ils devront suivre. Sans doute, dans notre hypothèse, et avec cette doctrine, les tribunaux français donneront une décision qui ne sera pas celle qu'auraient rendue les tribunaux du pays de l'étranger, et ce résultat est fâcheux ; mais un résultat plus fâcheux encore serait de laisser la loi du domicile l'emporter sur la loi nationale, grâce à une condescendance du législateur qui méconnaîtrait son propre devoir et sacrifierait ses principes.

L'état et la capacité de l'étranger qui a établi son domicile en France, après avoir demandé et obtenu l'autorisation du Gouvernement, sont-ils soumis à un autre régime que l'état et la capacité de l'étranger domicilié sans autorisation ? Les auteurs sont partagés et la discussion se ramène presque exclusivement à la question de savoir si l'art. 13 du Code Civil doit être pris en considération pour trancher cette controverse. Il faut, d'ailleurs, immédiatement remarquer que la question de la jouissance des droits civils amènera quelquefois une difficulté spéciale : il pourra arriver, en effet, que, parmi les facultés considérées chez nous comme étant de droit civil, les unes existent dans la loi personnelle de l'étranger admis à domicile, et que les autres n'y existent pas. Aussi, tenant compte de cette difficulté possible, croyons-nous qu'il convient, dans un intérêt de clarté, d'étudier l'état et la capacité de l'étranger admis à domicile, en partant de la distinction suivante : nous étudierons, en premier lieu, l'état et la capacité de cet étranger au regard des facultés de droit des gens et des facultés dites de droit civil qui se trouvent exister concurremment dans la loi française et dans la loi personnelle de l'étranger, et, en second lieu, au regard des facultés de droit civil qui existent dans la loi française, sans exister dans la loi personnelle de l'étranger. Au premier cas, du moins d'après certains auteurs, un conflit s'établit entre la loi personnelle de l'étranger, et la loi française qui est la loi du domicile ; au second cas, aucun conflit proprement dit n'a lieu, ou, plus exactement, le conflit se présente d'une façon particulière.

En ce qui concerne l'état et la capacité, en tant qu'ils s'appliquent aux facultés du droit des gens et aux facultés de droit civil qui existent simultanément dans la loi française et dans la loi personnelle de l'étranger, des auteurs ont prétendu que l'étranger, qui avait été admis par décret à établir son domicile en France, se trouvait désormais soumis à la loi française, qui était la loi de ce domicile autorisé. Il est intéressant de relever que ces auteurs ne professent cependant pas tous les mêmes principes, soit en matière de domicile, soit en matière de statut personnel. Ainsi, parmi ces auteurs, il en est qui reconnaissent à l'étranger le droit d'établir en France son domicile, sans que l'autorisation soit nécessaire [1] ; il en est d'autres, au contraire, qui ne lui permettent de se constituer un domicile que moyennant cette autorisation [2] ; il en est qui admettent comme principe ordinaire de compétence, en matière d'état et de capacité, le domicile ; il en est pour qui ce principe est la nationalité ; et comme, parmi ces auteurs qui veulent faire à notre espèce application de la loi

---

[1] BERTAULD, tome I, p. 12-14, n° 9 quater.
[2] DEMANGEAT, *Condition des étrangers*, p. 369.

française, les partisans de la nécessité de l'autorisation
pour l'établissement du domicile sont, en même temps, les
partisans de la loi du domicile pour l'état et la capacité
des personnes, tandis que les partisans de la loi nationale
pour le statut personnel sont, en même temps, les partisans
du libre établissement du domicile de l'étranger en France,
il en résulte, finalement, que la raison de l'accord des uns et
des autres pour soumettre l'étranger dont nous nous occupons à la loi française, loi de son domicile, est dans l'autorisation qui lui a été accordée. Quels arguments divers don-
nent-ils pour soutenir cette conclusion identique, puisqu'ils
procèdent de points de départ différents ? Les partisans de
la nécessité de l'autorisation pour l'établissement du domicile, et de la loi du domicile pour l'état et la capacité des
personnes, ne donnent guère, pour notre hypothèse,
que des arguments déjà connus[1] : il y a un rapport intime entre le domicile d'une personne et son statut
personnel, et cet étranger a bien manifesté énergiquement son désir et sa volonté de se soumettre à toutes les
lois privées qui s'appliquent aux Français : l'autorisation
qu'il a demandée en témoigne. Les partisans du libre établissement du domicile des étrangers et de la loi nationale
pour le statut des personnes sont obligés de raison-
ner autrement[2] : pour eux, il est inadmissible que l'étranger, qui, grâce à l'autorisation, a civilement tous les droits
d'un Français, n'en ait pas civilement toutes les obligations et n'en subisse pas civilement la condition : la jouis-

---

[1] DEMANGEAT, *Condition des étrangers*, p. 414; sur Fœlix, tome I,
p. 58, note b ; *Du statut personnel*, dans *Revue pratique*, 1856,
tome I, p. 66.

[2] BERTAULD, tome I, p. 10, n° 9 ter.

sance et l'exercice des droits civils français ne se concilient qu'avec la capacité de la loi française.

Les uns et les autres font, en outre, valoir cet argument commun: la pensée des rédacteurs du Code Civil paraît bien avoir été d'assimiler complètement cet étranger au Français, comme par une sorte d'adoption civile. Ces préoccupations, certaines, des rédacteurs du Code Civil, avaient inspiré à M. Valette un système intermédiaire, qui faisait leur part à chacune des deux lois en conflit, loi nationale et loi du domicile : il distinguait suivant que l'étranger qui avait demandé l'autorisation d'établir son domicile en France se proposait, ou non, d'acquérir la nationalité française: dans le premier cas, M. Valette soumettait son état et sa capacité à la loi française, et les laissait, dans le second cas, sous l'empire de la loi personnelle de l'étranger [1]. Ce système, fort discutable en lui-même [2], ne pourrait plus être soutenu depuis la loi du 26 juin 1889, qui ne fait plus de l'admission à domicile que le préliminaire de la naturalisation. Il faut donc l'écarter, et écarter en même temps l'autre système, qui ne distingue pas, avec les arguments divers donnés pour l'appuyer, et décider, en conséquence, avec la jurisprudence [3] et la grande majorité de la doctrine [4], que l'étranger, domicilié en France

[1] VALETTE sur Proudhon, tome I, p. 178, note a.

[2] SOLOMAN, page 73.

[3] Paris, 13 juin 1814, Sir. 1815.2.67 ; Chambéry, 15 juin 1869, Sir. 1870. 2. 214 ; Seine, 21 juillet 1883, *La Loi* du 11 août 1883; Seine, 14 juin 1887, *Le Droit*, 1er juillet 1887.

[4] AUBRY et RAU, tome I, p. 90, 91, 312, 313 ; CH. BROCHER, tome I, p. 165 et suiv. ; DEMANTE, tome I, p. 99, n° 28 bis, II ; DEMOLOMBE, tome I, p. 418, n° 266; DURAND, p. 377, n° CLXXXIV ; DURANTON, tome I, p. 89, n° 141; LAURENT, tome II, p. 185, n° 97 ; tome III, n° 265,

avec autorisation du gouvernement, reste, comme l'étranger ordinaire, soumis à sa loi nationale : la circonstance
qu'il a en France un domicile autorisé ne peut rien sur son
état et sa capacité. Sans doute, presque tous les rédacteurs
du Code Civil ont exprimé l'idée qu'il fallait mettre cet
étranger à même de jouir pleinement des droits privés en
France ; mais leurs explications, inspirées par l'état violent où se trouvait l'Europe à cette époque, sont manifestement inexactes : ils supposent toujours que cet étranger,
par le fait même de son domicile autorisé, a abdiqué ou
perdu sa nationalité, et va se trouver dans la condition
d'un mort civilement, si la loi française ne vient généreusement à son secours[1]. Si l'étranger avait perdu sa nationalité, son état et sa capacité seraient, en effet, régis par
la loi de son domicile. Mais il en sera rarement ainsi, il
aura conservé sa nationalité et, par suite, le droit à l'application de sa loi nationale. Qu'importe que les rédacteurs
du Code Civil aient voulu lui accorder la pleine jouissance
des droits privés ? Nous n'en doutons pas : l'art. 13 nous
le dit. Mais autre chose est la concession des droits privés,
autre chose est la façon dont l'étranger jouira des droits
concédés. Sur ce dernier point, les rédacteurs du Code Civil
n'ont rien dit ; ils ne discutaient plus dans l'art. 13 l'état et la
capacité de l'étranger ; ils étaient réglés par l'art. 3. Et nous

p. 463 ; n° 378, p. 668 : SURVILLE et ARTHUYS, p. 133, n° 126 ; p.
153, n° 148 ; WEISS, p. 282. — MERLIN, partisan de la loi du domicile
pour l'état et la capacité des personnes, sans s'expliquer expressément, paraît bien estimer que l'étranger de l'art. 13 reste soumis aux
lois de sa patrie : Voyez *Rép*. au mot « *Loi* » § VI, n° VI.

[1] Voyez un discours de SIMÉON, FENET, tome VII, p. 166 ; Exposé
des motifs, de TREILHARD, FENET, tome VII, p. 629 ; le discours du
tribun GARY, même tome, p. 647, 648.

savons qu'en matière d'état et de capacité il n'est pas très exact de parler de rapport intime entre le domicile et le statut personnel, et qu'il est tout à fait faux de parler de soumission volontaire à une autre loi que celle qui, impérativement, régit la personne. Quant à cette prétendue nécessité, d'après laquelle l'étranger qui jouit de tous les droits privés du Français doit en subir la condition civile, on peut objecter que c'est, ou une pure affirmation, ou une confusion évidente entre la matière de l'état et de la capacité et la matière de la concession des droits civils aux étrangers. Si on supposait une législation qui accordât, de plein droit, sans concession particulière, la jouissance de tous les droits privés aux étrangers, faudrait-il dire que, sur le territoire où cette législation est en vigueur, les étrangers ne peuvent avoir d'autre état et d'autre capacité que ceux des nationaux eux-mêmes? Il n'y aurait, à ce compte, plus de statut personnel du tout [1]. On ajoute que la jouissance et l'exercice des droits civils français ne se concilient qu'avec la capacité de la loi française : nous avons déjà répondu en partie, et nous allons compléter notre réponse en examinant la seconde division de notre distinction.

Quelles conséquences peut avoir le domicile autorisé sur l'état et la capacité de l'étranger, au regard des facultés dites de droit civil que la loi française reconnaît et qui n'existent pas dans la loi nationale de l'étranger? Les auteurs qui prévoient la question [2] s'accordent à dire que les conditions d'état et de capacité, nécessaires pour la

---

[1] LAURENT, tome III, n° 378, p. 668.

[2] BERTAULD, tome I, p. 10, n° 9 ter ; DEMANTE, tome I, p. 99, n° 28 bis, II ; WEISS, p. 283, 284.

jouissance de ces facultés, seront celles de la loi française : elle est la seule qui puisse les fournir, il faut que les bienfaits de la loi française puissent être efficaces, et, ajoutent les partisans de la loi nationale pour l'état des personnes qui craignent d'être accusés de contradiction, il n'y a pas, dans cette hypothèse, de conflit de lois, la souveraineté territoriale de la loi française n'a pas à lutter contre la souveraineté personnelle d'une législation étrangère sur un point, que celle-ci a laissé hors de ses prévisions. Ces conclusions raisonnables ne nous paraissent, cependant, devoir être acceptées qu'avec une double distinction, dont l'intérêt est plus théorique que pratique, mais qui nous paraît néanmoins exacte. Parmi ces facultés de droit civil qui n'existent pas dans la loi étrangère, il faut distinguer celles qu'elle omet de signaler et celles qu'elle proscrit expressément. Pour ces dernières, il n'y a pas à s'inquiéter de l'influence du domicile autorisé sur l'état et la capacité de l'étranger, puisque la loi nationale de l'étranger, qui continue de le lier hors des frontières, lui en interdit la jouissance ; sa loi nationale le frappe d'une incapacité particulière qui le suit à l'étranger. Quant aux facultés de droit civil, que la loi de l'étranger simplement n'a pas prévues, une sous-distinction s'impose : il faut séparer celles qui touchent purement et simplement au patrimoine de celles qui concernent le droit de famille. Pour les facultés de droit civil touchant au patrimoine[1], nous admettrions, la compétence de la loi française : il n'y aurait aucune raison

---

[1] Il semble bien que l'on ne pourrait guère trouver, aujourd'hui, des applications de cette formule que dans des matières assez spéciales, comme la protection du nom commercial, des dessins et modèles industriels, des marques de fabrique et de commerce.

sérieuse de borner ou d'entraver l'activité de l'étranger
établi sur notre sol ; et l'objection juridique à cette solution libérale, qui consisterait à dire qu'une partie de la
capacité de l'étranger échappe à sa loi personnelle, est
vraiment, dans l'hypothèse, assez légère, pour qu'il soit
permis de passer outre. Quant aux facultés de droit civil
intéressant le droit de famille, nous rejetterions cette compétence de la loi française et nous déciderions que, malgré
l'absence de prohibition expresse dans la loi de l'étranger,
elles lui restent interdites : le silence seul de cette loi
les exclut. Il n'appartient pas aux particuliers, soit sur le
sol de la patrie, soit au dehors, de modifier, par leur
volonté, et avec le concours d'une loi étrangère, l'état et
le droit de famille que leur loi nationale leur a donnés,
et dont elle a fixé les prérogatives et les limites.

Nous nous résumons sur l'état et la capacité de l'étranger
qui a établi son domicile en France : que ce domicile soit
autorisé ou non, il est, en principe, incompétent pour fixer
la loi qui doit les régir : la nationalité seule le peut. Le
domicile, autorisé ou non, ne devient compétent que si
l'étranger a perdu sa nationalité ou s'il est citoyen d'un
pays dans lequel l'unité de législation n'est pas réalisée : à
défaut d'une loi nationale qui n'existe pas, il faut appliquer
la loi du domicile actuel. Le domicile devient encore compétent, cette fois lorsqu'il est autorisé, pour les conditions
de capacité nécessaires à la jouissance et à l'exercice des
facultés de droit civil touchant seulement au patrimoine
et qui, n'existant pas dans la loi nationale de l'étranger,
ne sont cependant pas expressément interdites par elles [1].

---

[1] Nous rappelons ici, pour mémoire, l'opinion d'un auteur, d'après
laquelle l'étranger serait toujours soumis en France à la loi française ;

la loi territoriale formerait de nos jours le droit commun des nations ; les juges ne pourraient baser une décision sur une loi étrangère qui n'a pas reçu la sanction de l'autorité souveraine et qu'aucune promulgation n'a rendue obligatoire en France : ALAUZET, p. 182 à 205.

Citons ici, à titre de renseignement, les propositions suivantes faites à l'Institut de droit international, dans sa session de Lausanne, 1888, par un jurisconsulte allemand, M. DE BAR : « La capacité personnelle, même en matière commerciale, est régie par la loi nationale de la partie. — Toutefois une partie (ou le successeur de celle-ci) ayant agi de bonne foi, le contrat (ou l'acte d'acquisition) serait valable quant à la capacité personnelle, selon la loi du lieu du contrat. — En matière commerciale, pour tout ce qui peut être réglé par la libre disposition (volonté) des parties, la loi nationale est remplacée par celle du domicile. — Pour les actes et contrats émanant d'un établissement de commerce en pays étranger, la loi du lieu de l'établissement est considérée comme loi du domicile. » — M. GOLDSCHMIDT a proposé l'amendement suivant : « La capacité personnelle, en matière commerciale, est régie par la loi du domicile des parties. Toutefois le contrat sera valable quant à la capacité personnelle, si celle-ci existe d'après la loi du lieu du contrat. » *Annuaire* de l'Institut, 1887-1888, p. 131.— Sur ces propositions, l'Institut, dans la même session, a voté les conclusions suivantes : « 1° conformément aux principes adoptés à Oxford, la capacité d'une personne, en matière commerciale comme en matière civile, se détermine d'après sa loi nationale. — 2°-Toutefois en matière commerciale, la demande en nullité fondée sur l'incapacité de l'une des parties peut être repoussée et l'acte reconnu valable par application de la loi du lieu où il a été passé, si l'autre partie établit qu'elle a été induite en erreur par le fait de l'incapable ou par un concours de circonstances graves abandonnées à l'appreciation du magistrat. » *Annuaire*, 1888-1889, p. 103, 104.

CHAPITRE DEUXIÈME.

Le régime des biens, meubles ou immeubles, forme une des parties les plus importantes du droit international privé, et en même temps une de celles pour lesquelles il semble, au premier abord, que l'entente devrait être depuis longtemps établie sur les règles à fixer et à suivre, car la nature des intérêts, auxquels il s'agit de donner satisfaction, est bien exactement connue, et la mesure des difficultés à résoudre bien nettement délimitée. Il n'en est rien, cependant. Mais la vivacité et le renouvellement de la controverse ne s'expliquent que par un esprit de réaction exagérée chez quelques auteurs contre les idées de l'ancien droit. L'ancien droit donnait au régime des biens, des immeubles tout au moins, une importance égale, sinon supérieure, à celle qu'il accordait à la condition des personnes. La Révolution, en supprimant toutes les distinctions féodales, a ramené à l'unité la condition des personnes et des biens ; et cette unité a permis de mieux voir la subordination de la condition des biens à la condition des personnes. La notion de cette subordination, développée à l'excès par certains jurisconsultes, les a amenés presque à nier qu'il y eût un régime territorial des biens, dans tel pays donné. Ces auteurs, sans doute, ont apporté à leur doctrine des .tempéraments, qui leur ont permis de donner, à des difficultés très précises, des solutions considérées par tout le monde comme nécessaires. Mais cet accord sur les décisions particulières n'empêche pas le conflit sur la détermination des principes : c'est ce conflit. que nous devons élucider.

Nous ne parlerons pas des immeubles. Soumis, depuis qu'il y a des conflits de lois, à la loi de leur situation, si on veut aujourd'hui les faire passer sous l'empire d'une autre loi, personne n'a songé, pour eux, à la loi du domicile : ils échappent donc à notre étude.

Les meubles, au contraire, étaient régis, sous l'ancienne jurisprudence, par la loi du domicile. Un adage célèbre formulait la règle : *mobilia sequuntur personam, mobilia ossibus personæ inhærent.* Quelle était exactement la portée de cette règle dans l'ancien droit, quel crédit faut-il encore lui accorder sous le Code Civil, que vaut en soi la loi du domicile pour le régime des meubles ? telles sont les questions que nous allons avoir à résoudre, en prenant successivement, car les difficultés ne sont pas de même nature pour les uns et les autres, les meubles corporels et les meubles incorporels.

Nous parlons, dans ce chapitre, du régime des biens meubles. Nous ferons porter notre étude sur les meubles pris individuellement : l'étude des meubles, envisagés comme dépendant d'une universalité, trouvera naturellement sa place dans d'autres chapitres. Il est à peine besoin d'ajouter que ces mots « régime des meubles » excluent la question de la capacité des personnes qui font un acte juridique à propos d'un meuble. Aucun auteur récent ne songe plus à lier la capacité des parties au régime des biens.

Des meubles corporels.

La règle « *mobilia sequuntur personam* » signifiait, certainement, au moins depuis le XVIe siècle [1], tout le monde est d'accord là-dessus, que les meubles sont régis par la loi du domicile. Mais la règle devait-elle s'entendre des meubles considérés individuellement, comme elle s'entendait incontestablement des universalités? Devait-elle être comprise comme rattachant les meubles au statut réel, ou au statut personnel? Ces deux questions divisent les historiens de la théorie des statuts et, avec eux, les interprètes de l'art. 3 du Code Civil.

D'après un auteur, pour les anciens jurisconsultes, les meubles, qu'ils fussent considérés individuellement ou *universaliter*, étaient, en principe, régis par la loi du domicile du propriétaire, sauf dans les cas où les nécessités de l'ordre public exigeaient qu'il en fût autrement, et cette loi du domicile, qui, en fait, coïncidait avec le statut personnel, n'était pas prise en cette qualité. Pour les statutaires, c'était le meuble lui-même, envisagé dans son essence, qui n'avait pas d'assiette fixe : comme il ne pouvait rester en dehors de toute réglementation, on s'attacha à cette considération que le meuble *in usum familiæ comparatum est :* logiquement, on le réputa situé au lieu où la loi présume que le propriétaire est toujours présent; et par suite il fut soumis au statut du domicile, qui, à raison de la fiction même, était un statut réel [2].

Suivant un autre auteur, qui partage, sur ce point, l'opi-

---

[1] LAINÉ, tome II, p. 231 à 233.
[2] BARDE, p. 110 à 117.

nion de l'auteur précédent, on ne trouve pas, dans l'ancien droit, trace de la distinction entre les meubles considérés individuellement et l'universalité du mobilier [1], mais l'opinion commune y était que les règles qui régissent les meubles forment un statut personnel. Les statutaires avaient à choisir entre le statut réel et le statut personnel pour fixer le régime des meubles. Il y aurait eu tant d'inconvénients à le déclarer réel qu'on le fit personnel. Et, comme il fallait concilier la personnalité du statut des meubles avec la maxime, *toutes coutumes sont réelles*, on imagina la fiction qui rattachait les meubles au domicile : ce n'est pas la fiction qui a déterminé la nature du statut ; la fiction a été inventée, après coup, pour expliquer cette nature du statut, préalablement déterminée [2].

D'après un troisième auteur, plus récent, et dont l'opinion est beaucoup plus solidement appuyée, la règle « *mobilia sequuntur personam* » avait sans doute un sens général : c'était une formule, et, comme toutes les formules, elle avait servi à façonner les idées. Mais, toute générale qu'elle fût nominalement, cette règle recevait, en ce qui concernait les meubles envisagés individuellement, des applications rares et des exceptions nombreuses. Sauf l'application très remarquable qui en était faite en matière de droit de préférence, elle était écartée, notamment, quand il s'agissait de savoir quelle loi fixerait la nature mobilière ou immobilière d'un bien, règlerait a procédure de saisie, déterminerait les modes d'aliéna-

---

[1] Laurent, tome VII, p. 226, n· 168.

[2] Laurent, tome II, p. 312, n· 169 ; p. 319, n· 173 ; tome VII, p. 165, n· 111 ; p. 240, n· 153 ; p. 247, n· 160.

tion à titre particulier, l'acquisition des meubles sans
maître, les effets de la confiscation. Dans tous ces cas,
c'était la loi de la situation réelle du meuble qui était
suivie[1]. Il est, en outre, inexact de présenter comme la
doctrine généralement reçue dans l'ancien droit, soit
l'opinion qui faisait rentrer la règle « *mobilia sequuntur
personam* » dans le statut réel, soit l'opinion qui la faisait
rentrer dans le statut personnel. Les auteurs s'étaient à
peu près également partagés, à la suite de Dumoulin,
partisan de l'idée de la situation fictive au domicile et de
la réalité du statut, et de d'Argentré, partisan de l'idée
que les meubles, accessoires de la personne, n'ont aucune
situation, même fictive, et de la personnalité[2]. La question
ne présentait pas, d'ailleurs, d'intérêt pratique pour les
anciens auteurs, puisque la règle s'appliquait dans les
mêmes termes pour les uns et les autres. Mais si l'on veut
néanmoins savoir laquelle des deux interprétations était
la vraie, l'auteur, dont nous rapportons l'opinion, estime
qu'il suffit de remarquer que la règle « *mobilia sequuntur
personam* » avait été introduite pour faciliter le règlement
des successions ; historiquement et logiquement, elle devait rentrer dans le statut réel[3].

L'ancienne doctrine n'était donc pas arrivée à formuler
une règle précise et généralement acceptée sur le régime
des biens meubles envisagés individuellement.

L'art. 3 du Code Civil ne dit rien des meubles. Peut-on
espérer au moins tirer des travaux préparatoires une indication sur la pensée des rédacteurs du Code Civil ?

---

[1] LAINÉ, tome II, p. 253 à 261.

[2] LAINÉ, tome II, p. 244 et p. 233 à 244.

[3] LAINÉ, tome II, p. 245 à 253.

Le projet de la commission du gouvernement contenait, au titre IV du livre préliminaire, un article 5, ainsi conçu : « Le Français résidant en pays étranger continue d'être soumis aux lois françaises pour ses biens situés en France et pour tout ce qui touche à son état et à la capacité de sa personne. — Son mobilier est réglé par la loi française comme sa personne [1] ». Le seul tribunal d'appel, qui présenta sur ce texte une observation, fut le tribunal d'appel de Lyon : d'après lui, le mobilier d'un Français qui se trouvait en pays étranger devait être réglé par les lois du pays où il était, de même que la forme des actes est réglée par les lois du pays dans lequel ils sont faits ou passés. [2] Le tribunal demandait donc bien clairement l'application de la loi territoriale. Son observation amena-t-elle une nouvelle délibération des commissaires sur la matière ? Nous n'en savons rien. Toujours est-il que, lorsque le texte vint en discussion devant le Conseil d'Etat, le second alinéa avait disparu ; le premier alinéa conservait sa rédaction, et fut renvoyé au titre *de la jouissance des droits civils*[3]. Quelques jours après ce renvoi, Tronchet, dans la discussion du livre préliminaire qui se poursuivait, à propos du texte « La loi oblige indistinctement ceux qui habitent le territoire », avait proposé cette autre rédaction : « La loi régit les propriétés foncières situées sur le territoire de la République, les biens meubles et la personne des Français. » Cette rédaction, qui ne fut pas adoptée, souleva une courte discussion, dans laquelle il ne fut rien dit des meubles[4]. Le texte qui avait été renvoyé au titre *de la jouis-*

---

[1] FENET, tome II, p. 6.

[2] FENET, tome IV, p. 33.

[3] FENET, tome VI, p. 15.

[4] FENET, tome VI, p. 19 et 20.

sance des droits civils y passa par plusieurs votes, sans
être l'objet d'aucun changement ni d'aucune observation [1].
Il est probable que, dans ce texte, le mot « biens » ne visait,
après la suppression du second alinéa, comme avant, que
les immeubles. Il serait trop conjectural de tirer un argument en sens contraire de ce que dans le texte correspondant, qui s'occupait de l'étranger, le mot « biens » fut, à
un moment, remplacé par le mot « immeubles », sans d'ailleurs qu'aucune explication eût été donnée. Si l'on devait
accepter que le mot « biens » visât à la fois les immeubles
et les meubles, il en résulterait qu'alors les rédacteurs du
Code Civil avaient passé du principe de la loi nationale au
principe de la loi territoriale. Nous avons déjà eu l'occasion de dire que ces deux textes, celui s'occupant du
Français et celui s'occupant de l'étranger, furent, de nouveau, ramenés au titre préliminaire et fondus dans une rédaction devenue l'art. 3 actuel: là encore, aucune discussion n'eut lieu. Portalis, dans l'exposé des motifs fait au
Corps législatif, ne s'est visiblement occupé que des immeubles [2]. Il n'y a pas lieu de s'en étonner, il avait déjà
dit dans le discours préliminaire : « La distinction des immeubles et des richesses mobilières nous donne l'idée des
choses purement civiles et des choses commerciales; les
richesses mobilières sont le partage du commerce, les
immeubles sont particulièrement du ressort de la loi civile [3]. » Dans le discours du tribun Faure devant le Corps
législatif, on peut, à la rigueur, trouver un argument en
faveur de la loi territoriale : ce qu'il a dit est, en somme,

---

[1] FENET, tome VII, p. 14, 33, 34, 125, 594.

[2] FENET, tome VI, p. 357 et 358.

[3] FENET, tome I, p. 508.

si vague, qu'il est plus prudent de passer outre [1]. En résumé, les diverses autorités qui ont concouru à l'élaboration du Code Civil paraissent avoir eu des opinions contradictoires, et en même temps très incertaines, puisqu'aucune n'a donné de motif à l'appui de la solution qu'elle proposait.

De cette analyse des précédents et des travaux préparatoires, il ressort donc que l'ancien droit ne nous a pas laissé sur le régime des meubles, considérés individuellement, de règle qui s'impose, et que le Code Civil n'en a pas davantage formulé, même implicitement. La conséquence nécessaire et immédiate qu'il convient d'en tirer, c'est que la doctrine peut donner au problème la solution qu'elle croira la plus conforme aux principes : sa liberté est entière.

La doctrine moderne a-t-elle usé de la liberté que, selon nous, la loi lui laissait? D'une manière générale, il faut répondre non : elle s'est crue liée par les précédents et obligée de respecter la règle « *mobilia sequuntur personam.* » La doctrine moderne, comme l'ancienne, s'est en outre divisée, par suite précisément du dissentiment qui existe sur le point de savoir si, autrefois, la règle était de statut réel, ou de statut personnel. Mais, à la différence de ce qui se passait dans l'ancien droit où, en fin de compte, c'était toujours la loi du domicile qui était appliquée, cette divergence sur la nature du statut a fait, de nos jours, attribuer compétence, tantôt à la loi du domicile, tantôt à la loi nationale. Les partisans respectifs de ces deux lois tombent, d'ailleurs, d'accord que ces deux lois, dans un certain nombre d'hypothèses, qui sont les mêmes pour les

----

[1] FENET, tome VI, p. 385.

uns et les autres, cessent de pouvoir être prises en considération, et qu'il faut demander à une troisième loi la solution des conflits. Ces exceptions, reconnues nécessaires des deux parts, créent assurément le plus grave préjugé contre la valeur des principes acceptés. Aussi, un troisième parti s'est-il formé, qui, partant de l'idée admise par nous, que les précédents ne fournissent rien de précis ni d'obligatoire, a fait, de la loi proposée exceptionnellement par les deux autres systèmes, la loi uniquement compétente pour le régime des biens meubles pris individuellement : et cette loi est la loi territoriale, la loi de la situation effective des meubles. Etudions chacun de ces trois systèmes.

La loi du domicile, appliquée au régime des biens meubles, est prise en général, par les auteurs modernes, comme une loi réelle : elle pourrait, cependant, encore être prise comme une loi personnelle par les auteurs qui, se rattachant à ceux des anciens jurisconsultes, pour lesquels les meubles sont de simples accessoires de la personne, soutiennent en même temps que la loi du domicile continue de régir, dans le Code Civil, ce qui est de statut personnel. Fœlix, notamment, dit de la loi du domicile en notre matière, tantôt qu'elle est de statut réel, tantôt qu'elle est de statut personnel[1] : la question, pour lui, n'a pas plus d'intérêt que pour les anciens auteurs, et pour les mêmes motifs ; mais les arguments qu'il donne en faveur de la loi du domicile sont plutôt empruntés, comme chez les autres partisans de la même loi, aux idées de réalité. Quels sont ces arguments ? Les meubles dépendent de la personne à qui ils appartiennent, leur situation

Fœlix, tome I, n° 60, p. 121; n° 61, p. 125 ; n° 63 p. 135; n° 64, p. 137.

varie d'un moment à l'autre, ils n'ont pas et ne peuvent pas avoir de situation réelle, puisqu'ils n'ont jamais d'autre situation que celle que leur propriétaire veut qu'ils aient. Il faut, pourtant, saisir ces meubles pour les soumettre à une loi ; il faut leur donner, fictivement, une situation. Il est tout naturel de placer cette situation fictive au lieu où leur propriétaire est censé être toujours présent et avoir concentré ses intérêts et sa fortune [1]. Ce lieu, c'est le domicile. Un auteur, à l'appui de ces idées, se prévaut de la règle de procédure, d'après laquelle le défendeur, en matière mobilière, doit être assigné devant le tribunal de son domicile [2]. Donc, la loi en vigueur au lieu du domicile est la loi des meubles : voilà le principe. Un auteur, partisan de cette doctrine, s'est demandé comment cette fiction de la situation au domicile pouvait produire effet, lorsque les meubles ne se trouvent pas dans la même souveraineté que le domicile ; il n'y a pas de fiction sans loi et il n'y a pas de loi qui puisse établir une fiction sur un pays relevant d'une autre souveraineté : cet auteur a résolu la difficulté en faisant appel à la courtoisie internationale [3].

La loi du domicile étant admise en principe, il s'agit de passer aux applications. A peine en trouve-t-on quelques-unes, et encore paraissent-elles douteuses aux auteurs qui les proposent, puisqu'ils y mettent des réserves, ou semblent même se contredire. Massé applique la loi du domicile à la prescription des actions réelles mobilières, sauf si une circonstance particulière fixe en un certain lieu la

---

[1] FOELIX, tome I, n° 61, p. 125 ; MASSÉ, tome I, p. 482, n° 551.

[2] DEMANGEAT, *Condition des étrangers*, p. 384, n° 83.

[3] MERLIN, *Rép.* au mot « *Loi* » § VI, n° III.

situation du meuble [1]. Fœlix applique aussi la loi du domicile à la prescription acquisitive des meubles et à la prescription extinctive des actions mobilières [2] ; il l'applique encore à l'accession, à l'acquisition par la force de la loi d'un usufruit, aux obligations naissant de la vente du meuble, aux causes qui opèrent la nullité, la résolution ou la rescision de cette vente, aux rapports créés par l'échange de meubles [3]; il l'applique, dans un passage, et l'écarte, dans un autre, pour les privilèges, pour la détermination de la nature mobilière de tel bien donné [4]. Brocher applique la loi du domicile, lorsqu'il s'agit de meubles, aux prohibitions d'acquérir contenues dans les trois derniers alinéas de l'art. 1596 du C. C. ; il réserve ensuite l'application possible d'autres lois [5]. Fœlix et Massé, et, avec eux, tous les autres partisans de la loi du domicile, écartent cette loi en matière de gage, de saisie, de revendication, de succession en déshérence, et appliquent alors la loi du lieu où le meuble se trouve réellement. Cette dernière loi est encore appliquée, presque unanimement, par les partisans de la loi du domicile, aux questions de privilège et de détermination de la nature mobilière des biens. Nous pouvons faire tout de suite observer que Fœlix et Brocher attribuent à la loi réelle des meubles des conflits, qui paraissent plutôt relever de la matière de l'état et de la capacité des personnes ou de la matière des conventions et des obligations ; et qu'on ne peut, en même temps, admettre, comme le font Fœlix et

[1] Massé, tome I, p. 490, n° 538.

[2] Fœlix, tome I, p. 239, note 1, et p. 121, n° 60.

[3] Fœlix, tome I, p. 121, n° 60.

[4] Fœlix, tome I, p. 121, n° 60, et p. 134, n° 62 ; p. 137, n° 64.

[5] Charles Brocher, tome II, p. 182 à 184.

Massé, la loi de la situation réelle pour la revendication, et la loi du domicile pour la prescription. Les cas d'application de la loi du domicile aux meubles, pris individuellement, sont si réduits ou si contestables, qu'un partisan de cette doctrine a reconnu que le principe était rarement applicable; il a même oublié d'indiquer dans quels cas il le restait, d'après lui [1]. Dans chacune des hypothèses particulières, où ils substituent, à la loi qui pour eux est la vraie, la loi de la situation réelle, les partisans de la loi du domicile donnent comme motifs de la dérogation, soit un intérêt d'ordre public, soit les nécessités du crédit, soit un intérê de souveraineté, et ces motifs, pour chacune de ces hypothèses, sont exacts .

Seuls, Fœlix et Massé ont essayé de donner, de ces exceptions au principe, une explication qui les comprît toutes. Il importe de relever avec beaucoup de soin cette explication, parce que, à raison même de son caractère de généralité, elle doit mieux faire ressortir, par contraste, le vrai fondement du principe et des exceptions. Que dit Fœlix ? « La règle est sans application à tous les cas où les meubles n'ont pas un rapport intime avec la personne du propriétaire... car ladite fiction cesse par le fait [3] ». Que dit Massé ? « Le principe cesse d'être applicable, lorsque les meubles sont considérés, moins dans leur rapport avec le propriétaire qu'en eux-mêmes, et relativement aux droits que des tiers ont pu acquérir sur ces meubles.. La maxime

---

[1] BARDE, p. 118, 119, 120.

[2] BARDE, p. 118 ; CHARLES BROCHER, tome II, p. 392, 394 ; DEMANGEAT, *Condition des étrangers*, p. 384, n° 83 ; MERLIN, *Rép.* au mot « *Loi* », § VI, n° III, et au mot « *Biens* », § I, n° XII.

[3] FŒLIX, tome I, p. 134, n° 62.

cesse d'être applicable, quand une circonstance particulière
et décisive donne aux meubles une fixité au moins momen-
tanée et détermine leur situation effective[1] ». Il est curieux
de relever la concordance des deux parties de chacune de
ces explications. La première partie de ces deux explications
reste vague ; dans quels cas des biens sont-ils, ou ne sont-
ils pas, en rapport intime avec le propriétaire? Dans quels
cas des biens peuvent-ils être considérés en eux-mêmes et
relativement à des droits que des tiers ont pu acquérir sur
eux, sans être, en même temps et au même degré, considérés
dans leurs rapports avec le propriétaire ? C'est la seconde
partie de ces explications qui éclaire la première ; cette fois,
la lumière jaillit. Fœlix nous dit : la fiction de la situation
au domicile cesse, il y a une situation réelle ; Massé dit : une
circonstance décisive donne aux meubles une fixité momen-
tanée, une situation effective. Rappelons-nous, maintenant,
dans quels cas il en est ainsi ; nous venons de les énumérer:
ce sont tous des cas où le meuble est pris individuellement.
Lorsqu'un meuble, individuellement déterminé, fait l'objet
d'un rapport de droit, il est en quelque sorte saisi au passage, localisé pour l'acte juridique ; il est, au sens matériel
du mot, momentanément immobilisé. Et comme, chaque
fois que le meuble est ainsi fixé, invariablement des considérations d'un ordre absolu donnent compétence à la loi du
lieu, il en résulte que, en même temps que la fiction de la
situation au domicile cesse d'être nécessaire, l'application
de la loi du domicile cesse à son tour d'être possible. La
localisation du meuble appelle impérieusement la loi territoriale, et le meuble est localisé toutes les fois qu'il est
envisagé seul : à quoi bon dire alors qu'il est, en principe,

---

[1] Massé, tome I, p. 485, n° 555.

régi par la loi du domicile ? L'exception ruine le principe,
ou mieux, elle l'absorbe. Cette constatation condamne
péremptoirement la compétence de la loi du domicile, pour
le régime des meubles. Pour achever de conclure contre
elle, nous répondrons à l'objection, qu'on prétend tirer à
son profit de la règle de procédure, d'après laquelle, à l'inverse de ce qui se passe pour les immeubles, c'est le tribunal, non de la situation, mais du domicile du défendeur
qui est compétent, que cet argument a le tort grave de faire
croire à une corrélation nécessaire entre la compétence
judiciaire et la compétence législative, et que la règle s'explique par cette considération, simple et toute de fait, qu'il
est plus naturel d'obliger au déplacement le meuble que la
personne. Faut-il ajouter que, non contents que l'application
de leur principe soit presque introuvable, les partisans de
la loi du domicile la rendent encore plus difficile, en se
demandant si le domicile de l'étranger en France a besoin,
pour attribuer compétence à cette loi, d'être autorisé ou
non, en supposant possible, soit l'existence de deux domiciles, entre lesquels il faudrait choisir, soit l'absence de
domicile [1] ? On comprend, avec de pareils embarras, que
Merlin se soit demandé si, en droit, la fiction de la situation
des meubles au domicile pouvait être acceptée à l'étranger,
et qu'il ne se soit adressé qu'à la courtoisie internationale
pour la faire admettre. Jamais, une règle, aussi incertaine
et de base aussi peu sûre, ne serait devenue une de ces
règles universelles de droit, comme le droit international
privé cherche à en formuler, et qui s'imposent à tout législateur soucieux de respecter l'idée même de justice.

---

[1] FŒLIX, tome I, p. 133, note 2, et page 135, n° 63 ; MASSÉ, tome
1, p. 482, n° 551. Voyez aussi CHARLES BROCHER, tome II, p. 182-184.

Si-la loi du domicile ne peut être compétente, quelle autre loi mettrons nous à sa place?

Une opinion, qui compte des partisans assez nombreux, propose la loi nationale du propriétaire. Parmi ces auteurs, les uns omettent de parler des précédents [1] ou décident que la doctrine n'est pas liée par eux, attendu que les rédacteurs du Code Civil paraissent avoir reculé devant une réglementation législative des conflits relatifs à la fortune mobilière [2]. Le plus considérable d'entre eux, Laurent, prétend, au contraire, se rattacher étroitement à la tradition : nous avons rapporté plus haut quelle était, pour lui, la portée de la règle « *mobilia sequuntur personam* » dans l'ancien droit, et comment il rendait compte de la fiction de la situation au domicile; cependant, il se réclame une fois de la doctrine, qui déclarait que les meubles, étant des accessoires de la personne, n'ont pas de situation, même fictive [3]. Si l'explication qu'il donne de la règle est assez flottante et d'apparence un peu arbitraire, il est très ferme dans ses conclusions sur la portée de cette règle : elle était de statut personnel. Or, l'article 3 du Code Civil a consacré la tradition, en transportant, de la loi du domicile, à la loi nationale, la réglementation du statut personnel. Donc, les meubles sont aujourd'hui régis par la loi nationale. La preuve en est dans l'article même du projet du gouvernement, dont la disparition inexpliquée ne peut abolir ni la tradition, ni la portée générale de l'art. 3, qui consacre cette tradition [4]. Nous avons

[1] DURAND, *passim*.

[2] WEISS, p. 278.

[3] LAURENT, tome VII, p. 224, n° 167.

[4] LAURENT, tome II, p. 313, n° 170; tome VII, p. 165, n° 111; p. 224, n° 167; p. 226, n° 168.

récusé cette autorité des précédents, et l'on peut objecter spécialement à Laurent que sa doctrine se relie avec peine à la tradition, car la fiction de la situation, qu'il accepte généralement comme l'explication de la règle « *mobilia sequuntur personam* », si elle s'accommodait aisément à l'idée du domicile, ne s'accommode plus du tout à l'idée de nationalité [1].

Il semble bien, d'ailleurs, que la préoccupation principale de Laurent ait été, moins de retrouver exactement la tradition, que de démontrer l'application, déjà faite aux meubles dans le Code Civil lui-même [2], d'une conception toute contemporaine, née en Italie il n'y a pas un demi-siècle, dont il espérait faire, d'accord en cela avec les autres auteurs qne nous avons cités et qui passent sous silence ou écartent la tradition, la base du droit international privé moderne. Cette conception est celle que l'on qualifie quelquefois de *théorie de la personnalité du droit.* En principe, d'après cette doctrine, tous les droits sont régis par la loi nationale de la personne : notamment, les droits sur les choses sont régis par la loi nationale de la personne à laquelle ces choses appartiennent. Les lois sont faites pour l'utilité des personnes : elles réglementent les intérêts privés, en cherchant le plus grand avantage des particuliers : elles s'inspirent des besoins et des nécessités du temps ; du milieu, de la race. Au fond, c'est toujours la personne qui est l'objet essentiel des dispositions de la loi : les biens sont l'accessoire, car ils ne sont que l'instrument du bien-

---

[1] BARDE, p. 126 à 128 ; LAURENT, tome II, p. 319, n· 173 ; tome VII, p. 226, n· 168.

[2] LAURENT, *Commentaire de son avant-projet de C.C.* art. 13, p. 61, n. 1.

être et du développement de la personne. Quelle loi serait plus apte, que la loi nationale de la personne, à dire ce qui convient à celle-ci ? Et, par suite, pourquoi cette loi ne suivrait-elle pas son ressortissant à l'étranger pour continuer de régir son patrimoine, comme on admet déjà qu'elle continue d'y régir sa personne ? La souveraineté de l'Etat, dans lequel l'étranger s'établit, n'en souffre aucun dommage : il s'agit d'obtenir de lui le respect de droits purement privés. S'il arrivait qu'un de ces droits privés entrât en conflit avec un des droits de la puissance souveraine, ce dernier droit, évidemment, l'emporterait. Il en sera ainsi quelquefois. Ce sera l'exception, et elle ne peut raisonnablement empêcher de formuler la règle : les biens sont régis par la loi nationale du propriétaire. Aucune distinction ne doit plus être faite entre les biens meubles et les immeubles [1]. Cette doctrine, loin d'être une doctrine révolutionnaire, est la tradition développée. Elle achève le triomphe, lentement poursuivi à travers les siècles, du statut personnel contre la vieille maxime féodale, *toutes coutumes sont réelles*. Elle rend à la personne, dans le domaine du droit, la prépondérance qu'elle doit rationnellement avoir sur les biens. Du même coup, elle transforme toutes les anciennes notions de statut personnel, de statut réel, de souveraineté. Le statut personnel n'est plus le statut de l'état et de la capacité : c'est le statut des intérêts privés. Le statut réel n'est plus le statut des biens, spécialement des immembles : c'est le statut des droits de la société, qui doivent primer, en cette qualité, sur le territoire, les droits privés. Ces droits de la

---

[1] Laurent, tome II, p. 335, n° 182 ; p. 337, n° 183 ; Weiss, p. 579 et 580.

société sont le domaine nouveau de la souveraineté : la souveraineté n'est plus une puissance, une domination, c'est une mission : elle consiste à garantir les intérêts privés : il faudra qu'il y ait un droit d'ordre social en cause, pour que la puissance souveraine formule une règle qui commande à toute personne sur le territoire [1]. Voilà la doctrine de la loi nationale, que nous avons dû présenter dans toute sa généralité, pour n'en pas donner une idée incomplète ou inexacte. Que vaut cette loi pour le régime des meubles pris individuellement ? Donne-t-elle la solution que nous n'avons pas trouvée dans la loi du domicile ?

La loi nationale a, sur la loi du domicile, une double supériorité. En premier lieu, elle établit une règle qui s'applique sans le secours d'une fiction : sans doute, les fictions peuvent, en droit, être nécessaires ; mais si on en conçoit, sans peine, l'existence dans des matières déjà compliquées et pour lesquelles la réglementation légale commence à devenir l'essentiel, elles ne se justifient pas dans une matière comme le régime des biens, où il s'agit de satisfaire à des besoins élémentaires et primordiaux de la vie juridique, où les règles posées par la loi doivent être simples, et s'expliquer d'elles-mêmes. En second lieu, la loi nationale supprime la distinction, considérée comme essentielle encore dans la loi du domicile, entre les

---

[1] Durand, p. 243 ; Laurent, tome II, p. 337, n° 183 ; p. 338, n° 184. Voir aussi l'art. 13 de son avant-projet de Code Civil, ainsi conçu : « Les biens meubles et immeubles sont régis par la loi nationale de celui à qui ils appartiennent », et le commentaire, spécialement, p. 64, n° 4 ; p. 65, n° 6 ; p. 66, n° 7 ; p. 68, n° 10 ; p. 70, n° 12 ; p. 71, n° 13 ; p. 73, n° 17 ; Weiss, p. 580, 581, 588.

meubles et les immeubles ; elle ne prétend pas que les uns
et les autres pourront être soumis au même traitement,
la nature même des choses s'y opposera toujours ; mais
elle replace les meubles au rang que leur donnent, de
nos jours, leur nombre et leur importance économique,
à côté des immeubles. Mais, si la loi nationale a, sur la
loi du domicile, ces deux avantages, très importants, va-
t-elle également, mieux que celle-ci, se suffire à elle-même,
et ne pas subir trop de dérogations à son principe ? On
est tout disposé à le croire, quand on lit l'exposé général
de la doctrine ; elle séduit précisément par l'étendue et la
simplicité d'application que le principe paraît avoir. Mais
ce n'est là, malheureusement, qu'une apparence : la loi
nationale ne s'applique pas plus, en fait, aux meubles pris
individuellement, que la loi du domicile : les unes après
les autres, toutes les dérogations que la loi du domicile
avait dû admettre, la loi nationale les reprend à son
compte. La doctrine de la loi nationale a prétendu vainement avoir modifié et adouci la notion de la souveraineté :
les exigences de la souveraineté sont restées les mêmes,
le nom seul en a été changé : les nécessités économiques
ont remplacé les droits de la domination territoriale, et le
champ d'application des lois étrangères est resté aussi
étroit. De même que la doctrine de la loi du domicile, et
pour les mêmes raisons qu'elle, la doctrine de la loi nationale reconnaît compétence à la loi de la situation du meuble,
à la loi territoriale, quand il s'agit de décider quels biens
sont meubles [1], quels biens sont dans le commerce [2], quels

---

[1] LAURENT, tome VII, p. 194 à 203, n° 141 à 148; p. 205, n° 150; p.
210, n° 153 ; p. 212, n° 154; p. 213, n° 156 et 157; p. 216, n° 159.

[2] DURAND, p. 403, n° CXCIV; LAURENT, tome II, p. 322, n° 174; WEISS
p. 589.

biens peuvent être saisis [1], de quels droits réels ils peuvent
être grevés [2], à qui appartiennent les meubles d'une succession en déshérence [3], quand il s'agit de déterminer les
effets de la possession, s'il y a lieu à prescription et sous
quelles conditions [4]. Plus hardis ou moins distraits que les
partisans de la loi du domicile, les partisans de la loi
nationale ont indiqué deux cas, dans lesquels, d'après
eux, la loi nationale s'applique, certainement, aux meubles
pris individuellement : c'est le cas d'accession, et le cas
d'attribution du trésor : la question sera réglée, non par
la loi territoriale, mais par la loi nationale des parties, lorsque les parties ont la même nationalité : dès que les parties n'ont plus la même nationalité, la loi nationale cesse
d'être compétente [5].

Cette compétence, en fait, de la loi nationale est vraiment trop restreinte : contrairement à la logique, l'énumération des cas exceptionnels où elle ne s'applique pas
est plus longue que la citation des cas normaux où elle
s'applique. Il faut reconnaître que la loi nationale, pas
plus que la loi du domicile, ne peut être le principe pour
le régime des meubles. Et les partisans de la loi nationale
en laissent eux-mêmes échapper l'aveu, quand ils ne se

---

[1] LAURENT, tome II, p. 320, n· 173 bis ; tome VII, p. 237, n· 176 ; p·
241, n· 180.

[2] DURAND, p. 403, n· cxciv ; LAURENT, tome II, p. 322, n· 174 ; tome·
VII, p. 242, n· 181 ; p. 260 à 262, n· 206 et 207 ; p. 264 à 267, n· 209
à 212 ; WEISS, p. 580.

[3] LAURENT, tome II, p. 320, n·173 bis ; tome VII, p. 239, n· 179.

[4] DURAND, p. 408, n· cxcvii ; LAURENT, tome II, p. 320, n· 173 bis ;
p. 296 à 302, n· 234 à 242 ; tome VIII p. 328, n· 229 ; p. 333 n· 233 ; p. 343
à 349, n· 240 à 246 ; *Avant-projet de C. C.* art. 26 ; WEISS, p. 593.

[5] DURAND, p. 407, n· cxcvi ; WEISS, p. 597 et 646.

surveillent pas. Après avoir procédé, pour la loi territoriale,
par voie d'énumération, comme il convient pour des exceptions, après avoir dit que la règle de la loi personnelle
n'est pas absolue, et que l'on doit parfois appliquer la loi
de la situation[1], Laurent s'exprime ainsi dans un autre
passage[2]: « En fait, il y a régulièrement une considération
d'ordre public qui commande d'appliquer aux meubles individuels la loi de leur situation, de sorte que cette loi
devient la règle... » Un autre partisan résolu de la loi nationale n'échappe pas à ces contradictions : « La distinction proposée par les statutaires, » dit-il quelque part,
« entre les lois personnelles et les lois réelles est inutile
et arbitraire... Ce n'est qu'exceptionnellement que l'on
trouve parmi les règles relatives aux biens certaines prescriptions ou certaines prohibitions commandées par l'intérêt général de la société, et dont nous verrons que l'Etat
ne peut se départir[3] ». Et ailleurs : «En un mot, le droit
de propriété, considéré en lui-même, abstraction faite de
celui qui l'exerce et de son intérêt particulier, est toujours gouverné dans sa nature, dans son étendue, par
la loi du pays où se trouve son objet, parce qu'il touche
aux intérêts vitaux de l'Etat, à son régime économique
et à son droit public. C'est également, pour le même motif, la *lex rei sitæ* qui décidera de la nature mobilière ou
immobilière de l'objet sur lequel porte le droit de propriété[4] ». Il est vrai que, dans ce passage, la loi territoriale n'est reconnue compétente qu'abstraction faite de

---

1 LAURENT, tome II, p. 320, n° 173 bis.
2 LAURENT, tome VII, p. 238, n° 178.
3 WEISS, p. 244.
4 WEISS, p. 589.

celui qui exerce le droit de propriété et de son intérêt particulier : nous avons déjà trouvé une réserve analogue
chez les partisans de la loi du domicile. Elle n'a aucune
portée. Un auteur, partisan de la loi nationale, a voulu pré-
ciser la signification de cette réserve, et il en a montré le
néant : il a distingué, expressément, les droits et la capacité
du propriétaire, qui sont régis par sa loi nationale, et les
droits et la capacité de la chose, qui sont régis par la loi
territoriale, pour aboutir à reconnaître que le propriétaire
ne peut avoir de droits sur la chose que conformément
aux lois qui ont organisé les droits sur la chose[1]. Il ajoute
qu'il est toujours possible de résoudre la question des
droits dont la chose est susceptible, en faisant abstraction
du propriétaire lui-même. Cette proposition n'est pas dou
teuse, mais c'est de la proposition inverse que les partisans de la loi nationale devraient faire la preuve, pour
élever cette loi à la hauteur d'un principe : il est toujours
possible de résoudre la question des droits qu'une personne
a sur une chose, en faisant abstraction du lieu où cette
chose se trouve.

La doctrine de la loi nationale, si claire au premier
abord, est donc très nuageuse et très incertaine, quand
on l'applique aux meubles pris individuellement [2]. Lorsqu'on l'a bien étudiée, on reste convaincu qu'elle n'a pas
été faite pour la question du régime des biens et qu'elle n'a
été étendue à cette question que par une généralisation

---

[1] DURAND, p. 403, n° CXCIV.

[2] Nous en dirions autant, si nous avions à parler des immeubles,
dont les auteurs en question s'occupent particulièrement: nous savons
qu'il n'y a pas lieu de distinguer les meubles et les immeubles, pour
la controverse que nous discutons.

aventureuse. Au fond, la loi nationale paraît avoir été proposée surtout pour écarter l'application du statut réel en matière de successions, dont on a fait aussitôt une matière d'intérêt privé, et non plus d'ordre social. Laurent, cependant, critique avec vivacité l'opinion des auteurs qui distinguent entre les universalités de meubles et les meubles individuels, et soumettent les premières à la loi du domicile et les seconds à la loi de la situation : d'après lui, le titre universel ou le titre particulier ne peut décider de la nature du statut ; ce qui en décide, c'est le fait qu'il s'agit d'un droit privé ou d'un droit de la société[1]. Sans nous expliquer sur l'exactitude de la distinction faite par les auteurs, que Laurent combat, nous pouvons néanmoins remarquer que son criterium l'amène à des conclusions identiques aux leurs, et il convient lui-même que la loi de la personne l'emporte surtout dans les matières d'intérêt privé ; telles, dit-il, que les successions[2]. Alors, pourquoi Laurent et ceux qui le suivent posent-ils le principe de la loi nationale pour les meubles envisagés individuellement ? On n'en peut trouver d'autre raison que la volonté préconçue de faire triompher, quand même, tout un système de droit international privé. Mais ce système, au moins dans la matière du régime des meubles pris individuellement, se condamne lui-même, car, dans le domaine du droit, un principe qui ne s'applique pas n'est pas un principe. Par une coïncidence qui mérite d'être relevée, ce système nouveau de la personnalité du droit, qui aspire à remplacer la théorie des statuts, qui prétend répondre à des besoins et ne se fonder que sur des raisons, toutes

---

[1] LAURENT, tome II, p. 370, n° 173 bis.
[2] LAURENT, tome II, p. 337, n° 183.

modernes, se trouve, au fond, être sorti des mêmes préoccupations, et être, en fin de compte, et dans notre matière,
insuffisant pour les mêmes motifs que la vieille règle féodale : « *mobilia sequuntur personam.* »

La loi du domicile et la loi nationale étant écartées, il ne
nous reste plus qu'à déclarer compétente la loi qui, régulièrement, à leur défaut, s'est trouvée régir les meubles pris
individuellement, c'est-à-dire la loi de la situation effective
du meuble, la loi du territoire. La compétence de cette
loi pourrait, au besoin, être considérée comme déjà justifiée
d'abord, par ce fait, que les deux autres lois, que l'on prétendait appelées à gouverner le régime des meubles, se
sont dans presque tous les cas effacées devant elle, et, en
second lieu, par les différentes raisons que les partisans de
ces deux lois étaient obligés de donner pour les récuser
dans chaque hypothèse particulière. Mais, lorsqu'une loi
est proposée comme principe, on ne doit pas se contenter
des concessions que lui font les partisans des lois rivales ;
il faut démontrer sa compétence, par des raisons qui lui
soient propres, par des considérations tirées de sa notion
même. Cette tâche est aisée pour la loi territoriale en ce
qui concerne le régime des meubles. Ce sont deux propositions, surannées et fausses au même titre, que celles
qui déclarent que les meubles sont chose vile, qui n'importe
pas à la souveraineté, et qu'ils n'ont pas de situation. Les
meubles ont une valeur, qui peut être considérable ou médiocre, mais ils ont une valeur On dit que l'organisation
du régime des meubles n'intéresse pas la souveraineté,
comme celle du régime des immeubles [1] : elle l'intéresse
autrement ; elle intéresse surtout le régime économique

---

[1] TATLIER, tome I, p. 57, 58.

de l'Etat, dont l'importance est égale à celle du régime politique. Les meubles sont une richesse. Toute richesse doit
être organisée par l'Etat sur le territoire duquel elle se
trouve, la prospérité des particuliers et la sienne propre
en dépendent. Elle ne peut être organisée que par cet Etat,
car il n'y a de vraie richesse que celle dont les conditions
d'existence et de transmission sont parfaitement connues ;
pour que ces conditions soient parfaitement connues, il
faut que, sur le territoire, ces conditions soient toujours
les mêmes, et cette nécessité emporte compétence exclusive
pour la loi du territoire. Les meubles sont situés sur le
territoire ; seulement, leur situation, au lieu d'être fixe,
se déplace. Il est absolument excessif d'en conclure que
les meubles n'ont pas de situation : ils ont des situations
successives, voilà tout. Cette succession de déplacements
peut faire passer les meubles d'un territoire sur un autre :
ils changeront de loi aussitôt : il faut que le fait et le droit
restent d'accord : ce qui était vrai pour un territoire, reste
vrai pour un autre [1]. Tirera-t-on, de cette compétence de
la loi territoriale, la conclusion que notre doctrine mécon-
naît cette idée fondamentale que ce sont les biens qui doivent être subordonnés aux personnes et non les personnes
aux biens ? Il est facile de répondre que, si la loi territoriale
est reconnue la meilleure, ce n'est pas pour les biens eux-
mêmes, mais pour les personnes, et que, s'il est vrai
que les biens ne sont, en droit, que l'accessoire, l'instrument du développement des personnes, il importe à celles-ci
que cet instrument soit le plus sûr possible : la loi terri-

---

[1] Comp. LAINÉ, *Bulletin de la Société de législation comparée*,
1890, p. 470.

toriale nous paraît précisément fournir le plus sûr
instrument.

La loi territoriale réglera donc quels biens sont meubles,
quels meubles sont dans le commerce, de quels droits ils
sont susceptibles, les modes de création, de transmission,
d'extinction de ces droits, les actions par lesquelles ces
droits sont protégés [1].

Quelle est la loi d'un meuble en mouvement, par
exemple, chargé sur un navire qui se trouve actuellement
en pleine mer? On a répondu qu'il n'était pas possible de
déterminer la situation du bien et qu'il serait régi par la
loi du lieu de destination, parce que c'est à cette loi de la
situation prochaine que les parties, qui ont traité à propos
du meuble, ont entendu se référer [2]. Il semble bien qu'il y
ait, dans cette solution, une confusion entre la matière des
conventions et la matière du régime des biens. Il serait
peut-être plus exact de dire que, en cours de voyage en
pleine mer, le meuble est soumis, en ce qui concerne son
régime, à la loi du pays dont le navire porte le pavillon,
parce que, sur le navire, il est comme situé sur le territoire du pays auquel le navire appartient; qu'arrivé au
lieu de destination, il sera soumis à la loi de ce lieu, en
vertu du principe de territorialité qui gouverne la condition des biens, et non point en vertu d'une attribution
faite par les parties, et qu'il ne dépendait pas d'elles de
consentir ou d'écarter.

En faveur de la loi territoriale se sont prononcés un
assez grand nombre d'auteurs. Quelques-uns ne prévoient

---

[1] LAINÉ, *Bulletin de la Société de législation comparée*, 1890,
p. 450, 451.

[2] SURVILLE et ARTHUYS, p. 183, n° 176.

que des hypothèses particulières : nous les comptons
parmi les partisans de la loi territoriale, parce que ces
solutions particulières paraissent être chez eux l'application d'un principe[1]. Les autres, et ce sont les plus nombreux, posent franchement la règle dans les termes où
nous avons cru devoir l'admettre[2]. Relevons, cependant,
chez deux d'entre eux, une réserve. D'après l'un, le mobilier n'échappe point à l'application de la *lex rei sitæ*,
« quand son sort ne dépend pas de l'état et de la capacité
des personnes[3] » : ces mots sont assez obscurs ; peut-être
veulent-ils signifier que la capacité des personnes, qui traitent à propos d'un meuble, ne se règle point par la *lex rei
sitæ* ; mais il va de soi que la loi du régime des biens
n'est pas la loi de l'état et de la capacité des personnes.
Un second auteur, partisan encore plus net de la loi territoriale, formule la règle avec cette réserve : « abstraction
faite de la personne du propriétaire[4] ». Si ces mots font
allusion à la capacité des parties, ils nous paraissent su-
perflus ; s'ils n'y font pas allusion et s'ils veulent appuyer
sur l'idée qu'il s'agit exclusivement du régime des biens,
ils sont équivoques, parce qu'ils pourraient donner à
entendre que la règle ne s'applique qu'à l'hypothèse, pure-

---

[1] DURANTON, tome I, p. 52, n° 90 ; VALETTE sur Proudhon, tome I,
p. 98, 99 ; VALETTE, *Cours de C. C.* tome I, p. 32.

[2] ARNTZ, tome I, p. 42, n° 67 ; AUBRY et RAU, tome I, p. 84 et 105 ;
CH. BROCHER, tome I, p. 117-123 ; DEMOLOMBE, tome I, 4ᵉ édit. p. 106,
n° 96 ; DUCAURROY, BONNIER et ROUSTAIN, tome I, p. 14, n° 25 ; LAINÉ,
Bulletin, p. 463 à 465 ; MARCADÉ, tome I, p. 65, n° 78. Voyez aussi AS-
SER et RIVIER, p. 89, n° 41 ; p. 92, n° 42.

[3] BERTAULD, tome I, p. 16, n° 11.

[4] SURVILLE et ARTHUYS, p. 172, n° 164, et p. 169, n° 163, p. 178, n.
171.

ment imaginaire, de meubles envisagés pour eux-mêmes, et qu'un conflit est possible, dès que le meuble est approprié, entre la loi territoriale et la loi qui régit la personne du propriétaire.

Que décide la jurisprudence? Elle a toujours appliqué aux meubles pris individuellement la loi territoriale. Les partisans de la loi du domicile et de la loi nationale ne consentiraient peut-être pas à voir des arguments contre leur doctrine dans ces solutions conformes, parce qu'elles sont spéciales [1]. Mais le principe même de la compétence de la loi de la situation a été posé en termes exprès par deux arrêts de Cours d'appel, l'un français et l'autre belge[2] : aucun arrêt n'existe en faveur de la loi nationale ou de la loi du domicile. Laurent a prétendu, cependant, trouver la doctrine de la loi nationale formulée implicitement[3] dans le seul arrêt de cassation qui existe sur la matière[4]. Les termes de l'arrêt, que l'on regrette de ne pas trouver plus précis, peuvent être invoqués avec autant de force par les partisans de la loi territoriale, comme visant la distinction, souvent faite par les arrêts, entre les meubles individuels et les meubles dépendant d'une hérédité. Les partisans de la loi territoriale pourraient, en outre, se pré-

---

[1] Paris, 15 nov. 1833, Sir. 33. 2. 593 ; Rouen, 22 juillet 1873, Dal. 74. 2. 180 ; Seine, 17 avril 1885, *Journal*, 1886, p. 593 ; Bruxelles, 14 avril 1888, *Pasicrisie*, 1888, 2, 325.

[2] Caen, 12 juillet 1870, Sir. 71. 2. 57 ; Bruxelles, 9 août 1876, *Pasicrisie*, 1877, 2, 12.—Un arrêt de la Cour d'appel de Rouen, du 25 mai 1813, Sir. 1813, 2, 233, cité par quelques auteurs comme appliquant aux meubles individuels la loi territoriale, règle une question d'interprétation de traité.

[3] LAURENT, tome VII, p. 237, n° 176.

[4] Cass. 19 mars 1872, Sir. 72. 1. 238.

valoir de cette considération, assez puissante, que la Cour
de cassation statuait sur le pourvoi formé contre l'arrêt
de Cour d'appel française, qui avait posé le principe de
la loi territoriale, que l'attention de la Cour suprême a
été nécessairement appelée sur ce principe, et qu'elle ne
l'a pas condamné, comme elle aurait dû le faire, si elle
avait estimé que la loi nationale était la loi compétente.
Un jugement récent d'un tribunal civil, qui s'est visiblement inspiré de cet arrêt de cassation, reconnaît en principe la compétence de la loi territoriale, dans des termes
que l'on pourrait, cependant, souhaiter encore plus nets.[1]

Des meubles incorporels.

Il est nécessaire d'étudier séparément le régime des
meubles incorporels, à raison de leur nature tout idéale,
tout abstraite. Les motifs, qui ont décidé du choix de la
loi compétente pour les meubles corporels, devront sans
doute rester également vrais pour les meubles incorporels :
les nécessités de l'organisation économique, les besoins
du crédit ne peuvent évidemment varier pour les uns et
les autres. La loi des meubles corporels, la loi territoriale,
sera donc aussi la loi des meubles incorporels. Mais quel
principe permettra de saisir et de fixer des biens qui n'ont
qu'une existence intellectuelle ? Où se trouve leur situation juridique ? Voilà dans quels termes se pose la question du régime des meubles incorporels.

Nous les étudions en tant que biens déjà constitués, au
point de vue des droits dont ils peuvent être alors l'objet,

<hr>

[1] Trib. Montpellier, 16 janvier 1890, *Revue pratique de dr. int.*
1890-1891, tome I, p. 53.

et des modes de transmission dont ils sont alors susceptibles. Par exemple, une créance peut-elle être grevée
d'un droit de gage, d'usufruit ; peut-elle être cédée et
comment? Nous ne les étudions pas au point de vue de
leurs modes de création et d'extinction : c'est la volonté
des particuliers seule qui fait apparaître et disparaître les
meubles incorporels, au moins en règle générale : ces
questions relèvent de la matière des conventions et des
obligations. Il y a, là, une remarque à faire, et que les auteurs, d'ordinaire, ne font pas assez explicitement : elle est
nécessaire pour bien fixer les domaines respectifs de la
convention et de la loi territoriale applicable au régime des biens, domaines qu'il peut être délicat, quelquefois, de bien séparer : nous trouverons plus tard une difficulté de cette sorte, quand nous étudierons la prescription libératoire. Une conséquence intéressante de cette
remarque, c'est que la loi du régime des meubles incorporels ne vient qu'au second rang : la première loi à con-
sulter, quand il s'agit d'un meuble incorporel, est la loi
qui a présidé à sa naissance, loi que déterminent les principes des conventions. Avant d'être soumis à un régime,
il faut que le meuble incorporel existe, et ce sont deux
lois différentes qui règlent chacune de ces deux questions.
Soit une créance, qui a fait l'objet d'une cession. La loi
du régime des biens réglera la cession. Mais, pour qu'il
y ait une cession et une loi qui la gouverne, il faut qu'il
y ait une créance valable, et c'est la loi qui régit la créance même qui peut seule le dire. Si, par exemple, en
vertu de la loi qui régit la créance, la nullité de celle-ci
était demandée et obtenue, il est évident que la cession
tomberait *ipso facto*, et que la compétence de la loi du
régime des biens n'aurait plus d'objet.

Un droit incorporel existant, quelle loi gouvernera son régime ? Nous avons dit, en commençant, que nous considérions la controverse comme épuisée, après ce que nous avons dit des meubles corporels, que la loi territoriale devait rester la loi compétente, et que toute la difficulté se ramenait à savoir quelle situation il faut juridiquement attribuer au meuble incorporel, qui, dans la réalité, ne peut pas avoir de situation effective. Nous raisonnerons, d'abord, sur un droit de créance ordinaire : nous dirons, ensuite, quelques mots des meubles incorporels qui sont représentés par des titres au porteur ou cessibles par la voie de l'endossement.

La réponse à notre question était, dans l'ancien droit, donnée par l'adage « *nomina ossibus personæ inhærent* » qui correspondait à l'adage des meubles corporels « *mobilia sequuntur personam* [1] ». La personne, aux os de laquelle la créance était attachée, était la personne du créancier. C'était l'opinion qui avait unanimement prévalu [2], après quelques rares dissidences, qui avaient été négligées ou avaient passé inaperçues [3]. Mais la maxime ne s'entendait en ce sens, qu'autant qu'on envisageait la créance dans la personne du créancier ; dès qu'il y avait un intérêt à envisager la créance au regard du débiteur, c'était à la personne de celui-ci qu'elle était réputée attachée. Ce dédoublement de la règle n'avait pas paru choquant aux anciens auteurs ; et on s'explique, à la rigueur, ce résultat, lorsqu'on remarque que c'est aux successions qu'ils en font

---

[1] Lainé, tome II, p. 273.

[2] Lainé, tome II, p. 267 à 270.

[3] Lainé, tome II, p. 263 à 265, 269.

l'application la plus ordinaire, et à l'effet de prévenir le démembrement du patrimoine [1].

La règle, étant ainsi comprise, ne peut nous fournir aucun élément de solution, car, pour avoir deux sujets, l'un actif et l'autre passif, la créance n'en constitue pas moins un rapport juridique indivisible [2], qui ne peut avoir qu'une situation unique ; mais, comme autrefois, c'est encore entre le domicile du créancier et le domicile du débiteur que la rivalité s'établit. La question n'a pas été étudiée profondément par les auteurs ; les arrêts qui l'ont tranchée sont peu nombreux et sont intervenus surtout au point de vue de l'impôt. Les auteurs, qui réputent la créance située au domicile du créancier, s'en tiennent à ce seul argument : la créance n'est vraiment un bien que dans le patrimoine du créancier, elle n'est un bien qu'en tant que valeur active [3]. Fœlix ne prend même pas la peine de donner cet argument particulier, et se contente de dire que le propriétaire est censé avoir réuni à son domicile tous ses meubles, corporels ou incorporels [4]. Mais il a, au moins, le mérite de prévoir que, dans telles circonstances données, il pourra être nécessaire de réputer le meuble incorporel situé ailleurs qu'au domicile du créancier [5] : il y a, en effet, des difficultés qui surgissent, dès qu'on étudie le régime des meubles incorporels, et sur lesquelles les autres partisans de la situation au domicile du créancier

[1] Lainé, tome II, p. 272, 274.

[2] Lainé, tome II, p. 274 ; *Bulletin de la Société de législation comparée*, 1890, p. 468.

[3] Demolombe, tome IX, 4e édition, p. 29, n· 61 ; Surville et Arthuys, p. 169, n· 163. Cass. Liège, 17 janv. 1817, *Pasicrisie*, 1817, p. 297.

[4] Fœlix, tome I, p. 125, n· 61.

[5] Fœlix, tome I, p. 134, n· 62.

auraient bien dû s'expliquer. Les partisans de la situation au domicile du débiteur, tout au moins ceux qui donnent les motifs de leur opinion, font remarquer que, si la créance n'est un bien qu'au regard du créancier, c'est au domicile du débiteur, que véritablement ce bien se trouve, puisque c'est à ce domicile seulement que le paiement de la créance est effectué ou peut être poursuivi. Si on laisse de côté cette idée, que la créance est un bien pour le créancier, car l'idée inverse qu'elle est une charge pour le débiteur pèse un poids égal, et si on envisage la créance simplement en elle-même, on est obligé de convenir qu'elle se trouve dépendre beaucoup plus de la personne du débiteur que de la personne du créancier : toutes les fois, en effet, qu'il s'agira d'établir sur la créance un droit, par exemple un droit d'usufruit ou un droit de gage, toutes les fois qu'il s'agira de la céder, ces droits ou cette cession ne pourront être efficaces, qu'autant que le débiteur aura été prévenu de leur existence. C'est par lui que l'utilité de ces droits, le bénéfice de la cession, seront procurés aux intéressés. Il en a la charge et la responsabilité. Aussi, la loi veut-elle que le débiteur soit averti par des formalités appropriées. Ces formalités fixent en même temps la condition de la créance au regard des tiers, qui pourraient prétendre des droits sur elle. Touchant à l'intérêt des tiers, et, par suite, à l'ordre public, ces formalités ne peuvent être édictées que par la loi en vigueur sur le territoire où elles seront accomplies[1]. Si la personne du débiteur joue ce rôle essentiel dans l'existence des droits ou des opérations dont la créance est l'objet, si les formalités qui garantissent les uns et les autres ne peuvent être que celles du lieu où le

---

[1] LAURENT, tome VII, p. 294, n° 230.

débiteur est établi, il est naturel d'en conclure que c'est au domicile du débiteur que la créance a son siège juridique[1].

Si le débiteur change de domicile, la situation juridique du meuble incorporel changera avec lui. La conséquence est inévitable. Les droits acquis aux tiers seront maintenus. Il n'y aura de préjudice pour personne. Il faut, cependant, relever une conséquence de la proposition que nous venons d'énoncer. Si la créance a fait l'objet de deux opérations juridiques, intervenues de telle sorte que le débiteur n'avait plus, lors de la seconde, le domicile qu'il avait au moment de la première, ces opérations juridiques étant respectivement soumises aux conditions différentes des lois des deux domiciles, que, par hypothèse, nous supposons dissemblables, il en résulte que nous avons un bien qui, pour son régime, est soumis simultanément à deux lois différentes. Et, pourtant, nous avons qualifié de loi territoriale la loi du régime des meubles incorporels ; et le propre des lois d'organisation de la propriété, des lois territoriales, est de prétendre à une compétence exclusive. Cette contradiction s'explique par la double considération de la nature immatérielle des créances et de la légitimité des droits acquis. C'est le débiteur, plus que la créance, qui est soumis cumulativement à l'empire de ces deux lois, et il ne saurait soutenir qu'il n'est pas tenu de remplir des obligations qui lui ont été régulièrement imposées. Reconnaissons, d'ailleurs, que pour l'exécution des droits qui lui appartiennent, le bénéficiaire de la première opération juridique devra recourir aux formalités prescrites par la

---

[1] AUBRY et RAU, tome I, p. 102 ; LAINÉ, *Bulletin de la société de lég. comp.* 1890, p. 469, et tome II, p. 266. — Cass. 29 août 1837, Sir. 1837. 1. 762.

loi du nouveau domicile : il n'a pas un droit acquis à employer les formes de la loi du premier domicile, et le débiteur, le voulût-il, ne pourrait s'y soumettre.

A quelles difficultés ne se heurterait-on pas, au contraire, dans cette hypothèse du changement de domicile, si l'on réputait la créance située au domicile du créancier ? Comment le débiteur pourrait-il connaître tous ses devoirs ? Comment pourrait-on maintenir ses étroites obligations, desquelles dépendent toutes les opérations juridiques dont la créance est l'objet ?

En ce qui concerne les meubles incorporels, qui se manifestent extérieurement par un titre au porteur, ou par un titre cessible par la voie de l'endossement, une règle particulière a été proposée, qui consiste à les assimiler à des meubles corporels : la loi de leur régime serait la loi du lieu où le titre se trouve [1]. Cette doctrine suppose donc que la créance est confondue, est absorbée dans le titre qui la représente. Nous ne pouvons examiner les vaste s controverses que cette théorie soulève. Il nous suffit de constater que ce n'est pas celle qui prévaut en France [2]. Nous nous en tenons donc, pour le régime de ces meubles incorporels, à notre règle générale. Le titre, quelqu'importants que soient les effets qui y sont attachés, n'est, finalement, qu'un *instrumentum* : le véritable meuble incorporel n'est pas ce titre, mais la créance qu'il représente. Et nous la réputons, comme les créances sans titre ou constatées par un acte ordinaire, située au domicile du débiteur. La forme même du titre au por-

---

[1] SURVILLE et ARTHUYS, p. 169, n° 163.

[2] LAINÉ, *Bulletin de la société de lég. comp.* 1890, p. 469, 470 ; WEISS, p. 650.

teur rend cette solution avantageuse, au cas de perte ou de vol : le propriétaire dépouillé reste protégé par les mesures qui ont pu être prises contre ces accidents par le législateur du lieu où le débiteur du titre est domicilié [1]. Ne peut-on pas ajouter que, le plus souvent, ces titres émaneront de sociétés ou de compagnies ayant la personnalité civile, un siège social, par suite étroitement soumises à la loi territoriale du lieu de leur établissement [2]? En réputant situées au siège social, c'est-à-dire au domicile du débiteur, les créances dont ces sociétés ou compagnies peuvent être tenues, on leur donne des conditions de fixité et de stabilité presque égales à celles dont jouissent les immeubles [3] : ces avantages sont trop importants pour qu'il soit permis d'y renoncer facilement [4].

---

[1] Seine, 6 août 1885, *La Loi*, 21 déc. 1885 ; Seine, 8 août 1885, *Journal*, 1885, p. 681 ; Seine, 16 décembre 1885, *La Loi*, 7 janvier 1886.

[2] LAURENT, tome VII, p. 214, n° 158.

[3] LABBÉ, passage d'une note sous Cass. 22 fév. 1882, Sir. 82.1. 393.

[4] Voici, sur le régime des biens meubles, le texte proposé par la commission extraparlementaire belge instituée en 1884 : art. 5 : « Les biens, meubles et immeubles, sont soumis à la loi du lieu de leur situation, en ce qui concerne les droits réels dont ils peuvent être l'objet. — Les droits de créance sont réputés avoir leur situation au domicile du débiteur ; toutefois si ces droits sont représentés par des titres cessibles au moyen de la tradition ou de l'endossement, ils sont censés être au lieu où les titres se trouvent. — Lorsque, à raison du changement survenu dans la situation des biens meubles, il y a conflit de législation, la loi de la situation la plus récente est appliquée ».

CHAPITRE TROISIÈME.

DE LA FORME DES ACTES.

Aucune contestation n'existe plus, aujourd'hui, sur ce qu'il faut entendre par forme des actes. La forme des actes ne comprend pas les conditions de fond requises pour leur validité, mais simplement les formalités extérieures. Ces formalités peuvent avoir des objets divers et des natures différentes. Certaines formalités ont pour but la protection des personnes incapables : elles relèvent de la loi qui régit le statut personnel. D'autres formalités sont destinées à rendre publiques les créations, transmissions et extinctions de droits : elles appartiennent au régime des biens. Des formalités d'une troisième sorte ont, enfin, pour objet d'assurer la sincérité des opérations juridiques et de ménager une preuve de leur existence. Ce sont ces dernières formalités que l'on entend plus particulièrement désigner, lorsqu'on parle de la forme des actes. C'est d'elles, exclusivement, que nous allons nous occuper, pour rechercher si la loi du domicile ne peut pas quelquefois les régir.

Cette loi est signalée par quelques auteurs, mais comme en passant; ils ne s'arrêtent pas à l'étudier [1]. Un seul

[1] CH. BROCHER, tome II, p. 129; FŒLIX, tome I, p. 175, n° 77, p. 452, n 233; MERLIN, *Rép.* au mot « *Preuve* » section II, § III, art. 1; n° III.

arrêt la cite dans un considérant ; et l'on pourrait induire de ce considérant qu'elle a paru aux rédacteurs être la loi principalement compétente ; mais c'est, en fait, une autre loi qu'ils ont proclamée telle [1]. La loi du domicile ne semble donc pas occuper une bien grande place dans la matière de la forme des actes. Nous allons essayer de délimiter cette place, et, peut-être, trouverons-nous qu'elle est plus importante, que ne permet de le supposer cette rapide indication de doctrine et de jurisprudence.

L'hypothèse, dans laquelle un conflit relatif à la forme d'un acte se présente, est fort simple : une personne passe un acte hors du pays auquel elle appartient par sa nationalité. On peut immédiatement compliquer l'hypothèse, pour montrer, en une seule fois, toutes les difficultés qui peuvent surgir : supposons que la personne est domiciliée dans un pays qui n'est ni celui de sa nationalité, ni celui du lieu où l'acte est passé, et que cet acte a pour objet, soit un immeuble situé, soit des obligations qui devront être exécutées, dans un quatrième pays. Il n'en coûte pas d'ajouter que, des contestations s'étant élevées entre les intéressés, et un procès ayant été engagé, ce sont les tribunaux d'un cinquième pays qui sont appelés à décider de la validité, en la forme, de l'acte qui nous occupe. De toutes ces lois, laquelle faudra-t-il appliquer ?

Il ne faut pas demander de réponse à la tradition. Elle est compliquée et incertaine. Sans doute, les anciens auteurs semblent avoir appliqué, en principe, la loi du lieu où l'acte est passé ; et cette solution a pris corps dans l'adage « *locus regit actum* », qui a été consacré définitivement

[1] Cass. 25 août 1847, Sir. 47 1. 712.

par un arrêt du Parlement de Paris, de 1721 [1]. Mais la règle visait-elle les actes privés, comme elle visait les actes publics ? Le point reste douteux [2], et c'est, là, un grave obstacle à l'autorité de la règle, puisque c'est surtout pour les actes privés que la question est discutée. La règle pouvait être envisagée comme constituant une faculté ou une obligation. En tant que constituant une faculté, la règle fut unanimement admise, après l'échec des théories de d'Argentré, qui avaient un moment et partiellement prévalu [3]; mais, seule, la doctrine italienne essaya de l'expliquer ; la doctrine française ne s'en soucia point [4] et se perdit dans de stériles efforts, tentés aussi par une partie de la doctrine hollandaise, pour faire rentrer la forme des actes dans la division tripartite des statuts [5]. Sur la règle considérée comme obligatoire, la doctrine italienne était douteuse, la doctrine hollandaise divisée ; la doctrine française s'était prononcée pour l'affirmative ; mais aucune n'avait su donner, de sa solution, un motif satisfaisant [6].

Cette confusion de la tradition se retrouve dans les travaux préparatoires du Code Civil. La forme des actes est la matière des conflits de lois qui a le plus occupé les rédacteurs du Code Civil. Il est curieux qu'il ne soit rien resté de ces travaux dans l'article 3 : on ne s'en étonne pas trop, quand on a lu les réflexions, inutiles ou erronées, que la matière a provoquées [7]. De ces travaux pré-

---

[1] Lainé, tome II, p. 417, 418.

Lainé, tome II, p. 413, 414.

Lainé, tome II, p. 340, 342, 343, 348, 349, 350, 351, 358 à 363.

[4] Lainé, tome II, p. 365 à 371.

[5] Lainé, tome II, p. 371 à 387; p. 391 à 393.

[6] Lainé, tome II, p. 399, 400, 404, 405, 406, 407, 407 à 410, 414.

[7] Fenet, tome VI, p. 15, 20, 30, 31, 66, 74, 91, 104, 105, 137, 186,

paratoires, il n'y a lieu de retenir que le texte qui a été proposé : « La forme des actes est réglée par les lois du lieu dans lequel ils sont faits ou passés [1] », avec le commentaire donné par Portalis, dans l'exposé des motifs : «... les communications commerciales et industrielles entre les divers peuples sont multipliées et rapides ; il nous a paru nécessaire de rassurer le commerce, en lui garantissant la validité des actes dans lesquels on s'était conformé aux ormes reçues dans les divers pays où ces actes pouvaient avoir été faits et passés [2] ».

Aussi, à l'inverse de ce qui s'est passé pour le régime des biens, la doctrine contemporaine, négligeant les précédents, a librement cherché les règles qui pouvaient convenir à la forme des actes : de nombreuses théories ont été produites, aucune encore ne s'est imposée.

Relevons, tout de suite, que ces controverses n'ont pour objet que la forme des actes privés. Pour les actes passés en la forme publique, l'accord est complet : ces actes sont nécessairement soumis à la loi du lieu où ils interviennent. La compétence des officiers chargés de les dresser touche à l'organisation générale du pays, et ces officiers ne peuvent, dans l'exercice de leurs fonctions, s'écarter des règles pour l'observation desquelles ils ont été précisément institués [3]. Restent donc les actes privés.

227, 266, 334, 341. — Un seul tribunal d'appel fit sur le texte proposé une observation intéressante; ce fut le tribunal d'appel de Lyon qui demanda que les lois fixant la forme des actes fussent, comme les lois prohibitives, sanctionnées par la peine de la nullité : FENET, tome IV, p. 33.

[1] FENET, tome II, p. 6.

[2] FENET, tome VI, p. 51.

[3] DEMANTE, tome I, Titre préliminaire, n° 10 bis, v; LAURENT, tome

Un système veut que la loi compétente soit exclusivement celle du lieu où l'acte est passé. Les actes, dit-on, reçoivent l'être dans le lieu où ils sont passés, c'est la loi de ce lieu qui seule doit pouvoir les affecter, les modifier, en régler la forme. Le législateur, pour fixer la forme des actes, tient compte de l'état des mœurs des habitants, de leur degré de culture et de moralité : ce sont des circonstances toutes locales et particulières qui décident du nombre et de la nature de ces formes : un acte ne peut faire foi, là où il est passé et ailleurs, que s'il a été dressé conformément à la loi qui a seule qualité pour en attester la sincérité[1]. On ajoute qu'il n'est pas admissible que la forme des actes soit laissée à la libre disposition des contractants, parce que cette matière n'est pas du domaine de la convention[2]. Un dernier argument en faveur de ce système, et c'est le meilleur, consiste à dire qu'en adoptant exclusivement la loi du lieu de l'acte, on pose une règle qui écarte toute difficulté et augmente la certitude des faits juridiques[3]. On peut répondre qu'il est exagéré de comparer un acte à un être qui recevrait la vie de la loi ; que, s'il est vrai qu'il n'appartient pas aux particuliers de déterminer la forme des actes, il n'est pas démontré que les formes locales soient les seules qui conviennent véritablement ; et que la certitude absolue, qui résulterait de l'application d'une loi unique, serait peut-

II, p. 423, n° 236; p. 443, n° 245; Surville et Arthuys, p. 211, n° 205. — Asser, page 60.

[1] Merlin, *Rép.* au mot « *Preuve* » section ii, § iii, art. 1, n° iii; au mot « *Testament* » section ii, § iv, art. ii.

[2] Duguit, p. 216.

[3] Asser, p. 64 à 67.

être obtenue au mépris des principes et au préjudice des particuliers. Aussi, cette théorie, soutenue par quelques auteurs dans les termes absolus que nous venons de rappeler, est-elle présentée par d'autres avec des expressions plus réservées [1]. Elle est suivie, en général, par la jurisprudence, énergiquement affirmée par la Cour de cassation, surtout pour les actes passés par les étrangers en France [2].

Dans un second système, la loi territoriale est encore proclamée compétente ; mais cette compétence, au lieu d'être exclusive, n'est plus que principale. Subsidiairement, la loi nationale peut régir la forme de l'acte, quand il s'agit d'un acte passé par une seule personne, ou par deux personnes qui ont la même nationalité [3]. La compétence de la loi territoriale est justifiée à peu près par les mêmes arguments que dans le premier système. La compétence de la loi nationale est expliquée de deux façons. Dans une première explication, on prétend que l'acte fait par une seule personne ou par deux personnes ayant la même nationalité est censé fait dans le pays auquel ces personnes appartiennent : le lieu où l'acte est fait est in-

---

[1] BERTAULD, tome I, p. 120, n° 153; COIN-DELISLE, *Donations et Testaments*, p. 440, 441, n° 6; DEMOLOMBE, tome I, 4ᵉ édition, p. 123, n° 106 bis, et *Traité des Donations*, tome IV, p. 433, n° 484; VALETTE *Cours de Code Civil*, tome I, p. 33.

[2] Voyez : en matière de contrat de mariage, Rennes, 4 mars 1880, D. 81. 2. 210 ; Boulogne-sur-Mer, 8 avril 1886, *Journal*, 1887, p. 57 ; — en matière de testament, Paris, 21 juin 1850, Dal. 52. 2. 145; Paris, 25 mai 1852, Sir. 52. 2. 289; Cass. 9 mars 1853, Sir. 53. 1. 274; Orléans, 3 août 1859, Dal. 59. 2. 158 ; — en matière de contrats ordinaires, Cass. 23 février 1864, Sir. 64. 1. 385.

[3] FOELIX, tome I, p. 447, n° 231 ; p. 452, n° 233 ; p. 460, n 237 ; LAURENT, tome II, p. 419, 420, 422 ; p. 423, n° 236 ; p. 443, n° 245 ; p. 444, n° 246 ; SURVILLE et ARTHUYS, p. 211, n° 206.

16

différent, il ne doit pas être indiqué dans l'acte[1]. Cette explication a le tort grave d'introduire une fiction contraire au fait, et sans utilité même apparente ; il faut, pour ces deux motifs, l'écarter absolument[2]. Une seconde explication, beaucoup plus simple, consiste à dire[3] que, même à l'étranger, les nationaux sont encore soumis aux lois de la patrie, et qu'ils doivent pouvoir s'y conformer, lorsqu'aucun motif impérieux ne les en empêche, et c'est ce qui arrive, notamment, quand il s'agit de la forme d'actes passés entre compatriotes. Ces raisons sont assurément satisfaisantes ; elles le sont même peut-être trop, car elles permettent de faire de la loi nationale la loi principalement compétente, de telle sorte qu'on ne voit plus pourquoi la loi du lieu, proposée comme la règle, ne deviendrait pas l'exception[4].

---

[1] LAURENT, tome II, p. 448, n° 247.

[2] Voici deux décisions où la recherche du lieu, où l'acte avait été passé, a décidé de sa validité en la forme : Cass. 6 février 1843, Sir. 43.1.209 ; Seine, 12 juin 1887, *Journal*, 1887, p. 332.

[3] DESPAGNET, p. 282, n° 280 ; FŒLIX, tome I, p. 180, n° 83 ; SURVILLE et ARTHUYS, p. 211, n° 206 ; p. 213, n° 207.

[4] Comp. LAINÉ, *Bulletin de la société de législation comparée*, 1890, p. 561, 562. Comparez notamment, à ce point de vue, les passages cités de Fœlix. — Voici les textes proposés par M. Laurent, dans son avant-projet de révision du C. C. belge, art. 19 : « Les formes extrinsèques des actes authentiques et sous-seing privé sont réglées par la loi du pays où ils sont faits et passés. » Art. 20 : « Ces formes sont obligatoires, quelle que soit la nationalité des parties. Toutefois, quand il s'agit d'écrits sous-seing privé, dressés par une seule personne ou par plusieurs ayant la même nationalité, les parties peuvent suivre les formes prescrites par leur loi nationale. Cette disposition reçoit exception, quand la loi nationale des parties défend de recevoir un acte en la forme olographe, ou ne le permet que sous les conditions

Dans un troisième système, en effet, qui aboutit pratiquement aux mêmes résultats que le second, les rôles sont ainsi renversés. Nous retrouvons ici le système de la personnalité du droit. Les personnes sont, en principe, partout soumises à leurs lois nationales. Il n'en est autrement que par exception : l'usage en a introduit une pour la forme des actes, exception formulée par l'adage *locus regit actum*, et fondée sur des motifs d'utilité ou de nécessité pratique. Le recours à la loi du lieu est facultatif : cette loi ne s'impose que lorsque les parties n'ont pas la même nationalité [1]. La doctrine de la personnalité de la loi, en matière de formes, est affirmée dans un arrêt de Cour d'appel [2].

Une quatrième théorie établit que la loi compétente, en matière de formes, est, en principe, la loi qui régit le fond de l'acte lui-même. A défaut de cette loi, elle permet l'emploi de la loi locale, justifié par la nécessité de faciliter aux parties les moyens de contracter. Mais si les parties ne veulent pas user de la loi locale, elles doivent nécessairement revenir aux formes indiquées par la loi qui ré-

qu'elle prescrit. » La commission extraparlementaire, qui lui a été substituée en 1884, a reproduit les mêmes dispositions, avec une extension qui s'explique d'elle-même : Art. 9 : « Les formes des actes authentiques et des actes sous-seing privé sont réglées par la loi du pays où ils sont faits. Néanmoins l'acte sous-seing privé peut être dressé dans les formes admises par les lois nationales de toutes les parties. »

[1] Aubry et Rau, tome I, p. 111, 112, 113; Ducaurroy, Bonnier et Roustain, tome I, p. 15, n° 26 (ces auteurs font même une obligation très étroite au national de se conformer à sa loi); Durand, p. 246 à 248; Labbé, note sous Aix, 11 juillet 1881, Sir. 83. 2. 249; Weiss, p. 250, 255, 256, 625 ; X... *Journal*, 1880, p. 381 et suiv.

[2] Douai, 13 janvier 1887, *Journal*, 1887, page 57.

git le fond de l'acte : parce que la forme et le fond doivent s'accorder, parce qu'un acte est indivisible en ce qui regarde sa forme et son fond[1]. Si ce motif était exact, il devrait avoir une portée absolue, et le principe ne pourrait supporter aucune exception.

Enfin, des auteurs, se rattachant à quelques-uns des systèmes précédents, se rencontrent pour reconnaître que, dans certains cas, on peut admettre encore l'application d'une autre loi, par exemple la loi du lieu où l'acte est destiné à être produit, ou la loi de la situation de l'immeuble, qui est l'objet de l'acte[2]. Plusieurs arrêts ont fait application de la loi de la situation de l'immeuble[3].

Cet examen des différents systèmes proposés et cette revue rapide des tempéraments à l'application des principes, que tous se sentent obligés de consentir, sauf un pourtant, mais qui se condamne par son étroitesse même, montrent assez qu'en matière de formes, c'est la règle générale qui est la plus malaisée à établir, et que ce sont les considérations d'utilité, déjà signalées par Portalis, qui ont le plus d'importance et pèsent finalement le plus grand poids. On se trouve dans la nécessité de prendre un parti, tout en respectant deux ordres d'idées qui, sans

---

[1] PICARD, *Journal*, 1881, p. 468. — Voir aussi SAVIGNY, tome VIII, p. 344 à 347 et p. 354.

[2] BERTAULD, tome I, p. 119, n° 152 ; DEMANGEAT, *Condition des étrangers*, p. 387, n° 84, et p. 341 à 343 ; DESPAGNET, p. 283, n° 281 ; FŒLIX, tome I, p. 184, n° 84 : LAURENT, tome II, p. 450, n° 258 ; PICARD, *Journal*, 1881, p. 469. Voyez aussi FIORE, p. 492, n° 320. Voyez, cependant, SURVILLE et ARTHUYS, p. 215, n° 208.

[3] Cass. 5 juillet 1827, Sir. 28.1.103 ; Grenoble, 25 août 1848, Sir. 49.2.257 ; Aix 11 juillet 1881, Sir. 83.2.249. — Voyez aussi Paris, 14 août 1827, et Cass. 19 mai 1830, Sir. 30.1.323.

être contradictoires, ne semblent pas, cependant, de nature
à se faire facilement des concessions. D'une part, les formes sont établies dans une vue d'intérêt général, pour
donner la certitude et la stabilité aux faits juridiques, pour
servir de guide aux magistrats dans le jugement des procès : par suite, c'est la loi, et non la volonté des parties,
qui fixe la forme des actes ; les parties sont tenues de
prendre les formes que la loi leur fournit. D'autre part,
les formes, destinées à assurer les relations juridiques, ne
peuvent servir à les entraver : toute manifestation de volonté sérieuse, tout contrat certain, doivent pouvoir aboutir à une exécution. Les formes, si simples qu'on les suppose, sont très variables, et ne sont pas toujours connues
Il est d'une législation rationnelle de réduire au minimum
les exceptions et les nullités de formes. La jurisprudence
française, pénétrée de ces considérations, a plusieurs fois
décidé que les règles restrictives du Code Civil sur l'emploi de la preuve testimoniale ne sont pas d'ordre public,
que le défendeur intéressé peut renoncer à s'en prévaloir
et que, s'il ne l'a pas fait devant les juridictions ordinaires,
il ne peut, de ce chef, se pourvoir en cassation. Ces décisions, rendues surtout pour des actes passés par des
Français en France[1], indiquent bien que, si la forme des
actes n'est pas du domaine de la convention, la volonté
des parties a, néanmoins, une part d'influence sur l'usage
qui peut en être fait[2]. Il apparaît immédiatement qu'il est

---

[1] Cass. 5 août 1847, Sir. 48.1.206 ; Cass. 22 juillet 1878, Sir. 79.1.
213. — Pour un acte passé à l'étranger, voy. Cass. 24 août 1880, Sir.
80. 1.413, et les conclusions de M. l'avocat général Desjardins. Comparez Bordeaux, 22 août 1865, Sir. 66.2.217.

[2] Un auteur, partisan de l'application exclusive de la loi du lieu,
reconnaît que rien n'empêche qu'en cas de différend sur l'acte même,

nécessaire d'augmenter encore cette part d'influence de
la volonté au profit des personnes qui disposent ou contractent hors de leur patrie : il faut renoncer à prévoir
les innombrables conditions d'intérêt, de lieu, de jour,
d'heure, dans lesquelles elles se trouveront, et l'on doit,
en conséquence, se préoccuper de ne pas faire des règles
de formes des obstacles à l'exercice de la liberté juridique
des particuliers. La solution la meilleure sera la solution
la plus largement libérale.

Nous espérons n'être pas trop téméraire, en proposant,
à notre tour, le système suivant : on distinguerait les actes qui intéressent l'état de la personne et ceux qui intéressent le patrimoine. Les premiers, à raison de leur importance, de leur rareté, de la longue délibération qui précède,
et des longs effets qui suivent, les conventions que quelques-
uns de ces actes constatent, à raison, par suite, de la certitude toute particulière qu'ils exigent, doivent être soumis à des lois limitativement déterminées : la loi nationale
ou la loi du lieu : des conventions diplomatiques ou consulaires réglant la compétence de l'une et l'autre loi. Quant
aux actes intéressant le patrimoine, leur forme serait régie par la loi qu'aurait désignée le choix du disposant ou
des contractants, choix exprès, tacite, ou établi à l'aide
de présomptions. Choix par les parties de la loi qui réglera
la forme de leurs actes : voilà, selon nous, la vraie règle :
elle explique et justifie les décisions diverses, que l'on rencontre dans la jurisprudence ou dans la doctrine, et qui

les parties n'en approuvent la forme, quoiqu'elle ne réponde pas à la
règle *locus regit actum*, à moins qu'il n'y ait violation de l'ordre
public ou d'une loi que le juge est tenu d'appliquer d'office : ASSER,
page 66.

peuvent se défendre mieux que par de vagues raisons
d'équité; elle écarte toute gène inutile ou maladroite ; elle
concilie les deux idées qui dominent toute la matière : la
loi règle la forme des actes, les particuliers doivent trouver dans les règles de forme des facilités, et non des obstacles, pour leurs opérations juridiques [1].

---

[1] L'Institut de droit international, en séance plénière du 5 septembre
1888, a adopté les conclusions suivantes sur la forme de la célébration
des mariages : Art. 1 : « La loi qui régit la forme de la célébration du
mariage est celle du pays où le mariage est célébré. » Art. 2 : « Seront
toutefois reconnus partout comme valables quant à la forme : 1º Les
mariages célébrés en pays non chrétiens conformément aux capitula-
tions en vigueur ; 2º Les mariages diplomatiques et consulaires célébrés dans les formes prescrites par la loi du pays de qui relève la
légation ou le consulat, si les deux parties contractantes appartiennent à ce pays. » Art. 3 : « Si, dans un pays, la forme de la célébration
est purement religieuse, les étrangers doivent être autorisés à célébrer
leur mariage selon les formes légales de leur pays d'origine et devant
les autorités diplomatiques ou consulaires du mari, même si dans le
pays où ils sont accrédités, leur qualité d'officier de l'état civil n'est
pas reconnue. » Art. 4 : « Chaque mariage contracté à l'étranger doit
être constaté par un document officiel et communiqué aux autorités
du pays d'origine du mari ». *Annuaire*, 1888-1889, p. 75 ; voir aussi
les propositions et votes qui ont précédé ces conclusions : Propositions
de MM. ARNTZ et WESTLAKE, *Annuaire*, 1883-1885, p. 43; Propositions
de MM. de BAR et BRUSA, conclusions de M. KOENIG, *Annuaire*, 1885-
1886, p. 67 et 70 ; Règles essentielles votées en 1887, *Annuaire*, 1887-
1888, p. 126. — Dans la session de Zurich, à propos des règles inter-
nationales proposées pour prévenir les conflits de lois sur les formes
de la procédure, la majorité des membres présents a émis, entr'autres,
le vote scientifique suivant : « L'admissibilité des moyens de preuve
(preuve littérale, testimoniale, serment, livres de commerce, etc...) et
leur force probante seront déterminées par la loi du lieu où s'est passé
le fait ou l'acte qu'il s'agit de prouver... » *Annuaire*, 1878, p. 151. —
Dans son avant-projet de révision du Code Civil belge, M. Laurent a

Ce choix sera-t-il illimité, et les parties pourront-elles arbitrairement soumettre la forme de leurs actes à telle loi qu'il leur plaira ? Ce danger nous paraît chimérique, et nous ne croyons pas utile de fixer, *a priori*, une limite à cette faculté d'option. La limite se trouve dans l'intérêt qu'ont les parties à ne pas compliquer leurs conventions, ni la tâche du juge qui serait appelé à les apprécier. Qu'il s'agisse de la forme ou du fond des actes, la volonté des parties doit être sérieuse, et apparaître telle, pour être reconnue et sanctionnée. Les parties s'interdiront, d'elles-mêmes, toute fantaisie qui pourrait ébranler la validité de leurs dispositions ou conventions. Et, encore une fois, sans vouloir apporter de restrictions qui contrediraient l'idée même que nous avons proposée comme règle, nous pouvons, cependant, avancer qu'en fait le choix des parties se limitera aux quelques lois sur lesquelles les habitudes de leur vie juridique, les circonstances, ou la nature de l'acte, appelleront leur attention. Enumérons-les : la loi nationale, la loi du domicile, la loi du lieu où l'acte inter- vient, la loi du lieu de l'exécution, la loi du lieu où est située la chose, objet de la disposition ou de la convention. Nous ne parlons pas de la loi du lieu où siégerait le tribu- nal, devant lequel un procès relatif à l'acte serait porté ; les parties n'y songeront pas ; et, si nous avons cité cette loi, au début du chapitre, en établissant l'hypothèse du conflit, c'était pour signaler une opinion, que nous n'a- vons même pas cru devoir rappeler depuis [1], d'après

proposé, pour les actes concernant l'état des personnes, l'article sui- vant : Art. 23 : « Les formalités concernant l'état et la capacité sont régies par la loi nationale de la personne. »

[1] Cette loi est indiquée par Fœlix, qui prend la peine d'en discuter la compétence, tome I, p. 452, n° 233.

laquelle les tribunaux seraient tenus d'apprécier les actes selon les formes de la loi à laquelle ils sont soumis. A ce compte, on ne pourrait jamais répondre de la validité d'un acte en la forme, puisqu'elle dépendrait d'une circonstance postérieure à sa formation. A la loi du tribunal appartiennent seulement les formes de procédure, dans lesquelles les preuves seront administrées [1].

D'accord avec la jurisprudence [2], et contrairement à une partie de la doctrine [3], nous rejetons l'opinion, d'après laquelle les solennités seraient des conditions de fond et non des formes [4]. Les raisons, pour lesquelles un acte est

---

[1] BONNIER et LARNAUDE, p. 778; LAURENT tome VIII, p. 40 à 45, nos 20 à 23. — ASSER, p. 167, n° 79 ; p. 168, n° 80. — Cass. 20 juin 1864, Sir. 64. 1. 328.

[2] Paris, 11 mai 1816, Sir. 1817, 2. 10 ; Paris, 22 nov. 1828. Sir. 29. 2. 77 ; Cass. 25 août 1847, Sir, 47. 1. 712 ; Cass. 18 avril 1865, Sir. 65. 1. 317.

[3] BERTAULD, tome I, p. 120, n° 154 ; LABBÉ, note sous Aix, 11 juillet 1881, Sir. 83. 2. 249 ; LAURENT, tome II, p. 433, n° 240 ; p. 436, n° 241 ; p. 439, n° 243 ; tome IV, p. 438, n° 228; tome VI, p. 654, 656 ; p. 668, n° 402 ; p. 670, n° 403; p. 676, n° 407; p. 677, n° 408 ; p. 680, n° 410 ; p. 682, n° 411 , p. 684, n° 412 ; p. 688, n° 415 ; p. 695, n° 419; tome VII, p. 7 et 8, n° 2 et 3. *Avant-projet de C.C.* art. 21 : « S'il s'agit d'un contrat ou d'un acte solennel, la solennité est déterminée par la loi qui régit le contrat ou l'acte. — Si l'écrit est dressé à l'étranger, on suit la loi locale pour les formes extrinsèques des actes authentiques ou sous-seing privé. » La commission extraparlementaire de 1884 à proposé un texte dans le même sens, art. 10 : « Lorsque la loi qui régit une disposition exige, comme condition substantielle, que l'acte ait la forme authentique ou la forme olographe, les parties ne peuvent suivre une autre forme, celle-ci fût-elle autorisée par la loi du lieu où l'acte est fait. » X... *Journal*, 1880, p. 381 et suiv.

[4] Dans notre sens : BONNIER et LARNAUDE, p. 775 ; DEMOLOMBE, tome

déclaré solennel dans tel pays, ne peuvent souvent recevoir aucune satisfaction dans le pays où l'acte est passé. La théorie, qui fait, des solennités, des conditions de fond, entrave, sans profit, la liberté individuelle. Enfin, la forme des actes n'est pas nécessairement viciée par la fraude ; nous laissons la question à l'appréciation des tribunaux [1].

Nous n'admettrions d'exception à notre règle que dans deux cas. Le premier est celui où la loi nationale de la partie prohiberait une certaine forme, expressément et directement, ferait de la prohibition une véritable incapacité [2]. Le second est celui où, dans le lieu de l'exécution,

---

I, 4e édition, p. 120, n· 106 ; DUGUIT, p. 214 ; GUILLOUARD, tome I, p. 311, n· 314 ; PICARD, *Journal*, 1881, p. 466, 468 ; SURVILLE et ARTHUYS, p. 194, n· 185 ; WEISS, p. 252 ; ASSER, p. 62. Dans sa session de Lausanne, 1888, l'Institut de droit international a voté, sur la forme du contrat de mariage, la conclusion suivante : « Les contrats matrimoniaux relatifs aux biens des époux sont régis, quant à la forme, par la loi du lieu où ces contrats ont été conclus. Doivent toutefois être également considérés comme valables partout les contrats matrimoniaux faits dans les formes exigées par la loi nationale des deux parties. » Le projet, présenté par la commission, déclarait valable le contrat matrimonial fait dans les formes exigées par la loi nationale de l'une des deux parties. *Annuaire*, 1888-1889, pages 78, 66, 73.

[1] DEMOLOMBE, tome I, 4e édition, p. 120, n· 106 ; PICARD, *Journal* 1881, p. 469 ; WEISS, p. 256, 257. — ASSER, p. 62 ; SAVIGNY, tome VIII, p.353 — Appliquent d'une manière absolue la règle que la fraude vicie tout : FOELIX, tome I, p. 178, n· 82 ; LAURENT, tome II, p. 432, n· 239.

[2] La question se pose notamment sur les art. 334, 968, 1097, 1394. Les auteurs considèrent généralement ces textes comme liant les Français à l'étranger, sans dire pourtant que ces textes créent de véritables incapacités : BERTAULD, tome I, p. 120, n· 154 ; DESPAGNET, p. 279, n· 276 ; DURAND, p. 247 ; FOELIX, tome I, p, 178, n· 82. Sur la

l'emploi d'une forme donnée serait considéré comme d'ordre public absolu [1].

Nous croyons que notre théorie peut s'accorder avec les quelques textes du Code Civil, qui prévoient des questions de forme. Nous n'en exceptons pas l'art. 999, dont tous les termes nous paraissent permissifs [2], et qui, résolvant dans un sens favorable, la question, autrefois controversée, de l'emploi de la forme olographe, est entré

question de l'impossibilité d'employer à l'étranger la forme olographe, SURVILLE et ARTHUYS paraissent exiger que la loi nationale en fasse une règle d'incapacité, p. 204, n· 194 ; p. 205, n· 196. LAURENT fait rentrer la question dans sa théorie des actes solennels : tome II, p. 451, n· 249. M. LABBÉ soutient que le silence seul de la loi sur la forme olographe équivaut à une prohibition ; il accepte, cependant, l'emploi de cette forme, quand le testateur a été dans l'impossibilité de manifester autrement sa volonté: note sous Aix. 11 juillet 1881, Sir. 83. 2. 249. — La jurisprudence décide que les règles des articles ci-dessus cités ne sont pas des règles de forme. Voyez : sur l'art. 331, Besançon, 25 juillet 1876, *Journal*, 1877, p.228 ; — sur l'art. 968, Caen, 22 mai 1850, S. 52, 2, 566 : — sur l'art. 1097, Toulouse, 11 mai 1850, Sir. 1850, 2, 529 ; sur l'art. 1394, Cass. 11 juillet 1855, Sir. 55. 1. 699. Dans l'état des textes, nous acceptons la jurisprudence. — M. ASSER distingue si les prohibitions sont relatives à des actes intéressant l'état et la capacité, ou si elles ont trait à d'autres matières : au premier cas seulement, la prohibition suivrait le national à l'étranger, p. 62.

[1] DUGUIT, p. 213 ; FOELIX, tome I, p. 178, n· 82.

[2] La jurisprudence accepte facilement les différentes formes authentiques étrangères : Cass. 28 fév. 1854, Sir. 54. 1. 544 ; Cass. 3 juillet 1854, Sir. 54, 1. 417 ; Cass. 19 août 1858, Dal. 59. 1. 393. Mais elle ne paraît pas permettre l'usage de la forme privée locale : Trib. Lyon, 1877, *Journal*, 1877, p. 149. — Dans le sens de l'interprétation restrictive : CH. BROCHER, tome II, p. 36 à 44.

dans la voie libérale, jusqu'au bout de laquelle nous estimons qu'il faut aller [1].

Ces idées générales étant fixées, il est facile d'apercevoir la place importante qu'occupera, en matière de formes, la loi du domicile, à peine signalée par les auteurs. Nous ne nous attarderons pas à démontrer longuement cette importance, toute de fait. Nous résumerons, en un mot, toutes les hypothèses que nous pourrions faire à l'appui de notre dire : qu'elle se confonde avec la loi nationale, ou qu'elle s'en distingue, la loi du domicile sera toujours une des plus connues des parties, une de celles sur lesquelles tombera naturellement leur choix.

[1] Des idées voisines de la théorie proposée ont été soutenues par M. Lainé, tome II, p. 396 et 397, et *Bulletin de la société de lég. comparée*, année 1890, p. 562 à 564.

CHAPITRE QUATRIÈME.

DES CONVENTIONS ET DES ACTES JURIDIQUES UNILATÉRAUX, COMME
SOURCES DES OBLIGATIONS.
DES MODES D'EXTINCTION DES OBLIGATIONS, SPÉCIALEMENT
DE LA PRESCRIPTION LIBÉRATOIRE.

L'objet de ce chapitre a besoin d'être exactement déli-
mité. Une convention ou un acte juridique soulèvent des
questions multiples. Plusieurs ont été résolues et se trouvent nécessairement exclues de l'étude qui va nous occuper. C'est ainsi que, pour exister, une convention ou un
acte juridique doivent être faits par des personnes capables : nous savons que la capacité est liée à l'état de la
personne, comme l'effet à la cause, et est gouvernée en
conséquence par la loi nationale. Pour pouvoir être prou-
vés, la convention ou l'acte juridique doivent être passés
dans une certaine forme : nous avons essayé de déterminer
quelles formes diverses ils pouvaient, également et valablement, revêtir. Les conditions de capacité et de forme
étant écartées, il reste les conditions de fond et les effets.
Eliminons immédiatement les conditions de fond et les
effets des conventions qui intéressent l'état de la personne, tels que le mariage et l'adoption : ces conventions
relèvent de la loi du statut personnel. Nous avons alors
les conditions de fond et les effets des conventions et des

actes juridiques qui concernent le patrimoine. De nouveaux retranchements sont encore nécessaires. D'une part, le régime des biens, envisagés individuellement, est étroitement soumis à la loi territoriale. D'autre part, le régime des successions est soumis à une loi propre, que nous aurons plus tard à déterminer. Les conventions et les actes juridiques unilatéraux, en tant qu'ils peuvent influer sur le régime des biens et sur le régime des successions, tombent, sinon pour leurs conditions de fond, tout au moins pour leurs effets, sous l'application des lois qui gouvernent ces deux régimes : nous devons donc faire sortir du cadre de ce chapitre la convention comme mode de création, de transfert ou d'extinction des droits réels, les contrats sur succession non encore ouverte, les donations entre-vifs, le testament, le partage[1]. L'objet de ce chapitre se trouve ainsi restreint à l'étude des conditions de fond et des effets des conventions et des actes juridiques unilatéraux comme sources des obligations, enfin, à l'étude des modes d'extinction des obligations.

Nous ne pourrons examiner les très nombreuses et souvent très délicates controverses, qui surgissent à chaque pas dans ces matières : nous nous éloignerions du seul point de vue qui doit nous préoccuper : quel rôle le domicile peut-il jouer dans les conflits de lois qui se présentent ? Nous signalerons simplement, au passage, les principales de ces controverses, qui restent les mêmes, quelle que soit la loi reconnue compétente.

Quel est, en notre matière, le principe ? D'un accord à peu près unanime, la doctrine a laissé de côté la tradition, qui, ici comme en beaucoup d'autres points, est

---

[1] SURVILLE et ARTHUYS, p. 238.

remplie d'incertitudes, et que les travaux préparatoires
du Code Civil n'ont pas éclaircie. En faisant beaucoup de
réserves, on peut, cependant, donner les indications principales suivantes. Bartole avait posé en règle générale
que la convention était soumise à la loi du lieu où elle
intervenait : il n'avait pas justifié cette règle. Dumoulin
avait, au contraire, soutenu que c'était la volonté des
parties qui faisait la loi : lorsque les parties ne s'étaient pas
exprimées d'une façon expresse, il fallait rechercher leur
volonté dans les circonstances, et le lieu du contrat était
une des présomptions que le juge devait prendre en considération. Finalement, la proposition de Bartole fut considérée comme la règle, et la proposition de Dumoulin,
comme un tempérament à cette même règle. Néanmoins,
les auteurs du dernier siècle, tout en se conformant à
l'usage, déclaraient les idées de Dumoulin préférables [1].

Ce sont, aujourd'hui, les idées de Dumoulin qui l'em-
portent : les auteurs modernes se sont presque tous
résolument prononcés en faveur du principe qui soumet
les conventions à la loi librement choisie par les parties [2].
C'est ce résultat qu'on exprime en disant que les conventions relèvent de l'autonomie des particuliers, que les
conventions sont en dehors de la matière des statuts : les

[1] Lainé, *Bulletin de la société de lég. comp.* 1890, p. 547, 548 ;
Laurent, tome II, p. 378, n· 209 ; p. 379, n· 210 ; p. 388, n· 246 ;
p. 392, n· 217 ; tome VII, p. 514, n· 429 ; p. 527, n· 440.

[2] Aubry et Rau, tome I, p. 105 à 108 ; Demangeat, *Condition des
étrangers*, p. 353 ; Demante, tome I, p. 56, n· 10 bis vi ; Demolombe,
tome I, 4e édition, p. 119, n· 105 ; Foelix, tome I, p. 221, n· 94 ; Laurent, tome II, p. 384, n· 213 bis ; tome VII, p. 515, n· 430 ; Surville
et Arthuys, p. 220 ; Weiss, p. 628. — Voyez aussi Asser, p. 70
n· 33 : Fiore. p. 397 et 398. nos 236 et 237 ; Savigny, p. 204 et 244.

statuts sont, en effet, des lois qui s'imposent aux particuliers ; quand il s'agit de conventions, les parties se font à elles-mêmes leur loi [1]. En se plaçant à un point de vue purement spéculatif, on a pu, cependant, contester que la volonté fût pleinement indépendante et qu'elle pût constituer ce qu'on a appelé un statut d'autonomie ; l'on a cité, à l'appui, les nombreux textes législatifs qui limitent la volonté, qui fixent à quelles conditions la volonté est valable, qui l'interprètent [2]. Ces réserves, d'un ordre tout philosophique, n'empêchent pas le principe posé de rester vrai dans le domaine des faits. Les quelques textes, qui limitent sur certains points la liberté des conventions, reconnaissent implicitement, sur tous les autres, l'indépendance et la souveraineté de la volonté ; les textes qui indiquent à quelles conditions la volonté est efficace, ou qui la supposent, quand elle n'est pas exprimée, loin de la méconnaître, la garantissent et la proclament.

Nous venons de dire quelle est l'opinion à peu près unanime des auteurs. Signalons trois dissidences. Merlin veut que le contrat soit soumis à la loi du lieu où il est formé ; mais il fonde sa décision sur la soumission présumée des parties aux lois du pays où elles contractent. [3]. Fœlix affirme que la convention qui a pour objet un immeuble est régie par la loi de la situation de l'immeuble, et que celle qui a pour objet un meuble est régie par la loi personnelle, c'est-à-dire, pour lui, la loi du domicile où les meubles sont censés se trouver [4]. Nous avons

---

[1] Laurent, tome II, p. 381, n° 212 ; p. 382, n° 213.
[2] Ch. Brocher, tome II, p.67 à 75, et p. 96.
[3] Merlin, *Rép.* au mot « *Loi,* » § vi, n° ii.
[4] Fœlix, tome I, p. 216, n°s 92 et 93.

nous-même réservé à la loi du régime des biens le droit de décider du rôle que devra jouer la convention comme mode de création, de transfert ou d'extinction des droits réels ; mais à quoi bon lui soumettre nécessairement les obligations qui naissent de la convention ? Fœlix semble, d'ailleurs, vouloir lui-même atténuer ce que sa proposition aurait d'excessif : elle est aujourd'hui condamnée comme un reste de réalisme suranné [1]. Enfin, un auteur récent, partisan absolu de la personnalité de la loi, veut que la loi nationale seule gouverne la convention ; de telle sorte que, lorsque les parties sont de nationalités différentes, la convention doit satisfaire, à peine de ne point valoir, aux exigences des deux lois nationales ; cet auteur est, cependant, obligé d'avouer que l'application concurrente de deux lois interprétatives est impossible et que l'intention des parties doit servir de guide pour l'interprétation des actes [2]. L'argument principal, invoqué par cet auteur, est que l'on ne doit pas distinguer la capacité de la personne des actes que cette personne peut faire. Il suffit, pour réfuter cette opinion, de remarquer que la capacité doit avoir pour principal effet de donner à la personne la liberté de ses actes, et qu'interdire à un majeur de se conformer, dans ses conventions, à d'autres conditions que celles qui sont fixées par sa loi nationale, c'est, en fait, le frapper d'une vaste incapacité générale qui n'est écrite nulle part.

La jurisprudence est divisée sur le principe : des arrêts s'attachent à la loi que les parties ont voulu suivre [3] ;

LAINÉ, *Bulletin de la Société de lég. comp.* 1890, p. 547.

[2] DURAND, p. 416 à 419, nᵒ CCI, et p. 420, nᵒ CCII.

[3] Cass. 19 mai 1884, D. 84. 1. 286 ; Cass. 18 mai 1886, D. 87. 1. 277.

d'autres appliquent, sans parler d'adoption par les parties, la loi du lieu où la convention s'est formée [1].

Le principe posé par la presque unanimité de la doctrine doit s'entendre de la volonté expresse et de la volonté qui n'est exprimée que tacitement : celle-ci a la même valeur que la première, tout le monde le reconnaît [2].

La loi du domicile, placée ici sur le même pied que les autres lois, ne sera donc compétente qu'autant que les parties l'auront choisie.

A défaut de volonté expresse ou de volonté tacite, il y a lieu de présumer quelle a été la volonté des parties. Un auteur s'est demandé si cette recherche de la volonté des parties par voie de présomption était possible : il n'y a point, dit-il, de présomptions légales en cette matière, et la loi ne permet au juge de recourir aux présomptions de l'homme que dans les affaires dont la valeur ne dépasse pas 150 fr. Il reconnaît, sans les condamner formellement, que les tribunaux passent outre [3]. En leur faveur, on peut dire qu'il ne paraît pas que l'art. 1353 du Code Civil ait été écrit pour des difficultés de cette nature, et que l'art. 4 du C. C. d'après lequel le juge qui refuserait de juger, sous prétexte du silence, de l'obscurité ou de l'insuffisance de la loi, pourrait être poursuivi comme coupable de déni de justice, les couvre suffisamment. Avec la re-

---

[1] Cass, 23 février 1864, Sir. 64. 1. 385 ; Cass. 4 juin 1878, Sir. 80. 1. 428 ; Trib. com. Caen, 7 sept. 1883, *Journal*, 1884, p. 282.

[2] Fœlix, tome I, p. 221, n° 94 ; Laurent, tome II, p. 386, n° 215 ; Surville et Arthuys, p. 222 ; Weiss, p. 628. — Voyez aussi Asser, p. 70, n° 33 ; Fiore, p. 398, n° 237 ; Savigny, tome VIII, p. 204, 243, 244.

[3] Laurent, tome II, p. 388, n° 216 ; p. 413, n° 229 ; tome VII, p. 515, n° 430 : p. 525, n° 439.

cherche de la volonté présumée, les difficultés augmentent et les controverses se multiplient ; mais le rôle du domicile grandit.

Quelques auteurs se contentent d'une présomption unique, et font régir le contrat par la loi du lieu où il a été formé. Ils invoquent le vieil adage *locus regit actum*, dont la portée était autrefois générale. Ils ajoutent que les faits juridiques, surgissant d'une manière plus ou moins instantanée sur un territoire déterminé, paraissent assez naturellement devoir s'y produire sous la direction, le contrôle et la protection de la loi locale, généralement appelée à pourvoir à ces éventualités diverses[1]. A cette doctrine, on peut faire les objections suivantes : le sens de la règle *locus regit actum* n'a jamais été bien déterminé. La loi du lieu où un contrat se forme est loin d'être celle qui semble le plus naturellement appelée à le régir : la souveraineté et le bon ordre ne sont point du tout intéressés à ce que les actes passés dans un pays soient soumis à la loi qui y est promulguée, ces actes n'intéressent que des particuliers, dont on cherche la volonté probable. Cette volonté a été influencée par des circonstances diverses, et une présomption unique, fondée sur une circonstance qui peut être tout accidentelle, ne saurait suffire à en rendre compte.

La jurisprudence belge applique au contrat la loi du lieu où il doit être exécuté[2] ; mais cette solution est encore

---

[1] Ch. Brocher, tome II, p. 75 à 79 ; Démolombe, tome I, 4e édit. p. 119, n· 105 ; Edmond Picard, *Journal*, 1881, p. 474.

[2] Laurent, tome II, p. 413, n· 229. — Bruxelles, 24 février 1849, *Pasicrisie*, 1849, 2, 102. — Voyez aussi en ce sens Aix, 30 janvier 1861, sous Cass. 23 fév. 1864, Sir. 64. 1. 385. — Voyez encore Savigny, tome VIII, p. 243 et 244.

moins satisfaisante que la précédente, car elle prête à plus d'incertitude : le lieu où un contrat sera exécuté n'est pas toujours connu.

La plupart des auteurs proposent des présomptions diverses, accommodées aux différentes circonstances dans lesquelles un contrat peut être formé, et ils les présentent ordinairement dans l'ordre suivant : la loi nationale, la loi du domicile, la loi du lieu où le contrat intervient, et enfin, quelquefois aussi, la loi du lieu où il doit être exécuté. Il n'est pas utile de reproduire ici les hypothèses nombreuses et ingénieuses, faites par quelques-uns, pour montrer l'application équitable de ces lois variées. Il suffira d'indiquer deux groupes principaux d'hypothèses. On suppose que les contractants appartiennent à la même nationalité, ou qu'ils ont des nationalités différentes, et on ajoute que ces contractants, dans l'un ou l'autre cas, peuvent avoir des domiciles qui, eux aussi, sont identiques ou différents. Les contractants ont-ils même nationalité et même domicile ? Certains auteurs appliquent toujours la loi nationale, tout en reconnaissant que l'hésitation est permise : ils en donnent pour motif que la loi nationale est peut-être la plus connue des parties et celle qui s'harmonise le mieux avec leurs mœurs. D'autres auteurs accordent, en principe, la prééminence à la loi nationale, mais estiment plus raisonnable de faire prévaloir la loi du domicile, lorsque ce domicile commun est établi depuis quelque temps déjà. Les nationaux, qui contractent ensemble, ont-ils des domiciles différents ? Ces auteurs s'accordent pour déclarer la loi nationale uniquement compétente. Si nous passons au cas de contrat entre deux étrangers, on ne parle plus guère de loi nationale. Cependant, un auteur, dont l'opinion se rapproche de celle d'un auteur déjà cité, mais qui s'en dis-

tingue, parce qu'il ne donne pas à sa doctrine la même
portée absolue, propose de ne déclarer la convention
synallagmatique obligatoire, qu'autant que les conditions
de validité exigées par les lois des deux patries auront été
remplies : quant aux effets, que devra produire la convention,
comme on ne peut les soumettre à l'application simultanée
de deux lois, il faut admettre que les parties ont pris, pour
base de leur convention, la loi du lieu où la convention a été
formée[1]. Cette façon de scinder la convention montre la
contradiction qui se trouve au fond de ce système, contradiction qui va jusqu'à méconnaître la nécessité de l'accord
des deux parties sur la loi de la convention. Aussi, pour
cette hypothèse du contrat entre deux étrangers, l'opinion
commune écarte-elle l'application de la loi nationale et
accepte-t-elle la loi du domicile commun, comme étant
celle à laquelle les contractants auraient le plus naturellement songé. Ce n'est que pour le cas où les étrangers
ont des domiciles différents qu'on recourt aux autres présomptions. La loi du lieu du contrat est préférée ; elle écarte
les difficultés qui surgiraient, si plusieurs débiteurs étaient
chargés de l'exécution, ou si le créancier avait la faculté
de désigner, pour cette exécution, différents lieux. Il arrive
quelquefois qu'on ne puisse guère assigner un lieu à la
formation du contrat : des étrangers contractent au cours
d'un voyage. La loi du lieu de l'exécution est alors appelée
à régir le contrat. Il en est encore de même dans quelques
hypothèses : un exemple simple est celui du bail d'immeubles [2].

---

[1] DEMANTE, tome I, p. 53, n° 10 bis v ; p. 56, n° 10 bis vi : cet auteur
ne paraît pas distinguer la loi de la patrie et la loi du domicile.

[2] Voyez en ce sens, avec des variantes : AUBRY et RAU, tome I, p.
105 à 108 ; DEMANGEAT, *Condition des étrangers*, p. 353 ; FOELIX,

En résumé, la loi du lieu où le contrat se forme et la loi du lieu où il s'exécute, jouissent d'une médiocre faveur. Cela s'explique : dans une matière où la volonté est tout, elles ne sont guère prises en considération que lorsqu'aucun indice de volonté présumée n'apparaît : elles sont un pis-aller. Ce sont la loi nationale et la loi du domicile qui se disputent véritablement les suffrages. Ces deux lois, que nous avons déjà vues tant de fois rivales, entrent de nouveau en conflit : laquelle préférer ? La loi du domicile l'emporte, quand il s'agit d'un contrat entre deux étrangers ayant un domicile commun : elle lutte avec des chances de succès, quand il s'agit d'un contrat entre deux nationaux, ayant aussi un domicile identique. Quelle raison explique cette supériorité, incontestée dans le premier cas, presque avouée dans le second, de la loi du domicile ? C'est le fait que la loi du domicile est la plus familière aux parties, qu'elle est celle à laquelle elles auraient pensé, si leur attention avait pu être appelée sur les embarras que leur silence a créés. La loi nationale se recommande par cette idée qu'elle est, pour tout particulier, la loi principale, celle à laquelle il doit rester soumis, tant qu'il n'a pas voulu et pu se placer sous la domination d'une autre, et par cette considération que, ne se modifiant pas avec les déplacements de la personne, elle simplifie la tâche du juge. Ces motifs n'ont qu'une force assez légère pour la controverse qui nous occupe. Dans la matière des conventions, la loi nationale n'a pas l'autorité qui lui appartient en matière de statut personnel : ici, elle dispose, et là, elle

tome I, p. 223, n° 96 ; p. 242, n° 101 ; p. 243, n° 104 ; LAURENT, tome II, p. 413 à 416, n°s 229 à 234 ; SURVILLE et ARTHUYS, pages 223, 225, 225 à 236 ; WEISS, p. 628 à 636. Voyez aussi FIORE, p. 339, n° 299.

propose. Les règles législatives sur les conventions sont, la plupart, des règles interprétatives de volonté : les seules règles qui sembleraient, au premier abord, avoir un caractère impératif seraient les règles sur la validité du consentement ; mais ces règles ne s'adressent qu'à des personnes que la loi nationale a déclarées capables de se faire, dans la convention, leur propre loi. Lors donc qu'il y a lieu de rechercher, par voie de présomption, quelle a été la volonté d'une personne, quelle loi doit gouverner un acte juridique fait par elle, l'esprit se tourne spontanément du côté où la personne a le siège de ses affaires, du côté du domicile : là est la loi qui fonctionne tous les jours sous ses yeux, qui règle autour d'elle la vie juridique, qu'elle pratique, qu'elle connaît. On prétend que la loi nationale s'harmonise mieux avec les mœurs de la personne : il ne s'agit pas ici de mœurs, mais d'habitudes : le domicile est le centre des habitudes : des habitudes acquises, s'il est ancien, des habitudes que l'on prend, s'il est nouveau. Dans tous les cas où, en matière de conventions, un conflit se présente entre la loi du domicile et la loi nationale, nous donnerions la préférence à la loi du domicile, sans même distinguer si l'établissement est plus ou moins récent : elle est, ou la loi la mieux connue des parties, ou celle qu'elles se préoccupent de connaître et de suivre. La loi du domicile nous tient plus près, que la loi nationale, du principe qui domine toute la matière des conventions : la volonté [1].

Ce que nous venons de dire des conventions doit s'appliquer aux actes juridiques unilatéraux, tels que la confirmation [2].

[1] Voyez, dans un sens analogue, LAINÉ, *Bulletin de la Société de lég. comparée*, 1890, p. 549, 550, et ASSER, p. 75, n° 34.

[2] Sur la confirmation, voir FOELIX, tome I, p. 245, n· 106 ; p. 258,

Intercalons, ici, un mot sur les quasi-contrats. Beaucoup d'auteurs leur appliquent la loi du lieu où se passe le fait qui y donne naissance, en donnant comme raison qu'il y a là une obligation créée par la loi seule, dans une vue de police et de bon ordre [1]. Quelques auteurs objectent, avec raison, que, pour que l'obligation existe, il faut un acte volontaire, qu'il y a comme un quasi-concours de volontés, que dès lors il y a lieu de tenir compte de l'intention des parties dans la désignation de la loi compétente, et de recourir aux présomptions admises pour les conventions, lorsque cette intention ne se révèle pas par les circonstances [2]. Nous acceptons cette manière de voir, et, comme pour les conventions, nous serions disposé à donner la préférence à la loi du domicile, dans toutes les hypothèses où les intéressés ont un domicile commun.

La jurisprudence, dans de rares arrêts, signale la nationalité et le domicile comme éléments de présomption ; mais elle ne relève pas l'importance propre de chacun d'eux [3].

La loi, qu'a désignée la volonté expresse, tacite ou pré-

n° 113 ; LAURENT, tome VII, p. 562 à 566, n°ˢ 466 à 468 ; p. 578 à 580, n°ˢ 477 et 478. — Voyez ASSER, p. 79, n° 37.

[1] CH. BROCHER, tome II, p. 139 ; FOELIX, tome I, p. 259, n° 114. — Voyez ASSER, p. 86, n° 40 ; SAVIGNY, tome VIII, p. 244.

[2] LAURENT, tome VIII, p. 4 à 13, n°ˢ 1 à 7 ; SURVILLE et ARTHUYS, p. 254 ; WEISS, p. 646 à 648.

[3] Pour la nationalité, voir Besançon, 11 janvier 1883, *Journal*, 1883, p. 153. Pour le domicile, Bordeaux, 26 janvier 1831, Sirey, 1831.2.178 ; Bordeaux, 22 août 1865, Dal. 66.2.222 ; Trib. com. Marseille, 25 octobre 1880, *Journal*, 1881, p. 258 ; dans ce dernier jugement, on peut relever cet étrange considérant : « Devant un tribunal français, c'est la loi française seule qui doit être invoquée et appliquée. »

sumée des parties, gouverne la convention pour ses
conditions de fond et pour ses effets. Les controverses ne
manquent pas sur l'étendue d'application et la portée de
la loi compétente : il n'entre pas dans notre sujet de les
résoudre. Indiquons que l'on discute, notamment, s'il convient de distinguer les effets et les suites des contrats [1],
de faire du taux de l'intérêt une question d'ordre public
absolu ou relatif [2], dans quel lieu s'est formé le contrat
conclu par correspondance ou par intermédiaire [3], à quoi

[1] Aubry et Rau, tome I, p. 107 et 108 ; Ch. Brocher, tome II, p. 110
à 112 ; Foelix, tome I, pages 247 à 257, n⁰ˢ 109 à 112 ; Laurent,
tome VII, p. 554 à 557, nᵒˢ 463 à 465 ; p. 570 à 577, n⁰ 471 à 476 ;
Merlin, *Rép.* au mot « *Effet rétroactif* », section III, § III, art. 4 ;
Surville et Arthuys, p. 241. — Voyez Asser, p. 79, n⁰ 37 ; Fiore, p.
422 à 425, n⁰ˢ 257 à 260 : Savigny, tome VIII, p. 277.

[2] Aubry et Rau, tome I, p. 105, et tome IV, p. 606 ; Ch. Brocher,
tome II, p. 244 à 256 ; Foelix, tome I, p. 247, n⁰ 109 ; Laurent,
tome VIII, p. 277, n⁰ 189 ; p. 278, n⁰ 191 ; p. 279, n⁰ 192 ; p. 283,
n⁰ 196 ; p. 284, n⁰ 197 ; p. 285, n⁰ 198 ; p. 287, n⁰ 200 ; p. 297, n⁰ 207 ;
p. 307, nᵒ 213 ; p. 307 à 313, nᵒˢ 214 à 217 ; p. 314 à 317, nᵒˢ 219 à
221 ; Surville et Arthuys, p. 242 ; Weiss, p. 639. Voyez Asser, p. 77,
n⁰ 36 ; Fiore, p. 426 à 432, nᵒˢ 261 à 265 et p. 434, n⁰ 267 ; Savigny,
tome VIII, p. 273 et 278. — La jurisprudence française ne donne pas
aux lois sur l'intérêt un caractère d'ordre public absolu ; Turin, 28
floréal an XIII, Dev. 2ᵉ vol., 2ᵉ part. p. 51 ; Cass. 14 messidor an XIII,
Dev. tome II, 1ᵉ part. p. 133 ; Bordeaux, 26 janv. 1831, Sir. 31.2.178 ;
Cass. 10 juin 1857, Sir. 59.1.751 ; Bordeaux, 22 août 1865, Dal. 66.2.
222 ; Bastia, 19 mars 1866, Dal. 66.2.222 ; Chambéry, 12 fév. 1869,
Sir. 70.2.9 ; Cass. 21 déc 1874, Sir. 75.1.78 ; Lyon, 3 août 1876,
Journal, 1877, p. 356.

[3] Foelix, tome I, p. 244, n⁰ 205 ; Laurent, tome VII, p. 535, nᵒ 447 ;
p. 539 à 547, nᵒˢ 450 à 458 ; Surville et Arthuys, p. 228 à 236 ;
Weiss, p. 634, 635. — Voyez Asser, p. 76, n⁰ 35 ; Fiore, p. 406 à
408, nᵒˢ 247 et 248 ; Savigny, tome VIII, p. 232, 234, 253, 254, 255,

se ramènent exactement, en droit international privé, les
difficultés d'interprétation des contrats [1]. Relevons encore,
pour la condamner, une proposition avancée par beaucoup d'auteurs, et d'après laquelle, lorsque l'exécution doit
être opérée dans un lieu qui n'est pas celui du contrat, la
loi du lieu de l'exécution régit tout ce qui concerne celle-
ci [2] : la vérité est que la loi de l'obligation gouverne
l'exécution comme le reste, et qu'à la loi du lieu de l'exécution ne peuvent appartenir que des formalités [3]. Il en sera
ainsi, notamment, quand le contrat contiendra une élection
de domicile.

Les modes d'extinction des obligations seront, en
général, ceux que la loi de la convention détermine [4].
Quelques-uns constituent des conventions nouvelles,
qui seront soumises aux règles ordinaires ; d'autres soulèvent des questions que nous n'examinerons pas, le
principe de compétence que nous étudions particulièrement
n'y reçoit aucune application [5]. Il reste enfin deux modes

---

[1] Ch. Brocher, tome II, p. 98 à 100 ; Fœlix, tome I, p. 223, n° 96 ;
Laurent, tome VII, p. 582 à 590, n⁰ˢ 479 à 483. — Voyez Fiore, p. 441 à
443, n⁰ˢ 272 à 274 ; Savigny, tome VIII, p. 260 à 265. — Voyez Cass.
18 déc. 1872, *Journal*, 1874, p. 240 ; Rouen, 22 mai 1883, Dal. 85.1.
140.

[2] Aubry et Rau, t. I, p. 107 ; Fœlix, tome I, p. 231, n° 98 ; Weiss,
p. 640. — Voyez Asser, p. 70, n° 33 ; Fiore, p. 401, n° 242.

[3] Demangeat, sous Fœlix, tome I, p. 231, n° 98 ; Laurent, tome
VII, p. 528, n° 441.

[4] Surville et Arthuys, p. 256.

[5] Voyez : sur le paiement, Surville et Arthuys, p. 257 ; Fiore, p.
470, n° 298 ; — sur le paiement avec subrogation, Ch. Brocher, tome II,
p. 114 ; Surville Arthuys, p. 259, n° 266 ; Fiore, p. 474 à 476, n⁰ˢ
301 à 303 ; — sur l'imputation des paiements, Ch. Brocher, tome II,
p. 117 ; — sur les offres réelles, Ch. Brocher, tome II, p. 117 ; Fiore,

d'extinction des obligations, qui appellent des observations spéciales : ils semblent devoir échapper à la loi de la convention, pour passer sous l'autorité de la loi du domicile, qui, en cette seule qualité, serait apte exclusivement à les régir. Ces deux modes d'extinction sont : la cession de biens judiciaire et la prescription libératoire. Examinons-les avec quelque détail, la dernière surtout.

La question de la loi applicable à la cession de biens judiciaire n'est guère discutable. Ce mode d'extinction ne s'applique pas à une obligation particulière, mais à l'ensemble des dettes dont le débiteur est tenu. Il se rattache étroitement à la procédure et est soumis à la loi du domicile du débiteur, puisque c'est au domicile du débiteur que siège le seul tribunal qui ait le pouvoir de l'accorder. Remarquons que la cession de biens judiciaire rentre dans les facultés de droit civil, et que le débiteur étranger ne pourra prétendre en user en France, que s'il justifie d'un domicile autorisé [1].

p. 470, n° 298 ; — sur la novation, FIORE, p. 425, n° 260, et p. 483, n° 309 ; — sur la remise de la dette, CH. BROCHER, tome II, p. 119 ; FIORE, p. 477, n° 304 ; — sur la compensation, CH. BROCHER, tome II, p. 120 ; SURVILLE et ARTHUYS, p. 259 ; — sur la confusion, CH. BROCHER, tome II, p. 121 ; — FIORE, p. 425, n° 260 ; — sur la perte de la chose due, CH. BROCHER, tome II, p. 122 ; FIORE, p. 486, n° 312.

[1] Voyez CH. BROCHER, tome II, p. 117 ; FIORE, p. 481, n° 308. — Un événement juridique considérable, sur lequel la cession de biens judiciaire appelle l'attention, et dans lequel le domicile joue un rôle prépondérant est la faillite. Nous ne pouvons, ici, que la signaler, et parce qu'elle ne rentre pas dans la partie générale du droit international privé, et parce qu'elle exigerait de trop longs développements. Voyez sur la faillite, CH. BROCHER, tome II, p. 110 à 112 ; SURVILLE et ARTHUYS p. 536, et suivantes ; WEISS, p. 854 et suiv. ; ASSER, p. 231 et suiv. ; FIORE, p. 478 à 480, n°s 305 à 307 ; SAVIGNY, tome VIII, p. 279 à 285.

La détermination de la loi compétente pour la prescription libératoire soulève, au contraire, de vives discussions, et la controverse, malgré son ancienneté, est loin d'être close. Sept solutions ont été proposées ; une seule est abandonnée. Quelques-unes paraissent rentrer les unes dans les autres et sont, en effet, soutenues par des arguments presque identiques. Toutes les raisons possibles en cette matière ont, d'ailleurs, été produites. Il s'agit de les apprécier avec précision : aussi, prendrons-nous l'un après l'autre chaque système. Pour ne pas les énumérer dans un ordre quelconque, on peut essayer de les grouper autour de ces trois idées : les premiers s'attachent surtout à l'idée que la prescription se rapporte à l'exécution du contrat, les seconds, à l'idée qu'elle influe surtout sur l'action, les troisièmes, à l'idée qu'elle touche à l'existence même du droit. Le domicile ne joue pas un rôle également important dans ces différents groupes, et il n'est pas toujours pris, dans les uns et les autres, en la même qualité. La notion qu'il ne faut pas perdre de vue, c'est que la prescription est d'ordre public, sauf à déterminer la nature de cet ordre public.

Dans une première catégorie d'opinions, la prescription libératoire est régie par la loi qui gouverne l'exécution elle-même, c'est-à-dire, d'après ces auteurs, la loi du lieu du paiement, la loi du lieu de l'exécution. Deux explications très diverses sont données de cette solution. La première consiste à dire que la prescription est la peine de la négligence du créancier : le créancier, en n'agissant pas, a commis une faute ; cette faute a été commise dans le lieu même où il devait réclamer son paiement : la loi de ce lieu doit en régler les conséquences [1]. A cette explication, on fait une triple

---

[1] TROPLONG, *De la prescription*, tome I, p. 47, n° 38.

objection. Si la négligence du créancier est au nombre des motifs divers qui rendent compte de la prescription, elle n'en est pas le fondement [1]. L'action ne s'intente pas toujours là où le paiement aurait dû se faire; l'art. 108 (ancien) du Code de Commerce le prouve surabondamment, puisqu'il suppose que sa disposition sera applicable à des transports effectués hors de France; la loi du lieu de l'exécution n'a donc pas l'importance qu'on lui prête [2]. Enfin, s'il y a faute, c'est qu'il y a manquement à une obligation imposée par la convention : la loi de la convention doit pourvoir à cette éventualité, et non la loi du lieu de l'exécution : en réalité, la convention n'impose pas au créancier l'obligation d'agir, c'est, pour lui, une faculté. Fera-t-on de la négligence du créancier un fait dommageable, un quasi-délit? Mais l'existence du quasi-délit impliquerait qu'il n'y a pas de convention [3]. Le second argument en faveur de notre doctrine est plus simple : la prescription se rapporte à l'exécution de l'obligation, elle est une présomption de paiement, un mode d'extinction, presque un mode d'exécution [4]. Cette explication n'est pas inexacte, mais la conclusion qu'on en tire l'est certainement. Que la prescription tienne lieu du paiement qu'elle suppose, cela ne prouve pas que le paiement, et, après lui, la prescription, soit régi par la loi du lieu où il doit s'effectuer. Le paiement, nous l'avons admis plus haut, est soumis à la loi de

[1] CH. BROCHER, tome II, p. 407, 408.

[2] LABBÉ, passage d'une note, SIREY, 1869, 1, 49.

[3] LAURENT, tome VIII, p. 359, n· 52.

[4] BERTAULD, tome I, p. 115, n· 150; HAUS, p. 290, 292, 293, 294; LEHR, *Revue*, 1881, p. 518 ; MASSÉ, tome I, p. 490, n· 558 ; p. 491, n· 559; PICARD, *Journal*, 1881, p. 476, n⁰ 54.

la convention. Et la prescription paraît bien plus, au fond, intéresser l'existence même du droit que son exécution [1] : ce qui déplace aussitôt la compétence. La loi du lieu de l'exécution a pour elle quelques arrêts, dont les décisions ne sont d'ailleurs pas motivées [2]. Reconnaissons, cependant, que cette doctrine reçoit une application considérable et fondée en matière de lettre de change : le lieu de l'exécution prend alors une importance, qui absorbe la substance même du contrat, c'est une matière toute particulière [3]. Voilà, brièvement résumé, ce qu'il y a à dire pour et contre le principe de la loi du lieu de l'exécution. Il reste à signaler que l'application de ce principe conduira, assez souvent, à reconnaître la compétence de la loi du domicile qui sera, d'ailleurs, toute d'emprunt : la loi du domicile régira la prescription libératoire, toutes les fois que, faute d'un lieu spécial indiqué, le domicile se trouvera être, subsidiairement, le lieu de l'exécution [4]. Mais des difficultés propres à ce lieu d'exécution surgissent aussitôt : il peut changer. En pareille hypothèse, faudra-t-il prendre le domicile qu'avait le débiteur au moment de la convention, ou le domicile qu'il a, quand le moment de l'exécution est arrivé ? Faudra-t-il tenir compte de l'un et de l'autre, ainsi que des domiciles

[1] MÉRIGNHAC, *Revue critique*, 1884, p. 126, 127.

[2] Aix, 29 janvier 1866, Sirey, 1869, 1. p. 50, 51 ; Bordeaux, 26 décembre 1876, Sir. 77. 2. 108 ; Seine, 19 février 1889, *Journal*, 1889, p. 621.

[3] CH. BROCHER, tome II, p. 315, 316. — Paris, 29 mars 1836, Sir. 36. 2. 457 ; Paris, 7 février 1839, *Gazette des Tribunaux*, 11-12 février 1839.

BERTAULD, tome I, p. 115, n° 150 ; LEHR, *Revue*, 1881, p. 519 ; MASSÉ, tome I, p. 491 à 496, n° 559 ; PARDESSUS, tome V, n° 1495, p. 234 et suiv.

intermédiaires? Chacune de ces trois solutions compte des partisans parmi les auteurs qui soutiennent le principe de la loi du lieu de l'exécution [1]. Nous retrouverons ces mêmes difficultés dans toutes les théories où le domicile joue un rôle.

L'idée, autour de laquelle on peut réunir les auteurs du second groupe, est la suivante : la prescription intéresse surtout l'action. On voit tout de suite, avec une telle idée, l'importance que va prendre le domicile. Dans ce second groupe, on peut distinguer trois systèmes, dont deux se touchent au point de se confondre : le système qui préconise la loi du lieu du tribunal saisi ; celui de la loi du domicile du débiteur; celui qui s'attache, tantôt à la loi du domicile du débiteur, tantôt à la loi du domicile du créancier.

Le premier système déclare compétente la loi du tribunal saisi, la *lex fori*. La prescription, fondée sur la nécessité sociale, est d'ordre public. Son but est la protection du défendeur contre des réclamations tardives. Ces deux considérations réunies exigent impérieusement que le tribunal applique à la prescription libératoire sa propre loi. La prescription n'en est pas moins, pour cela, de droit matériel, et ne saurait être ramenée à une simple exception de procédure [2]. Ce système, qui, dans l'énoncé de son principe, ne vise que le tribunal saisi, est obligé de prévoir, d'une part, que le débiteur, en changeant de domicile, fera souvent varier le tribunal compétent et la loi de la prescription, et, d'autre part, que la faculté de faire varier la pres-

---

[1] Pour le domicile au moment du contrat, Pardessus ; pour le domicile lors de l'exécution, Massé; pour tous les domiciles successifs, Bertauld.

[2] Martin, *Revue*, 1887, p. 275, 279, 280, 281.

cription pourra appartenir au créancier lui-même, lorsque,
à raison de la nature de l'action, celui-ci aura le choix
entre plusieurs juridictions, dans le cas, par exemple, de
l'art. 420 du Code de Procédure [1]. Des deux idées, qui recommandent la loi du tribunal saisi, l'une, l'idée de protection du débiteur, n'a donc qu'une valeur médiocre, et la
seconde, l'idée que la prescription est d'ordre public, n'est
pas suffisamment éclaircie. Ce système est appliqué dans
quelques arrêts [2].

La loi du domicile du débiteur est, de toutes les lois
dont la compétence a été proposée en cette matière, celle
qui a rallié les plus nombreux suffrages. Ses partisans
ne la défendent pas tous par les mêmes arguments : et on
peut, à leur tour, les partager en deux camps.

Les premiers s'en tiennent à cette raison unique que la
prescription consiste dans une exception, que le défendeur
élève contre la demande du créancier. Elle n'anéantit pas
le droit du créancier en soi, elle oppose seulement une
barrière à ses poursuites. A qui appartient-il d'établir
cette barrière, sinon à la loi du domicile du débiteur au
moment de la demande et qui est celle qui le protège[3] ?
Il est facile de critiquer ces divers motifs. Ils ont le tort
de paraître faire de la prescription libératoire, plutôt une
exception de procédure, qu'une exception de fond, et de
convenir autant à la loi du tribunal saisi qu'à la loi du
domicile du débiteur. L'argument de protection pour le
débiteur est le seul qui soutienne un peu la loi du domi-

---

[1] Martin, *Revue*, 1887, p. 281, 282.

[2] Alger, 17 janvier 1889, *Journal*, 1889, p. 659; Seine, 28 novembre
1891, *Revue pratique de dr. int. pr.* 1892, 1er fasc. p. 107.

[3] Fœlix, tome I, p. 231, n° 97; p. 237, n° 100; Merlin, *Rép.* au
mot « *Prescription* », sect 1, § iii, n° vii.

cile ; mais il a été déjà invoqué par la loi du tribunal saisi.

Dans le second camp des auteurs qui défendent la loi du domicile du débiteur, on ne prononce plus le mot d'exception pour la prescription. Mais on met encore en avant l'idée de protection. Cette idée de protection, corroborée par la notion d'ordre public, est même le seul motif invoqué par quelques-uns[1]. Elle n'est plus que sous-entendue dans l'argumentation d'un autre auteur, qui a produit, en faveur de la loi du domicile du débiteur, tout un faisceau de considérations qui méritent d'être scrupuleusement rapportées[2]. L'obligation modifie juridiquement la manière d'être du débiteur. Or, la personne juridique, pure conception de l'intelligence, est toujours au domicile. C'est donc là, si l'on peut localiser une chose immatérielle, que l'obligation prend naissance et réside. Et une règle traditionnelle veut que le débiteur soit assigné à son domicile. La raison principale, qui milite en faveur de la loi du domicile du débiteur, est que la prescription concerne plutôt l'action en justice que l'obligation. La loi, qui gouverne l'action, doit être maîtresse de fermer au créancier par la prescription l'accès qu'elle lui avait ouvert devant un tribunal. Sans doute, ces motifs pourraient s'appliquer à la *lex fori* et souvent ces deux lois se confondent. Au cas où elles différeraient, la logique imposerait de prendre la loi du lieu de la poursuite. Mais, pour tenir compte du reproche que le créancier, pouvant poursuivre en plusieurs lieux, ferait varier la prescription,

---

[1] CH. BROCHER, tome II, p. 408 à 410 ; SURVILLE et ARTHUYS, p. 262, n· 271.

LABBÉ, note sous Cass. 13 janvier 1869, Sir. 69. 1. 49.

il vaut mieux s'en tenir à la loi du domicile du débiteur, qui est le lieu le plus habituellement désigné pour l'exercice de l'action. Les parties ont, d'ailleurs, toujours la ressource de faire une élection de domicile. Un législateur, dont le tribunal sera exceptionnellement saisi (art. 420 C. Pr.), aura bien la condescendance de consentir à l'application de la loi du domicile du débiteur, lieu normal de l'exercice de l'action. A leur tour, les auteurs, qui composent ce second camp, sont obligés de prévoir le cas de changement de domicile, et les trois solutions déjà vues sont encore acceptées[1].

La loi du domicile du débiteur l'emporte en jurisprudence, comme en doctrine. Elle a pour elle la Cour de cassation, à laquelle on peut, d'ailleurs, reprocher la rédaction flottante de ses arrêts. Les tribunaux paraissent s'attacher au domicile au moment de la demande[2].

Cette doctrine, malgré le crédit des auteurs qui la recommandent, et l'autorité des arrêts, ne nous paraît cependant pas devoir être admise. Elle a, d'abord, l'énorme inconvénient de rendre la prescription incertaine. On ne

---

[1] Pour le domicile lors de la convention, SURVILLE et ARTHUYS; pour le domicile au moment de la demande, LABBÉ; pour tous les domiciles, CH. BROCHER.

[2] Paris, 28 février 1881, *Journal*, 1881, p. 263; Besançon, 11 janvier 1883, *Journal*, 1883 p. 153; Seine, 18 juillet 1885, *Journal*, 1886, p. 202; Trib. Tunis, 23 janv. 1888, *Revue*, de VINCENT, 1888-1889, 1er fasc. p. 83; Paris, 26 janv. 1888, *Journal*, 1888, p. 390; et Cass. 13 janvier 1869, Sir. 69. 1. 49; Cass. 4 août 1875, Sir. 76. 1. 56. Dans le premier de ces arrêts, la Cour de cassation confond, dans les termes, la loi du domicile et la loi nationale; dans le second de ces arrêts, la Cour de cassation ne nomme plus la loi du domicile, quoiqu'il paraisse bien certain que ce soit cette loi qu'elle veut désigner.

le fait pas disparaître, en remarquant, ce qui est simplement plausible, que le débiteur ne changera pas légèrement de domicile et qu'il ne serait d'ailleurs pas tenu compte des changements de domicile frauduleux [1]. Le domicile a, là, un défaut propre, en quelque sorte originel : on ne peut dire que ce n'est qu'un désavantage secondaire et indirect, comme lorsqu'il joue un rôle subsidiaire dans la théorie de la loi du lieu de l'exécution ou du tribunal saisi. Avec les auteurs qui tiennent compte de tous les domiciles que le débiteur a eus depuis la convention jusqu'à la poursuite, et fixent un temps proportionnel sur les bases de l'art. 2266 [2], l'inconvénient est atténué, la solution est relativement satisfaisante. Si l'on prend le nouveau domicile seulement, on risque de soumettre l'obligation à une prescription beaucoup plus courte que celle à laquelle le créancier avait pu songer lors de la convention. Des auteurs en prennent leur parti : le créancier n'avait qu'à être vigilant [3]. D'autres, plus cléments, ne permettent alors au débiteur de compter que les années écoulées depuis le changement de domicile [4]. Mais sur quoi se fonde cette solution, et à quel total risque-t-on d'arriver ? En prenant la loi du domicile au moment du contrat, on échappe au reproche d'incertitude ; mais il reste à expliquer la relation que l'on établit ainsi entre la convention, qui est soumise à une certaine loi, et le domicile au moment du contrat, qui est un fait aboli lors de la demande. On ne le fait pas ; et l'on

---

[1] LABBÉ. — Voyez dans le même sens MARTIN, *Revue*, 1887, p. 282.

[2] CH. BROCHER, tome II, p. 415. Voyez aussi BERTAULD, tome I, p. 115, n· 150.

[3] MERLIN, *Rép.* au mot « *Prescription* », sect. 1, § III, n· VII.

[4] LABBÉ.

oublie d'indiquer ce qu'il faudrait décider dans l'hypothèse d'un contrat synallagmatique où les deux parties sont respectivement débitrices [1]. Si, de cette objection, pour ainsi dire préjudicielle, nous passons aux arguments de fond, la doctrine ne se défend pas mieux. L'idée de protection du débiteur, comme l'idée de peine infligée au créancier, est une des raisons accessoires de la prescription : elle n'en est pas la raison fondamentale. Si le débiteur a un intérêt à être libéré, le créancier a le droit d'être payé [2]. La prescription est basée sur des motifs d'intérêt général. Puisqu'elle est d'ordre public, l'attention aurait dû être appelée sur ces motifs. Peut-être, le motif de la protection du débiteur aurait-il perdu de la valeur prépondérante qu'on lui donne, et, du même coup, aurait-on étudié la question, résolue implicitement et sans discussion dans le sens de l'affirmative, de savoir si la prescription est, ou n'est pas, d'ordre public absolu. L'obligation modifie, dit-on, la manière d'être du débiteur, et c'est au domicile

[1] Des auteurs, partisans du domicile au moment de la demande, critiquent vivement l'opinion des auteurs qui tiennent compte des domiciles successifs du débiteur, en disant que les domiciles intermédiaires entre la convention et la demande sont le résultat d'un pur accident ou du caprice du débiteur: SURVILLE et ARTHUYS, p. 262, n° 271; MÉRIGNHAC, *Revue critique*, 1884, p. 129, 130. C'est une affirmation gratuite; ces domiciles sont des faits juridiques aussi sérieux que les domiciles lors de la convention ou de la poursuite. Ces mêmes auteurs ajoutent que ces deux derniers domiciles sont les seuls réglementés par la loi dans leurs conséquences. Cette proposition peut, à la rigueur, être acceptée pour le domicile au moment de la poursuite; mais pour le domicile au moment du contrat, qui, d'après ces auteurs, est le domicile régulateur de la prescription, une démonstration reste nécessaire.

[2] LAURENT, tome VIII, p. 355, n° 250.

qu'est le siège permanent de la personne juridique. Remarquons, alors, que cette modification à la personne juridique
procède d'une convention ; cependant, l'auteur qui produit cet argument n'hésite pas à appliquer à la prescription
la loi du domicile nouveau, lorsque le débiteur en a
changé : il dépend donc du débiteur seul de troubler la
situation juridique, qu'il avait consenti à faire sienne,
d'accord avec son cocontractant. N'est-ce pas une contradiction ? Et ne peut-on pas insinuer que l'obligation a
modifié la manière d'être du créancier, autant que celle du
débiteur, en augmentant la liberté du premier comme en
diminuant celle du second, et que la loi du domicile du
créancier pourrait, dans ce motif, puiser un principe,
moins fort peut-être, mais certain, de compétence ? La
prescription, ajoute le même auteur, concerne plutôt
l'action en justice que l'obligation. Il semble bien que cette
raison diminue un peu la portée de l'argument tiré de
la modification apportée par l'obligation à la personne
juridique du débiteur. Elle a le tort, plus grand encore, de
paraître rattacher la prescription à la procédure, et cette
présomption s'autorise, à la fois, et de la remarque, que les
parties peuvent faire une élection de domicile pour prévenir les changements de domicile, et du rappel, inutile si
l'on s'en tient au fond du droit, de la règle « *actor sequitur forum rei.* » L'action, sans doute, est la faculté d'agir
en justice ; mais elle est aussi le droit lui-même déduit en
justice. Si l'on doit s'occuper de l'action pour la prescription,
c'est de l'action envisagée sous ce second aspect : le domicile du débiteur perd aussitôt son importance.

La troisième théorie, que nous avons placée sous l'idée
que la prescription intéresse surtout l'action, applique, tantôt
la loi du domicile du débiteur, tantôt la loi du domicile

du créancier. Elle est inspirée par cette considération qu'il
y a lieu d'appliquer celle des deux lois, qui fixe le délai de
la façon la plus conforme au but poursuivi par l'institution.
Ce but est de mettre un terme aux litiges, de consolider
les situations douteuses. La prescription libératoire, admise
d'un commun accord par l'ensemble des peuples civilisés,
est au nombre de ces principes qui échappent à la réglementation exclusive d'un État, parce qu'ils participent, non
pas de son intérêt général seul, mais de l'intérêt de tous
les Etats. Ce caractère d'intérêt universel amène à conclure
que, dans les rapports de ses nationaux avec les étrangers,
un Etat doit faire abstraction de sa loi nationale, pour appliquer la législation qui, dans l'espèce, assure le mieux le
but de cette prescription, libère le plus rapidement le dé
biteur [1]. Voilà l'argumentation fondamentale, sur laquelle
repose tout le système. Elle nous semble très fragile.
Quelque utilité que procure la prescription libératoire,
quelque puissant que soit l'intérêt qui l'a fait établir, elle
ne mérite pourtant pas qu'on lui fasse une situation telle-
ment exceptionnelle que toutes les législations soient su-
bordonnées au principe d'où elle émane. Si l'on appliquait
les considérations proposées pour la prescription libératoire
à d'autres matières du droit, où domine aussi une pensée
qui inspire toutes les législations civilisées, et qui a sa
source dans des nécessités encore plus impérieuses, on
aboutirait à d'assez étranges conséquences. Prenons le
mariage : dira-t-on que la faveur qui lui est due, et qui
est reconnue par toutes les législations civilisées, doit faire
attribuer compétence à celle des lois en conflit qui en

[1] Mérignhac, *Revue critique*, 1884, p. 133 à 135.

assurera le mieux la validité ? L'idée fondamentale du système prête donc largement à la critique.

La mise en pratique qui en est faite n'est pas moins contestable, parce qu'elle est insuffisante. Pourquoi limiter aux deux seules lois du domicile du débiteur et du créancier le pouvoir de régler la prescription libératoire, de la façon qui correspond le mieux au but de l'institution ? Pourquoi ne pas le reconnaître à toute loi qui pourrait, à un titre quelconque, prétendre influencer l'obligation : la loi nationale des parties, la loi du lieu du contrat, la loi du lieu de l'exécution, la loi du tribunal saisi ? La logique commanderait d'aller jusque-là. L'auteur de la doctrine a reculé devant un pareil résultat : il a senti, lui aussi, que la prescription ne pouvait être incertaine et que les parties devaient pouvoir la connaître dès le contrat. Pour donner satisfaction à ce besoin, il est parti de ce principe affirmé, mais non démontré par lui, que, pour la prescription, il fallait considérer moins l'obligation que ses sujets [1], et de cette remarque, juste en soi, que, le domicile ayant plus d'affinité que la nationalité avec les questions d'ordre pécuniaire, c'était au domicile qu'il fallait s'attacher [2]. Quel est, des deux sujets de l'obligation, celui dont la condition est le plus modifiée par elle ? C'est le débiteur. Il faudra donc prendre la loi du domicile du débiteur, et, comme le créancier ne peut être à la merci de celui-ci, la loi du domicile qu'avait le débiteur au moment du contrat. Voilà la loi principalement compétente [3]. Mais si la loi du domicile, qu'a le créancier au même moment, établit un délai plus court, elle sera compétente, en vertu du raisonnement principal rapporté plus

[1] MÉRIGNHAC, *Revue critique*, 1884, p. 128.

[2] MÉRIGNHAC, *Revue critique*, 1884, p. 138.

[3] MÉRIGNHAC, *Revue critique*, 1884, p. 128, 129, 132.

haut. Personne ne peut se plaindre : on applique au créancier sa propre loi, le débiteur est libéré plus tôt : la protection de celui-ci est, de la sorte, assurée [1]. Il semble bien,
à ce moment, que l'idée de protection du débiteur soit pour
l'auteur le but principal de la prescription. Nous savons
ce qu'il en faut penser. Nous voyons aussi que cette protection, dans l'application, comme avec le principe, n'est
pas aussi pleine que les raisonnements de l'auteur permet-
traient de l'établir. Pourquoi ne songe-t-il pas à déclarer
compétente la loi du domicile nouveau qu'aurait le créancier
lors de la poursuite, si elle fixait un délai plus court que les
lois des domiciles au moment du contrat ? On n'appliquerait
toujours que sa propre loi au créancier, qui ne pourrait se
plaindre, et le débiteur serait plus tôt libéré. L'auteur
ferait, sans doute, cette objection que l'on ne doit appliquer
à l'obligation que les lois que les parties pouvaient et devaient connaître lors de la convention [2]. Mais, si les parties
doivent connaître la loi de leur convention, où est-il écrit
qu'elles doivent aussi connaître les lois de leurs domiciles
respectifs au même moment ? Il faut donc rejeter cette
théorie : elle est compliquée et incomplète : la compétence
accessoire de la loi du domicile du créancier s'appuie sur
les considérations qui sont le pivot du système ; la compétence principale de la loi du domicile du débiteur, sur des
principes dont nous avons déjà contesté l'exactitude, et ces
deux compétences réunies ne donnent pas tous les résultats
que la prescription libératoire devrait, d'après l'auteur
nécessairement produire.

Nous arrivons, enfin, au troisième et dernier groupe de

---

[1] MÉRIGNHAC, *Revue critique*, 1884, p. 135, 136.

[2] MÉRIGNHAC, *Revue critique*, 1884, p. 133, 136.

doctrines, à celles qui s'inspirent de la remarque que la prescription touche à l'existence du droit lui-même. C'est dans ce troisième groupe qu'il va nous falloir trouver la solution, jusqu'ici vainement cherchée. Mais nous savons, maintenant, à quelles conditions devra répondre la loi qui régira la prescription libératoire. Il faudra qu'elle rende compte, non pas seulement des raisons accessoires, mais aussi de la raison fondamentale de la prescription : mettre fin aux procès dans l'intérêt social de la stabilité des droits. Il faudra qu'elle donne à la prescription l'unité, la certitude, et qu'elle l'affranchisse de la volonté arbitraire ou frauduleuse du créancier ou du débiteur. Trois doctrines encore composent ce dernier groupe.

On a proposé la compétence exclusive de la loi du domicile du créancier. Le créancier, a-t-on dit, ne peut être privé de son droit que par une loi à laquelle il est lui-même soumis [1]. Cette théorie, encore citée à raison du nom de l'auteur qui l'a présentée, n'a recueilli aucun suffrage dans la doctrine ou la jurisprudence contemporaines. La loi du domicile du créancier ne saurait prétendre à régir, seule, un rapport né d'un accord de volontés [2].

Une seconde théorie propose la loi du lieu du contrat. Un de ses partisans ne la motive pas, et fait, dans l'intérêt des Français, une réserve qui est inadmissible en droit [3]. D'autres fondent sa compétence sur la volonté des parties,

---

[1] POTHIER, *Traité de la prescription*, n° 251, édition BUGNET, tome IX, p. 407.

[2] LAURENT, tome VIII, p. 354, n° 249 ; MÉRIGNHAC, *Revue critique*, 1884, p. 128 ; SURVILLE et ARTHUYS, p. 262, n° 271.

[3] AUBRY et RAU, tome I, p. 108.

sur leur soumission présumée [1] ; mais est-ce toujours à la loi du lieu du contrat que se référeront les parties en contractant ? Un troisième auteur justifie cette compétence, par le motif que la société la plus intéressée à ce que les actions aient une limite certaine est celle où l'action prend naissance : l'action naissant avec l'obligation, c'est la loi du lieu où l'obligation se forme qui doit régir la prescription [2]. Mais cet auteur est inconséquent avec lui-même : il admet ailleurs que l'obligation est réglée par la loi que les parties se sont appropriée et il fait, de la prescription, un des éléments de l'obligation. Il ne devrait donc pas soumettre la prescription à une loi qui peut n'être pas la loi de la convention. La société la plus intéressée dans le débat n'est-elle pas celle dont la loi régit la convention ? Le fait que deux personnes contractent sur un territoire peut être une circonstance fortuite : il est une circonstance sans aucun intérêt, dans tous les cas où les parties ne font pas de la loi de ce territoire la loi de leur convention. La loi du lieu du contrat a pour elle quelques arrêts, diversement motivés [3].

---

[1] DEMANGEAT, *Condition des étrangers*, p. 358 ; BALLOT, *Revue pratique*, 1859, tome VIII, p. 335 à 337.

[2] LAURENT, tome VIII, p. 321, n° 224, p. 329 à 332, n°s 230 à 232; p. 334, n° 234. Dans le même sens, art. 26 de son avant-projet de C. C. : « Les lois relatives aux droits de la société reçoivent leur application, quels que soient le lieu du contrat, la nationalité des parties intéressées et la nature des biens. Cette règle s'applique... » « ...4° aux lois qui régissent les prescriptions. La prescription acquisitive est régie par la loi de la situation des biens, et la prescription extinctive par la loi du lieu où l'obligation a été contractée ».

[3] Alger, 18 août 1848, Sir. 49.2.264; Chambéry, 12 février 1869, Sir. 70.2.9; Seine, 2 juin 1881, Sir. 1881, 2.218. Des tribunaux ont

Une troisième et dernière théorie soumet la prescription à la loi qui régit l'obligation, c'est-à-dire à la loi de
la convention [1]. La prescription intéresse trop directement
l'existence même de l'obligation, pour être séparée de la loi
qui gouverne celle-ci. De la sorte, la prescription est une,
certaine, à l'abri des hasards qui font changer le lieu de l'exécution, le domicile des parties, le tribunal compétent. Le
but essentiel de la prescription, la stabilité des droits par
l'interdiction des procès tardifs, est rempli : la société, dont
l'intérêt est le plus directement engagé à faire triompher sa
loi, est assurément celle qui garantit et protège la convention elle-même. Pour expliquer tous ces résultats concor-
dants, il suffit de se conformer au texte même de l'art.
1234 C. C. qui fait de la prescription un mode d'extinction
des obligations : c'est la loi de la convention qui détermine
les modes d'extinction que l'obligation comporte [2]. Il serait

souvent le tort d'accumuler les considérations de fait, de telle sorte
que l'on ne sait plus laquelle leur a paru décisive pour la question de
droit. Nous citons ici, sans être certain de le bien placer, un jugement
où, pour déterminer la loi applicable, le tribunal se prévaut du lieu
de formation de la convention, de son lieu d'exécution, du domicile
et de la nationalité des parties, de leur consentement à l'application
de la loi : Tunis, 2 nov. 1888, *La Loi*, du 7 déc. 1888.

[1] En ce sens, avec des motifs divers, DESPAGNET, p. 428, 429; FLAN-
DIN, *Journal*, 1881, p. 230 et suiv.; RENAULT, *Revue critique*, 1882, p
723 à 726; *Revue critique*, 1884, p. 728, 729 ; WEISS, p. 644. —Voyez
encore ASSER, p. 84; FIORE, p. 463, n· 296, cet auteur s'est depuis
rallié à la loi du domicile du débiteur, p. 688; SAVIGNY, tome V, p. 286
à 291, et tome VIII, p. 268 à 271.

[2] On pourrait argumenter aussi de l'art. 108, C. Co. (ancien).

inexact ou inutile de faire de la prescription un effet de l'obligation [1] ou une de ses modalités [2].

Ces diverses raisons établissent pleinement, selon nous, la compétence de la loi de la convention, acceptée du reste dans plusieurs arrêts [3]. Nous ne voudrions pas, cependant, laisser sans réponse quelques objections élevées contre elle. En premier lieu, on a dit que cette solution n'était pas conforme à la tradition, la seule règle, en cette matière, à défaut d'un texte [4]; les auteurs, qui font cette objection, n'établissent pas très solidement quelle est, selon eux, la tradition. On a prétendu, en second lieu, qu'il était illogique d'établir un rapprochement entre notre question et celle de savoir quelle loi détermine les effets d'un contrat dans ce qu'ils ont de volontaire de la part des contractants. La remarque est exacte; est-ce à dire, pourtant, que la volonté soit sans effet aucun sur la prescription? Les auteurs, dont nous formulons l'objection, ne sauraient raisonnablement le prétendre, puisqu'ils donnent eux-mêmes aux parties le conseil de faire une élection de domicile, afin de prévenir les variations de la prescription, qui résultent du principe par eux admis [5].

---

[1] Rapport de la commission extraparlementaire belge de 1884, *Revue* 1886, p. 479.

[2] LAINÉ, *Bulletin de la Société de lég.comp.* 1890, p. 551, 552.

[3] Trib. com. Marseille, 25 oct. 1880, *Journal*, 1881, p. 258; Lyon, 17 mars 1881, *Journal*, 1882, p. 412; Tunis, 20 janvier 1890., *Revue pratique de dr. int. pr.* 1892, 2e fasc. p. 109.

[4] CH. BROCHER, tome II, p. 413, 414; LAURENT, tome VIII, p. 360, n· 254 et p. 355, n· 250.

[5] LABBÉ, note citée, et CH. BROCHER, tome II, p. 409, 410. CH. BROCHER admet, au cas d'élection de domicile, que la prescription ne serait encourue que dans les cas où le temps accordé par la loi du do-

Nous ne soumettons pas la prescription à la discrétion des contractants : ils n'ont que le choix de la loi qui régira ce mode d'extinction, et qu'ils doivent prendre telle quelle, la loi, sur ce point, étant d'ordre public. Mais ce simple choix, et c'est la troisième objection, ne constitue-t-il pas une violation de l'art. 2220 du C. C., parce que c'est même chose, que de renoncer à la prescription, ou de se soumettre, par convention, à une loi qui fixe autrement les conditions de la prescription [1]? Il est aisé de répondre que l'art. 2220 pose une règle de droit interne, et non de droit international privé, et qu'une convention légalement formée n'équivaut pas à un concert frauduleux, dont le but direct serait la violation ouverte d'une disposition impérative [2]. Cependant, un auteur, partisan de la loi de la convention, a fait une concession à cette objection de l'art. 2220 : toutes les fois que la prescription de la loi de la convention a un delai supérieur à celui de la *lex fori*, il faut appliquer cette dernière loi, l'ordre public semble l'exiger : rien n'empêcherait, au contraire, d'appliquer la loi de la convention, si le délai établi par elle était plus court [3]. Cette concession nous amène à examiner la question, réservée par nous dès le début, de savoir si la prescription est d'ordre public absolu ou relatif. On ne la déclarerait d'ordre public absolu qu'au préjudice de

micile élu et par la loi du domicile effectif serait écoulé. Voyez les très judicieuses considérations du même auteur sur les rapports de la volonté et de la prescription, notamment en matière de solidarité, tome II, p. 417 à 420. Voyez aussi SURVILLE et ARTHUYS, p. 264, n° 273.

[1] AUBRY et RAU, tome I, p. 108 ; MÉRIGNHAC, *Revue critique*, 1884, p. 121.

[2] DESPAGNET, p. 429.

[3] WEISS, p. 645.

l'attente des parties et de la stabilité des conventions: quel principe de morale serait blessé, quel scrupule de la conscience nationale serait éveillé, si les tribunaux d'un pays acceptaient un délai différent de celui fixé par leur propre loi, délai qui, dans toutes les législations, ne peut être déterminé que d'une façon arbitraire? On ne ferait rationnellement de la prescription une institution d'ordre public absolu, que si on estimait qu'elle est une institution de procédure. Mais ce n'est pas l'opinion des partisans de la loi de la convention.

Avec la loi de la convention, le domicile n'aura aucune influence qui lui soit propre. La loi du domicile ne sera la loi de la prescription libératoire, qu'autant qu'elle sera la loi de la convention elle-même, c'est-à-dire la loi que les parties auront désignée par leur volonté expresse, tacite ou présumée, [1].

---

[1] Voici, en matière de conventions et de quasi-contrats, les textes proposés par M. Laurent, dans son avant-projet de révision du C. C., art. 14 : « Les conventions conclues en pays étranger sont régies par la loi à laquelle les parties contractantes ont entendu se soumettre. À défaut d'une déclaration expresse, le juge recherchera l'intention des parties dans les faits et circonstances de la cause. — Si les parties dressent un acte authentique en Belgique, le notaire leur fera connaître les dispositions du présent article. — En cas de doute, le juge appliquera la loi personnelle des parties, si elles ont la même nationalité, et la loi du lieu où le contrat se passe, si les parties appartiennent à des nations différentes. » Art. 17 : « Les quasi-contrats sont régis par la loi personnelle des parties, si elles ont la même nationalité, et par la loi du lieu où le quasi-contrat se forme, si elles appartiennent à des nations différentes. — Les obligations qui résultent de l'autorité seule de la loi sont régies par la loi personnelle de celui dans l'intérêt duquel sont établis les administrateurs légaux... » La commission extraparlementaire belge de 1884 propose les textes suivants :

Art. 7 : « Les obligations conventionnelles et leurs effets sont réglés par la loi du lieu du contrat. — Toutefois, préférence est donnée aux lois nationales des contractants, si ces lois disposent d'une manière identique. — Ces règles ne sont pas applicables, si de l'intention des parties, constatée expressément ou manifestée par les circonstances, il résulte qu'elles ont entendu soumettre leur convention à une loi déterminée. La faculté accordée, à cet égard, aux parties contractantes, ne peut avoir pour objet que la loi nationale de l'une d'entre elles au moins, la loi du lieu du contrat, ou la loi du lieu où celui-ci doit être exécuté. — Les dispositions du présent article sont suivies, quelle que soit la nature des biens qui font l'objet de la convention et le pays où ils se trouvent. » Art. 8 : « Les quasi-contrats, les délits civils et les quasi-délits sont régis par la loi du lieu où le fait qui est la cause de l'obligation s'est passé. » *Revue*, 1886, p. 472 et suiv.

Dans la session tenue en 1888 à Lausanne, par l'Institut de droit internationnal, M. DE BAR a fait la proposition suivante : « En matière commerciale, pour tout ce qui peut être réglé par la libre disposition (volonté) des parties, la loi nationale est remplacée par celle du domicile. » *Annuaire*, 1887-1888, p. 131.

CHAPITRE CINQUIÈME

DU RÉGIME MATRIMONIAL.

Rigoureusement, l'étude du régime auquel sont soumis les biens des époux dans le mariage n'aurait pas dû être séparée de l'étude des conventions en général. Un régime matrimonial n'est, en effet, qu'un ensemble de règles choisies par les époux pour gouverner leurs rapports pécuniaires : c'est au moins la définition que les textes français autorisent. Un contrat de mariage est donc une convention comme une autre ; et le problème se ramène encore à rechercher la volonté des intéressés. Cependant, les complications du contrat de mariage, l'intervention plus fréquente de la loi, les théories spéciales proposées pour expliquer le régime légal, enfin le rôle tout particulier qu'a joué pendant longtemps et que joue encore le domicile dans la solution de toutes ces difficultés, rendent nécessaire, dans un intérêt de clarté, une étude à part, qu'une méthode irréprochable écarterait peut-être.

Un principe fondamental, accepté aujourd'hui sans contestation, et qu'il faut placer immédiatement en tête de cette étude, est que le régime matrimonial doit être un : il ne doit point varier avec les situations diverses que peu-

vent avoir les différents éléments du patrimoine des
époux [1].

Ce principe n'a pas toujours été reçu, et son existence
même se trouvait implicitement débattue, dans l'ardente
et célèbre controverse qui a divisé autrefois d'Argentré et Dumoulin, et les jurisconsultes qui les ont sui-
vis. jusqu'à la fin de l'ancien droit, sur la nature et la
portée de la communauté établie par la coutume de Paris
pour les époux qui n'avaient pas fait de contrat. Le point
principal de la controverse était dans la question de savoir
si cette coutume s'appliquait aux immeubles situés dans
le ressort d'autres coutumes. Si un contrat de mariage
avait été rédigé, d'Argentré admettait, au moins quand
le contrat s'en expliquait en termes exprès, que la communauté s'étendait à tous les immeubles des époux, en quelque lieu qu'ils fussent situés. Mais si le contrat de mariage
portait simplement adoption de la communauté et, à plus
forte raison, si les époux se trouvaient mariés sous le régime de communauté, faute d'avoir rédigé un contrat,
d'Argentré refusait d'admettre l'extension de ce régime
et soumettait les immeubles au régime établi par la coutume de leur situation. C'était l'application rigoureuse et
étroite du principe de réalité. Dans ces deux hypothèses,
au contraire, Dumoulin étendait le régime de communauté
à tous les immeubles : quels motifs en donnait-il? S'il y

---

[1] ARNTZ, tome III, p. 283, n· 552 ; DE BŒCK, Dal. 88.2.267. 2e col.;
CH. BROCHER, tome II, p. 146 ; DESPAGNET, p. 447, n° 454; DURAND, p.
337, n· CLXI ; FŒLIX, tome I, p. 207, n· 90 ; LAURENT, tome V, p. 427,
n· 199; p. 504, n° 240; MERLIN, *Rép.* au mot « *Loi* » § VI n· 11 ; ODIER,
tome I, p. 73, n· 59 ; PAQUY, *Revue générale*, 1887, tome XI, p. 304 ;
RENAULT, Sir. 83.1.65, 3· col.; SURVILLE et ARTHUYS, p. 372, n° 367;
WEISS, p. 515. Voyez aussi SAVIGNY, tome VIII, p. 323 et 324.

avait un contrat adoptant la communauté, la raison en était que les conventions ont effet en tous lieux. Si la communauté se trouvait établie à défaut de contrat, Dumoulin fondait sa solution sur cette considération que les époux avaient dû vouloir se soumettre au régime de droit commun, établi par la loi du domicile matrimonial : le régime de communauté était, au moyen de l'idée d'une convention tacite, rattaché au statut personnel, dont le caractère propre est d'avoir un effet extraterritorial. La controverse se poursuivit dans ces termes au XVIIe siècle, entre Stockmans et Vander-Muelen, le premier défendant la personnalité, et le second la réalité du statut de communauté. Jean Voet seul sépara ce que Dumoulin avait confondu, le domaine de la volonté et le domaine des statuts ; mais sa solution ne fut pas remarquée. Au XVIIIe siècle, Pothier et Bouhier continuèrent de soutenir les idées de Dumoulin. Boullenois décida que la coutume, qui disposait qu'il y aurait ou qu'il n'y aurait pas de communauté entre conjoints, ne faisait rien autre chose que de fixer l'état et la condition des personnes [1]. Ce rapide historique montre assez que l'ancien droit n'était pas arrivé à constituer, pour les questions soulevées par le régime matrimonial, un système homogène. Aussi, les auteurs modernes, renonçant pour la plupart à trouver une solution dans ces propositions contradictoires, passées d'ailleurs complètement sous silence dans les travaux préparatoires, ont-ils essayé de fonder, comme pour les

[1] De Bœck, Dal. 88. 2. 266, 1e et 2e col ; Lainé, *Bulle id société de lég. comparée*, 1890, p. 552 : Laurent, p. 385 à 420, nos 183 à 194 ; p. 449, n· 211 ; p. 458, n· 217 ; p. 460, n· 218 ; Surville, *Revue critique*, 1888, p. 167 à 177.

conventions ordinaires, une doctrine rationnelle [1], et
ont-ils commencé par proclamer ce premier principe : le
régime matrimonial est un.

Le régime matrimonial peut être un régime établi par
une convention expresse, ou un régime légal. Les difficultés, et le rôle du domicile, sont loin d'être les mêmes
dans les deux cas.

Au cas où les parties ont fait un contrat de mariage, il
n'y aura presque jamais de controverse. Cet acte, souvent
rédigé par des officiers publics, se suffira généralement à
lui-même. Les clauses du contrat permettront de combler
facilement les lacunes, en révélant d'elles-mêmes la volonté des parties. Si la volonté des parties ne pouvait être
connue d'après l'examen des clauses du contrat, alors seulement il y aurait lieu de recourir à des présomptions.
Ces présomptions seraient celles qu'on est obligé d'admettre, quand il y a lieu de déterminer le régime des biens
des époux qui n'ont pas fait de contrat [2]. Les seules difficultés intéressantes que soulève un contrat de mariage
sont les questions relatives à la capacité des époux ; mais
nous ne pouvons nous y arrêter [3].

---

[1] LAURENT, tome V, p. 426, n° 198 ; SURVILLE et ARTHUYS, p. 380,
n° 372 ; SURVILLE, *Revue critique*, 1888, p. 242, 267, 268.

[2] De BŒCK, Dal. 88. 2. 265, 1° col. ; CH. BROCHER, tome II, p. 161 ;
WEISS, p. 510 à 512. — ASSER, p. 114, n° 51.

[3] Ainsi, faudrait-il déclarer valable ou nul le contrat de mariage
contenant des clauses permises par la loi nationale du mari, mais
interdites par la loi nationale de la femme ? Pour la nullité, DURAND,
p. 335, n° CLX : la capacité doit s'apprécier au moment où l'acte intervient. D'autres auteurs trouvent cette solution trop rigoureuse et
tiennent le contrat pour valable, par cette considération qu'il n'aura
d'effet qu'après la célébration du mariage, c'est-à-dire à un moment où

Les époux, qui n'ont pas fait de contrat de mariage, sont soumis à un régime appelé régime de droit commun, ou régime légal. Aucun doute n'existe, si les époux qui se sont mariés sur le territoire sont deux nationaux. Il n'y a non plus aucune difficulté, lorsqu'il s'agit de personnes à qui leur loi nationale impose un régime matrimonial, en leur interdisant d'en choisir un autre [1]. Mais, ces deux hy-

la femme aura la même loi nationale que le mari : SURVILLE, *Revue critique*, 1888, p. 254, 255 ; voyez aussi RENAULT, *Revue critique*, 1885, p. 583. — Autre question : quelle est exactement la portée de l'art. 1389 C.C. ? Les uns en font une règle de statut réel ; CH. BROCHER, tome II, p. 148 ; ODIER, tome I, p. 70, n 57. Une autre opinion distingue : tombent seulement sous l'application de l'art. 1389 les dispositions qui touchent à l'organisation de la propriété ; celles qui intéressent l'organisation de la famille relèvent de la loi nationale des intéressés : SURVILLE et ARTHUYS, p. 366 à 372, n 366 ; SURVILLE, *Revue critique*, 1888, p. 248 à 251. Voyez aussi LAURENT, tome V, p. 450, n 212. — Troisième question : quelle est la nature des dispositions contenues dans les art. 1394, 1395 ? Pour les uns, ces articles touchent à la capacité des personnes : BEAUCHET, *Journal*, 1884, p. 39 à 42 ; CH. BROCHER, tome II, p. 149 à 155 ; DEMANGEAT sur FOELIX, tome I, p. 85, note 4, et p. 247 ; DESPAGNET, p. 445, n 453 ; DURAND p. 335, n CLX ; SURVILLE et ARTHUYS, p. 375, n 368 ; WEISS, p. 506. LAURENT en fait une règle de forme, tome V, p. 451, n 213 ; p. 453, n 214. Pour une troisième opinion, c'est une règle de fond, inhérente, au régime même : ARNTZ, *Revue*, 1880, tome XII, p. 327, 328 ; FOELIX tome I, p. 85, note 4, et p. 246, n 108 ; JAY, *Journal*, 1885, p. 527 à 537 ; PAQUY, *Revue générale*, 1887, tome XI, p. 306, 307.

[1] C'est là une incapacité qui suit la personne à l'étranger : ARNTZ, tome III, p. 279, n 545 ; p. 283, n 552 ; de BOECK, Dal. 88. 2. 265, 1e col. et 272, 2e col.; SURVILLE et ARTHUYS, p. 366, n 366 ; SURVILLE, *Revue critique*, 1888, p. 255 à 257. Cependant, AUBRY et RAU soutiennent que le régime prohibé et néanmoins convenu aura effet sur les biens situés dans le lieu du domicile matrimonial dont la loi autorise ce régime : tome V, § 504 bis, p. 276. Cette solution est certainement inexacte.

pothèses écartées, l'incertitude commence, dès que l'un
des époux est étranger. L'embarras continue pour les nationaux qui se marient à l'étranger, soit entre eux, soit
avec des personnes d'une autre nationalité ; il grandit encore, lorsqu'il s'agit de deux étrangers dont le mariage a
été contracté hors du pays de chacun d'eux. Quel sera le
régime matrimonial de tous ces époux, nationaux ou étrangers, lors de l'union, mariés sans contrat ? A l'inverse de
ce qui se passe dans l'hypothèse d'un contrat de mariage
rédigé, la doctrine n'est plus d'accord. Toutefois, les opinions sont moins divergentes, ici, qu'en d'autres matières,
et, sauf à faire quelques subdivisions, on peut partager
les auteurs en deux grands groupes : pour les uns, le régime auquel sont soumis les époux mariés sans contrat
est une émanation directe de la loi ; pour les autres, ce
régime est une convention présumée, aménagée par la loi,
ou, pour employer la terminologie courante, une convention tacite. Dans chacun de ces deux grands systèmes, le
domicile joue un rôle important. Il reçoit même souvent,
dans cette matière du régime légal, une qualification propre : il est appelé *domicile matrimonial.* Qu'est-ce exactement que ce domicile matrimonial, et se distingue-t-il
du domicile ordinaire ? Nous ne pouvons donner une réponse unique : la définition et les éléments de ce domicile
varient avec les différentes opinions.

Parmi les auteurs, qui font du régime de droit commun
une émanation directe de la loi, un seul détermine ce régime par la loi du domicile matrimonial. D'après cet auteur, le domicile matrimonial s'établit par le fait et l'intention ; la simple intention ne suffirait pas. Il semble
bien que ce soit le mari seul qui ait le pouvoir de le constituer. Un Français ne peut avoir de domicile matrimo-

nial qu'en France : s'il habite à l'étranger, il le conserve, tant qu'il a l'esprit de retour. L'absence d'esprit de retour ferait perdre au Français et tout domicile en France et sa nationalité (art. 17 ancien du Code Civil). Ce même auteur ajoute que le régime matrimonial tient essentiellement à l'état de la personne, que le mari, tant qu'il est Français, jouit des droits attachés à cette qualité, sans avoir la faculté de les aliéner, et ne peut, par suite, adopter que le régime français [1]. Cette seconde série d'arguments est la seule qui rende compte exactement du système de l'auteur : le régime matrimonial relève de l'état de la personne, et l'état de la personne dépend, à son tour, de la loi nationale. L'auteur semble lui-même appuyer sur cette dernière proposition, lorsqu'il insiste sur le fait que le mari français ne peut être marié que sous le régime français ? Mais alors, pourquoi se sert-il de l'expression : adopter le régime français. Il est permis de supposer que l'auteur n'a pas su choisir une solution ferme, opter franchement, ou pour le parti qui fait du régime légal une émanation directe de la loi, ou pour celui qui le rattache à l'idée de convention, et que le domicile matrimonial est la notion, au moyen de laquelle il a essayé de concilier ces deux idées, qui s'excluent. Le régime dépend du domicile matrimonial, et il appartient à l'intéressé de fixer le lieu de son domicile matrimonial ; mais, tant que cet intéressé est Français et veut le rester, il ne peut avoir de domicile matrimonial qu'en France, de telle sorte que le régime de ses biens dans le mariage est soumis à la loi française qui est la loi de son état. La notion de domicile matrimonial est donc,

---

[1] BELLOT DES MINIÈRES, p. 11, n° 4 ; p. 13, n° 6 ; p. 15 à 20, n° 8. à 10.

dans ce système, un élément superflu et qui en trouble
l'idée principale. Et pourquoi serait-ce toujours au mari
de déterminer par le domicile matrimonial le régime des
biens ? Il n'y a pas de présomption *juris et de jure* sans
texte [1]. Il faut remarquer, en outre, qu'aucune raison n'est
donnée de la qualification accordée au domicile en question : d'après les explications mêmes de l'auteur, ce domi-
tcile matrimonial paraît bien se confondre avec le domicile ordinaire. Il est inutile de désigner par une appella-
tion nouvelle le domicile, sous le seul motif qu'il joue un
rôle dans la détermination de la loi compétente pour le
régime matrimonial : c'est fournir un prétexte à des ma-
lentendus gratuits. Rappelons que nous avons contesté,
dans le chapitre préliminaire, que l'existence du domicile
supposât le perte de l'esprit de retour. Enfin, quand il
s'agit de l'étranger établi en France, l'auteur, dont nous
discutons la doctrine, soumet encore son régime à la loi
du domicile matrimonial; mais il se demande, sans donner
de réponse affirmative, s'il ne conviendrait pas que ce
domicile fût autorisé [2]. L'auteur ne parle plus ni d'état et
de condition des personnes, ni de perte de l'esprit de retour. Le domicile aurait, pour l'étranger, une influence propre, que l'auteur n'explique pas. Faudrait-il appeler ce
domicile un domicile matrimonial autorisé ? L'auteur n'en
dit rien.

Avec les autres auteurs, pour qui le régime matrimonial de droit commun est encore un régime établi directement par la loi, il n'est plus question de domicile matrimonial, mais il est encore, cependant, parlé du domicile.

[1] RODIÈRE et PONT, tome I, p. 26, n° 36.

[2] BELLOT des MINIÈRES, p. 11, n° 4.

Le trait commun de tous ces auteurs, c'est que la volonté des parties disparaît complètement, mais ils ne donnent pas tous le même fondement au régime matrimonial de droit commun. Pour les uns, c'est une loi d'état et de capacité, un véritable statut[1]. Les autres ont une doctrine moins rigoureuse et moins nette : la loi qui règle les rapports personnels des époux doit régir aussi leurs rapports pécuniaires : sans doute, les époux avaient le droit de faire librement une convention pour le régime de leurs biens ; mais, du moment qu'ils n'en ont pas usé, la loi qui règle leur état et leur capacité s'impose à eux pour le règlement de leurs intérêts pécuniaires, elle leur imprime une direction dont ils ne peuvent s'écarter[2]. Avec l'une ou l'autre explication, c'est, finalement, la loi compétente pour l'état et la capacité, qui est compétente aussi pour le régime matrimonial. Ce sera donc, suivant les systèmes exposés en matière d'état et de capacité, ou la loi nationale, ou la loi du domicile, et, en toute hypothèse, la loi du mari, puisque la femme, en se mariant, prend, de plein droit, la nationalité et le domicile du mari. En faveur de cette doctrine, on pourrait relever — argument qu'aucun de ses partisans, cependant, n'a produit — qu'elle ne contredit pas le texte de l'art. 1387 C. C.

Voyons brièvement l'application des idées générales de ce système à quelques questions. D'abord, comment est justifiée l'application extraterritoriale du régime matrimonial ? Avec l'idée que le régime est une loi d'état et de

---

[1] Massé, tome 1, p 478, n· 548 ; Odier, tome I, p. 48, n· 37 ; p. 55, n· 45 ; p. 56 à 58, nᵒˢ 47 et 48. — Asser, p. 111, n· 49.

[2] Foelix, tome I, p. 197, n· 87 ; page 207, n· 90, Renault, *Revue critique*, 1883, p. 729, 730.

capacité, il n'y a guère de question ; cependant, l'auteur qui a exprimé le plus nettement cette idée dit que l'application du régime matrimonial hors des frontières, injusti-fiable en droit, est fondée sur un usage aujourd'hui admis[1]. Nous avons déjà contesté l'insuffisance de ce point de vue. Ceux qui ne font pas, du régime matrimonial, une vraie matière d'état et de capacité, affirment, sans s'expliquer sur la base rationnelle qu'ils lui donnent, la portée extra-territoriale du régime[2] : c'est un point très faible de la doctrine[3]. Sur la question du régime dotal, les opinions sont plus tranchées. Les uns en font purement et simplement une question de statut réel[4] : l'influence réaliste qui, en cette question, s'impose à eux, ne leur a pas permis d'examiner si le régime dotal, dans son essence, se différencie des autres régimes matrimoniaux. Les autres ont fait fran chement des difficultés soulevées par le régime dotal des questions d'état et de capacité, et il est curieux de remar quer que ce sont des auteurs qui ne font pas du régime de droit commun une pure question de statut personnel[5]. En-fin, qu'adviendra-t-il du régime établi par la loi nationale ou par la loi du domicile, lorsque la nationalité ou le domi-cile des époux changeront ? Tous les auteurs qui prévoient la question répondent sans hésiter que le régime primitif sera maintenu, et ils donnent cette raison, intéressante surtout pour les partisans de la loi du domicile, que le

---

[1] ODIER, tome I, p. 62, n· 50.

[2] FŒLIX, page 207, n· 90. RENAULT, note sous Cass. 4 avril 1881. S. 83. 1. 65 : dans cette note, M. RENAULT emploie l'expression de *statut matrimonial*, voyez p. 65, 2ᵉ colonne.

[3] CH. BROCHER, tome II, p. 162.

[4] FŒLIX, tome I, n· 60 ; ODIER, tome I, p. 69, n· 55.

[5] RENAULT, *Revue critique*, 1885, p. 582, 583.

mari ne peut être maître de modifier, à son gré et à son profit, le régime qui est la loi des époux [1]. Un tempérament a, cependant, été proposé, pour le cas où la loi du nouveau domicile ne considérerait pas les conventions matrimoniales comme irrévocables, et en supposant que le changement de domicile a été purement volontaire de la part des deux époux [2]. Cette solution exceptionnelle devrait être, pour tous les auteurs dont nous discutons la doctrine, la solution générale. Si important que soit le régime matrimonial, il n'est jamais qu'un accessoire, et on ne saurait juridiquement le rendre immuable, quand l'état et la capacité, dont il fait partie ou dont il dépend, varient [3]. Le système, que nous venons d'exposer, avec son double aspect, s'appliquerait aux étrangers comme aux Français : un auteur, prévoyant le cas d'un étranger admis à domicile, dit, néanmoins, que cet étranger, se mariant en France, même avec une étrangère, serait nécessairement soumis à la communauté légale, parce que la communauté est un droit civil commun [4] ; cette explication, outre qu'elle

[1] Fœlix, tome I, p. 214, n· 91 ; Massé, tome I, p. 478, n· 548 ; Odier, tome I, p. 71, n· 58. Un auteur étranger, qui fait rentrer le régime matrimonial dans le statut personnel, soutient que le régime matrimonial n'est point modifié par le changement de nationalité, au moyen de cette considération juridique que l'on ne saurait reconnaître à la loi de la nationalité subséquente un effet rétroactif, et ceci, dit-il, s'applique aussi aux biens acquis depuis le changement de nationalité, car les droits de l'un des époux sur les biens de l'autre naissent du mariage même : Asser, p. 112, n· 50. On peut répondre qu'il n'y a jamais de droit acquis en matière d'état et de capacité.

[2] Demangeat, sur Fœlix, tome I, p. 216.

[3] De Bœck, Dal. 88. 2. 270, 1e col. ; Surville et Arthuys, p. 378, n· 371.

[4] Odier, tome I, p. 56, n· 46.

contredit le principe de l'auteur, pour qui le statut matrimonial est une loi d'état et de capacité, paraît bien n'être
qu'un jeu de mots.

Les auteurs du second groupe forment la majorité de
la doctrine[1]. Avec l'idée de convention tacite, le régime
légal, ou de droit commun, ne diffère plus, dans sa nature,
du régime établi par la convention expresse. Cette simplification est la supériorité incontestable de cette théorie
sur la théorie précédente. Et cette identité de nature justifie seule, d'une manière satisfaisante, que les époux
puissent volontairement se soustraire au régime de droit
commun par une convention librement arrêtée. De la sorte,
les textes du Code Civil sont clairement expliqués[2]. Sans
doute, on a fait cette objection spécieuse, qu'en matière
de régime matrimonial, plus qu'en toute autre, la loi dispose souvent en termes impératifs : et l'on a cité, à l'appui,
les textes sur le moment où commence la communauté, sur
sa composition active et passive, qui semble, en quelques
points, se rattacher aux règles du régime des biens, sur la

---

[1] ARNTZ, tome III, p. 281, n° 549, *Revue*, 1880, tome XII, p. 329,
330, 331 ; AUBRY et RAU, tome I, p. 106, 107; BARDE, p 90 ; DE BOECK,
Dal. 88. 2. 268, 2ᵉ col. ; CH. BROCHER, tome II, p. 146, 174 ; DEMAN
GEAT, *Condition des étrangers*, p. 379 ; DEMANTE, tome I, p. 56,
n° 10 bis, VI ; DESPAGNET, p. 447, n° 454; DEMOLOMBE, tome I, 4ᵉ édit.
p. 94, 95, n° 87 ; DURAND, p. 337, n° CLXI; FÉRAUD-GIRAUD, *Journal*,
1885, p. 386; LAURENT, tome V, p. 426, 427, n°ˢ 198, 199; p. 445,
n° 208 ; Paquy, *Revue générale*, 1887, tome XI, p. 301 ; SURVILLE et
ARTHUYS, p. 380, n° 372 ; SURVILLE, *Revue critique*, 1888, p. 267 ;
TROPLONG, *Contrat de mariage*, tome 1, p. 46, n° 33; VALETTE, tome I,
p. 33 ; WEISS, p. 312.

[2] CH. BROCHER, tome II, p. 146 et 157 ; DEMANGEAT sur FOELIX tome I,
p. 208; LAURENT, tome V, p. 389, n° 185 ; p. 398, n° 189; p. 426,
n° 198.

faculté, inaliénable par convention, qu'a la femme d'accepter ou de renoncer[1]. Pour écarter cette objection, il suffit de remarquer que ces règles impératives deviennent immédiatement inapplicables par l'adoption d'un autre régime matrimonial, français ou étranger. Une objection plus grave a été faite : elle s'attaque à l'idée même de convention tacite : les époux qui n'ont pas fait de contrat de mariage, dit-on, n'ont probablement pensé à rien, cette convention tacite est une pure fiction : peut-on dire que les époux qui se trouvent mariés sous la communauté légale, après annulation de leur contrat de mariage, ont tacitement adopté ce régime, et permettrait-on au mineur de demander l'annulation, à son profit, de celles des dispositions de ce prétendu contrat qui dépasseraient sa capacité de contracter ? On a répondu, d'une façon péremptoire, que les époux, qui ne font pas de contrat de mariage, n'ignorent pas que leurs rapports pécuniaires seront nécessairement soumis à certaines règles ; que les époux, dont le contrat de mariage est annulé, avaient pu prévoir cette éventualité et, par suite, songer à un autre règlement possible de leurs intérêts; enfin, que les mineurs valablement assistés pour le mariage ne peuvent attaquer la convention tacite qui l'a accompagné[2]. Après les objections de textes et les objections de fond, on a opposé des arguments tirés de l'utilité générale. Comment les tiers, les juges pourront-ils retrouver, longtemps après le mariage, quelle a été la volonté des époux au moment de l'union?

---

[1] CH. BROCHER, tome II, p. 147, 157, 163, 164, 165, 166, 167, 172 à 174.

[2] DÉ BOECK, Dal. 88. 2. 268, 2e col., et 269, 1e col.; SURVILLE, *Revue critique*, 1888, p. 268.

Cet argument n'est pas sans force [1] ; mais si l'on devait lui accorder une importance décisive, on en arriverait à supprimer tout principe d'autonomie [2]. Il serait, d'ailleurs, facile de remédier en partie à cet inconvénient certain, en étendant les prescriptions édictées par la loi du 10 juillet 1850 [3]. On a encore produit, en faveur de l'idée de convention tacite, cette considération que l'on ne comprendrait guère qu'une action en réduction pût être exercée contre celui des époux qui s'est enrichi au détriment de l'autre, par suite de la communauté, si le régime de droit commun était un pur régime légal [4]. Enfin, l'idée de convention tacite explique tout naturellement la portée extra-territoriale du régime de droit commun [5].

---

[1] Paquy, *Revue générale*, 1887, tome XI, p. 302 ; Renault, *Revue critique*, 1883, p. 729.

[2] De Boeck, Dal. 88. 2 269, 1ᵉ et 2ᵉ col.

[3] De Boeck, Dal. 88. 2. 269, 2ᵉ col. ; Weiss, p. 514. Les Français se mariant à l'étranger feraient à l'ambassade ou à la légation une déclaration analogue à celle qu'ils font en France devant l'officier de l'état civil. Mais il ne semble pas très pratique, comme le demande le premier des deux auteurs qui viennent d'être cités, d'exiger que le Français, établi à l'étranger, indique le régime qu'il choisit dans les publications de mariage qu'il est obligé de faire en France. D'abord, sa volonté peut changer dans l'intervalle de temps qui sépare la publication et le mariage. Au cas de deux futurs conjoints français, quelle solution donnerait-on, si, dans les publications de l'un et de l'autre, les indications de volonté étaient différentes ? Et enfin, au cas où la future épouse serait étrangère, l'indication faite par le futur mari français dans la publication faite en France aurait-elle le pouvoir de la lier ?

Demangeat sur Foelix, tome I, p. 208.

[5] Ch. Brocher, tome II, p. 157, 162 ; Despagnet, p. 447, n· 454 ; Laurent, tome V, p. 504, n· 240 ; Paquy, *Revue générale*, 1887,

Cette démonstration préparatoire étant faite, il nous faut, maintenant, rechercher ce que contient cette convention tacite, quel régime les époux ont tacitement adopté. La question revient à se demander quelles circonstances, quels éléments de fait ont dû influencer la pensée des époux. Il y a lieu de recourir, comme pour les conventions ordinaires, à des présomptions. C'est ici que l'utilité d'une étude propre du régime matrimonial apparaît : car, si les difficultés restent, au fond, pour le régime matrimonial, de même nature que pour les conventions en général, le nombre des présomptions proposées ici diminue, et ces présomptions prennent, en même temps, un caractère de particularité marqué. On peut, au point de vue des présomptions admises par les auteurs qui soutiennent le système de la convention tacite, faire une triple distinction. Pour les premiers, c'est une certaine présomption qui doit l'emporter, sauf de rares exceptions ; pour les seconds, c'est une autre présomption qu'il faut suivre, avec aussi quelques exceptions ; pour les troisièmes, il n'y a pas lieu de donner la priorité à l'une de ces deux présomptions, mais ces deux présomptions restent, néanmoins, pour eux, les présomptions principales. Toutes ces opinions font au domicile une place, mais une place inégale.

Une première opinion présume que la loi à laquelle les époux se sont tacitement référés est la loi nationale ; et, comme il faut choisir entre la loi nationale du mari et celle de la femme, c'est la loi nationale du mari qui est naturellement désignée, puisqu'elle devient ordinairement, au jour du mariage, la loi commune des deux époux. Cette

tome XI, p. 304 ; SURVILLE et ARTHUYS, p. 384, n° 372 ; SURVILLE, *Revue critique*, 1888, p. 269.

présomption est diversement motivée par les auteurs qui
la proposent. Pour les uns, la loi nationale est celle que les
parties sont censées le mieux connaître [1]. Pour d'autres,
la loi nationale est déjà celle qui régit les effets personnels du mariage [2]; elle est celle que doivent faire préférer
l'attachement aux mœurs du pays, l'esprit traditionnel, la
pensée du retour dans la patrie, lorsque le mariage a été
célébré à l'étranger [3]. Un auteur prévoit qu'une exception est possible à la présomption de la loi nationale
pour le Francais qui se marie à l'étranger ; mais il ne consent à reconnaître cette exception que si les circonstances
révèlent, avec la plus grande certitude, l'intention de l'intéressé; et il ajoute que, pour s'arrêter à cette pensée, il faut
de graves raisons : il se prononce, en pareil cas, pour la loi du
domicile matrimonial [4]. Comme il ne définit pas ce qu'il entend par domicile matrimonial, il est probable que ces mots
ont, pour lui, la signification qui leur est le plus habituellement donnée et que nous verrons dans un instant. Une
autre exception au principe de la loi nationale est faite
par un second auteur, en ce qui concerne l'étranger qui a
perdu tout esprit de retour dans sa patrie : cet étranger
serait soumis à la loi française [5]. Il semble naturel, en
effet, que cet étranger ait voulu adopter la loi du lieu où
il s'est établi. Quant à l'étranger admis à établir son domi-

---

[1] Durand, p. 337, no clxi.

[2] Demante, tome I, p. 56, n° 10 bis vi; Duranton, tome XIV, p. 83,
n° 91, p. 96, n° 88 ; Féraud-Giraud, *Journal*, 1885, p. 386; Weiss, p.
512 à 514.

Troplong, *Contrat de mariage*, tome I, p. 46, n° 33; Valette,
tome I, p. 33, 34.

[4] Troplong, *loc. cit.*

[5] Valette, *loc. cit.*

cile en France avec l'autorisation du gouvernement, un troisième auteur décide que son régime matrimonial sera celui de la loi française : sans doute, dit-il, cet étranger, après l'admission à domicile, comme avant, reste étranger, mais le fait d'avoir demandé et obtenu cette autorisation semble bien démontrer son intention de se soumettre à la loi française, sans distinguer même s'il épouse une femme française ou une femme étrangère [1]. Cette présomption est acceptable, à la condition qu'on ne la donne pas comme absolue, mais simplement comme celle que souvent les circonstances suggéreront. Il y a lieu de reconnaître, toutefois, que, depuis la loi du 26 juin 1889, d'après laquelle l'admission à domicile ne peut plus avoir d'autre but que l'accession à la naturalisation, cette présomption a pris une autorité toute spéciale, qu'elle n'avait pas du temps de l'auteur, et qui la rapproche de la présomption principale proposée par lui : la loi de ce domicile autorisé est, pour cet étranger, la loi nationale de demain [2].

Le domicile, qui n'était que rarement cité dans les auteurs précédents, joue, au contraire, le rôle prépondérant dans une seconde opinion, et la loi nationale n'y est plus qu'à titre exceptionnel reconnue compétente. Le domicile, dont la loi est présumée choisie par les parties, est, ou le domi-

[1] DURANTON, tome XIV, p. 94, n° 87.

[2] Sur la question du régime dotal, quelques auteurs se prononcent pour le caractère conventionnel de ce régime comme de tout autre, sauf à reconnaître que, dans tel pays donné, l'inaliénabilité dotale pourra être considérée comme contraire au principe d'ordre public de la libre circulation des biens : DURAND, *loc. cit.*; WEISS, p. 515, 516. D'autres auteurs font rentrer le régime dotal dans le statut réel : DURANTON, tome I, p. 50, n° 83 ; TROPLONG, *Contrat de mariage*, tome IV, p. 412, n° 3317.

cile matrimonial, ou le domicile du mari. Ces deux domiciles, en réalité, n'en font qu'un : car les auteurs qui emploient plus volontiers l'expression « domicile du mari », donnent tous à entendre, plus ou moins clairement, que ce domicile est compétent, non point parce qu'il est le domicile du mari, s'imposant comme tel à la femme, mais parce qu'il est celui à la loi duquel la femme a consenti à se soumettre en se mariant : la volonté de la femme est censée influer sur la désignation de ce domicile, en tant, du moins, qu'il sert à connaître le régime matrimonial présumé adopté, de telle sorte que ce domicile se confond entièrement avec le domicile matrimonial, dont nous allons rapporter la définition. Le domicile matrimonial est ordinairement défini le lieu où les époux se proposent de s'établir après le mariage pour y fixer le siège de l'association conjugale. Cette définition était déjà celle de l'ancien droit, et, ce qu'il importe d'y relever immédiatement, c'est que la volonté des deux époux concourt à l'établissement du domicile matrimonial. Il n'en sera pas de même des autres domiciles que les époux auront pendant le mariage : ceux-ci seront à la discrétion du mari. Ces domiciles pourraient, eux aussi, être qualifiés de domiciles matrimoniaux : étymologiquement, ces expressions signifient simplement domicile des époux, domicile du ménage. L'expression « domicile matrimonial » est cependant réservée au domicile choisi par les époux au début de leur union, et seulement en tant qu'il s'agit de découvrir le régime matrimonial de droit commun, auquel les époux sont présumés s'être soumis. Le domicile matrimonial nous apparaît, donc, dès maintenant, comme un domicile tout particulier, dont la notion a besoin d'être nettement précisée.

Cette observation se vérifie aussitôt, si, de la définition

générale, nous passons à l'examen des considérations par
lesquelles les auteurs essaient de caractériser le domicile
matrimonial, ou même des éléments qui le constituent.
D'après l'un, le domicile matrimonial est celui où les
époux se proposent de s'établir après le mariage pour y
passer leur vie [1]. D'après un autre, le domicile matrimonial est celui que les époux occupent au moment de la
célébration, ou celui qu'ils se proposent d'occuper plus ou
moins immédiatement après [2]. Un troisième exige que les
époux se soient, de fait, établis dans le lieu où ils voulaient
fixer le siège de leur association conjugale [3]; et cette
exigence paraît bien être commune aux auteurs qui ne
parlent point d'une séparation possible de l'intention et du
fait [4]. D'autres auteurs, en revanche, affirment que, pour
connaître le domicile matrimonial, c'est moins au fait
qu'à l'intention qu'il faut s'attacher [5]; que le projet des
époux de fixer en un certain lieu leur domicile pouvant n'ê-
tre jamais réalisé, le domicile matrimonial peut s'acquérir par l'intention seulement [6]; que le domicile matrimonial, étant déterminé par des circonstances de fait, ces circonstances peuvent précéder, accompagner ou suivre le

---

[1] ARNTZ, tome III, p. 281, n° 549; p. 282, n° 550.

[2] CH. BROCHER. tome II, p. 147, 174, 175.

[3] AUBRY et RAU, tome I, p. 105, 107; tome V, § 504 bis, p. 275.

[4] DEMANGEAT, *Condition des étrangers*, p. 377 à 379; GUILLOUARD,
Contrat de mariage, tome I. p. 312 et suiv.; MERLIN, *Rép.* au mot:
« *Loi* » § VI, n° II; au mot « *Communauté de biens* » § I, n° III; au
mot « *Autorisation maritale* » section X, n° IV et V; au mot
« *Effet rétroactif* », section III, § II, art. V, n° III; RODIÈRE et PONT,
p. 25, n° 34. Voyez aussi SAVIGNY, tome VIII, p. 323.

[5] BARDE, p. 88 à 90.

[6] COIN-DELISLE *Revue critique*, 1855, tome VI, p. 202, 203.

mariage ». De toutes ces considérations ou propositions disparates, deux remarques se dégagent : le domicile matrimonial n'est pas le domicile ordinaire ; la volonté joue un rôle prépondérant, et spécial à l'hypothèse, dans la fixation du domicile matrimonial. Le domicile ordinaire suppose nécessairement un fait et une intention, tous deux actuels : dans le domicile matrimonial, l'intention est aussi actuelle en principe, mais le fait peut être un fait à réaliser, et qui n'aura jamais lieu. L'intention, dans l'un et l'autre domicile, n'a pas non plus le même objet : pour le domicile ordinaire, l'intention porte uniquement sur le fait actuel de l'établissement dans le lieu choisi ; dans le domicile matrimonial, l'intention s'attache plutôt à l'influence que l'établissement en un certain lieu aura sur le régime des biens des époux dans le mariage, et elle s'étend au présent et à l'avenir. Autre différence : le domicile matrimonial est un domicile unique pour deux personnes, il lui faut la double intention des deux intéressés, et il pourra néanmoins exister, alors qu'au moment où, de fait, il devrait s'établir, une seule des deux volontés persiste, et l'autre est contraire. Faisons, en effet, l'hypothèse suivante : les futurs époux avaient songé à établir leur premier domicile en un certain lieu, dont la loi aurait régi leurs biens pendant la durée du mariage ; le jour du mariage, le mari décide, en vertu de l'autorité qui lui appartient comme chef de l'association conjugale, que le domicile des époux sera établi en un autre lieu. Nous ne croyons ni exagérer ni trahir la pensée des auteurs, dont nous exposons la doctrine, en affirmant que, pour eux, le domicile matrimonial serait, dans ces cir-

---

[1] BENOIST, *Gazette des tribunaux*, 6 décembre 1889.

constances, au lieu que les époux avaient primitivement
et en commun désigné.

Nous concluons donc de toute cette analyse que le domicile matrimonial est rarement un vrai domicile [1], qu'il
se ramène souvent à une simple intention, suffisante pour
fournir une présomption, et que la doctrine, faute d'une
critique assez rigoureuse, confond avec un fait, simplé-
ment voulu, qui n'a d'autre utilité que de fournir la preuve
de cette intention même. Si nous cherchons une démons-
tion nouvelle de ce que nous venons d'avancer, nous la
trouverons dans cette remarque importante que la plupart
des auteurs qui recommandent, comme source de présomption, le domicile matrimonial, négligent de dire les
motifs qui, d'après eux, la justifient [2] : s'ils l'avaient essayé,
ils auraient vite reconnu que le domicile défini par eux
ne se distinguait pas de la volonté des parties, n'avait aucune réalité extérieure. Les seuls auteurs, qui aient tenté
une explication, ont été obligés de faire, du domicile matrimonial, un vrai domicile [3], et l'un d'eux a, alors, oublié,
au moins sur le moment, de le qualifier de matrimonial [4].
Cette explication, très simple, consiste à dire que le domicile étant le centre de la vie juridique, il est vraisembla-
ble que c'est à cette loi, probablement connue d'eux, que
les époux ont entendu se référer. Comment rendre compte
que tant d'auteurs considérables aient soutenu cette pré-

[1] LAURENT, *Principes de droit civil français*, tome XXI, p. 236,
n° 201 ; LAURENT, tome V, p. 438 n° 206.

[2] Ainsi AUBRY et RAU ; BARDE ; BENOIST ; CH. BROCHER ; COIN-DELISLE ;
MERLIN ; RODIÈRE et PONT.

[3] ARNTZ, tome III, p. 282, n° 550.

[4] GUILLOUARD, *Contrat de mariage*, tome I, p. 312, n° 336, comparé avec p. 313, n° 337.

somption du domicile matrimonial, presque insaisissable
dans la définition de plusieurs ? L'expression est venue de
l'ancien droit, où le domicile matrimonial remplissait le
double office de réserver une place à la volonté individuelle dans la détermination du régime de droit commun, et de rattacher ce régime au statut personnel [1].
Les auteurs, dont nous discutons la doctrine, s'étant ral-
liés franchement, pour le régime légal, à la seule idée de
convention tacite, ont eu le tort de ne pas chercher à
donner, pour leur propre compte, une définition du domicile matrimonial et à la mettre d'accord avec le principe
fondamental de leur doctrine [2].

[1] DESPAGNET, p. 441, n° 449 ; LAURENT, tome V, p. 431, n° 201.

[2] Les auteurs qui s'occupent du régime dotal reconnaissent à ce régime, comme aux autres, une nature conventionnelle, et, par suite, une
portée extraterritoriale. Cependant, AUBRY et RAU distinguent, relativement aux biens situés en pays étranger, si c'est devant un tribunal
français ou devant un tribunal étranger qu'une contestation est portée, sur les conséquences que doit avoir l'interdiction d'aliéner ; la
formule un peu compliquée, qu'ils donnent ensuite, revient à dire que
le juge étranger ne devra pas tenir compte de la prohibition d'aliéner,
en tant qu'elle réfléchirait sur les tiers, si la loi de son pays ne donne
pas à cette prohibition la même sanction que la loi française : tome
I. p. 88, note 20. D'après BARDE, l'incapacité résultant du régime
dotal, bien qu'émanée de la convention, rentre dans le statut personnel et emprunte au statut personnel sa puissance expansive : p. 92
à 95. Cette remarque semble sans intérêt pratique, et provoque cette
réflexion que l'incapacité résultant du régime dotal, loin de sortir de
la convention, pour rentrer dans le statut personnel, descend peut-
être du statut personnel dans la convention, puisqu'une telle incapacité contractuelle n'est possible qu'autant que la loi de l'état et de la
capacité l'autorise : en ce sens RENAULT, *Revue critique*, 1885, p. 582,
583. Enfin, CH. BROCHER, tome II, p. 175, et DEMANGEAT sur FOELIX,
tome I, p. 213.

Ces auteurs soumettent ordinairement à notre communauté légale l'étranger admis à domicile ; mais ils n'en donnent pas de raison particulière [1] : l'un d'eux écarte cette décision *a priori*, en faisant observer que le régime matrimonial est matière de droit des gens, que l'on ne doit pas arbitrairement rattacher à la question de la jouissance des droits civils [2]. Enfin, deux des partisans de la présomption tirée du domicile matrimonial apportent à la règle, posée par eux, quelques exceptions en faveur de la loi nationale. D'abord, pour le cas de personnes de même nationalité, se mariant hors de leur pays d'origine ; il a paru à un auteur que cette loi devait avoir les préférences des intéressés [3]. Une seconde exception est faite par un autre auteur pour les époux qui n'ont pas de domicile fixe au moment de la célébration, ni immédiatement après. Il y a lieu, dit-il, de recourir à la nationalité du mari pour déterminer le régime matrimonial, par la raison que le mari, n'ayant manifesté aucune intention contraire, est censé vouloir demeurer dans son pays [4] ; mais, ici, la loi nationale ne se trouve désignée que parce qu'elle est la loi du domicile supposé.

Une troisième opinion refuse de recommander particulièrement l'une des deux présomptions appuyées par les deux opinions précédentes. Elle estime cette recommandation dangereuse et inutile : dangereuse, parce qu'elle peut aboutir à ériger presque en présomption légale une

---

[1] ARNTZ, tome III, p. 279, n° 545 ; AUBRY et RAU, tome V, § 504 bis, p. 275 ; COIN-DELISLE, *Revue critique*, 1855, tome VI, p. 193 ; RODIÈRE et PONT, tome I, p. 25, n° 34.

[2] BARDE, p. 91.

[3] AUBRY et RAU, tome V, § 504 bis, p. 274 à 276.

[4] ARNTZ, tome III, p. 282, n° 551.

présomption de fait, dont l'autorité doit varier dans chaque hypothèse ; inutile, parce que des circonstances très diverses peuvent influencer la volonté des époux et que l'on ne saurait les prévoir toutes d'avance. Il suffit, en droit, de formuler le principe de la convention tacite : les juges en feront, en fait, l'application la plus convenable à chaque cas. Nous nous rallions à cette opinion. Mais il faut bien reconnaître que, si cette doctrine écarte, avec rigueur, tout criterium *a priori*, afin de préserver de toute atteinte les principes, en réalité, elle estime aussi que les présomptions tirées de la nationalité et du domicile sont, en matière de régime matrimonial, les deux seules présomptions vraiment intéressantes ; et la preuve en est que ces présomptions sont les seules qu'elle signale ou qu'elle discute [1]. Cela est facile à expliquer. La convention tacite, qui donne aux époux leur régime matrimonial, n'est pas, comme une convention ordinaire, relative à une affaire unique et d'un intérêt seulement présent : elle touche à tout un ensemble de questions qui surgiront du jour du mariage à sa dissolution. Ce n'est pas une circonstance particulière et isolée, qui imprimera une direction à

---

[1] De Bœck, Dal. 88. 2. 270, 1e et 2e col. ; Despagnet, p. 440, n° 448 ; Laurent, *Principes de droit civil francais*, tome XXI, p. 239 et 241, n°s 202, 203 ; Laurent, tome V, p. 431, n° 201 ; p. 432, n° 202 ; p. 435, n° 204 ; p. 445, n° 208 ; p. 504, n° 240 ; Paquy, *Revue générale*, 1887, tome XI, p. 301, 302 ; Surville et Arthuys, p. 380, n° 372 ; Surville, *Revue critique*, 1888, p. 267, 268. — Tous ces auteurs font rentrer le régime dotal dans le domaine de la convention et ne font fléchir son autorité à l'étranger que devant des principes d'ordre public : De Bœck, Dal. 88. 2. 272, 1re col. ; Demolombe, tome I, p. 92 à 94, n°s 85 et 86 ; Despagnet, p. 449, n° 456 ; Laurent, tome V, p. 469, n° 224 ; p. 472, n° 226 ; Surville et Arthuys, p. 372, n° 367 ; Surville, *Revue critique*, 1888, p. 259, 260.

la volonté dans une convention de cette nature : des considérations générales, des influences émanées des faits fondamentaux de la vie juridique, auront seules cette puissance. De là, l'importance presque exclusive de la nationalité et du domicile. Notons qu'il s'agit, ici, du domicile dans l'acception technique du mot, du domicile sans épithète : et ce domicile pourra être celui de l'un des deux futurs époux ou le premier domicile commun. En matière de conventions ordinaires, nous avons donné, au cas de doute grave, la préférence au domicile sur la nationalité. Peut-être, ici, faudrait-il renverser la proposition ; car, si le régime matrimonial n'a pour objet que des intérêts pécuniaires, ces intérêts touchent assez étroitement à la condition des personnes, régie par la loi nationale ; pour reprendre, en la retournant, la formule dont nous nous sommes servi, nous dirons que le régime matrimonial est surtout une question de mœurs, et non une question d'habitudes, de milieu, que, par suite, il sera souvent raisonnable de penser que les époux ont voulu soumettre à une seule et même loi leurs relations personnelles et leurs relations pécuniaires [1]. Dans cette troisième opinion, le domicile de l'étranger autorisé ne jouit naturellement d'aucun crédit spécial [2]. La loi du 26 juin 1889 semble, cependant, devoir changer la situation : ce domicile est maintenant presque la nationalité : il fournit cumulativement, au profit de la loi française, les deux présomptions ordinairement séparées.

Il va sans dire que, quelle que soit la présomption

[1] DE BŒCK, Dal. 88. 2. 267, 2e col. et 272, 1e col.

[2] DE BŒCK, Dal. 88. 2. 265, 2e col.; LAURENT, *Principes de droit civil français*, tome XXI, p. 241, n° 203 ; SURVILLE, *Revue critique*, 1888, p. 268, 269.

adoptée. le régime matrimonial des époux reste le même,
après un changement de nationalité ou de domicile : la
convention tacite a constitué aux deux époux des droits,
qui n'ont aucune relation avec ces événements nouveaux
et ne peuvent être influencés par eux. Il n'y a pas de
dissentiment sur ce point[1].

Aucune indication de jurisprudence n'a été donnée
jusqu'ici. La matière du régime matrimonial est si
importante et si pratique, et les arrêts sont si nombreux,
que nous avons cru utile de faire, de la jurisprudence, un
examen séparé. Nous allons reprendre l'une après l'autre
les doctrines exposées, pour rechercher quels arrêts
chacune d'elles peut invoquer en faveur du système qu'elle
soutient. Une remarque préliminaire nécessaire, c'est que
la presque totalité des arrêts se rattachent à la théorie de
la convention tacite.

Le système qui fait, du régime de droit commun, une émana-
nation directe de la loi, compte, pour lui, quelques arrêts seulement. A peine, en peut-on citer un, dont l'espèce n'apparaît
pas très clairement, dans le sens de la doctrine pour laquelle
le domicile matrimonial est le principe de compétence[2].
La doctrine qui fait, du régime matrimonial, un élément du

---

[1] ARNTZ, *Revue*, 1880, tome XII, p. 324 à 331; AUBRY et RAU, tome V,
§ 504 bis, p. 276 : BENOIST, *Gazette des Tribunaux*, 6 déc. 1889, avec
des réserves cependant, mais qui sont inadmissibles ; DE BOECK, Dal.
88. 2. 270, 1e col. ; DESPAGNET, p. 444, n° 451 ; GUILLOUARD, *Contrat
de mariage*, tome I, p. 313, n° 339 ; LAURENT, *Principes de droit
civil français* tome XXI, p 244, n° 205 ; LAURENT, tome III, p. 523
à 527, n°° 298 à 300 ; tome V, p. 448, n° 210, et p. 504, n° 240 ; MER-
LIN, *Rép.* au mot « *Communauté de biens* » § I, n° III ; PAQUY, *Revue
générale*, 1887, tome XI, p. 307 ; WEISS, p. 517.

[2] Cass. Belgique, 25 fév. 1839, *Pasicrisie*, 1839, 1. 20.

statut personnel, a, pour elle, quatre arrêts ou jugements, dont un s'attache à la loi du domicile [1]. Les auteurs, pour qui le régime matrimonial est une simple dépendance du statut personnel, ne peuvent invoquer aucun arrêt qui formule expressément leur doctrine ; on peut, cependant, leur attribuer un arrêt de la chambre criminelle de la Cour de cassation, rendu, d'ailleurs, pour des circonstances toutes spéciales [2].

Chacun des trois groupes d'auteurs, entre lesquels nous avons partagé les partisans du système de la convention tacite, peut fournir, à l'appui de l'opinion qui le distingue, un nombre suffisant de références. L'avantage reste, cependant, à ce point de vue, aux partisans du domicile.

En faveur de la présomption de la loi nationale n'existent que des arrêts relativement récents. A l'exception d'un arrêt belge, déjà ancien et rendu dans une espèce qui ne permet guère de le citer que pour mémoire [3], tous ces arrêts, dont deux de cassation, ne remontent pas à plus de vingt-deux ans [4]. Ces arrêts s'appliquent à des Français et à des étrangers. Notons qu'un jugement du tribunal de

---

[1] Metz, 9 juin 1852, Dal. 52. 2. 189 ; Seine, 24 août 1877, Sir. 83. 1. 67 : un considérant de ce jugement a le tort de contredire l'idée principale qui sert de principe de décision : « Il ne saurait d'ailleurs être soumis à une autre législation que celle sous l'empire de laquelle il a contracté et dont il a entendu s'assurer le bénéfice .. » Nice, 11 août 1891, *Revue pratique* de Vincent, 1892, 1, 31. Pour le domicile, Liège, 10 août 1844, *Pasicrisie*, 1851, 2, 86.

[2] Cass. ch. crim. 12 juin 1874, Dal. 75. 1. 333.

[3] Bruxelles, 15 mai 1833, *Pasicrisie*, 1833, 2, 150.

[4] Aix, 18 août 1870, Dal. 72. 5, 123 ; Cass. 18 août 1873, *Journal*, 1873, p. 22 ; Cass. 18 mai 1886, *Journal*, 1886, p. 456 ; Paris, 5 février 1887, *Journal*, 1887, p. 190 ; Seine, 8 janvier 1891, *Journal*, 1891, p. 962.

la Seine a produit, en faveur de la loi nationale, un argument dont on trouve à peine la trace dans les auteurs [1] : il s'agit de la corrélation qui peut exister entre le régime matrimonial et le régime des successions ; mais le tribunal nous paraît avoir exagéré cette corrélation et donné trop d'importance à l'argument [2]. Deux arrêts d'une même Cour d'appel ont discuté la question de savoir si le domicile ne pouvait pas, au besoin, faire échec à la nationalité : l'un de ces arrêts s'est prononcé pour la négative [3], l'autre pour l'affirmative [4] : il est vrai que, dans le cas de ce dernier arrêt, à la circonstance du domicile se joignait, chez les époux, l'intention de se fixer définitivement en France. Enfin, deux arrêts de deux Cours d'appel différentes, mais dont le plus récent a emprunté au plus ancien sa rédaction, identifient, sans raison, le domicile et la nationlaité, et font jouer à la perte de l'esprit de retour un rôle qui, s'il pouvait s'adapter à la notion de nationalité, ne convenait certainement pas à la notion de domicile [5].

La présomption qui s'attache au domicile est, comme nous l'avons dit, celle qui a été le plus souvent appliquée par les arrêts. Elle se rencontre seule dans les arrêts anciens, et elle se retrouve dans d'assez nombreux arrêts de date récente, de telle sorte qu'on ne peut dire qu'elle soit supplantée par la présomption tirée de la loi natio-

---

[1] Voyez, cependant, CH. BROCHER tome II, p. 160 ; DESPAGNET, p. 439, n° 447.

[2] Seine, 17 avril 1888, *Journal*, 1888, p. 814.

[3] Aix, 7 fév. 1882, Sir. 83 2. 110.

[4] Aix, 15 fév. 1886, *Journal*, 1888, p. 395 : même idée dans le jugement du tribunal de la Seine, cité à la note ci-dessus.

[5] Bordeaux, 2 juin 1875, *Journal*, 1876, p. 182 ; Aix, 24 décembre 1885, *Journal*, 1888, p. 95.

nale : celle-ci lui fait seulement concurrence. On peut
établir une distinction entre les arrêts, d'après lesquels la
présomption tirée du domicile exprime le mieux la volonté
renfermée dans la convention tacite : les uns prennent
soin de rappeler d'abord qu'il s'agit, avant tout, de rechercher l'intention des parties et ne s'adressent qu'ensuite à
la notion du domicile : les autres arrivent d'emblée au
domicile pour déterminer le régime matrimonial, si bien
que la présomption tirée du domicile est presque érigée
en présomption légale. Chaque branche de cette distinction compte un nombre à peu près égal d'arrêts. Les
arrêts qui rappellent d'abord le principe, avant d'énoncer
la présomption, ne demandent pas de longues explications [1] : notons seulement que trois de ces arrêts ont eu
l'occasion d'affirmer que, pour que la présomption fût
admise, il n'était pas nécessaire que le domicile de l'é-
tranger fût autorisé [2], et que deux autres arrêts ont, sans
rattacher cet élément d'appréciation à l'existence du domicile, légitimement tenu compte de la perte ou de la
conservation de l'esprit de retour [3]. Les arrêts, qui formu-
lent immédiatement la présomption tirée du domicile,
n'appellent aussi que de brèves observations : plaçons à
part, et en tète, trois arrêts de cassation qui ont eu à se
prononcer sur des cas antérieurs à la promulgation du

[1] Bruxelles, 20 avril 1825, *Pasicrisie*, 1825, 2, 384 ; Cass. 11 juillet
1855, D. 56. 1. 9; Cass. 18 août 1873, Dal. 74. 1. 258; Trib. civ.
Marseille, 16 mars 1875, *Journal*, 1876, p. 182 ; Trib. Bordeaux, 18
janv. 1882, *Journal*, 1882, 1.539 ; Paris, 12 juillet 1889, *Journal*, 1889,
p. 845; Cass. 9 mars 1891, « *Le Droit* » 25 mars 1891.

[2] Paris, 3 août 1849, Dal. 49. 2. 182; Paris, 15 déc. 1853, Dal. 55.
2. 192; Aix, 12 mars 1878, *Journal*, 1878, p. 610.

[3] Alger, 1er mai 1867, Sir. 68.2. 48; Trib. Marseille, 12 février 1885,
Journal, 1885, p. 558.

Code Civil[1] : remarquons que les arrêts parlent tantôt du domicile matrimonial et tantôt du domicile du mari[2], et signalons seulement un arrêt de cassation, d'après lequel la compétence de la loi du domicile matrimonial serait fondée sur les lois, la jurisprudence et la raison[3] ; c'est trop, évidemment. Les arrêts qui définissent le domicile matrimonial en donnent la définition courante : aucun n'entre dans les considérations diverses faites par les auteurs. Dans un seul de tous ces arrêts, il est question de nationalité ; mais l'idée est moins opposée à l'idée de domicile qu'à l'idée d'autonomie de la volonté[4].

Quant aux arrêts, qui s'en tiennent simplement à l'idée de convention tacite et à l'examen des circonstances propres à chaque espèce, il suffit de les citer et de les recommander[5]. Nous nous contenterons de relever un arrêt

[1] Cass. 25 juin 1816, Sir. 17. 1. 282 ; Cass. 7 février 1843, Sir. 43. 1. 282 ; Cass. 18 août 1852, Sir. 52. 1. 711.

[2] Cass. 29 déc. 1836, Sir. 37. 1. 437 ; Paris, 30 janv. 1838, *Journal du Palais*, 1838, tome I, p. 169 ; Liège, 3 août 1850, *Pasicrisie*, 1851, 2. 251 ; Trib. Lille, 12 déc. 1851, Sir. 54. 1. 269 ; Rennes, 30 avril 1872, Sir. 73. 1. 246 ; Bordeaux, 23 février 1876, *Journal*, 1877, p. 237 ; Seine, 25 janv. 1882, *Journal*, 1882, p. 74 : Pau, 26 juillet 1886, Dal. 87. 2. 63 ; Trib. Bordeaux, 25 mai 1891, *Revue pratique*, de VINCENT, 1892, p. 32. Application de la loi du domicile matrimonial a été faite à l'interprétation d'un contrat de mariage rédigé, par la Cour de Bruxelles, 11 mai 1818, *Pasicrisie*, 1818, 2, 94.

[3] Cass. 25 janvier 1843, Sir. 43. 1. 247.

[4] Aix, 12 mars 1878, *Journal*, 1878, p. 610.

[5] Aix, 27 août 1854, Sir. 56. 2. 222 ; Cass. 4 mars 1857, D. 57. 1. 102 ; Aix, 22 fév. 1883, *Journal*, 1883, p. 170 ; Cass. 15 juillet 1885, Sir. 86. 1. 225 ; Aix, 22 juin 1886, *Journal*, 1888, p. 515 ; Paris, 7 déc. 1887, DAL. 88. 2. 265 ; Chambéry, 23 nov. 1891, *Revue pratique* de VINCENT, 1892, 1. 84 ; Paris, 25 nov. 1891, *Revue pratique* de VINCENT, 1892, 1. 86.

qui écarte l'idée d'une prétendue corrélation nécessaire entre le régime des successions et le régime matrimonial[1], et d'appeler l'attention sur un jugement du tribunal civil de Nogent-le-Rotrou et sur un arrêt de la Cour d'appel de Paris, qui écartent nettement l'application *a priori* des présomptions tirées de la nationalité et du domicile, et qui sont particulièrement bien rédigés[2].

Deux arrêts ont été rendus pour affirmer que le change ment de nationalité des époux reste sans influence sur le régime matrimonial établi par la convention tacite[3] : il n'en existe pas pour le changement de domicile.

Nous ne nous attarderons pas à discuter quelques décisions singulières[4], et nous terminerons cette revue de la

---

[1] Bordeaux, 24 mai 1876, Sir. 77. 2. 109. Sur cette corrélation du régime matrimonial et des successions, voir encore Cass. 16 août 1869, Sir. 69. 1. 418.

[2] Trib. de Nogent-le-Rotrou, 3 fév. 1888, *Journal*, 1888, p. 661 ; Paris, 12 juillet 1889, *Journal*, 1889, p. 849.

[3] Trib. de Lille, 12. déc. 1851, Sir. 54, 1, 269 ; Aix, 21 mars 1882, Dal. 83. 2. 22.

[4] La loi compétente est la loi du lieu où le mariage est célébré : Bruxelles, 25 avril 1817, *Pasicrisie*, 1817, 2. 577. — La loi du régime des biens dans le mariage est un statut réel : BASTIA, 5 avril 1853, Dal. 56, 1. 9, et Alger, 16 fév. 1867, Sir. 68.2. 48. —Le mari accepte le statut local ou celui de sa nationalité : Aix, 8 nov. 1870, Dal. 71. 2. 216. — Un principe établi dans l'intérêt des tiers veut que les droits et obligations des époux soient régis par le droit commun, le caractère d'ordre public de ce principe est tel qu'il serait vraisemblablement applicable à tous étrangers : Trib. Sancerre, 28 avril 1884, Sir. 86.1. 226. — Le régime matrimonial appartient sans doute au statut réel, mais est étroitement lié au statut personnel : Versailles, 21 avril 1886, *Journal*, 1890, p. 323. — La convention tacite de mariage est un statut personnel : Cass. 30 janv. 1854, Sir. 54. 1. 267, et Trib. Boulogne, 11 fév. 1854, Dal. 54. 3. 38. — Un arrêt soumet toujours les

jurisprudence, en signalant que les arrêts paraissent généralement rattacher le régime dotal au statut réel [1] : un seul fait rentrer l'incapacité dotale dans le statut personnel [2] : aucun ne parle de la nature conventionnelle de ce régime [3].

En résumé, les divergences d'opinions dans la jurisprudence sont sensiblement les mêmes que dans la doctrine : finalement, l'idée de convention l'emporte pour la matière du régime matrimonial. Cette solution nous paraît être celle que commande le respect de la liberté individuelle [4].

immeubles au statut réel, Metz, 9 juin 1852, Dal. 52. 2. 189; mais voyez, en sens contraire, Seine, 24 août 1877, Sir. 83. 1. 67, et Paris, 5 fév. 1887, *Journal*, 1887, p. 190. — Sur une question de douaire étranger, voyez encore Seine 24 août 1877, Sir. 83. 1. 67; Paris, 6 mars 1879, Sir. 83. 1. 68 ; Cass. 4 avril 1881, Sir. 83. 1. 65, et la note de M. RENAULT.

[1] En ce sens, traitant de questions diverses : Cass, 27 fév. 1817, Sir. 17. 1. 122; Cass. 2 mai 1825, Sir. 25. 1. 223 ; Cass. 4 mars 1829, Dal. 29. 1 166 ; Cass. 11 avril 1834, Sir. 34. 1. 241 ; Cass. 18 août 1852, Sir. 52. 1. 711 ; Cass. 4 mars 1857, Dal. 57. 1. 112.

[2] Seine, 20 août 1884, *Journal*, 1885, p. 76.

[3] Disons en passant que la jurisprudence considère les art. 1394 et 1395 comme édictant des règles de formes : Montpellier, 25 août 1844, Sir. 45. 2. 7 ; Toulouse, 7 mai 1866, D. 66, 2. 109 ; Cass. 24 déc. 1867, Sir. 68. 1. 134. — Sur la publicité du contrat de mariage en vertu de l'art. 67, C. Co : voyez Cass. 20 avril 1869, Sir. 69. 1. 359 ; Rennes, 4 mars 1880, Sir. 81. 2. 265. — Sur la portée extraterritoriale du contrat de mariage exprès ou tacite, Seine, 8 déc. 1888, VINCENT, *supplément*, 1888, p. 32.

[4] Ni M. LAURENT, ni la commission extraparlementaire qui lui a été substituée, n'ont consacré dans leurs avant-projets d'article spécial au régime matrimonial, rattaché implicitement à la matière des conventions. Néanmoins, celle-ci recommande fortement, au cas de défaut de contrat, la présomption qui aboutit à l'application de la loi na-

tionale : *Revue*, 1886, p. 480 à 482. Voyez les critiques de M. LAINÉ *Bulletin de la Société de lég. comp.* 1890, p. 553.

L'Institut de droit international s'est aussi occupé de ces questions. En 1883, propositions de MM. ARNTZ et WESTLAKE en faveur de la loi de la nationalité, avec réserve au profit de la législation immobilière dans chaque pays : *Annuaire*, 1883-1885, p. 44. En 1885, propositions, de M. KŒNIG, en faveur de la loi du domicile, et propositions de MM. de BAR et BRUSA, en faveur de la loi nationale, avec réserves pour la propriété immobilière : *Annuaire*, 1885-1886, p.75, 76 et p. 69, 70. Question ajournée en 1887 : *Annuaire*, 1887-1888, p.90. A la session de Lausanne, en 1888, le comité de rédaction, s'inspirant des votes émis par l'Institut en ce qui concerne le mariage, propose des textes qui attribuent compétence à la loi de la nationalité du mari au moment du mariage, avec réserve pour la propriété immobilière. Finalement, l'Institut, en séance plénière du 5 septembre 1888, a voté, après de légères modifications, le projet présenté par la commission formée à Lausanne. Voici ces conclusions : « Le régime des biens des époux embrasse tous les biens des époux, tant mobiliers qu'immobiliers, sauf les immeubles qui sont régis par une loi spéciale ». — « A défaut d'un contrat de mariage, la loi du domicile matrimonial — c'est-à-dire du premier établissement des époux, — régit les droits patrimoniaux des époux, s'il n'appert pas des circonstances ou des faits l'intention contraire des parties. » — « Un changement du domicile ou de la nationalité des époux ou du mari n'a aucune influence sur le régime une fois établi entre les époux, sauf les droits des tiers. » *Annuaire*, 1888-1889, p. 60, 61, 66, 77, 78.

CHAPITRE SIXIÈME.

Des successions ab intestat,
Des donations entre-vifs, et des testaments.

Les textes. — Les principes.

Le rôle du domicile dans la matière des successions *ab intestat* soulève des controverses plus graves peut-être qu'en toute autre, et pour deux raisons : les précédents semblent avoir assez de cohésion pour constituer une tradition qui s'impose, et l'art. 3 du Code Civil, au moins dans l'opinion générale, a statué implicitement, mais nettement, sur les conflits des lois successorales. A l'inverse de ce que nous avons vu si souvent se produire, nous serions liés par les solutions de l'ancien droit et nous aurions même un texte à respecter. Il faut se prononcer sur ces deux questions préjudicielles, avant d'arriver à l'étude détaillée de la doctrine et de la jurisprudence modernes.

Tous les historiens de la théorie des statuts s'accordent pour reconnaître que, dans l'ancienne doctrine, les successions aux immeubles rentraient dans le statut réel : elles en étaient la principale application, l'exemple constamment cité[1]. Quelques jurisconsultes italiens, et, en

---

[1] Lainé, tome II, p. 292 et p. 297 ; *Bulletin de la Société de législation comparé*, 1e890, p. 529.

France, Cujas, essayèrent inutilement de les rattacher au statut personnel : cette opinion ne prévalut pas, elle passa presque inaperçue[1]. La règle s'était formée d'elle-même aux premiers temps de l'époque féodale, et elle s'est maintenue, sinon toujours clairement entendue, en tout cas, invariablement respectée, jusqu'à la fin de l'ancien régime. La nécessité d'assurer le service des fiefs l'avait d'abord justifiée. Ce fut ensuite le principe de stricte territorialité des coutumes. Enfin au XVIIIe siècle, on mit en avant l'idée de conservation des biens dans les familles, la considération du bien de l'Etat intéressé à l'existence d'une noblesse puissante, raisons dont la valeur a plus d'apparence que de solidité[2]. Quoi qu'il en soit, le principe, certain, aboutissait à démembrer la succession aux immeubles en autant de successions particulières qu'il y avait de biens situés dans le ressort de coutumes différentes : *quot bona diversis territoriis obnoxia, tot hereditates*[3].

La succession aux meubles était, au contraire, régie par une loi unique, au moyen des deux adages célèbres, déjà cités ailleurs, mais trouvant ici seulement leur véritable application, *mobilia sequuntur personam, mobilia ossibus personæ inhærent* ; ils donnaient compétence à la loi du domicile. Mais en quelle qualité la loi du domicile était-elle prise dans l'espèce? Nous avons eu l'occasion de dire, en traitant du régime des meubles, que les auteurs

[1] Lainé, tome II, p. 284, 289 à 291, p. 297; *Bulletin de la Société de législation comparée*, 1890, p. 531 à 533; Laurent, tome VI, p. 227, n° 129.

[2] Lainé, tome II, p. 282 à 284, p. 297 à 303; *Bulletin de la Société de législation comparée*, 1890, p. 538, 540, 541; Laurent, tome VI, p. 388, n° 221.

[3] Lainé, tome II, p. 285.

s'étaient partagés à peu près également entre deux opinions. Pour les uns, les meubles étaient fictivement situés au domicile et la règle était de statut réel ; pour les autres, les meubles n'avaient pas de situation, étaient censés adhérer à la personne même et étaient régis, comme tels, par la loi du statut personnel[1]. Finalement, c'était toujours la loi du domicile qui était appliquée. Le débat n'avait donc pas un grand intérêt pour les anciens auteurs. Il en aurait un très grand pour les auteurs modernes, s'il était démontré que l'une des deux explications l'emportait sur l'autre, parce qu'alors la compétence pourrait appartenir aujourd'hui, ou à la loi du domicile, ou à la loi nationale. Le plus récent historien de la théorie des statuts a énergiquement soutenu que la règle des successions mobilières était de statut réel. La marche des idées l'impose, d'après lui. Les coutumes étaient étroitement territoriales. Il fallut bien accepter, parce qu'il y avait là une nécessité politique, les inconvénients qui résultaient du démembrement de la succession immobilière : pour les meubles, comme les inconvénients n'étaient compensés par aucun avantage, on rétablit l'unité de la succession, mais sans changer le principe fondamental de la réalité, grâce à l'expédient qui consista à donner aux meubles, à la place de leur situation réelle et diverse, une situation fictive et unique au domicile. Ce sont là les seules idées qu'il soit raisonnable de prêter aux hommes du temps où la règle s'est produite : ils n'ont pu songer à rattacher la succession mobilière à la famille, alors que la succession principale,

---

[1] LAINÉ, tome II, p. 244, 245, p. 272 à 274 ; *Bulletin de la Société de législation comparée*, 1890, p. 455, 458 ; LAURENT, tome II, p. 245, n° 115 ; tome VI, p. 239, n° 135.

la succession aux immeubles, en était séparée, cette com-
binaison eût été trop savante ; ils n'ont pas même pu la
rattacher à la loi du domicile par l'idée que les meubles
sont des accessoires de la personne, parce que les considérations,qui avaient fait adopter cette loi pour l'état et la
capacité des personnes, ne pouvaient s'appliquer à la transmission des meubles. Il suffit, pour s'en convaincre, de se
rappeler justement avec quelles difficultés s'introduisait
vers le même moment, pour l'état et la capacié des personnes, la notion d'une loi unique et extraterritoriale.
Aussi, est-il permis d'écarter, comme une dissidence de
gravité secondaire, malgré le nombre et l'autorité des
auteurs qui l'ont acceptée, l'opinion qui faisait de la règle
mobilia sequuntur personam une règle de statut personnel[1]. Cette démonstration est pleine de sens, mais n'abou-
tit-elle pas à une conclusion téméraire ? L'interprète du
Code Civil, pour fixer sa voie, est-il tenu de rechercher ce
qu'auraient dû penser une moitié des anciens auteurs, et
d'augmenter ainsi le poids des précédents qui pèseront sur
son examen et sur sa décision ? N'a-t-il pas le droit de
constater le dissentiment profond qui existait en fait, et
de dire qu'il a la liberté du choix ?

Cette analyse de l'ancienne doctrine ne serait pas
complète, si nous n'ajoutions que, quelquefois, les auteurs,
oubliant les idées, qui, d'après eux, étaient le fondement
du régime successoral, expliquaient plusieurs solutions
particulières en donnant à la loi un caractère personnel,
et que, souvent, embarrassés par le démembrement de la
succession, un plus grand nombre étaient contraints de

---

[1] LAINÉ, tome II, p. 246 à 253 ; *Bulletin de la Société de législation comparée*, 1890, p. 454.

la supposer une, notamment pour le paiement des dettes ou le calcul de la réserve des quatre quints des propres[1]. Ces difficultés étaient même devenues si apparentes et si gênantes, que Boullenois exprima le vœu que le Prince, usant de son autorité souveraine, soumît chaque succession à une loi unique, la loi du domicile du défunt. Mais Boullenois ne faisait pas, de cette loi successorale, une loi de statut personnel. Il demandait seulement pour chaque succession une loi propre et utile à éteindre les procès ; cette loi, dans sa pensée, restait réelle. Cette conception n'avait, de la sorte, aucun fondement rationnel [2].

Voilà les précédents. Il faut immédiatement placer à côté le paragraphe de l'article 3 du C.C. qui doit nous dire si, oui ou non, la tradition de l'ancien droit, en matière de succession, est maintenue : « Les immeubles, même ceux possédés par des étrangers, sont régis par la loi française. » Nous savons à la suite de quels remaniements, opérés presque sans observation, l'art. 3 a été établi. Il ne nous reste plus qu'à connaître les commentaires dont a été l'objet le paragraphe second, lors de la présentation définitive. Ils sont si courts que nous pouvons les citer. Dans l'exposé des motifs, Portalis s'exprime ainsi : « Les lois qui règlent la disposition des biens sont appelées réelles ; ces lois régissent les immeubles, lors même qu'ils sont possédés par des étrangers. » Puis, après une définition du domaine éminent du souverain, il a conclu de la sorte : « Il est donc de l'essence même des choses, que les

---

[1] Lainé, tome II, p. 303 à 307 ; p. 307 à 311 ; p. 317 à 320. Voyez encore p. 311 à 317.

[2] Lainé, tome II, p. 320 à 328 ; *Bulletin de la Société de législation comparée*, 1890, p. 541.

immeubles, dont l'ensemble forme le territoire public d'un peuple, soient exclusivement régis par les lois de ce peuple, quoiqu'une partie de ces immeubles puisse être possédée par des étrangers [1]. » Voici la brève réflexion du tribun Grenier, lors de la communication officielle au Tribunat : « Que les immeubles suivent la loi du territoire sur lequel ils sont situés, cela est incontestable ; sans quoi il y aurait dans un état autant de statuts réels que de possesseurs étrangers de différentes parties du sol, ce qui serait absurde. » [2] Devant le Corps législatif, le tribun Faure n'a guère été plus long : « A l'égard des biens, il suffit qu'ils soient situés en France pour que la loi de France les régisse. Peu importe d'ailleurs que le propriétaire soit Français ou étranger ; car il ne peut y avoir, pour régir ces biens, que les lois du pays au territoire duquel ils sont attachés. Tel est le statut réel. On a toujours compté en France autant de statuts réels qu'il y avait de coutumes et d'usages locaux ; désormais il n'y en aura plus qu'un seul, puisque nous aurons un Code uniforme pour toute la République. » [3]. Si nous rappelons, enfin, que nous avons démontré, dans l'introduction, que les rédacteurs du Code Civil avaient voulu, dans l'art. 3, consacrer les solutions incontestées de la théorie des statuts, nous aurons sous les yeux tous les éléments de la discussion.

Il semble bien qu'aucune hésitation ne soit possible. Quelques auteurs, cependant, se sont séparés de l'ensemble de la doctrine, et récusent purement et simplement

----

[1] FENET, tome VI, p. 357, 358.

[2] FENET, tome VI, p. 375.

FENET, tome VI, p. 385.

l'autorité de l'art. 3 dans la matière des successions : pour eux, l'art. 3, alinéa 2, du Code Civil n'a trait qu'à l'organisation juridique des droits dont chaque immeuble, pris en particulier, est susceptible [1]. Cette explication s'accommode peut-être de la lettre de l'article. Nous estimons, avec la très grande majorité des auteurs, qu'elle en viole ouvertement l'esprit [2]. Nous admettons donc que, dans notre matière, la loi confirme la tradition, et que, malgré toutes les objections théoriques et de fait, en dépit du vœu obscurément formulé de Boullenois, il y a lieu de distinguer les successions immobilières et les succeesions mobilières. Des premières, régies par la loi de la situation, nous n'avons plus rien à dire : nous ne nous en étions occupé que pour faire connaître la portée générale de l'art. 3. Mais nous restons en présence des successions mobilières, sur lesquelles ce même article garde le silence. Elles étaient autrefois régies par la loi du domicile. Que faut-il décider aujourd'hui ?

Sur cette question subsidiaire, et qui doit, elle aussi, se résoudre par les précédents, si les précédents s'imposent,

---

[1] ANTOINE, no 64 ; ARNTZ, tome I, n° 72 ; BERTAULD, tome I, p. 65, n° 94 et p. 68, n° 96 bis ; DURAND, p. 392, n° CXCI ; LABBÉ, note sous Cass. 20 février 1882, Sirey, 82.1.145 ; WEISS, p. 682, 683.

[2] AUBRY et RAU, tome I, p. 99 ; BARDE, p. 107 à 109 ; CH. BROCHER, tome I, p. 410 ; CHABOT de l'ALLIER, *Commentaire sur la loi des successions*, tome I, p. 90 et suiv. ; DEMANGEAT, *Condition des étrangers*, p. 336, 337 ; DEMOLOMBE, tome I, 4e édit. p. 98, n° 91 ; LAINÉ, tome II, p. 292 ; *Bulletin de la Société de législation comparée*, 1890, p. 528, 530 ; LAURENT, tome II, p. 214, no 114, p. 217, n° 116 ; p. 219, n° 117 ; tome VI, p. 229, n° 130 ; MERLIN, *Rép.* au mot : « *Loi* » § VI, n° II ; RENAULT, *De la succession ab intestat*, p. 12 ; SURVILLE et ARTHUYS, p. 342, n° 343.

la doctrine est plus divisée que sur la question principale.
Et cette division tient précisément à ce que les auteurs
hésitent sur le caractère reconnu autrefois à la règle *mobilia sequuntur personam.* Etait-elle de statut réel, c'est
encore la loi du domicile, lieu de la situation fictive, qui
gouvernera la succession mobilière. Etait-elle de statut
personnel, ce sera la loi nationale, puisqu'aujourd'hui la
loi nationale régit le statut personnel. L'historien de la
théorie des statuts, dont nous avons plus haut rapporté le
sentiment, et d'après lequel, par ses origines, la règle *mobilia sequuntur personam* rentrait évidemment dans le
statut réel, estime que cette règle du statut réel, maintenue expressément pour les immeubles, ne saurait avoir
été écartée implicitement pour les meubles [1]. Un second
auteur, qui rappelle les deux explications de l'ancien droit,
sans se prononcer entre elles avec beaucoup de conviction,
soutient, cependant, la compétence actuelle de la loi du domicile par toute une série d'arguments. En ne disant rien,
les rédacteurs du Code Civil ont probablement voulu choisir
celui des deux anciens systèmes, qui permettait de maintenir le domicile comme base, par préférence à celui qui
semblait réclamer une modification de l'ancienne formule;
l'idée de faire rentrer la fortune mobilière dans un statut
personnel, soumis à la loi de la patrie, était bien nouvelle
en 1803, il aurait fallu un texte; l'ensemble des règles
adoptées suppose le maintien des anciennes règles sur le
domicile et la fortune mobilière, telles sont les dispositions
sur le lieu d'ouverture de la succession, sur la compétence
du tribunal appelé à connaître des difficultés relatives aux

---

[1] LAINÉ, tome II, p. 246; *Bulletin de la Société de législation comparée,* 1890, p. 459.

meubles, et des différends entre héritiers, sur le lieu où
doivent se faire les renonciations à succession ou les accep-
tations sous bénéfice d'inventaire : art. 110, 784, 793, C. C. ;
59 C. Pr. Cet auteur se prévaut, en outre, du rejet de la
disposition du projet de livre préliminaire, rapportée par
nous au chapitre du régime des meubles, et aux termes de
laquelle le mobilier du citoyen français était régi par la
loi française comme sa personne [1]. Toutes ces raisons en
faveur de la loi du domicile sont loin d'être décisives. Sur
le fait de l'intention prêtée aux rédacteurs du Code Civil, on
peut répondre que c'est une supposition gratuite. L'idée
de faire rentrer la fortune mobilière dans un statut personnel, même soumis à la loi de la patrie, n'était pas si
nouvelle en 1803, puisque c'était déjà l'idée de la moitié
des anciens auteurs, qui, il est vrai, n'avaient à leur disposition que le domicile pour régler le statut personnel.
Il aurait fallu un texte pour établir la compétence de la
loi nationale ; mais ce même auteur avoue, un peu plus
loin [2], qu'il comprend qu'on ait reculé devant l'idée
d'énoncer textuellement le principe du domicile comme
base de la fortune mobilière, parce qu'il aurait fallu y
ajouter une réglementation difficile à formuler, et que la
question a été renvoyée à la doctrine : la compétence de
la loi du domicile ne s'explique donc pas d'elle-même. Quant
aux textes relatifs à diverses matières des successions,
l'argument qu'on en tire n'est rien moins que probant :
ces dispositions concernent plutôt la procédure que le fond
du droit et seraient certainement maintenues dans un
système qui proclamerait expressément compétente la loi

---

[1] CH. BROCHER, tome I, p. 118 à 121.

[2] CH. BROCHER, tome I, p. 122.

nationale. Enfin, il est inexact de parler du rejet de la disposition que contenait le projet de livre préliminaire : elle n'a fait l'objet d'aucun vote, elle a disparu des textes définitifs, sans qu'aucune explication eût été donnée. Il semble bien plus logique de tirer, de cette disposition, un argument en faveur de l'opinion qui soumet la succession mobilière à la loi nationale. Si cette disposition, en effet, n'allait pas de soi, appliquée aux meubles pris individuellement, et si nous avons cru devoir en récuser l'autorité pour le régime des biens, elle s'adaptait assez bien, au contraire, dans son énoncé général, à la matière des successions. Elle montre, en tout cas, que la situation nouvelle créée par la rédaction d'un Code unique, était clairement entrevue ; et cette observation se confirme de la remarque que Tronchet, à propos du texte qui est devenu le paragraphe premier de l'art. 3, avait fait, de nouveau, la proposition de placer les meubles du Français sous l'empire de la loi française. Aussi, d'autres auteurs, prenant acte des divisions de l'ancienne doctrine sur le fondement de la règle *mobilia sequuntur personam,* et s'appuyant sur cette considération capitale que les statutaires s'attachaient moins, en somme, à chercher l'explication vraie de la règle qu'à en constater le résultat, qui était de soumettre à la même loi la succession mobilière et le statut personnel, décident-ils que la loi nationale, qui régit aujourd'hui l'état et la capacité des personnes, gouverne également la succession aux meubles, par voie de conséquence [1]. Tout ce que nous avons dit, dans l'introduction, sur l'effacement du domicile dans les

---

[1] Laurent, tome II, p. 219, n⁰ 117 ; tome VI, p. 240, n· 136 ; p. 289, n· 161 ; Renault, *op. cit.* p. 15 à 18 ; Surville et Arthuys, p. 344, n· 344.

travaux préparatoires nous paraît, en effet, recommander cette solution.

C'est donc, finalement, contre la loi du domicile que le droit positif actuel nous paraît s'être prononcé. Nous verrons, plus tard, que la jurisprudence presque unanime accepte, au contraire, la compétence de cette même loi. Cette contradiction nous oblige à rechercher quelle est, en raison, la loi la mieux appropriée au régime des successions. Mais il faut convenir que cette discussion se présente à nous dans des conditions assez fausses, puisque l'examen de la compétence de nos deux lois est limité à une fraction de la succession. Il semble bien difficile de ne pas être amené à discuter la valeur propre de la loi qui régit l'autre moitié de la succession, la loi de la situation : ne pourrait-elle pas, elle aussi, convenir à la succession aux meubles? Et l'étude de ces trois lois ne va-t-elle pas aussitôt nous conduire à examiner cette autre question, dont on ne saurait dire si elle est, ou non, une question préjudicielle : la succession doit-elle rester une ou peut-elle être démembrée? Ici, comme ailleurs, la critique de la compétence de la loi du domicile nous force à élargir le champ de notre discussion.

Nous ne voudrions pas, cependant, paraître esquiver une objection que suggère la règle de l'art. 3 ; étant donné que le texte démembre la succession et soumet les immeubles à la loi de la situation, n'y a-t-il pas lieu, d'abord, de se préoccuper de savoir, au point de vue rationnel, laquelle, de la loi du domicile ou de la loi nationale, donne, à la succession aux meubles, une organisation qui concorde le mieux avec l'organisation donnée à la succession aux immeubles ? La question est un peu arbitraire : car elle suppose la volonté chez les rédacteurs du Code Civil de fonder un système homogène. Il resterait à démontrer l'existence de cette volonté, et la tâche est impossible: aucun mot n'a été dit des conflits de loi en matière de succession. Nous ne savons rien autre chose, sinon qu'on a voulu reproduire les principales bases de la théorie des statuts, et nous n'avons pas à rouvrir un débat que nous venons à peine de clore. Cependant, la compétence que nous avons reconnue à la loi nationale pour la succession mobilière, et qui, nous pouvons le dire sans empiéter gravement sur des explications à venir, rattache celle-ci à l'organisation de la famille, a paru à quelques uns [1] inacceptable, parce qu'elle formait, avec la loi des successions immobilières, qui est une loi d'organisation foncière, une disparate violente. Cette disparate existe, sans doute. Mais n'existait-elle pas déjà, moins nettement accusée peut-être, dans l'ancien droit ? Ceux qui veulent l'ôter de la loi en sont réduits à corriger une moitié de l'ancienne doctrine. N'est-il pas aussi correct de reconnaître cette disparate ? Cette symétrie, que l'on obtient avec la loi du domicile, appuyée de l'idée de situation fictive, et qui fait ainsi rentrer toute la succession dans le statut réel, n'est, d'ailleurs, qu'une symétrie apparente. Pourrait-on soutenir bien longtemps que cette loi réelle du domicile est, elle aussi, une loi d'organisation de la propriété ? Ce statut réel, prétendu, fictif, n'avait-il pas été imaginé simplement pour empêcher l'éparpillement de la succession mobilière, bénéfice que la loi nationale nous procure aussi et à moins de frais ? Nous pouvons donc, cette objection préliminaire étant écartée, étudier, à un point de vue général, la compétence de la loi du domicile, par

---

[1] LAINÉ, tome II, p. 250.

comparaison avec la loi nationale et avec la loi de la situation.

Nous examinerons, en premier lieu, la loi de la situation, parce que, si cette loi était compétente, une grave
question se trouverait supprimée, que la loi nationale et
la loi du domicile s'offrent à résoudre, et qui est celle-ci :
la succession doit-elle rester une ? La loi de la situation
s'impose à nous pour les immeubles ; quelques auteurs,
qui ne s'estiment pas liés par les précédents, l'ont même
étendue aux meubles [1]. Par quels motifs se justifie-t-elle ?
Exclusivement par des motifs d'ordre politique. Les auteurs répètent à l'envi, en ce qui concerne les immeubles,
qu'aucune nation ne peut consentir à ce que la base matérielle de l'Etat soit soumise à une autre loi que la loi du
territoire : ce serait presque une abdication de la souveraineté [2]. Si ces motifs étaient exacts, on s'étonnerait
à bon droit que la loi de la situation ne soit proposée pour
les meubles que par une toute petite minorité : la fortune
mobilière est devenue économiquement l'égale de la fortune immobilière, et l'intérêt politique de l'Etat exigerait
tout aussi bien la soumission à la loi territoriale des rentes
sur l'Etat que des maisons. Si l'on se place dans cet
ordre d'idées, il faut bien reconnaître l'exactitude de l'affirmation d'un auteur, d'après lequel, même en matière
de succession, il est faux de prétendre que les meubles

---

[1] Ducaurroy Bonnier et Roustain, tome I, p. 14, n· 15.

[2] Aubry et Rau, tome I, p. 99, 100, 101, 102 ; Chabot de l'Allier,
Commentaire sur la loi des successions, tome I, p. 90 et suiv. ;
Demangeat, *Condition des étrangers*, p. 336 à 339 ; Demangeat sur
Fœlix, tome I, p. 144 ; Demolombe, tome I, 4e édit. p. 89 à 91, nᵒˢ 79
à 82, et p. 98, n· 91 ; Fœlix, tome I, p. 125, n· 61, p. 139, n· 66 ;
Rodière, *Revue de lég*. 1850, tome I, p. 182 à 184.

n'ont pas de situation véritable : la fiction de la situation
au domicile ne se fonde sur rien et ne sert à rien, car le
souverain du domicile n'a aucun moyen de faire respec
ter ses lois sur les meubles qui se trouvent hors du pays
soumis à sa puissance [1]. L'intérêt politique est encore
quelquefois invoqué sous une forme atténuée, avec l'idée
de conservation des biens dans les familles [2]. Ces considérations politiques sont trop exclusives pour contenir la
vérité. Elles perdent de vue le but final des lois de succession. Ce but est une certaine distribution des biens, à
l'effet d'arriver à une certaine organisation de la famille :
c'est la condition des personnes, plus que celle des biens,
qui est envisagée dans les lois de succession. Et les motifs, qui dirigent la décision du législateur, n'ont toute leur
valeur que dans l'hypothèse, où tous les intéressés sont
des nationaux. Si l'on devait prendre à la lettre les motifs donnés, la conséquence dernière serait, non pas de
rendre obligatoire la loi de la situation, mais d'exclure
de tout droit de succession les étrangers. Le danger pour
l'Etat n'est pas que les biens soient distribués d'après une
loi qui n'est pas la sienne, mais la détention d'une portion considérable de la fortune publique par d'autres que
ses ressortissants. L'application de la loi territoriale
aboutit, enfin, à des conséquences incompatibles avec l'i-
dée même de succession : il suffit de constater que, pour
le paiement des dettes, l'obligation au rapport, l'attribution et le calcul de la réserve, la faculté d'accepter ou de

---

[1] MARCADÉ, tome I, n° 78. — Voyez encore des considérations en faveur de l'application de la loi territoriale aux meubles, dans DEMAN-
GEAT, *Condition des étrangers*, p. 386.

[2] DURANTON, tome I, n° 84.

renoncer, on a autant de réglements différents qu'il y a de
territoires sur lesquels se trouvent des biens ayant appar-
tenu au défunt. Ces anomalies ont enlevé tout crédit à la
loi du territoire[1], et c'est seulement entre les lois qui res-
pectent l'unité du patrimoine et de la succession, qu'un
débat théorique peut aujourd'hui s'élever : la loi du domicile ou la loi nationale du défunt.

La loi du domicile peut être étudiée à un double titre :
appliquée aux successions mobilières seulement, en vertu
d'une certaine interprétation de l'art. 3, ou bien appliquée
à l'ensemble de la succession. Dans la première application,
elle compte quelques partisans, héritiers d'une partie de
l'ancienne doctrine ; dans la seconde application, elle
paraît bien n'en compter qu'un seul et qui ne relève que
de lui-même.

Quand il s'agit de la succession aux meubles seulement,
la compétence de la loi du domicile est justifiée par l'idée
de la situation fictive au domicile. Mais les confusions de
l'ancien droit sont volontiers reproduites. C'est ainsi que
Fœlix dit que la succession mobilière est régie par la même
loi qui régit l'état et la capacité, mais que, dans l'espèce,
cette loi est réelle[2]. En revanche, Aubry et Rau remarquent
que la formule *mobilia sequuntur personam* donne moins
la raison que le résultat de la règle ; d'après eux, les
vrais motifs de l'application de la loi du domicile sont les

ARNTZ, tome 1, n° 72 ; BERTAULD, tome I, p. 65 à 67, n° 94 à 96 ;
DURAND, p. 382, n° CLXXXVI ; p. 388, n°s CLXXXVIII et CLXXXIX ; p.
394, n° CXCII ; RENAULT, *op. cit.* p. 8 et 15; SURVILLE et ARTHUYS, p. 341,
n° 342; WEISS, p. 677 à 679. — Voyez ASSER, p. 132 à 135, n° 61; FIORE,
p. 598, n° 388, p. 599, n° 390 ; p. 604, n° 395.

 2 FŒLIX, tome 1, p. 125 à 134, n° 61. — Voyez encore MASSÉ, tome I,
p. 484, n° 554.

deux considérations suivantes : il serait peu rationnel de
faire dépendre le règlement des successions mobilières de
la circonstance, purement fortuite, qu'une personne, décé-
dée à l'étranger, y aurait apporté des valeurs mobilières
plus ou moins considérables ; d'un autre côté, la crainte
de voir appliquer une loi étrangère au règlement des successions mobilières pourrait, au détriment commun de
toutes les nations, former obstacle aux établissements et
même aux voyages en pays étranger [1]. Il faut, d'ailleurs,
rendre compte, en droit, de la possibilité de cette situation
fictive. Une fiction est une création de la loi : il n'y a pas
de difficulté, quand les meubles sont tous situés sur un
territoire soumis à la même souveraineté que le domicile ;
mais, quand les meubles et le domicile sont situés dans
deux territoires soumis à deux souverainetés différentes,
sur quoi la fiction s'appuiera-t-elle ? Où est la loi universelle qui établira son autorité ? Merlin lui donne pour base
la courtoisie internationale [2]. Aubry et Rau parlent également de concession. Mais il semble qu'une règle solide
de droit ne devrait pas se fonder que sur un consentement
bienveillant, qui peut toujours être refusé. A presque toutes
ces explications, on peut faire le reproche de nous dire
comment les successions mobilières sont rattachées au
domicile, et de ne pas nous dire pourquoi. Une fois le
lien établi, il faudrait en rendre compte. Si la succession mobilière est régie par la loi qui gouverne l'état et
la capacité des personnes et que, néanmoins, en ce qui la
concerne, cette loi soit réelle, quelle raison explique que

---

[1] AUBRY et RAU, tome I. p. 102, 103.

[2] MERLIN, *Rép.* au mot « *Jugement* » § VII bis, p. 208,209, et au mot
« *Loi* » § V, n· III. Voyez aussi LAURENT, tome II, p. 217, n· 116.

l'analogie d'abord indiquée n'ait pas été suivie ? L'intérêt
respectif des Etats est assurément un de leurs mobiles les
plus actifs dans l'établissement de leurs relations réci-
proques ; mais si cet intérêt nous permet de comprendre
que l'Etat, sur le territoire duquel un étranger est décédé,
ne veuille pas imposer sa loi à la succession, il ne nous
éclaire pas sur les motifs qui, entre les divers rapports de
droit, par lesquels cet étranger relevait de son pays d'origine, ont fait donner la préférence au domicile. Nous
devons reconnaître, d'ailleurs, que l'opinion d'Aubry et
Rau pourrait aussi s'entendre de la loi nationale, et que,
tout en nous croyant autorisé par l'ensemble de leur
exposé, à les placer parmi les partisans de la loi du domicile, nous avons donné à leur doctrine une précision
qu'elle n'a pas, au moins dans la forme. Enfin, la fiction
de la situation nous fait sentir que l'on avait impérieusement besoin d'unité dans le règlement de la succession ;
mais cette unité est-elle établie laborieusement pour satisfaire simplement à des difficultés pratiques? Ne peut-elle
pas correspondre à une notion plus haute ? Depuis l'époque où Merlin écrivait, en outre, une catégorie de meubles
incorporels s'est développée, les droits dans ou contre les
sociétés, pour lesquels cette réunion fictive au domicile
demanderait à être plus longuement expliquée, puisque,
étant des portions d'un tout qui a un siège immuable, ils
ont une situation aussi stable et aussi facile à connaître
que celle des immeubles.[1].

La compétence de la loi du domicile pour l'ensemble
de la succession est soutenue, par l'auteur qui la propose, au moyen d'arguments nouveaux. Les lois qui défè-

___

[1] LABBÉ, note sous Cass. 22 février 1882, Sirey, 1882.1.393.

rent la succession *ab intestat* sont, avant tout, des lois interprétatives ou supplétives de la volonté. Si le *de cujus* avait fait un testament, cet acte de volonté aurait eu effet en tous lieux. Le statut personnel du *de cujus* aurait réglé la valeur et l'efficacité du témoignage exprès de ses intentions. Pourquoi la loi du *de cujus* étranger ne ferait-elle pas ce que son testament aurait pu faire ? On ne doute point qu'un testateur étranger puisse valablement disposer à l'étranger, suivant des formes testamentaires qui ne sont autorisées que par sa loi nationale, de ceux de ses immeubles dont il est propriétaire sur notre territoire : l'art. 3 ne fait pas obstacle à la règle *locus regit actum* : pourquoi ferait-il échec à la loi qui exprime la volonté présumée du défunt ? Quelle est maintenant cette loi ? C'est la loi du lieu de l'ouverture de la succession. La succession, universalité idéale, représente le défunt ; elle a fictivement le même siège que lui. C'est donc la loi du domicile qui doit la gouverner [1].

Avec cette doctrine, nous avons enfin une explication qui essaie d'aller au fond des choses. L'unité de dévolution est doublement justifiée, et par l'idée de volonté présumée, et par la notion de l'indivisibilité du patrimoine. L'idée de volonté suffisait également à légitimer l'application extraterritoriale de la loi de la succession : l'argument d'analogie tiré de la règle *locus regit actum* n'apporte aucune force nouvelle, et il a peut-être le tort d'exagérer l'assimilation entre le testament exprès et la loi successorale, en ce que, pour celle-ci, aucune question de forme n'est soulevée. Mais ce qui reste insuffisamment expliqué dans cette doctrine, c'est la

---

[1] BERTAULD, tome I, p. 62, n° 90; p. 63, n° 91 ; p. 65, n° 94; p. 68 n° 96 bis. — Voyez SAVIGNY, tome VIII, p. 290 à 306.

relation établie entre la volonté présumée du défunt et le
domicile de celui-ci. L'auteur insiste sur cette considération que cette universalité, qui est la succession, et qui
représente le défunt, a le même siège que lui, et doit être
par suite dévolue d'après la loi qui règne dans ce lieu. Mais il
resterait à démontrer que la volonté du défunt était, ou pouvait être, conforme à la loi de ce lieu, où son patrimoine
continue de le représenter après sa mort. Il aurait fallu
entrer dans l'analyse de cette volonté, pour rechercher
les circonstances, les préoccupations qui étaient de nature
à l'influencer, et montrer la part prépondérante qu'il fallait
reconnaître au domicile. Cette preuve était d'autant plus
intéressante à faire, que l'auteur argumente de ce que la
loi du statut personnel aurait régi le testament exprès ; or,
d'après cet auteur, le statut personnel relève de la loi nationale. L'auteur n'aurait pas dû oublier, non plus, d'écarter certaines objections qui se présentent à l'esprit, dès qu'on parle
du domicile : notamment, la difficulté qu'il y a quelquefois à
fixer où est le domicile entre deux établissements dont l'importance est au premier abord égale[1] . De ces deux établissements, sera-ce toujours celui qui constitue le domicile
vrai, qui donnera les indications les plus sûres sur la
volonté probable du défunt pour le règlement de sa succession ? Et comment suppléera-t-on à la volonté non exprimée de celui dont on ne connaît pas le domicile ? Mais,
laissant de côté ces hypothèses, après tout exceptionnelles, il aurait encore fallu justifier que la volonté de la
personne sur le règlement de sa succession se modifie
avec chaque domicile nouveau qu'elle acquiert. Les lois
de ces domiciles peuvent être fort diverses : la volonté de

1 Renault, *op. cit.* p. 10.

la personne ne reste-t-elle pas identique à elle-même, malgré ces déplacements ? Et si elle varie, est-ce bien le changement de domicile qui en est la cause ? En résumé, le domicile, pris comme élément unique de présomption de
volonté, est insuffisant. Aurait-il plus de valeur, si on en
usait à un autre titre ? Personne ne l'a proposé, en tant
du moins qu'il s'agirait de faire, du domicile, le principe
par excellence de compétence législative en ces matières.

Dans les deux systèmes de la loi de la situation et de la loi
du domicile, tels du moins qu'ils sont proposés et défen-
dus, une lacune grave existe, qui saute immédiatement aux
yeux : il n'est rien dit du lien évident qui rattache les successions à l'organisation de la famille. Ce lien est l'élément
prépondérant du régime des successions dans nos sociétés
modernes, nous pourrions dire dans les sociétés de tous
les temps, car il n'a été brisé ou relâché que dans les
sociétés où les nécessités politiques avaient réduit à une
condition subordonnée les droits de l'individu. Nous n'irons
pas jusqu'à dire que l'organisation de la famille est la base
unique du régime des successions. On nous rappellerait, à
bon droit, que, sous le Code Civil, un collatéral du douzième
degré succède avec le père ou la mère du défunt, et qu'un
résultat de cette sorte a été voulu pour des raisons, qui ne
s'inspiraient pas uniquement de l'ordre des affections entre
les membres d'une même famille [1]. Nous avons eu aussi
l'occasion, à propos du dernier système exposé, de parler
du testament : le testament est l'instrument légal mis à la
disposition des personnes qui désirent régler la dévolution
de leurs biens d'après leur propre volonté : cette volonté

---

[1] AUBRY et RAU, tome I, p, 100 ; VALETTE sur PROUDHON, tome I,
p. 97.

ne s'exercera pas toujours au profit de la famille, ou tout
au moins au profit des membres de la famille dans l'ordre
établi par la loi. Enfin, la succession, par cela même qu'elle
touche aux biens, se trouvera en rapports, plus ou moins
fréquents et plus ou moins étroits, avec le régime de la
propriété, sur les territoires où se trouvent les différents
biens qui la composent [1]. La conclusion à tirer de toutes
ces remarques, c'est que, comme beaucoup d'autres matières juridiques, le régime des successions est un sujet
complexe, et qu'il pourra se trouver simultanément soumis
à des influences diverses. Mais ces aspects divers, et, nous
le croyons, secondaires, du sujet, ne l'empêchent pas
d'avoir une physionomie principale, qui -doit imposer la
désignation d'une loi principalement compétente.

Cette physionomie générale du régime des successions,
c'est son intime rapport avec la famille elle-même. L'ordre
successoral, qui est le point le plus important de la matière
des successions, est établi, dans ses grandes lignes, d'après
l'ordre présumé des affections, d'après la proximité des
degrés de parenté. Parent et héritier sont des mots presque
synonymes dans la langue courante. S'il en est ainsi, quelle
est, les grandes relations juridiques, celle qui paraît la
plus apte à gouverner la succession ? Est-ce le domicile ?
Est-ce la nationalité ? Le domicile, à première vue, est déjà
condamné. Le domicile dépend de la volonté : il est mobile.
La parenté n'est ni choisie ni voulue, elle est imposée par
la nature, et elle reste immuable. Serait-il rationnel que la
succession, qui dépend de la parenté, variât avec le domicile ? On change de domicile dans l'intérêt de ses affaires

---

[1] LAINÉ, Bulletin de la Société de lég. com-parée, 1890, p. 537 ;
WEISS, p. 680.

ou pour son plaisir : ces changements laissent intactes les relations de famille, les affections qui servent de fondement à la dévolution successorale. La règle des successions, qui montre le mieux combien le régime des successions et l'organisation de la famille sont étroitement unis, est assurément celle qui établit la réserve, c'est-à-dire cette part de succession que la loi attribue impérativement à certains parents, malgré les manifestations expresses de la volonté contraire du défunt : avec le domicile, la réserve serait presque à la discrétion du *de cujus*, puisqu'il dépendrait de lui, en prenant un domicile nouveau, de la modifier, et peut-être de la supprimer. Le domicile est donc un principe de compétence trop instable pour satisfaire aux besoins juridiques, auxquels doit pourvoir le régime des successions. Reste la nationalité. Sans doute, elle, aussi, peut changer. Mais le fait sera beaucoup plus rare. Il sera toujours déterminé par des motifs graves et qui impliqueront souvent une rupture morale complète avec le passé. Ce n'est point une exagération de dire qu'une naturalisation est le commencement d'une nouvelle vie. La naturalisation n'a certainement pas la force de détruire la parenté établie par le sang ; mais, en sens inverse, il n'y a pas de loi humaine qui ait la puissance de contraindre, d'une manière absolue, la volonté individuelle. C'est l'homme, et non la loi, c'est-à-dire la souveraineté politique, qui, finalement, reste le maître. Les changements possibles dans la nationalité ne sont donc qu'un obstacle, de médiocre fréquence pratique, et d'ailleurs invincible, à la compétence de la loi nationale en matière de succession. Et cette compétence se recommande par la concordance parfaite qui existe entre les notions fondamentales des successions et la nationalité. Ces notions fondamentales sont les rapports

de famille : la loi de la nationalité a essentiellement qualité
pour les gouverner, de même qu'il lui appartient exclusivement de régler l'état et la capacité des personnes. Toutes
ces matières sont le domaine propre de la loi nationale,
parce qu'elles se composent précisément d'éléments primordiaux fournis par la race, le climat, la religion, les
mœurs, qui sont l'essence de l'homme et de la famille, et
qui forment. par l'homme et la famille, la nation. Avec la
loi nationale, le régime des successions est rationnellement
expliqué, dans son ensemble et dans ses détails, dans ses
principes généraux et dans les dérogations à ces principes.
Si, de l'examen rationnel, nous passons à l'application
juridique, la loi nationale donne des résultats non moins
satisfaisants. Elle permet de maintenir l'unité de la succession, sans recourir à des fictions, sans demander assis-
tance à la courtoisie internationale. La succession est un
réglement de famille : il relève de la loi de la souveraineté
personnelle, dont les prérogatives s'imposent à titre de
droits. Cette loi n'a à s'incliner, hors du territoire, que
devant les lois d'ordre public absolu[1].

Mais, en matière de succession, comme en matière
d'état et de capacité, il faut prévoir qu'une personne pourra
n'avoir aucune nationatité, ou au contraire en avoir deux[2].

---

[1] Antoine, n° 64 ; Arntz, tome 1, n° 72 ; Durand, p. 382, n° CLXXXVI ;
p. 388, n° CLXXXXVIII et CLXXXIX ; Labbé, sous Cass. 20 février 1882,
Sir. 82. 1. 145 ; Lainé, *Bulletin de la Société de leg. comp.* 1890, p.
534, 535, 542 à 544 ; Laurent, tome II, p. 213, n° 43 ; tome VI, p.
225, n° 128 ; p. 242, n° 137 ; p. 277 à 279, n°s 154 et 155 ; p. 287, n° 159 ;
p. 289 à 293, n°s 161 à 163 ; Renault, *op. cit.* p. 8 à 10, p. 15 à 18 ;
Surville et Arthuys, p. 344, n° 344 ; p. 348, n° 347, et p. 334 à 337,
n° 336 ; Weiss, p. 680, 681, 682. — Voyez aussi Asser, p. 136, n° 62 ;
Fiore, p. 600, 601, n°s 391, 392 ; p. 603, n° 394 ; p. 608, n° 396.

[2] Weiss, p. 682.

Nous donnerons ici les solutions que nous avons déjà
données pour le statut personnel. Au cas où la personne
n'a aucune nationalité, nous soumettrons sa succession à
la loi de son domicile : après la nationalité, le domicile
est l'élément de droit, qui a le plus grand caractère de
généralité, et qui semble le mieux appelé à fournir un
principe de compétence pour l'ensemble des droits de la
personne. Mais c'est, là, une simple constatation de fait, et
la compétence de la loi du domicile est encore à démontrer
rationnellement. Boullenois ne l'avait pas essayé, ou, du
moins, il n'avait fait appel qu'à des considérations d'utilité.
Le seul auteur moderne, qui ait songé au domicile comme
principe, n'a donné qu'une justification défectueuse, et en
tout cas trop étroite, avec la seule idée de testament tacite [1]. Personne n'a relevé, pour les successions, l'idée,
émise en matière d'état et de capacité, d'un contrat tacite
intervenant entre le nouveau domicilié et la souveraineté
qui gouverne au lieu du domicile. L'existence de ce contrat serait bien difficile à démontrer. Ce que l'on peut
dire de mieux en raison pour le domicile, c'est qu'à défaut
de lien personnel, il faut se rejeter sur le lien territorial [2].
Mais ce lien est-il assez puissant pour donner à la loi du
domicile une portée extraterritoriale : les diverses souverainetés, auxquelles elle voudrait s'imposer, ne pourraient-
elles pas dire que la loi de la situation a un droit égal à
gouverner les biens qui, en fait, sont placés sous son
empire ? Avec le domicile, l'unité de la succession est

---

[1] Sur la valeur de cette idée de testament tacite, voyez LAINÉ, *Bulletin de la Société de législation comparée*, 1890, p. 536, et ASSER, p.
136, n° 62.

[2] RENAULT, *op. cit.* p. 11.

assurément compromise : elle peut être obtenue, elle ne s'impose pas. Au cas où la personne a deux nationalités, la situation est plus compliquée encore. On serait tenté de croire que le domicile pourrait jouer ici un rôle prépondérant et conciliateur, en déterminant le lieu de l'ouverture de la succession et le tribunal compétent. La compétence judiciaire aiderait à fixer, telle quelle, la compétence législative. Cette solution a peu de chances de prévaloir dans les faits. Si les héritiers sont différents d'après les deux lois nationales, ils saisiront respectivement les tribunaux de leur pays, et ceux-ci seront dans l'obligation d'appliquer la loi dont ils relèvent.

Le domicile déterminera encore la loi compétente dans une dernière circonstance : le *de cujus* appartenait à un pays n'ayant pas encore l'unité législative, et, par conséquent, pas de loi nationale. Que le *de cujus* ait été domicilié dans son pays ou en pays étranger, les tribunaux, même des pays où la législation impose la compétence de la loi nationale, appliqueront la loi du domicile du *de cujus* au moment de sa mort. Le domicile est encore ici compétent, faute de mieux. Nous renvoyons, pour établir cette proposition, à ce que nous avons déjà dit, dans l'hypothèse identique, de l'état et de la capacité[1].

En résumé, et tout en regrettant que les vrais principes ne soient pas respectés[2], nous estimons que les règles du droit français, telles qu'elles résultent de l'art. 3 du Code Civil, sont les suivantes : démembrement de la suc-

---

[1] Voyez ci-dessus, pages 188. et 189.

[2] Notons, en passant, que les indigènes des colonies restent presque toujours soumis à leurs lois personnelles. LAURENT, tome VI, p. 285, n° 158.

cession, s'il y a des meubles et des immeubles, compétence exclusive de la loi de la situation pour la succession immobilière, compétence principale de la loi nationale du *de cujus* pour la succession mobilière, avec compétence subsidiaire de la loi du domicile, lorsque l'application de la loi nationale n'est pas possible.

Ce sont ces solutions qui ont été consacrées dans les quelques traités passés par la France avec des pays étrangers, pour le règlement des successions des nationaux respectifs. Les successions immobilières sont régies par la loi de la situation, les successions mobilières par la loi nationale[1]. Il ne faut pas s'étonner que ces traités ne prévoient pas l'hypothèse d'une personne ayant deux nationalités ou n'en ayant aucune : aussi, il n'y est point parlé du domicile[2]. Le domicile aurait pu figurer dans ces traités à un autre titre, comme déterminant le lieu de l'ouverture de la succession, et, par suite, le tribunal compétent. Mais, et c'est une remarque très intéressante à faire, la compétence judiciaire y a été réglée autrement : elle a été subordonnée à la compétence législative, et les seuls tribunaux compétents sont ceux du pays dont la loi est applicable : de telle sorte que, dans une succession qui est composée de meubles et d'immeubles (ceux-ci situés dans l'un et l'autre pays), il y a, parallèllement, deux tribunaux et deux lois compétentes[3]. Le traité avec la Suisse fait seul excep-

---

[1] LAURENT, tome VI, p. 233, n° 132, reconnaît que les traités ont pris la tradition pour base ; M. WEISS estime que ces traités ne prouvent pas que tel soit l'esprit de la loi française, p. 683.

[2] Voyez l'art. 2 de la convention du 11 décembre 1866, avec l'Autriche, renouvelée le 18 février 1884 ; l'art. 10 du traité du 1er avril 1874 avec la Russie ; l'art. 8 du traité avec la Serbie du 18 juin 1883.

[3] Quelques-uns de ces traités, notamment ceux avec l'Autriche et

tion à cette dualité de compétence judiciaire, tout en établissant la dualité de compétence législative : ce traité attribue compétence au tribunal du lieu de l'ouverture de la succession, et il qualifie tel, pour le Français mort en Suisse, le lieu de son dernier domicile en France, et, pour le Suisse mort en France, son lieu d'origine en Suisse [1]. Sauf cette exception, le domicile, dans les traités, cesse donc d'être un principe même de compétence judiciaire. Cette solution peut avoir des avantages pratiques : théoriquement, elle n'était pas nécessaire.

En sens contraire, les règles du Code Civil nous paraissent avoir été profondément bouleversées par la loi du 14 juillet 1819. Cette loi, dans son article premier, relève les étrangers des incapacités, dont ils avaient été frappés par les articles 726 et 912 du Code Civil en matière de succession *ab intestat*, de donations entre-vifs et de testaments, et, dans son article 2, elle dispose que, dans le cas de partage d'une même succession entre des cohéritiers étrangers et français, ceux-ci prélèveront, sur les biens situés en France, une portion égale à la valeur des biens situés en pays étranger dont ils seraient exclus, à quelque titre que ce soit, en vertu des lois et coutumes locales. Cette loi érige à la hauteur d'une règle législa-

---

avec la Serbie, prennent soin de stipuler qu'il en sera ainsi, que le national de l'autre pays soit établi dans le pays ou qu'il y passe simplement. Le traité avec la Russie contient un article spécial pour maintenir ces règles de compétence, dans l'hypothèse où le décès a lieu dans un pays tiers : art. 12.

[1] Art. 5 du traité du 15 juin 1869. — Dans le traité avec la Russie, art. 10, on paraît appeler lieu d'ouverture de la succession le lieu où se trouvent des biens sur lesquels des droits sont prétendus par les gens du pays. Voyez RENAULT, *op. cit.*, p. 25.

tive ce que le langage usuel appelle l'intérêt français, intérêt qui a inspiré à une partie de la doctrine et de la jurisprudence, en matière d'état et de capacité, des solutions arbitraires et prétendues équitables, que nous avons condamnées. En matière de succession, il nous faut bien nous incliner devant les textes. Mais nous avons la faculté de les apprécier. La doctrine n'y a point manqué, et la controverse qui a lieu sur la portée de la loi de 1819 montre assez qu'elle a paru à quelques-uns inacceptable.

Des auteurs considérables soutiennent que cette loi n'a pas eu pour but de déroger à l'article 3 du Code Civil, qu'elle en respecte expressément les règles, et que, par suite, l'article 2 de la loi de 1819 n'est applicable qu'au seul cas où la succession est, en principe et dans son ensemble, gouvernée par la loi française. Dans cette opinion, l'art. 2 de la loi de 1819 n'a donc pas pour objet de protéger toujours, et quelle que soit la loi successorale compétente, les intérêts plus ou moins bien compris des nationaux français, mais de faire respecter, lorsqu'elle existe, la compétence de la loi française, contre les empiètements injustifiés des lois étrangères [1]. Lorsque la succession, d'après les règles de l'art. 3 du Code Civil, est soumise à la loi étrangère, la loi de 1819 ne s'applique plus : un auteur, empruntant, pour cette question de droit international privé, une locution du droit international public, dit qu'en ce cas le pavillon couvre la marchandise [2]. Un partisan de cette doctrine admet, cependant, que l'art. 2 de la loi de 1819 protège les Français dans tous les cas, mais les protège différemment selon les hypothèses. Lorsque la succession relève de la loi française, l'article 2 re-

___

[1] Labbé, note sous Cass. 20 février 1882, Sir. 82. 1. 145.

[2] Rodière, *Revue de législation*, 1850, tome I, p. 188 à 193.

çoit son application, quelle que soit la cause, en vertu de
laquelle le Français est exclu des biens situés en pays
étranger ; lorsque la succession relève de la loi étrangère,
l'article ne s'applique que lorsque l'exclusion du Français
tient à sa qualité même de Français[1]. Cette première
interprétation de la loi de 1819 doit être rejetée, quelque
raisonnable qu'elle soit. Elle n'a, d'ailleurs, toute sa valeur
que si l'on décide que les termes de l'art. 3 du Code Civil
ne s'opposent pas à une dévolution unique de la succession, et c'est, en effet, le sentiment de deux, sur trois,
des auteurs qui la proposent.

Cette interprétation de la loi de 1819 en viole, en effet,
purement et simplement les termes très compréhensifs,
qui ne supportent aucune distinction. Il suffit, si l'on en
doute, de remarquer que le législateur, qui appelait, au
droit de succéder, l'étranger qui en avait été si longtemps
privé, devait avoir la préoccupation de pourvoir à ce que
le droit de l'étranger ne nuisît aux nationaux dans aucun
cas : la lecture comparée des deux articles de la loi nous
paraît révéler, avec évidence, cette préoccupation. Cela
étant, il en résulte que, toutes les fois qu'à une même succession seront appelés des cohéritiers étrangers et français, il ne restera pas grand'chose des règles de compétence législative posées par le Code Civil : il sera passé
outre à ces règles, dans la mesure nécessaire pour que les
cohéritiers français aient, en fait, ce qu'ils auraient dû
avoir, si la loi française eût été seule applicable[2]. Les pré-

---

[1] BERTAULD, tome I, p. 76 à 78, n⁰ˢ 111 à 113 ; p. 88, n· 123.

[2] C'est ce que dit expressément un arrêt : Paris, 14 juillet 1871,
Sir. 71. 2. 41.— Encore faut-il que ce soient bien des droits de succes
sion que les étrangers opposent aux Français qui veulent se prévaloir
de la loi de 1819 : Paris 6 janvier 1862, Sir. 62. 2. 337.

lèvements se feront sans difficulté sur les immeubles. Il
n'y a pas lieu d'hésiter non plus pour les meubles ; dès
qu'ils se trouvent en France, ils sont soumis aux mêmes
prélèvements[1]. La jurisprudence, logique, a été jusqu'à
décider que les cohéritiers français pouvaient exercer les
droits, que leur confère l'art. 2 de la loi de 1819, sur les
créances payables en pays étranger, mais dont les titres
se trouvaient en France[2]. La fiction de la situation au domicile est impuissante à empêcher ce résultat ; les auteurs
le constatent, les uns sans embarras[3], les autres avec re-
gret[4]. Les partisans de la loi nationale ne peuvent, pas
plus que les partisans de la loi du domicile, garantir et
protéger la compétence de leur loi[5]. Les uns et les autres
se heurtent à une loi considérée comme d'ordre public.
C'est le triomphe complet et malheureux de la loi de la
situation. La jurisprudence, par une interprétation exagérée de la loi de 1819, a encore aggravé ces résultats.
Elle a déclaré la loi applicable même au cas où il n'y a que
des cohéritiers français[6], en invoquant l'idée inexacte que
cette loi a pour but de maintenir l'égalité dans les partages ;
cette idée de l'égalité dans les partages l'a même conduite

[1] Cass. 27 août 1850, Dal. 50. 1. 257 ; Paris, 25 mai 1852, Sir.
52. 2. 289 ; Cass. 22 mars 1865, Sir. 65. 1. 175 ; Paris, 14 juillet
1871, S. 71. 2. 141 ; Chambéry, 11 juin 1878, *Journal*, 1878, p. 611.

[2] Cass. 21 mars 1855, Sir. 55. 1. 273.

[3] DEMANGEAT, sur FŒLIX, tome I, p. 144 à 148 ; DEMOLOMBE, tome I,
4ᵉ édition, p. 103, n° 94 : VALETTE sur PROUDHON, tome I, p. 99.

[4] CH. BROCHER, tome I, p. 442, 449, 450.

[5] RENAULT, *op. cit.* p. 28.—LAURENT prétend que la loi de 1819 n'a
rien changé à la théorie des statuts en ce qui concerne les successions
immobilières : tome VI, p. 305, n° 169 ; p. 307, n° 170 : cependant la loi
territoriale reçoit le contre-coup des dispositions de la loi étrangère.

[6] Cass. 27 avril 1868, Sir. 68. 1. 257.

à ne pas appliquer la loi au préjudice de cohéritiers étrangers qui ne recevraient, en vertu de la loi de leur pays, qu'une part inférieure à celle que leur attribuerait la loi française [1] : de telle sorte qu'une loi, faite pour des intérêts français, se trouve finalement protéger des intérêts étrangers. Cependant la Cour de cassation a refusé d'appliquer la loi de 1819 au profit de légataires universels français contre des héritiers étrangers ayant, d'après leur loi, non conforme sur ce point à la loi française, la qualité de réservataires [2].

Il va sans dire qu'une loi aussi exorbitante du droit commun ne peut être appliquée que par des tribunaux français : un arrêt, d'ailleurs bien motivé, de la Cour de cassation déclare que, nonobstant un traité attribuant, pour la succession d'un étranger mort en France, compétence aux tribunaux du pays de cet étranger, un Français a le droit de s'adresser aux tribunaux français, à l'effet de faire opérer, sur les biens situés en France, le prélèvement autorisé par la loi de 1819 [3]. Ici encore, la compétence législative attire à elle la compétence judiciaire, mais pour un but contraire aux principes. On peut s'étonner que les gouvernements étrangers n'aient pas tenté de soustraire leurs nationaux à l'application de la loi de 1819, dans les traités relatifs aux successions conclus avec la France. Le gouvernement suisse l'a cependant essayé ; le gouvernement français n'a pas cru pouvoir abroger, par une convention, une loi protégeant spécialement des intérêts français, mais il a consenti à reconnaître aux

[1] Cass. 20 mai 1879, *Journal*, 1879, p. 490.

[2] Cass. 11 février 1890, Vincent et Penaud, 1890-1891, 1er fasc. p. 3, le dit arrêt cassant Poitiers, 4 juillet 1887, Sir. 88. 2. 194.

[3] Cass. 18 juillet 1859, Sir. 59. 1. 822.

nationaux suisses la faculté d'exercer, à l'encontre des cohéritiers français, les prérogatives, identiques à celles de la loi de 1819, que leur loi pourrait leur accorder[1]. Cette réciprocité, stipulée pour l'application de dispositions exceptionnelles, montre assez qu'une législation n'a aucun profit à s'écarter des principes.

Après avoir déterminé la loi compétente, — ou mieux, d'après le Code Civil — les lois compétentes en matière de succession *ab intestat*, il serait convenable de fixer l'étendue de la compétence de ces lois. Le problème serait identique pour l'une et pour l'autre. Mais, comme cette recherche n'aurait d'autre objet que de savoir si telle question, soulevée à propos de la succession, rentre bien dans la matière des successions *ab intestat*, ou si, au contraire, elle fait partie d'un autre groupe de faits juridiques, pour lequel la loi applicable nous est déjà connue, nous nous abstiendrons de cette étude, qui, par les développements considérables qu'elle appellerait, nous obligerait à trop élargir notre cadre. Nous nous contenterons de relever les principaux points qui, sans difficulté, composent le régime des successions *ab intestat*, tels que l'ordre successoral, les causes d'ouverture de la succession, la faculté d'accepter ou de renoncer, la fixation de la quotité disponible et de la réserve, les obligations des héritiers, soit entre eux, soit au regard des créanciers et des légataires[2], et de signaler, parmi les controverses, celles qu

[1] Art. 5 de la convention du 15 juin 1869, et le protocole y annexé

[2] AUBRY et RAU, tome I, p. 84 et 102 ; BERTAULD, tome I, p. 69 n° 97 ; CH. BROCHER, tome I, p. 410 ; DURANTON, tome I, n°° 87 et 90 ; FŒLIX, tome I, p. 121, n° 60 ; LAINÉ, *Bulletin de la Société de législation comparée*, 1890, p. 525 : LAURENT, tome VI, p. 404, n° 231 ; p. 408 à 410, n°° 234 à 236 : p. 416 à 418, n°° 240 et 241 : p. 425,

touchent les causes d'incapacité ou d'indignité [1], la saisine [2],
les pactes sur succession non ouverte [3], le partage [4], la
séparation des patrimoines [5].

Mais il nous faut nous expliquer un peu plus longuement
sur les donations entre-vifs et sur les testaments que, dans
la rubrique même du chapitre, nous avons rattachés au
régime des successions *ab intestat*. Les donations entre-
vifs sont des contrats : les testaments sont des actes de
volonté unilatéraux : ils soulèvent donc immédiatement des
questions de capacité, de formes, de validité intrinsèque,
d'effets. De toutes ces difficultés, lesquelles rentrent dans le
domaine des successions ? La capacité en est exclue, puisque
nous avons admis que les règles de capacité, qui pouvaient
être particulières à certains actes, faisaient partie de l'état
général de la personne et relevaient, à ce titre, de la loi
unique qui le gouverne : toute controverse n'est pourtant

n° 248; p. 427, n° 249 ; MERLIN, *Rép.* au mot« *Légitime* », section VI
n° XIV ; WEISS, p. 691, 692, 694, 695. — ASSER, p. 144, n° 65. — Voyez
Cass., 14 mars 1837, Sir. 37. 1. 195 ; Rennes, 26 novembre 1873,
Journal, 1876, p. 105 ; Besançon, 25 juillet 1876, Sir. 79. 2. 249.

[1] FŒLIX, tome I, p. 148, n° 67; LAURENT, tome II, p. 222, n° 118 ;
tome VI, p 311, n° 172 ; p. 313, n° 173; p. 314, n° 174 ; p. 328,
n° 183 ; p. 428, n° 250 ; WEISS, p. 693, 694. — Voyez aussi Cass. 1 fév.
1813, Sir. 1813, 1. 113 ; Cass. 31 mars 1874, Sir. 74. 1. 346.

[2] LAINÉ, *Bulletin de la Société de législation comparée*, 1890, p.
525; LAURENT, tome VI, p. 583 à 586, nos 343 à 345 ; p. 591 à 594 ;
nos 348 à 350 ; p. 599, n° 356 ; p. 613, n° 365 ; p. 621, n° 371 ; WEISS,
p. 696. — FIORE, p. 615, n° 401.

[3] LAURENT, tome VI, p. 508, n° 299.

[4] LAURENT, tome VII, p. 22, n° 14 ; p. 28, n° 17 ; p. 33, n° 20 ; p. 48
n° 28; p. 52, n° 29 ; p. 124, n° 85.

[5] LAURENT, tome VII, p. 86, n° 56.

pas éteinte[1]. Sur les questions de forme, l'accord s'est fait, et ces questions ne sont pas des questions de succession[2]. Avec les conditions de validité intrinsèque et avec les effets, les vraies difficultés commencent, et elles abondent. Il s'agit de déterminer avec précision ce qui dépend du domaine de la convention et de l'autonomie, du régime des biens et du régime des successions[3]. Il serait trop long de prendre une à une toutes les questions controversées, pour en fixer l'attribution à telle ou telle matière. Il paraît plus simple de chercher à trouver les points qui rentrent dans le régime des biens et dans le régime des successions, parce que, sur les points où elles se reconnaîtront compétentes, les lois qui gouvernent ces deux régimes regarderont leurs dispositions comme d'ordre public : tout ce qui ne s'y trouvera pas nominativement compris appartiendra au domaine de la convention et de l'autonomie. Nous savons quelles sont les prescriptions de la loi du régime des biens, car ce que nous avons dit des biens meubles doit s'entendre également des immeubles. Il suffit d'ajouter que, pour les immeubles, la loi de leur régime soumettra souvent à des formalités spéciales de publicité les opérations juridiques dont ils seront l'objet. Quant au régime des successions,

---

[1] Ch. Brocher, tome II, p. 12 à 14, p. 59 ; Fœlix, tome I, p. 263, n° 117 ; p. 124, n° 60, et note de Demangeat ; Laurent, tome V, p. 467, n° 222 ; tome VI, p. 248, n° 140 ; p. 258 à 260, n°s 145 et 146 ; p. 332, n° 185 ; p. 349, n° 193 ; p. 463, n° 272 ; p. 496, n° 292 ; Weiss, p. 704 à 707. — Asser, p. 139 à 141, n° 64 ; Fiore, p. 616, n° 403 ; Savigny, tome VIII, p. 306, n° 377. — Voyez un arrêt très discutable de Cass. 4 mars 1857, Sir. 1857, 1, 247.

[2] Fœlix, tome I, p. 263, n° 117 *in fine*.

[3] Ch. Brocher, tome II, p. 1 à 3, p. 6.

il faut lui attribuer tout ce qui, dans la matière des donations entre-vifs ou des testaments, n'a d'existence et
d'utilité que par une idée de relation avec le régime des
successions. Cette formule, un peu vague, nous conduit à
décider que, sous le Code Civil, appartiennent à la loi des
successions la détermination des modes de disposition à
titre gratuit entre-vifs ou à cause de mort, la fixation des
règles prohibitives qui concernent ces modes de disposition, comme le principe de l'irrévocabilité des donations
entre-vifs avec ses corollaires, ainsi que la fixation des
moyens par lesquels ces modes de disposition peuvent être
attaqués, lorsqu'ils ont servi à léser un droit successoral
que la loi entend protéger, telle que l'action en réduction[1].
Tout le reste appartient au domaine des conventions et de
l'autonomie[2]. Par exemple, les difficultés d'interprétation :
il faut avant tout rechercher ce qu'ont voulu les parties ou

---

[1] AUBRY et RAU, tome I, p. 84 et 100 ; CH. BROCHER, tome II, p. 4 à
6, p. 27, p. 58 et 59 ; DEMANGEAT, *Condition des étrangers*, p. 339 à
341 ; DURAND, p. 385 ; FŒLIX, tome I, p. 216, n° 93 ; p. 260, n· 115 ;
LAINÉ, *Bulletin de la société de législation comparée*, 1890, p. 525,
526 ; LAURENT, tome VI, p. 246, n· 139 ; p. 391 à 393, nos 223 et 224 ;
p. 452, n· 265 ; p. 458, n· 268 ; p. 462 à 466, nos 271 à 274 ; p. 482,
n· 283 ; p. 503, n· 296 ; p. 513, n· 303 ; p. 595, nos 352 et 353 ; SURVILLE
et ARTHUYS, p. 334, n° 236. — ASSER, p. 137, n° 63 ; SAVIGNY, tome VIII,
p. 306, § 377. — Paris, 1er février 1836, Sirey, 36, 2, 173 ; Bordeaux, 5
août 1872, Dal. 73, 2. 149 ; Bordeaux, 18 janvier 1881, *Journal*, 1881,
p. 431 ; Cass. 2 avril 1884, Dal. 84, 1, 277. Voyez cependant Cass.
20 février 1882, Sir. 82, 1. 145, et la critique de M. LABBÉ. Il y a aussi
quelquefois conflit entre le régime matrimonial et le régime des successions : Cass. 4 avril 1881, Sir. 83. 1. 63, et la note de M RENAULT ;
dans le sens contraire de cet arrêt. Paris, 6 janvier 1862, Sir. 62. 2.
337.

[2] LAURENT, tome VI, p 480, n· 281.

le testateur : si cette volonté reste obscure, on recourra à des présomptions, et, contrairement à ce que nous avons dit pour les conventions ordinaires, nous donnerions ici la préférence à la loi nationale sur la loi du domicile, parce qu'il est légitime de supposer que les parties auraient pensé, si elles avaient prévu l'embarras de l'interprète de leur acte, à la loi de la succession, et que cette loi est, pour nous, la loi nationale [1]. Nous donnerons encore cet autre exemple, d'ailleurs vivement controversé, d'une question rentrant dans le domaine de l'autonomie : la révocation de la donation entre-vifs pour inexécution des conditions, pour cause d'ingratitude, et pour cause de survenance d'enfants [2]. Mais nous devons reconnaître qu'entre ces trois domaines de l'autonomie, du régime des biens et du régime des successions, entre ces deux derniers surtout, il surgira des conflits d'attribution inévitables et souvent insolubles : contentons-nous de citer la matière des substitutions.

Nous en avons ainsi terminé avec l'exposé des principes généraux. Il nous faut maintenant arriver aux détails. Nous devons laisser de côté la succession immobilière. Nous allons étudier successivement la succession mobi-

---

[1] AUBRY et RAU, tome I, p. 106, 107 ; DEMANGEAT, *Condition des étrangers*, p. 341 ; LAURENT, tome VI, p. 517 à 523, nos 304 à 307 ; tome VII, p. 590, n° 483 ; SURVILLE et ARTHUYS, p. 238, n° 240 ; WEISS, p. 712. — FIORE, p. 444, n° 276 ; p. 621, n° 407 ; SAVIGNY, tome VIII, § 377 *in fine*. — Voyez Bordeaux, 17 juillet 1883, *Journal*, 1883, p. 631 ; Pau, 22 juin 1885, *Journal*, 1887, p. 479.

[2] En ce sens, BERTAULD, tome I, p. 60, n° 86 ; LAURENT, p. 490 à 494 ; nos 289 à 291 ; en sens contraire, CH. BROCHER, tome II, p. 28. — Voyez encore sur l'art. 900 les avis opposés de CH. BROCHER, tome II, p. 7, et de LAURENT, tome VI, p. 471, n° 277.

lière du Français domicilié à l'étranger et celle de l'étranger domicilié en France.

De la succession mobilière du Français domicilié à l'étranger.

Cette succession est-elle régie par la loi du domicile ou par la loi nationale? Nous n'avons, sur cette question, aucun renseignement nouveau de doctrine à donner. Mais il nous faut remarquer que pour les auteurs, qui attribuent compétence à la loi du domicile, il est intéressant de connaître s'ils admettent que le Français puisse avoir un domicile à l'étranger et à quelles conditions. Nous nous sommes expliqué sur cette question du domicile dans le chapitre préliminaire ; nous savons que quelques auteurs refusent au Français le droit d'avoir un domicile à l'étranger, que la majorité de la doctrine le lui accorde au contraire, et qu'un auteur propose une doctrine en quelque sorte intermédiaire, en soutenant que les tribunaux doivent se montrer sévères dans l'appréciation des circonstances, d'où l'on prétendrait faire dépendre l'établissement de ce domicile à l'étranger. Mais, comme les auteurs, qui font de la loi du domicile la loi successorale, sont en même temps ceux qui n'accordent pas [1], ou qui accordent difficilement [2] au Français, d'avoir un domicile à l'étranger, tandis que les auteurs qui lui reconnaissent cette faculté sont ordinairement, pour la succession, des partisans de la loi nationale [3], il en résulte que, finalement, d'après la

---

[1] Ainsi, DEMOLOMBE, FŒLIX.

[2] Ainsi, AUBRY et RAU : Voyez notamment tome I, p. 103.

[3] Ainsi, LAURENT. Voyez aussi RENAULT, *op. cit.*, p. 22.

doctrine, ce sera presque toujours[1] la loi française qui régira la succession mobilière du Français établi à l'étranger.

C'est la solution inverse qui prévaut en jurisprudence. Les tribunaux admettent avec raison que le Français peut avoir un domicile à l'étranger, même en conservant l'esprit de retour dans la patrie, et ils décident que la loi applicable à la succession mobilière est la loi du domicile : la succession mobilière du Français, dont nous nous occupons, sera donc soumise à la loi étrangère[2]. Notons, cependant, que deux jugements de tribunaux civils ont déclaré qu'il ne fallait pas supposer facilement l'abandon par le Français de son domicile d'origine en France, réserve qui révèle la préoccupation de conserver, autant que possible, à la loi française, la succession du national établi à l'étranger. Mais ces jugements n'ont pas une grande autorité : celui dont l'espèce serait la plus intéressante est rédigé en termes assez évasifs[3] ; celui qui affirme davantage son opinion a été rendu dans une hypothèse, qui ne lui donne pas beaucoup d'intérêt[4]. Un troisième jugement de tribunal civil est plus précis et plus critiquable : il s'agissait d'un Français établi en Alsace-Lorraine ; le jugement décide que, faute d'avoir obtenu l'autorisation prescrite par

---

[1] On ne peut guère citer comme faisant exception que Ch. Brocher : voyez tome I, p. 122. Bertauld ne s'est pas expliqué particulièrement sur notre question.

[2] Pau, 6 juin 1864, Sir. 65.2.105 ; Cass. 24 juin 1865, Sir. 65.1.313 ; Cass. 27 avril 1868, Dal. 68.1.302 ; Seine, 25 juin 1880, *Journal*, 1881. p. 163 ; Pau, 22 juin 1885, *Journal*, 1887, p. 479.

[3] Trib. Bordeaux, 29 nov. 1882, *Journal*, 1883, p. 296.

[4] Trib. Orléans, 11 mars 1890, Vincent et Penaud, 1890-1891, 2ᵉ fasc. p. 110.

l'art. 13 du C.C., resté en vigueur dans les pays annexés,
le Français n'a pu y acquérir un domicile [1]. C'est l'application curieuse, faite à l'encontre d'un Français,
d'une jurisprudence que nous allons retrouver et condamner pour la succession mobilière de l'étranger établi
en France.

De la succession mobilière de l'étranger domicilié en France.

Il est moins facile encore, que pour le Français, de
donner, pour cet étranger, une réponse claire à la question de savoir quelle est la loi de sa succession mobilière,
parce que les avis sont encore plus partagés sur la difficulté préliminaire, qui consiste à connaître si l'étranger a
en France un vrai domicile et à quelles conditions. Nous
avons eu l'occasion de dire que de rares auteurs, faisant
du domicile un droit civil au sens strict du mot, n'attri-
buaient à l'étranger un domicile en France qu'autant qu'il
avait obtenu du gouvernement l'autorisation prévue par
l'article 13 du C.C. ; qu'un plus grand nombre distinguaient
arbitrairement un prétendu domicile de fait du domicile de
droit ; et que la majorité estimait que l'étranger pouvait,
de lui-même, se fonder un véritable domicile en France.
Nous allons passer en revue ces trois catégories d'auteurs :
nous sous-distinguerons, pour chacune d'elles, le cas de
l'étranger admis à domicile et le cas de l'étranger établi
sans autorisation. Annonçons tout de suite que les solutions
données par les deux premières catégories d'auteurs se
rapprochent, presque au point de se confondre.

[1] Trib. Reims, 30 mars 1878, *Journal*, 1879, p. 397.

La doctrine, qui ne reconnaît à l'étranger de véritable
domicile en France que lorsqu'il a obtenu l'autorisation
du gouvernement, soumet la succession mobilière de
l'étranger, établi sans cette autorisation, à la loi personnelle
de cet étranger, et la succession de celui qui a été admis
à domicile, à la loi française. Au premier cas, la solution
est justifiée par la règle *mobilia sequuntur personam*, entendue en quelque sorte dans le sens grammatical des mots,
par la considération que l'on ne peut isoler arbitrairement
le sort des meubles de la condition de celui à qui ils appartiennent : un auteur, en se fondant sur ce que l'art. 3
s'abstient, sur ce point, de toutedécision absolue, réserve
d'ailleurs la faculté d'appliquer la loi française, si un
intérêt français se trouve engagé dans les rapports avec
les nationaux d'un pays qui ne nous accorde pas la réciprocité [1]. Au second cas, la démonstration est un peu plus
compliquée. Ce domicile autorisé suppose un établissement
sérieux, durable, ce ne sera pas une circontance accidentelle, qui décidera du sort de la succession aux meubles.
L'application de la loi française sera presque toujours, en
fait, ce qu'il y aura de plus simple, considération importante dans une matière qui n'est réglée par aucun texte.
Cet étranger jouit de tous les droits civils : les lois françaises, qu'il invoque, peuvent lui être opposées. Sans
doute, il reste soumis aux lois personnelles de son pays ;
mais, du moins, la conséquence de l'art. 13 est-elle de
soumettre au statut réel français tous les biens, quels qu'ils
soient, meubles ou immeubles, qu'il possède en France, et
il serait même assez logique d'appliquer le même principe

[1] AUBÉPIN, conclusions dans l'affaire *Bergold contre Sussmann*,
Dal. 72. 2. 65 ; DEMOLOMBE, tome I. 4ᵉ édition, p. 103, nᵒ 94.

aux meubles qu'il aurait laissés en pays étranger [1].

Nous n'avons qu'à accepter la solution donnée pour l'étranger établi en France sans autorisation, en rejetant la réserve faite au profit de l'intérêt français, et qui aboutit à détruire tout principe. Quant à la décision donnée pour l'étranger admis à domicile, elle manque de fondement juridique. Les considérations de fait sont inexactes, et les arguments de droit erronés. Le domicile autorisé est assurément un établissement sérieux ; mais qui peut répondre qu'il sera durable ? L'application de la loi étrangère, comme au cas où il y a établissement non autorisé, ne serait-elle pas une solution aussi simple ? Il est faux que les lois françaises peuvent être opposées à celui qui les invoque : cette proposition serait peut-être vraie en matière pénale, elle ne l'est pas en matière civile. Pourquoi l'auteur, qui soutient cette solution, fait-il une exception pour les lois personnelles ? L'auteur a, en outre, le tort de parler des immeubles, qui, d'après l'interprétation donnée par lui de l'art. 3, sont déjà impérativement, et en dehors de toute circonstance de domicile autorisé ou non, soumis à la loi française, et de ne pas dire le motif de droit qui fait tomber sous l'application de nos lois les meubles qui se trouvent en France et permet aussi d'atteindre ceux qui sont en pays étranger. On croit deviner, cependant, au milieu de ces solutions superflues ou inexpliquées, une pensée directrice : assurer l'unité de la succession. Mais cette unité est un but : quelle raison le justifie ? Il ne semble point que ce soit l'idée de domicile par elle-même, puisque l'auteur n'en dit rien et paraît plutôt frappé de l'idée de l'autorisation. Mais si cette idée de l'autorisation est prépondérante, elle peut expliquer la

---

[1] DEMOLOMBE, tome I, 4ᵉ édition, p. 423, nᵒ 268 bis.

compétence de la loi française de deux façons différentes,
soit en la rattachant à l'assimilation que l'autorisation
établirait entre la condition civile de cet étranger et celle
du Français, soit en la faisant dépendre de la volonté de
l'étranger, tacitement exprimée par la demande d'autorisation, de soumettre sa succession à la loi française. Laquelle
de ces deux explications rend compte de la pensée de l'auteur ? Il est impossible de le dire: l'une et l'autre sont,
d'ailleurs, défectueuses [1].

Avec l'opinion qui distingue un domicile de fait du domicile de droit, la succession mobilière de l'étranger établi en
France tombe sous l'application de la loi française, lorsque
cet étranger avait un domicile de droit, c'est-à-dire lorsqu'il avait été admis à domicile [2]. Lorsqu'il n'existe qu'un
domicile de fait, c'est-à-dire lorsque l'étranger s'était
établi sans autorisation, un auteur distingue suivant que
cet établissement a fait perdre, ou non, à l'étranger sa nationalité : si la nationalité est perdue, la loi française
s'applique ; si elle est conservée, mais si l'étranger a
néanmoins voulu briser les liens qui l'attachaient à son

---

[1] Nous réparons ici une omission importante : DEMANGEAT, qui n'admet de domicile pour l'étranger qu'aux conditions de l'art. 13, soumet à la loi du domicile étranger la succession de l'étranger établi
en France sans autorisation, et à la loi française la succession de l'é-
tranger admis à domicile. DEMANGEAT donne des solutions identiques
en matière d'état et de capacité. En ce qui concerne les successions,
la loi du domicile appliquée à toute l'hérédité aurait l'avantage d'en
maintenir l'unité ; mais cette préférence toute théorique ne l'empêche
pas de regretter, étant donné l'art. 3, que la loi de la situation ne
soit pas appliquée aux meubles comme aux immeubles : *Condition
des étrangers*, p. 336, 337, 369, 386.

[2] AUBRY et RAU, tome I, p. 102 ; RODIÈRE, *Revue de législation*,
1850, tome I, p. 185 à 187.

pays d'origine, il faut encore appliquer la loi française,
en vertu de l'art. 17 (ancien) du Code Civil ; la succession
ne relève de la loi étrangère que si l'étranger n'a pas voulu
abdiquer sa nationalité [1]. D'autres auteurs, sans faire
toutes ces distinctions, ne soumettent à la loi française la
succession de l'étranger établi sans autorisation, que
lorsque celui-ci a transporté d'une manière complète et
permanente le siège de ses affaires en France, et ils ajoutent que, soit dans cette dernière circonstance, soit
lorsqu'il y a domicile de droit, admission à domicile, la
loi française s'étend incontestablement aux meubles qui
se trouvent en France, et il semble qu'il en doit être de
même pour les meubles délaissés à l'étranger [2].

Eliminons tout de suite les distinctions faites par le premier auteur sur la nationalité, et dont une seule est exacte :
si l'établissement, même non autorisé, en France a fait
perdre à l'étranger sa nationalité, nous savons qu'il est
désirable de soumettre la succession à la loi du domicile ;
mais si cet établissement n'a point fait perdre à l'étranger sa
nationalité d'après sa loi nationale, la loi française n'a point
à tenir compte de la conformité des volontés de cet étranger
avec ses propres dispositions, pour décider sur la nationalité
de cet étranger, et ensuite sur la loi applicable à sa succession.
Ceci écarté, on voit que les solutions, données par la doctrine qui distingue un domicile de fait et un domicile de
droit, sont sensiblement les mêmes, que celles qui ont été
soutenues par la doctrine qui ne permet pas à l'étranger
d'avoir un domicile en France sans autorisation ; il n'y a
pas lieu de s'en étonner, puisque le domicile de fait semble

---

[1] RODIÈRE, *Revue de législation*, 1850,, tome I, p. 187 et 188.

[2] AUBRY et RAU, tome I, p. 102 et 103.

bien être à peine un domicile, et que le domicile de droit
n'est que le domicile de l'art. 13. Mais, si les solutions
sont à peu près identiques, l'application de la loi française
est-elle mieux justifiée? Pour un auteur [1], cette application
se justifie par le motif que l'étranger de l'article 13 doit
avoir la même condition que le Français ; mais il y a là
une confusion, déjà souvent relevée, sur la portée de l'article 13, confusion que l'auteur aggrave, dans l'espèce,
par des considérations sur le rôle de la volonté de l'étranger, analogues à celles que nous avons condamnées pour le
cas d'établissement sans autorisation. Les autres auteurs
ne s'expliquent pas aussi directement ; la raison de décider,
qu'on peut leur prêter d'après l'ensemble de leurs observations, c'est que l'application de la loi française à la succession de l'étranger qui s'était établi en France, avec autorisation ou d'une façon permanente, ne sera point une
surprise. Cela est possible en fait, mais cela ne rend pas
compte de la solution en droit. Ici, certainement, ce n'est
plus l'autorisation, c'est la circonstance du domicile qui
est regardée comme prépondérante ; mais à quel titre?
Et pourquoi refuser implicitement toute influence à l'établissement qui ne serait ni autorisé, ni permanent? Il
peut néanmoins révéler que les attaches formées avec un
certain lieu sont solides et durables. Et si les meubles
suivent la personne, n'est-ce pas plutôt le domicile de
fait, que le domicile de droit, qu'il faut envisager [2]? Avec

RODIÈRE, *loc. cit.*

[2] LABBÉ, note sous Cass. 22 février 1882, Sirey, 1882. 1. 393. —
Rappelons que la loi du 23 août 1871, dans son art. 4, soumet au droit
de mutation par décès les valeurs mobilières étrangères dépendant de
la succession d'un étranger domicilié en France, que cet étranger
ait été domicilié en France avec ou sans autorisation.

ces auteurs, nous en sommes donc aussi réduit aux conjectures sur les motifs qui justifient la compétence de la loi française. Tout ce qu'on peut dire, c'est qu'en exigeant que, pour attribuer compétence à la loi française, le domicile soit autorisé ou permanent, ces auteurs paraissent s'être attachés, dans le domicile, plutôt à l'élément de volonté qu'à l'élément de fait ; mais ces auteurs ne sont pas de ceux qui font, de la volonté du *de cujus*, le fondement, même simplement principal, de la succession.

Avec les auteurs qui reconnaissent à l'étranger le droit de se fonder librement un véritable domicile en France, nous n'avons plus aucun renseignement nouveau de doctrine à fournir. En effet, les uns sont des partisans de la loi du domicile pour la succession mobilière : ils n'ont qu'à appliquer la règle, posée par eux, à l'étranger dont nous nous occupons [1]. Les autres sont des partisans de la loi nationale : ils n'ont, eux aussi, qu'à rester fidèles à leur doctrine [2]. La circonstance du domicile en France ne pourrait avoir, pour ceux-ci, d'intérêt que dans le cas, où la loi nationale de l'étranger soumettrait expressément à la loi du domicile la succession de son ressortissant établi à l'étranger : quelques auteurs acceptent ce renvoi [3] ; nous avons déjà dit, en traitant de l'état et de la capacité, que ce renvoi devait être écarté. Nous avons exposé, et réfuté ou approuvé, les motifs donnés à l'appui de la loi du domicile et de la loi nationale dans la discussion générale.

---

[1] BARDE, p. 126 et suivantes ; BERTAULD, tome I, p. 65, n° 94 ; CH. BROCHER tome I, p 410.

[2] LAURENT ; RENAULT, *op. cit.* ; SURVILLE et ARTHUYS ; VALETTE sur PROUDHON, tome I, p. 97 à 99 ; VALETTE, *Cours de Code civil*, tome I, p. 32 ; WEISS.

[3] SURVILLE et ARTHUYS, p. 345, n° 346 : WEISS, p. 682.

Il va sans dire que les auteurs de ce troisième groupe n'ont pas à tenir un compte particulier du fait du domicile autorisé. Les partisans de la loi nationale pouvaient seuls se croire obligés de prévoir l'hypothèse, et ils font, à bon droit, brièvement observer que les motifs, qui justifient la compétence de cette loi en matière de succession, restent vrais après l'admission à domicile, comme ils le restent en matière d'état et de capacité [1]. Nous devons seulement faire une mention spéciale pour l'auteur, dont nous avons plus haut longuement rapporté l'opinion, et d'après lequel la succession, dans son ensemble, devrait être régie par la loi du domicile : sa doctrine s'applique aux étrangers comme aux nationaux. Dans un passage, cependant, examinant dans l'intérêt de quelles familles a été organisé l'ordre successif de la loi française, il répond que c'est dans l'intérêt des familles des nationaux, et des étrangers autorisés à établir leur domicile en France [2]. Cette mention des étrangers admis à domicile a une portée restrictive, qui ne cadre plus avec le système général de l'auteur, partisan de la loi du domicile pour les successions et partisan du libre établissement du domicile des étrangers en France. Peut-être convient-il de ne voir là qu'une simple inadvertance. On peut se l'expliquer, si on se rappelle que ce même auteur, partisan en principe de la loi nationale pour l'état et la capacité des personnes, soumet néanmoins à la loi française l'état et la capacité de l'étranger admis à domicile, en vertu d'une prétendue assimilation que l'au-

---

[1] LAURENT, tome III, p. 463, n° 265 ; p. 670, n° 379 ; tome VI, p. 242, n° 137 ; p. 293, n° 163 ; RENAULT, *op. cit.* p. 18, 19, 24 ; SUR-VILLE et ARTHUYS, p. 133, n° 126.

[2] BERTAULD, tome I, p. 62, n° 90

torisation établirait entre la condition de cet étranger et celle du Français. L'auteur, à propos d'un point particulier des successions, aura été ressaisi par le souvenir de cette assimilation, qu'il a oubliée en formulant son système des successions, lequel ne comporte pas de distinction entre les Français et les étrangers. Quoi qu'il en soit de l'explication, cette inadvertance ajoute encore à la confusion d'une doctrine, qui, nous l'avons vu, se rattache à la loi du domicile, tout en empruntant des arguments au système de la nationalité.

Tous les auteurs sont d'accord pour décider que, lorsque l'étranger domicilié en France meurt sans laisser de parents au degré successible, il ne peut plus être question de succession : les biens sont acquis à l'Etat sur le territoire duquel ils se trouvent en fait, par droit de souveraineté[1].

La doctrine est à peu près unanime pour décider encore que l'autorisation, accordée à un étranger d'établir son domicile en France, ne lui confère pas le droit de se prévaloir, à l'encontre d'autres étrangers n'ayant pas obtenu cette faveur, du privilège établi par l'article 2 de la loi du 14 juillet 1819[2]. Nous enregistrons, en l'approuvant, cette solution, mais sans la discuter : elle est du domaine de l'art. 13 du Code Civil.

En résumé, pour la succession de l'étranger domicilié en France, la doctrine est plus divisée, dans ses principes

---

[1] LAURENT, tome VI, p. 437 à 441, n⁰ˢ 256 à 258 ; MERLIN, *Rép.* au mot « *Loi* » § V, n· III ; RENAULT, *op. cit.* p. 25 : WEISS, p. 695. — SAVIGNY. tome VIII, § 377 *in fine*, en sens contraire.

[2] AUBRY et RAU, tome I, p. 313, et tome VI, p. 278 ; SURVILLE et ARTHUYS, p. 350, n⁰ 349. En sens contraire, WEISS, p. 132.

et surtout dans ses résultats, que pour la succession du Français domicilié à l'étranger.

Le même phénomène se reproduit dans la jurisprudence. Elle est incertaine dans ses principes, flottante dans sa terminologie, de telle sorte qu'on ne saurait dire si c'est la loi du domicile ou la loi nationale, que les tribunaux estiment compétente. Comme pour la doctrine, cette confusion dans la jurisprudence provient de ce que les arrêts donnent des solutions différentes sur la question de savoir à quelles conditions l'étranger peut avoir un véritable domicile en France. Les plus nombreux font la distinction du domicile de fait et du domicile de droit ou domicile autorisé.

Les arrêts, cependant, sont à peu près unanimes sur ce point que le domicile de l'étranger en France, autorisé ou non, détermine le lieu de l'ouverture de la succession et le tribunal compétent [1]. Encore faut-il noter que cette compétence n'a lieu que pour la succession mobilière : les questions soulevées par la succession immobilière seront soumises au tribunal du lieu de la situation : cette distinction, faite dans un arrêt de cassation [2], a été reproduite dans un jugement et un arrêt récents qui, faisant une exception à la règle ordinairement acceptée, décident en outre qu'un tribunal français n'est pas compétent pour connaître de la succession mobilière d'un étranger établi en France sans autorisation [3]. Le tribunal du lieu de l'ouverture de

---

[1] Cass. 7 novembre 1826, Sir. 27. 1. 250 ; Cass. 7 juillet 1874, Sir. 75. 1. 19 ; Bordeaux, 19 août 1879, Sir. 80. 2. 247 ; Trib. Marseille, 26 janvier 1889, *Journal*, 1889, p. 676 ; Aix, 27 mars 1890, VINCENT et PENAUD, 1890-1891, fasc. 2, p. 99.

[2] Cass. 22 mars 1865, Sir. 65. 1. 175.

[3] Seine, 9 août 1887, confirmé par Paris, 31 décembre 1889, VINCENT et PENAUD, 1890-1891, fasc. IV, p. 290.

la succession cesserait d'être compétent, si un traité réservait la connaissance des difficultés, soulevées par la succession mobilière, aux tribunaux du pays auquel l'étranger appartenait par sa nationalité : un arrêt a même donné cette solution pour un étranger admis à domicile [1].

Mais, dès que l'on passe de la compétence judiciaire à la compétence législative, les solutions deviennent discordantes.

Un très petit nombre d'arrêts appliquent à la succession mobilière la loi du statut personnel, et ces arrêts paraissent bien désigner ainsi la loi nationale de l'étranger [2]. On trouve même une décision en ce sens, pour un étranger admis à domicile [3]. Un seul jugement de tribunal civil a posé hardiment le principe de la loi nationale, même pour la succession immobilière, bien que, dans l'espèce, les intéressés eussent accepté, en fait, pour cette succession, la loi de la situation [4].

La presque totalité des arrêts se rattachent à la loi du domicile. Mais qu'entendent-ils par domicile pour la question qui nous occupe ?

Un certain nombre d'arrêts donnent, du domicile, la notion que nous en avons toujours donnée nous-même : établissement en un certain lieu avec volonté d'en faire le siège juridique de la personne, établissement accessible à l'étranger comme au national, sans condition particulière [5].

---

[1] Bordeaux, 16 août 1845, Dal. 47. 2. 45.

[2] Paris, 13 mars 1850, Sir. 51. 2. 791 ; Seine, 14 mai 1878, *Journal*, 1879, p. 285 ; Aix, 27 mars 1890, VINCENT et PENAUD, 1890-1891, fasc. 2. p. 99.

[3] Paris, 27 novembre 1824, Sir. 1827, 1, 251.

[4] Trib. du Hàvre, 22 août 1872, Sir. 72. 2. 313.

[5] Riom, 7 avril 1835, Sir. 35, 2. 374 ; Grenoble, 25 août 1848, Sir.

Malheureusement, quelques jugements ou arrêts qui paraissent accepter ce point de vue ajoutent que la succession mobilière se trouve ainsi régie par la loi du statut personnel, ce qui est une erreur [1]. En revanche, un arrêt de Cour d'appel, nettement motivé, dit que la loi du domicile, applicable à la succession mobilière, est bien distincte de la loi nationale [2].

Mais à côté de ces arrêts qui, s'ils n'acceptent pas, pour la succession mobilière, la loi qui nous paraît préférable, ont, au moins, le mérite de ne pas fausser l'idée du domicile, il y en a plus grand nombre qui altèrent cette idée et qui aboutissent ainsi à proclamer compétente une loi autre que celle dont les tribunaux paraissent vouloir faire le principe.

Un arrêt de la Cour de cassation, après avoir dit que la succession, considérée dans son universalité et comme étant la continuation de la personne du défunt, ne peut être régie que par la loi qui régissait le défunt lui-même, affirme que le domicile est un droit civil, dont peut seul jouir l'étranger autorisé à s'établir en France, et termine en disant que, vu l'espèce, il n'y a pas lieu de rechercher si la succession mobilière de l'étranger admis à domicile peut être soumise à la loi française [3].

D'autres arrêts, dont deux de cassation, distinguent le domicile de fait et le domicile de droit ou autorisé, et ne

49, 2, 257; Paris, 6 janvier 1862, Sir. 62, 2, 337; Cass. 22 mars 1865, Sir. 65, 1, 175; Cass. 13 juillet 1869, D. 70. 1. 130.

[1] Paris, 29 novembre 1865, *Le Droit*, 7 décembre 1865; Seine, 5 février 1873, Sir. 75. 1. 19; Seine 1 mars 1881, *Journal*, 1881, p. 432.

[2] Pau, 11 mars 1874, Sir. 75, 1, 409 (le premier arrêt rendu dans l'affaire *Forgo*).

[3] Cass. 12 janvier 1869, Dal. 69, 1, 294. Cet arrêt est approuvé par M. CALVO, tome 2, 4e édition, p. 173 à 175.

reconnaissent qu'à ce dernier le pouvoir de déterminer la loi applicable à la succession mobilière de l'étranger en France [1]. Un arrêt de Cour d'appel, à qui cette distinction arbitraire ne suffit pas, énonce incidemment qu'en appliquant la loi du domicile autorisé, il soumettrait la succession mobilière à la loi du statut personnel [2] ; et un jugement de tribunal civil, qui pouvait parler du domicile simplement, dans l'espèce qu'il devait vider, celle d'un individu sans nationalité, s'est cru obligé de se prévaloir cumulativement du domicile légal et du domicile de fait, distinction qu'il lui était si facile de laisser de côté [3]. Cette distinction du domicile de fait aboutit, d'ailleurs, à cette conséquence singulière, relevée par un auteur [4], que la loi française, qui s'impose pour la succession aux immeubles, est considérée comme un droit civil, comme une faveur, pour la succession mobilière. Elle aboutit, enfin, à cette autre conséquence que la loi du domicile, qui, dans la pensée des rédacteurs de ces arrêts, est la loi compétente pour la succession aux meubles, se trouve écartée au profit de la loi nationale : ce résultat est expressément constaté dans un arrêt et dans un jugement [5].

[1] Paris, 14 juillet 1871, Sir. 71 . 2. 141 (cet arrêt commence par constater qu'en thèse générale la succession est régie par la loi du pays du défunt) ; Pau, 17 janvier 1872, *Journal*, 1874, p. 79 ; Cass. 5 mai 1875, Sir. 75. 1. 409 (affaire *Forgo*) ; Evreux, 17 août 1881, *Journal*, 1882, p. 194 ; Cass. 22 février 1882, Sir. 82. 1. 393 (affaire *Forgo*) ; Seine, 24 juillet 1883, *Journal*, 1884, p. 405.

[2] Bordeaux, 24 mai 1876, Sir. 77, 2, 109 (affaire *Forgo*).

[3] Trib. de Vervins, 19 mars 1891, VINCENT et PENAUD, 1890-1891, fasc. IV, p, 297.

[4] RENAULT, *op. cit.* p. 24.

[5] Paris, 29 juillet 1872, Dal. 72. 2. 223 ; Trib. Marseille, 26 janvier 1889, *Journal*, 1889, p. 676.

Enfin, signalons, sans les discuter, un jugement de tribunal civil qui soumet la succession mobilière à la loi de l'ayant-droit [1], et un arrêt de Cour d'appel, d'après lequel une personne, en établissant librement son domicile en France, mais en perdant l'esprit de retour dans sa patrie, adopte la loi française pour le règlement de sa succession, et spécialement comme déterminant sa capacité en matière de testament [2].

La jurisprudence accepte le renvoi fait par la loi étrangère à la loi française [3].

Elle décide qu'au cas de décès d'un étranger, sans parents au degré successible, l'Etat a droit aux biens laissés par lui sur le territoire, par application de l'art. 713 du C. C. [4]. Un arrêt, cependant, fait de l'Etat, en pareille hypothèse, un véritable héritier [5].

---

[1] Trib. Lyon 28 août 1869. Sir. 72. 2. 201. — En sens inverse, un arrêt d'Alger, 5 avril 1876, Sir. 76, 2, 231, affirme avec raison que le caractère d'une succession se détermine d'après le statut personnel du défunt.

[2] Alger, 20 février 1875, *Journal*, 1875, p. 275.

[3] Cass. 24 juin 1878, Sir. 78. 1. 429 ; Toulouse, 22 mai 1880, Sir. 80. 2. 294 ; Cass. 22 février 1882, Sir. 82. 1. 393 (ces arrêts sont les trois derniers rendus dans l'affaire *Forgo*).

[4] Paris, 15 novembre 1833, Sir. 33. 2. 593 ; Trib. Bordeaux, 12 fév. 1852, Dal. 54. 2. 154 ; Cass. 28 juin 1852, Sir. 52. 1. 537.

[5] Toulouse, 22 mai 1880, Sir. 80, 2, 294 (affaire *Forgo*).

— Dans son avant-projet de révision du Code Civil belge, M. LAURENT a proposé un article 12, ainsi conçu : « Les rapports de famille et les droits qui en résultent sont régis par la loi du pays auquel les personnes appartiennent. — Les successions déférées par la loi ou par la volonté de l'homme dépendent du statut personnel du défunt » — La commission extraparlementaire substituée à M. LAURENT a proposé le texte suivant : art. 6 : « Les successions sont réglées d'après la loi nationale du défunt. — La substance et les effets des donations et des testaments sont régis par la loi nationale du disposant. — L'application de la loi nationale du défunt ou du disposant a lieu, quels que soient la nature des biens et le pays où ils se trouvent. » *Revue*, 1886, p. 464.

Dans sa session tenue à Oxford, en 1880, l'Institut de droit international a voté les conclusions suivantes : « Les successions à l'universalité d'un patrimoine sont, quant à la détermination des personnes successibles, à l'étendue de leurs droits, à la mesure ou quotité de la portion disponible ou de la réserve, et à la validité intrinsèque des dispositions de dernière volonté, régies par les lois de l'Etat auquel appartenait le défunt, ou subsidiairement dans les cas prévus ci-dessus à l'art. 6, par les lois de son domicile, quels que soient la nature des biens et le lieu de leur situation. » *Annuaire*, 1881-1882, p. 53 et 57. Ces conclusions étaient celles qui avaient été présentées à la session de Bruxelles, 1879, par MM. ARNTZ et WESTLAKE: *Annuaire*, 1879-1880, tome I, p. 191, 198. — Les cas où la loi du domicile est subsidiairement compétente sont ceux où plusieurs législations civiles coexistent dans le même Etat (et alors on prend le domicile d'origine), et où une personne n'a pas de nationalité connue.

CONCLUSION.

Nous avons ainsi terminé l'examen des matière dans lesquelles la doctrine et la jurisprudence françaises, depuis le Code Civil, se sont servies du domicile pour déterminer, entre plusieurs lois en conflit, la loi compétente. Des solutions proposées, nous en avons maintenu une partie, rejeté peut-être un plus grand nombre, et nous avons dû, alors, en fournir d'autres. Il nous faut, maintenant, grouper tous les résultats particuliers de cette analyse, et essayer de donner, avec précision, une conclusion d'ensemble sur ce que vaut le domicile comme principe de compétence législative.

Nous pouvons faire tout de suite une grande division, en deux classes, des matières examinées : d'une part, celles où une loi s'impose aux particuliers, d'autre part, celles où la volonté des particuliers prédomine. La première comprend l'état et la capacité, le régime des biens meubles, les successions ; la seconde, la forme des actes, les conventions, le régime matrimonial.

Dans chacune des trois matières, où une loi s'impose aux particuliers, nous avons repoussé, en principe, la compétence de la loi du domicile, et nous avons mis à sa place a loi de la nation et la loi du territoire. Nous avons, cependant, reconnu à la loi du domicile une compétence subsidiaire pour l'état, la capacité et la succession de l'individu-

ayant deux nationalités ou n'en ayant aucune ; nous l'avons
même reconnue exclusivement compétente pour le régime
des meubles incorporels ; mais nous avons remarqué que
la compétence, même subsidiaire, de la loi du domicile
pour l'état, la capacité et la succession de l'individu ayant
deux nationalités avait peu de chances de triompher.
Nous avons essayé de démontrer la faiblesse des raisons
par lesquelles la compétence principale de la loi du domicile était défendue dans ces matières. Pour l'état et la
capacité, la doctrine n'a donné que des raisons historiques
ou de textes, peu d'arguments rationnels, et elle a commis,
sur l'art. 13, une confusion grave ; la jurisprudence a invoqué le domicile pour protéger l'intérêt français, c'est-à-
dire pour méconnaître le droit de l'étranger. Pour le
régime des meubles corporels, la compétence de la loi du
domicile était fondée sur cette idée fausse que les meubles
n'ont pas de situation, et elle ne se soutenait que par une
fiction dont l'autorité pouvait être contestée. Pour le régime des meubles incorporels, au contraire, le domicile a
une valeur propre : il permet de fixer, et de soumettre à
un régime, des biens sans existence matérielle et qui, par
suite, n'ont pas de situation réelle : mais, aussitôt, une
fiction devient nécessaire, des situations compliquées peuvent surgir, et l'autorité de la loi du domicile aura surtout
pour fondement des obligations imposées à la personne du
débiteur. Quant aux successions, la loi du domicile, appliquée aux meubles, s'appuie encore sur des précédents,
qu'il est permis de récuser ; appliquée à toute l'hérédité,
la loi du domicile n'a été justifiée que par une présomption de volonté insuffisante et discutable. L'idée la plus
importante, mais qui n'a pas toujours été émise, pour défendre la compétence principale de la loi du domicile

en matière d'état, de capacité et de succession serait l'idée d'un contrat tacitement intervenu entre l'individu et le souverain du lieu où celui-ci vient s'établir, contrat dont le domicile serait la condition et la preuve : mais, une fois de plus, il faut remarquer que des sous-entendus sont nécessaires pour soutenir la loi du domicile, et il faut ajouter que ce prétendu contrat serait à la merci du particulier, toujours maître de le rompre.

Au contraire, la compétence de la loi de la nation et de la loi du territoire s'explique toute seule : il y a appropriation complète du principe de compétence à l'objet. Définir l'état de la personne, fixer sa capacité, gouverner ses rapports de famille et sa succession, sont le lot de la loi nationale, à laquelle, en raison, il appartient exclusivement d'apprécier et de régler les éléments divers qui constituent l'homme juridique et caractérisent la nation : aussi, la loi nationale peut-elle réclamer comme un droit, et non comme une concession courtoise, la reconnaissance de l'effet extra-territorial de ses dispositions. La première condition d'un bon régime des biens est de pourvoir clairement et simplement à l'établissement et à la conservation des droits dont une chose corporelle est susceptible : la loi de la situation, qui tient la chose sous sa dépendance immédiate, est la seule qui donne cette unité et cette stabilité : avec elle, il n'y a plus de fiction ni de conflits arbitraires. Il n'y a pas d'exception à la loi de la situation pour le régime des meubles corporels. Il n'y en a pas non plus, à proprement parler, à la loi nationale pour l'état, la capacité et la succession, puisque la loi du domicile ne devient applicable que lorsqu'il n'y a pas de loi nationale, ou lorsqu'il y en a deux qui s'annihilent réciproquement. Cette compétence en sous-ordre de la loi du domicile est sérieuse, elle se fonde sur ce que le domicile est, après la nationalité, la situation de droit, qui a le plus de généralité et de durée : mais les effets extraterritoriaux, que la loi nationale produisait naturellement, sont rattachés à la loi du domicile par des raisons de nécessité ou d'utilité, ils ne découlent pas de la notion même du domicile. La compétence principale de la loi du domicile en matière d'état, de capacité, de succession, de régime des biens meubles, nous paraît définitivement condamnée. Le principe du domicile ne se suffit pas pleinement à lui-même. Il fait changer, toutes les fois que le domicile est deplacé, volontairement ou non, le règlement de situations juridiques qui doivent rester identiques à elles-mêmes : entre ces situations juridiques et le principe du domicile, il y a intime contradiction.

Avec le groupe des matières où la volonté des particuliers prédomine, nous avons maintenu et même élargi la compétence de la loi du domicile : mais il convient d'ajouter aussitôt que cette compétence n'est jamais exclusive. En ce qui concerne la forme des actes, nous avons essayé de démontrer que les règles admises étaient trop étroites ; que, si le droit interne devait réduire au minimum les nullités de formes, le droit international privé, qui est chargé de pourvoir à des situations plus variées et plus délicates, avait l'obligation de se montrer plus conciliant encore. La faculté d'option que nous avons reconnue aux particuliers, tenus d'ailleurs de respecter la loi une fois choisie, a amené au premier rang la compétence de la loi du domicile. Pour la substance et les effets des conventions, la compétence de la loi du domicile est également en progrès. Si l'on veut bien se reporter aux indications de doctrine que nous avons données, on verra que les auteurs anciens s'en tenaient presque à la maxime *locus regit actum*, c'est-à-dire à la loi territoriale ; et la jurisprudence paraît en être restée encore à cette conception. Les auteurs plus récents ont pris nettement parti pour le principe de l'autonomie de la volonté. Les parties se font à elles-mêmes leur propre loi. Mais, quand il y a lieu de rechercher quelle a été la volonté non exprimée des contractants, nous avons, en faisant une réserve pour le régime matrimonial, considéré le domicile comme l'élément capital de présomption. Certains points de la matière des conventions donnent, ou paraissent donner, au domicile une importance propre. Nous rappelons, pour mémoire, la cession de biens judiciaire. La très grande majorité des auteurs et des arrêts soumettent à la loi du domicile la prescription libératoire. Nous avons rejeté ces opinions, parce qu'elles livraient la prescription au hasard de la juridiction saisie, qu'elles le voulussent ou qu'elles s'en défendissent, et qu'elles rendaient trop instable la solution d'une question que les parties devaient connaître avec certitude. En voyant surtout dans la prescription un mode d'extinction des obligations, nous avons enlevé à la loi du domicile l'autorité propre qu'on voulait lui attribuer : mais nous lui avons laissé celle qui pouvait lui appartenir en tant que loi de la convention.

Si l'on s'attache, maintenant, à bien saisir la relation qui existe entre le domicile et le principe qui domine dans ce second groupe de matières, on verra que la compétence de la loi du domicile est ici fondée sur la nature des choses et qu'elle ira tous les jours s'affermissant. Dans ces matières, la volonté, que sa puissance se limite à faire un choix ou qu'elle soit le principe même de décision, se suffit à elle-même, toutes les fois qu'elle est claire. Il faut l'interpréter, quand elle est obscure. Quelles circonstances ont pu agir sur la volonté ? Il convient de toujours réserver l'étude du cas particulier. S'il n'offre rien de spécial, et si l'on en est réduit à l'examen des circonstances générales et ordinaires, le domicile devient un élément d'appréciation prépondérant. Le domicile est le siège juridique de la personne, le centre de ses intérêts. De même que la personne est toujours réputée présente au domicile, de même il y a lieu de présumer que sa volonté non exprimée s'est exercée dans le sens des résolutions qu'elle prend chaque jour au domicile, dans le courant de la vie juridique. Le silence de la personne s'explique par un sous-entendu : à quoi pourrait bien se référer, d'une manière générale, ce sous-entendu, sinon aux pratiques, aux usages que le domicile rend familiers ? Le domicile, dans cette partie de la matière des conflits de lois, a une importance presque égale à celle qui lui est reconnue, dans le domaine de la procédure, pour la détermination de la compétence judiciaire : cette compétence a, dans les deux cas, la même base large et solide, le domicile est un fait universel et nécessaire. Sans doute, d'autres circonstances que le domicile pourront influencer la volonté : aussi, avons-nous qualifié de principale, et non d'exclusive, la compétence de la loi du domicile. A l'inverse de ce que nous avons signalé dans le premier groupe de matières, il n'y a pas contradiction, mais accord, entre le domicile et la notion qui sert d'idée directrice dans ce second groupe : le domicile, émanation première et générale de la volonté, participe de sa nature, et doit naturellement servir à faire comprendre les manifestations particulières et successives de cette même volonté.

En résumé, le domicile n'est pas un des principes fondamentaux de solution dans la matière des conflits de lois. Cette prééminence appartient à la nationalité, au territoire, à l'autonomie de la volonté. La loi du domicile remplace, en sous-ordre, la loi nationale; elle est la loi la plus généralement désignée en vertu du principe d'autonomie. Hors les deux cas, d'ailleurs très particuliers, du régime des meubles incorporels et de la cession de biens judiciaire, la compétence de la loi du domicile est, ou subsidiaire, ou d'emprunt : finalement, toujours subordonnée.

POSITIONS.

---

gime, à deux lois différentes : il suffit de supposer que ce meuble incorporel a fait l'objet de deux opérations juridiques intervenues de telle sorte, qu'au moment de la seconde le débiteur n'avait plus le même domicile qu'au moment de la première.

III. En droit international privé, il y a lieu de laisser aux parties le choix de la loi qui doit régir la forme d'un acte ne concernant que le patrimoine.

IV. La loi de la convention régit la prescription libératoire.

POSITIONS EN DEHORS DES THÈSES.

Droit Romain.

I. La déchéance, prononcée par le décret de Marc-Aurèle, contre le créancier qui a eu recours à la force pour se payer de ses propres mains, laisse néanmoins subsister à la charge du débiteur une obligation naturelle.

II. L'*actio injuriarum*, dès l'époque des XII Tables, n'était applicable qu'aux atteintes portées à la personnalité morale des individus.

III. La *remancipatio*, dans la dissolution de la *manus*, n'est pas l'acte symétrique de la *coemptio*.

IV. Les quittances de Pompéi fournissent la preuve directe que, dès le commencement de l'empire, le paiement suffisait pour éteindre l'obligation verbale.

Droit civil.

I. Un usufruitier à titre universel ne peut pas exiger, contre le gré des nus-propriétaires, la licitation de la pleine propriété des immeubles, sur lesquels porte son droit d'usufruit.

II. Le règlement conventionnel ou judiciaire d'une servitude légale doit être transcrit.

III. La femme, mariée sous le régime dotal, ne peut pas stipuler l'inaliénabilité de ses biens paraphernaux.

IV. Le preneur est propriétaire des constructions qu'il a élevés sur les lieux loués, si aucune convention, explicite ou implicite, avec le bailleur n'est intervenue à ce sujet.

Diverses.

I. Contrairement à la pratique actuelle de la jurisprudence française, il y aura lieu de permettre à l'extradé de se prévaloir des dispositions de la convention générale ou spéciale, en vertu de laquelle l'extradition a eu lieu.

II. A moins de convention expresse, l'acquéreur de l'original d'une œuvre d'art n'acquiert pas le droit de reproduction de cette œuvre d'art.

III. La clause d'une police d'assurance, d'après laquelle toutes contestations entre la compagnie et l'assuré seront portées devant la juridiction civile, à l'exclusion de la juridiction commerciale, n'est pas valable.

IV. Le fait, par un syndicat d'ouvriers, d'obtenir d'un patron, par la menace d'une grève, le renvoi d'un ouvrier non syndiqué, constitue une faute, qui rend le syndicat passible de dommages-intérêts au profit de l'ouvrier congédié.

Vu par le président de la thèse,

Lainé.

Vu par le doyen,

Colmet de Santerre.

Vu et permis d'imprimer,

Le vice-recteur de l'Académie de Paris,

Gréard.

TABLE DES MATIÈRES.

THÈSE ROMAINE.

DROIT CIVIL.